CAMDEN MISCELLANY

XXVIII

CAMDEN MISCELLANY
XXVIII

CAMDEN FOURTH SERIES
VOLUME 29

LONDON
OFFICES OF THE ROYAL HISTORICAL SOCIETY
UNIVERSITY COLLEGE LONDON
GOWER STREET WC1
1984

© Royal Historical Society

British Library Cataloguing in Publication Data

Camden miscellany XXVIII.—(Camden.
  4th series; v.29)
  1. History—Periodicals
  I. Royal Historical Society   II. Series
  903   D16.2

  ISBN 0-86193-101-7

Printed and bound in Great Britain by
Butler & Tanner Ltd, Frome and London

CONTENTS

ABBREVIATIONS

Place of publication London unless otherwise stated

A.E.C.P.	Paris, Archives du Ministère des Affaires Etrangères, Correspondance Politique
A.G.S.	Archivo General de Simancas
A.N.	Paris, Archives Nationales
A.P.C.	*Acts of the Privy Council of England*
A.S.	Archivio di Stato
Angl.	Angleterre
B.L.	London, British Library
B.N.	Paris, Bibliothèque Nationale
Bacon	*The annalls of Ipsw^{che} ... by Nath^{ll} Bacon*. Ed. W.H. Richardson. Ipswich, 1884
Burnet	G. Burnet, *History of the Reformation of the Church of England*. 3 vols. in 6. 1820
C.M.C., 1a	Contaduría Mayor de Cuentas, Primera Epoca
C.P.R.	*Calendar of the Patent Rolls preserved in the Public Record Office*
C.P.R., P. and M.	.... *Philip and Mary*. 4 vols. 1936–9
C.S.P.F.	*Calendar of State Papers, Foreign*
C.S.P.Span.	*Calendar of State Papers ... preserved in the archives at Simancas and elsewhere*
C.S.P.Ven.	*Calendar of State Papers ... existing in the archives of Venice*
Calig.	British Library, Cotton MSS Caligula
Clifford, *Life*	*The Life of Jane Dormer, Duchess of Feria, by H. Clifford*. Ed. J. S[tevenson]. Quarterly series, lxii, 1887
Codoin	*Colección de Documentos Inéditos para la Historia de España*. 112 vols. Madrid, 1842–95
D.N.B.	*Dictionary of National Biography*
Delaborde, *Coligny*	J. Delaborde, *Gaspard de Coligny, Amiral de France*. 3 vols. Paris, 1879–82
E.	Estado
Fernández Alvarez, *Tres Embajadores*	M. Fernández Alvarez, *Tres Embajadores de Felipe II en Inglaterra*. Madrid, 1951
Foxe	*The Acts and Monuments of J[ohn] F[oxe]*. Ed. S.R. Cattley and J. Townsend. 8 vols. 1837–41

fr.	fonds français
Garrett	C.H. Garret, *The Marian Exiles*. Cambridge, 1938
Gibbon	J. Gibbon, *Introductio ad Latinam Blasoniam*. 1682
Greyfriars Chron.	*Chronicle of the Grey Friars of London*. Ed. J.G. Nichols. Camden Society, liii, 1852
Guérin, *Régistres*	*Régistres des Délibérations du Bureau de la Ville de Paris. Tome troisième, 1539–1552*. Ed. P. Guérin. Paris, 1886
H.M.C., *Salisbury*	Historical Manuscripts Commission, *Calendar of the Manuscripts of the Marquis of Salisbury*. 24 vols. 1883–1976
L.P.	*Letters and Papers, Foreign and Domestic, of the Reign of Henry VIII*
Loades, *Mary Tudor*	D.M. Loades, *The Reign of Mary Tudor*. 1979
MacCulloch, 'Kett'	D.N.J. MacCulloch, 'Kett's rebellion in context', *Past and Present*, no. 84 (August 1979), 36–59
MacCulloch thesis	D.N.J. MacCulloch, 'Power, Privilege and the County Community'. Unpublished Cambridge University Ph.D. thesis, 1977
Machyn's Diary	*The Diary of Henry Machyn, citizen and merchant-taylor of London, 1550–63*. Ed. J.G. Nichols. Camden Society, xlii, 1848
Mémoires de Guise	*Mémoires-journaux de François de Lorraine, duc d'Aumale et de Guise, 1547 à 1563*. Ed. J.F. Michaud and J.J.F. Poujoulat. Nouvelle Collection des Mémoires pour servir à l'Histoire de France, 1st series, vi. Paris, 1839
Metcalfe	*The Visitations of Suffolk*. Ed. W.C. Metcalfe. Exeter, 1882
n.a.fr.	nouvelles acquisitions français
N.L.S.	Edinburgh, National Library of Scotland
PCC	Prerogative Court of Canterbury, registered probate copies of wills, now Public Record Office, PROB 11
P.R.O.	London, Public Record Office
P.S.I.A.	*Proceedings of the Suffolk Institute of Archaeology*. Bury St Edmunds, 1849—
'Paget letters'	'The letters of William, lord Paget of Beaudesert, 1547–63'. Ed. B.L. Beer and S.M. Jack. *Camden Miscellany XXV*. Camden 4th series, xiii, 1974

Potter, 'Treaty'   D.L. Potter, 'The treaty of Boulogne and Euro-
                          pean diplomacy, 1549–50'. *Bulletin of the Insti-
                          tute of Historical Research*, lv (1982), 50–65
Q. Jane and Q. Mary   *The Chronicle of Queen Jane, and of two years of
                          Queen Mary.* Ed. J.G. Nichols. Camden Society,
                          xlviii, 1850
Rel. Pol.   J.M.B.C. Kervyn de Lettenhove, *Relations Po-
                          litiques des Pays-Bas et de l'Angleterre sous le Règne
                          de Philippe II.* 11 vols. Brussels, 1882–1900
Rosny, 'Documents'   A. de Rosny, 'Documents inédits ou rarissimes
                          concernant les sièges de Boulogne 1544–9'.
                          *Mémoires de la Société Académique de Boulogne-sur-
                          Mer*, xxvii (1912), 379–540
Rymer, *Foedera*   *Foedera, Conventiones, Litterae, et cujuscunque ge-
                          neris Acta.* Ed. T. Rymer. 2nd ed. 20 vols. 1727–
                          35
Shelby, *Rogers*   L.R. Shelby, *John Rogers, Tudor Military Engi-
                          neer.* Oxford, 1967
Venn   *Alumni Cantabrigienses.* Ed. J. Venn and J.A.
                          Venn. Part I: *From the Earliest Times to 1751.* 4
                          vols. Cambridge, 1922–7
Vienna,
  H-, H- u. St. A.   Vienna, Haus-, Hof- und Staatsarchiv
Villebon   Château de Villebon, Eure-et-Loir, Archives de
                          L'Aubespine, liasse 52, carton H
Weiss, *Papiers d'État*   C. Weiss, *Papiers d'État du Cardinal de Granvelle.*
                          Collection de Documents Inédits sur l'Histoire
                          de France. 9 vols. Paris, 1841–52
Wriothesley's Chron.   *A Chronicle of England during the reigns of the
                          Tudors, 1485–1559, by Charles Wriothesley.* Ed.
                          W.D. Hamilton, 2 vols. Camden Society, 2nd
                          series, xi, xx, 1875–7

I

THE ACCOUNT OF THE GREAT HOUSEHOLD OF HUMPHREY, FIRST DUKE OF BUCKINGHAM, FOR THE YEAR 1452-3

edited by
MARY HARRIS,
with an introduction by
J.M. THURGOOD

CONTENTS

INTRODUCTION

This account belonging to the household of Duke Humphrey of Buckingham is of triple interest to the student of medieval society. Firstly, as a representative example of a type of account which seems to have been kept, from the second half of the thirteenth century onwards, by all medieval nobles, and which can be seen in its most detailed form for the households of fifteenth-century magnates. Secondly, as a glimpse of the personal lifestyle of an important noble. Thirdly, as part of a larger group of surviving accounts for the Stafford family;[1] other documents still extant include accounts belonging to Duke Humphrey,[2] to his widow, the Duchess Anne,[3] to his third son, Henry (who was married to Margaret, countess of Richmond),[4] and to his great-grandson, Duke Edward.[5]

The account printed here covers the *hospicium*, that is, the domestic household, which should not be confused with the *familia*, the 'household' of retainers. The *hospicium* of a medieval lay noble was responsible for the domestic life of its owner, and had the function of providing meals, heating and lighting for the lord,[6] his visitors, those of his family and followers who lived with him on a permanent basis, and all their horses, dogs and servants. The *hospicium* was not responsible for buildings and their furnishings, liveries, or the clothes and jewels of the lord and his family. In order to help it run smoothly the domestic household was subdivided into offices, each with its own staff of servants and particular duties, and the arrangement of the subheadings in the account indicate the offices in Duke Humphrey's Great Household: pantry, buttery, cellar, kitchen, saucery, hall and stable. If the duke travelled away from home he would have been accompanied by a smaller, 'foreign', household.

Unfortunately, no surviving document indicates how many domestic retainers Duke Humphrey kept, but there were probably between

[1] For a comprehensive study of the Staffords, their household and finances, see C. Rawcliffe, *The Staffords, Earls of Stafford and Dukes of Buckingham, 1394–1521* (Cambridge, 1978).

[2] B.L., Egerton rolls 2208–9; *Compota Domestica Familiarum de Bukingham et d'Angouleme*, ed. W. B. D. D. Turnbull (Abbotsford Club, 1836), 1–39.

[3] *Compota Domestica*, 41–73; B.L., Add. MSS 29608, 34213.

[4] Westminster Abbey Muniments 12181–90.

[5] B.L., Add. MS 40859B; Staffordshire Record Office, D(W)/1721/1/5; Longleat, Misc. MS 12.

[6] The head of a noble household was always referred to as 'dominus' in the body of his accounts, rather than his title or name being used.

one and two hundred people living with him regularly, with the numbers swollen by many outsiders at meal-times. These people would have consumed a significant proportion of his income, and a number of different accounts would have been kept by his domestic officials in an attempt to keep track of the vast quantities of money and stores swallowed up by the household, and to minimize wastage. Each noble had his own practices as to what was included in these documents and the exact form in which they were drawn up, but they are overall generally quite similar, and the account printed here is a good example of an annual expense and consumption summary account. This was drawn up by the main accounting official of the domestic household, variously called the steward or, as here, the treasurer of the household, and is the most usual form of domestic account to survive, perhaps because it formed part of the group of documents entered for the annual audit each Michaelmas. The first section represents the charge on the accountant in the form of money and goods received and the second section represents the discharge, in which he answers for the expenses. Both parts are drawn up in money terms, although cash may not actually have changed hands for some or most of the items entered. On the dorse of the roll is the stock account in which the accountant notes the charge and discharge of basic stores, in terms of quantities. The purpose of an account of this type was not as a balance sheet of profits or losses, but as a check upon the treasurer and all the servants under him; an attempt to ensure that nothing was stolen or wasted. This led to a distinctive form of accounting in which a number of items are accounted for several times over. The wheat used for bread-making may be taken as an example of this practice. In the charge section wheat and bread appear in the stores remaining from the previous year, and as income handed over to the treasurer by the duke and the receiver-general (the duke's senior accounting official). On the discharge side it appears again, where the treasurer 'buys' the previous year's stores, and the wheat purchased from external sources. It then reappears in the stock account with the charge and discharge of the wheat, of the bread it was made into, and the bran extracted before bread-making.

For the purposes of the money sections of the account everything had to balance, so that money values were assigned to the gifts given to the duke in the form of food and to the stores left from the previous year; these would be standard values and would not necessarily reflect actual prices paid. By this date the magnates received very little of their supplies from their own resources, but where they did these supplies too were given monetary values and treated as having been purchased by the accountant.

This method of accounting makes it very difficult to examine the household income and expenditure without the help of other documents, and it is not possible to judge how much cash did actually change hands; the list on the charge side of the account of money 'borrowed' in the form of goods received but not paid for amounts to a third of the treasurer's income. Duke Humphrey's accounts seem to be the only ones to include such long lists of debts and creditors, and it would be valuable to know if he was particularly prone to be in debt, or whether, as seems more likely, other noble accounting systems dealt with the problem of debts in a different way.

Among the individual peculiarities of this account are the unsystematic receipt sections where cash is entered as money received in the form of goods and, more frequently, as money received to pay for specific stores; there seems no reason why these should not have been entered as consolidated payments since the same goods are covered on the discharge side and in the stock account.

When examining a medieval household account it is important to remember that we are often attempting to extract information which the document was not designed to supply. In particular, a summary account does not cover all the expenses and consumption of the domestic household. An example of this is the sum allocated for wages; this only covers two terms of the year, and clearly does not cover all the domestic staff since a number of those listed as creditors were servants whose wages were owing. In fact no surviving summary account appears to cover all the wages paid out. Also omitted are a number of other items which, although they are known from other evidence to have been consumed by medieval noble households, were generally not considered to be the responsibility of the household accountants; these include venison from the lords' parks, fish from rivers and stewponds, and fruit, herbs and vegetables from the orchards and gardens which were attached to medieval manor houses. There were other household purchases and costs which, as here, were frequently not separately enumerated in the summary account, but were entered as consolidated payments, with a note referring to the full details to be found in the 'daily paper' or journal.[1] From the evidence of other Stafford households it seems likely that there would have been two journals. One would have been an expense-only journal in which the accountant would enter a daily list of what had been bought and its cost, payments made for the carriage of goods and to casual labour for making hay, cutting rushes, etc., and any other costs. The entries generally represent cash actually handed over. The other would have been an expense and consumption journal, a type of document which was kept in very detailed form by the households of

---

[1] e.g. below, pp. 20, 22.

fifteenth-century magnates. In this, under daily headings, would be listed all the stores used by each office, the 'accounting' cost of these, and the quantity and cost of any other stores bought. Other information would also be noted, for example the number of people present at each meal and their social rank, and the number of horses in the stable.[1]

The summary account printed here shows that the lifestyle and diet of Duke Humphrey of Buckingham was very similar to that of other fifteenth-century nobles. The first point to note is that his household was not peripatetic. This would be more clearly shown in the journals, which would have noted where the household was each day, but an examination of where the supplies were bought, carried to, and stored, indicates that the duke's two main homes were the castle of Maxstoke in Warwickshire and the manor of Writtle in Essex.[2] He also seems to have visited London during this year, as was usual for a medieval noble, and Stafford. By this date very few nobles had more than two regularly-used homes. This seems partly to have been a consequence of the major change which had occurred of noble households being supplied with cash and buying the bulk of the stores consumed, rather than being supplied directly from demesne manors. Instead of wandering from one manor to another, using up the stores at each before moving on, the nobles lived in one or two favourite residences, brought up to the latest standards of comfort. They did, however, still receive some supplies from their own resources; it appears to have been the normal practice to retain woods, meadows, parks, warrens and freshwater ponds and lakes near these homes to supply them. Meadows were particularly necessary since by the fifteenth century meat was no longer salted for winter use. Instead live sheep and cattle were purchased and kept in nearby meadows all year round, being freshly killed when required. This practice is shown in this account by the sale of skins from these animals, and the purchase and hiring of extra pasture;[3] there is even a list of when the sheep were killed, demonstrating that there was no mass autumn slaughter.[4] Further evidence is that only refined white salt of the type used for cooking and table

---

[1] For examples of 15th-century journal accounts, see J. M. Thurgood, 'The Diet and Domestic Households of the English Lay Nobility, 1265–1531' (London M.Phil. thesis, 1982), 248–53; H. A. Cronne and R. H. Hilton, 'The Beauchamp household book', *Univ. of Birmingham Hist. Journ.*, ii (1950), 208–18; C. D. Ross, 'The household accounts of Elizabeth Berkeley, countess of Warwick, 1420–21', *Trans. Bristol and Gloucester Archaeol. Soc.*, lxx (1951–2), 81–105.

[2] Archaeological evidence for the manor of Writtle can be found in P. A. Rahtz, *Excavations at King John's Hunting Lodge, Writtle, Essex, 1955–57* (1969).

[3] cf. below, pp. 16–17, 11.

[4] cf. p. 17.

usage was purchased,[1] whereas the cheaper, coarser salt was always used for preserving purposes.[2]

A summary account does in fact provide very good evidence about the basic diet of a medieval noble household. It cannot be used, however, as an indicator of the diet of individuals since the households were strictly stratified according to rank and everyone was fed according to his position, the lowliest receiving a limited diet of coarse food, with the variety and quality increasing with rank. Not only would the duke and duchess have been offered the widest variety, but expensive foods would have been purchased solely for their consumption.

The basic diet of the duke's household, particularly well illustrated in the stock account, consisted of bread, ale, meat and fish. The bread was made from wheat and the amount of bran removed shows that all household members ate white bread,[3] from other evidence, probably about two pounds' weight each per day. There would have been a fixed issue of bread at mealtimes, and also of ale which would have been the only drink of most members of the household, each consuming about half a gallon a day.[4] The upper members of the household, although given ale with their meals probably drank wine instead. It is typical of this type of household for the bulk of the wine bought to be Gascon red, with some white Rhine also purchased,[5] but it is surprising to find no mention of the sweet wines such as malmsey which were usually bought in small quantities for the gentlemen of the household to drink after meals. The rest of the basic diet consisted of meat and fish. Most of the meat eaten was either beef or mutton, with lesser quantities of pork,[6] and as noted above, it was eaten fresh. In addition the upper members of the household would have eaten rabbits from the warren,[7] deer from the duke's parks, and veal, lamb, geese, chickens and other birds purchased on a daily basis. The boars and swans noted in this account would only have been served on feast days.[8] The medieval Church prohibited the eating of meat on at least two days a week and during the whole of Lent, and these fast days added up to almost half the year, so that fish necessarily formed a very large part of the diet. Again, the summary account illustrates the basic diet of most of the household. For most of the year fish-day meals would consist of saltfish, stockfish and herrings. Particularly large

[1] cf. p. 40.
[2] Detailed discussion of all these points can be found in J. M. Thurgood, 'Diet and Domestic Households,' II.
[3] Below, pp. 35-6.
[4] p. 37.
[5] p. 36.
[6] pp. 37-9.
[7] p. 22.
[8] pp. 38, 42.

quantities of the first two types were bought since, as the account demonstrates, they kept so well that stores of them could be carried over from one year into the next, while the other types of salted fish bought would have to be eaten up in a matter of months.[1] The sprats, salmon, sturgeon and eels would probably have been eaten by the upper members of the household during Lent. The amount of salted fish which was consumed explains the purchase of 150 gallons of mustard since mustard sauce was the favourite accompaniment to salted fish.[2] Sea and freshwater fish would also have been bought on a daily basis or supplied from stewponds.

Also found in the summary accounts are the spices and the ingredients for sauces which were used to give variety to the diet.[3] The cookery and courtesy books show that medieval people liked the taste of spices, and fresh meat and fish were cooked in spices and herbs, or served with spiced or herb sauces. Extra quantities of spices were generally bought for the Lenten period when dishes would be made from dried fruit and ground almonds, as a change from fish.[4]

The account also indicates how the household was heated and lit. It is probable that wood as well as charcoal was used for fires, although none is noted as having been purchased, since the quantity of charcoal recorded does not seem large enough to have provided the necessary heat,[5] even though there were probably only fires in the hall, the chambers of the duke, the duchess, and Lord Stafford (the eldest son), and the nursery. The fires would probably have provided most of the light since the number of tallow candles made would only have provided an average of twelve one-pound candles a night in winter, together with two pounds of wax candle; not a great deal for such a large household.[6] This apparent shortage of illumination is found in all similar accounts, with the only other form of light ever mentioned being, as here, a tallow-filled mortar used as a night light.[7]

No mention is made of the number of dogs which would have been found in the household, but quite a lot of information is given about the horses in the stable, including that they were fed, as was usual, on oats, hay and bran, and that they wore iron shoes. The duke's accounts are unusual in covering not only the horses kept in his stable for

---

[1] pp. 39-40.

[2] p. 22; it is not noted whether the purchase was of seed or of ready-made sauce.

[3] pp. 22-4.

[4] For a detailed discussion of the diet and meals of medieval magnates' households, see J. M. Thurgood, 'Diet and Domestic Households', chs. III-VI.

[5] Below, p. 42.

[6] pp. 41-2.

[7] p. 41.

immediate use, but also the others owned by him and kept at grass elsewhere until needed.[1]

Finally, this account contains occasional illuminative glimpses which help to bring the household to life, notably the actors who provided the entertainment during the Christmas festivities, and the pheasants which the duchess kept as pets in her chamber.[2]

J. M. THURGOOD

[1] pp. 43, 44, 45; pp. 18–19.
[2] pp. 26, 35.

EDITORIAL NOTES AND ACKNOWLEDGEMENTS

The document

This account roll of the Great Household of Humphrey, first duke of Buckingham, for the year Michaelmas 1452 to Michaelmas 1453, is currently among the manuscripts deposited by Lord Stafford at the Staffordshire Record Office (D/641/1/3/4). The document is some twelve feet in length, written in Latin on both face and dorse in what appears to be a single hand, with some marginal additions in another hand. It consists of six membranes, joined head to tail, and is in a remarkably good condition, apart from some damage sustained by one side of the first membrane. It will be noted that in some places certain specific details—and in particular several of the sum totals— have not been completed, being left blank in the manuscript.

Editorial method

Whilst the text has been left in Latin in order that the content of the original document may be observed without the inaccuracies of translation, every effort has been made to present it as clearly as possible to the modern reader.

In the transcription of the document all contractions, suspensions and other abbreviations have been fully expanded, except in cases where the intention of the scribe is uncertain. Superior letters indicating the case-endings of Latin numerals (as in anno xxxj⁰, die vij⁰ and similar) have been omitted. The medieval convention of substituting *c* and *e* for the *t* and *ae* of classical Latin in certain circumstances has been adhered to.

The text displays a high standard of grammatical accuracy, but in the rare cases in which errors occur no attempt has been made to correct these in the transcript. Since the original document is largely devoid of marks of punctuation, a certain number of these have been supplied for the sake of greater clarity. The use of capital letters has been modernized. Marginal headings are shown in bold type.

Where transcription has been impossible owing to the damage sustained by the first membrane, this has been indicated by a series of dots within square brackets. In cases where the account itself has been left incomplete, this is shown thus: [*blank*]. Marginal additions to the account are given within angle brackets.

Acknowledgements

I wish to thank Mr F. Stitt, County Archivist at Stafford, for making me aware of the existence of this document, and Lord Stafford for kind permission to publish it; Dr Ian Fraser, formerly Archivist at Keele University, for his help in making it readily available to me; and especially my friend, Dr Colin Richmond, Senior Lecturer in Medieval History at Keele University, for his constant encouragement.

MARY HARRIS

MAXSTOKE

WRYTELL

COMPOTUS WILLELMI WISTOWE[1] THESAURARII MAGNI HOSPICII PREPOTEN-
TIS PRINCIPIS HUMFRIDI DUCIS BUKYNGHAM IBIDEM A FESTO SANCTI MICH-
ELIS ANNO XXXI REGIS HENRICI SEXTI USQUE IDEM FESTUM EXTUNC PROX-
IME SEQUENTEM ANNO EIUSDEM REGIS XXXII SCILICET PER UNUM ANNUM
INTEGRUM UT INFRA.

Arreragia
Nulla.

Recepta denariorum de receptore generali et aliis

Set reddit compotum de cviij *s.* receptis de Johanne Heton'[2] armi-
gero receptore generali domini per manus [?Thome Whatton ballivo
manerii de Maxstoke][3] ut in precio diversorum pratorum et pastura-
rum de eodem Thoma locatorum tam pro feno pro hospicio domini
[. . . . .] et sustentacione diversorum boum et multonum domini in eisdem videlicet j pastura vocata Collesley xl *s.*, [?j pastura
vocata Halomeswode x *s.*, j prato][4] vocato Monewode cum j crofto
vocato Blakecroft l *s.* ac unius prati vocati Russhemedowe viij *s.*
[. . . . .] per manus dicti Thome ut in precio agistamento yemali et estivali diversorum averiorum domini infra parcum [. . . . .] de
eodem receptore per manus predicti Thome ut de pannagio porcorum
domini infra parcum ibidem sic de eodem locatum [. . . . .]
vij^{xx} copulis cuniculorum receptis de Johanne Forster' custode warenne domini manerii sui de Writell super expensam hospicii predicti
precio cuiuslibet [. . . . .] iiij *d.* Et de xxxvj *li.* xv *s.* receptis de Johanne
Thomas firmario manerii de Peryndon'[5] ut in precio ccx carectarum
feni proveniencium de [. . .] ibidem hoc anno venditarum super expensam equorum domini ibidem ad liberatum stancium precio carecte
iij *s.* vj *d.*

Summa xlix *li.* xvj *s.* iiij *d.*

---

[1] William Wistowe was treasurer of the household by Mich. 1441 and was in office
until at least Mich. 1457; see C. Rawcliffe, *The Staffords* (Cambridge, 1978), 197, 71.

[2] For the career of John Heton, who was receiver general from 21 Apr. 1437 to at
least Mich. 1467, see *ibid.*, esp. 196, 201, 222.

[3] Cf. below p. 28.

[4] Cf. *ibid.*

[5] Little Parndon, Essex.

Recepta denariorum de secretis cofris domini per indenturam

Et de ccccxxxvj *li.* xl *s.* iiij *d. ob.* receptis de secretis cofris domini super expensam hospicii predicti ad diversas vices infra [tempus predictum], videlicet secundo die Octobris anno xxxj pro frumento xlvj *s.* viij *d.*; iiij die Octobris eodem anno pro expensis hospicii lxvj *s.* viij *d.*; xij die Octobris eodem anno ad solvendum pro cariagio piscium salsorum et durorum de Torkesey usque Maxstoke vj *li.*; eisdem die et anno ad emendum frumentum xl *s.* [*blank*] ad solvendum Roberto Johnson' et Thome Atkynson' pro multonibus vij *li.* v *s.* viij *d.*; eisdem die et anno ad solvendum Henrico Wh[. . . . .] expensis suis usque Leicestr' et Holdernes xv *s.* vj *d.*; xv die Octobris eodem anno pro avena xxvj s. viij *d.*; xx die Octobris eodem anno pro expensis hospicii lxvj *s.* viij *d.*; eisdem die et anno ad emendum frumentum apud Coventr' xl *s.*; xxvj die Octobris eodem anno ad emendum [. . . . .] Coventr' xl *s.*; iiij die Novembris eodem anno ad solvendum pro cariagio vini acris salmonum alleciorum et cere xxxiij *s.*; vij die Novembris eodem anno ad solvendum pro cera xiij *li.* iiij *s.*; xviij die Novembris eodem anno ad solvendum pro ccc libris cere vj *li.* xviij *s.*; xxj die Novembris eodem anno ad solvendum pro iiij patellis ladles skymers pestelles et trayes cj *s.* iiij *d.*; xxij die Novembris eodem anno ad solvendum Thome Litley pro speciebus xlviij *s.*; eisdem die et anno ad solvendum pro cariagio Dl librarum cere de London' usque Maxstoke vij *s.*; xxviij die Novembris eodem anno ad solvendum pro j dolio vini vj *li.*; vij die Decembris eodem anno ad solvendum ballivo de Tiseho[1] in partem solucionis pro frumento c *s.*; ix die Decembris eodem anno per manus Henrici Whitefeld' ad emendas species London' vj *li.* xiij *s.* iiij *d.*; eisdem die et anno ad solvendum pro cariagio j dolii vini de London' usque Maxstoke xxx *s.*; eisdem die et anno pro expensis hospicii lxvj *s.* viij *d.*; eisdem die et anno pro j dolio vini vj *li.*; x die Decembris eodem anno ad solvendum Willelmo Warde de Stafford' vj *li.*; eisdem die et anno ad solvendum Johanni Stone de Assheby pro vadiis c *s.*; eisdem die et anno ad solvendum pro cariagio j dolii vini de London' usque Maxstoke xxx *s.*; xij die Decembris eodem anno ad solvendum Thome Tedde pro carbone silvestri xx *s.*; eisdem die et anno per manus Thome Wright pro frumento emendo vj *li.* xiij *s.* iiij *d.*; xvj die Decembris eodem anno ad solvendum pro cariagio unius fatti vini de Ruyn' xxx *s.*; xviij die Decembris eodem anno pro expensis hospicii c *s.*; eisdem die et anno ad solvendum Thome Coke de Leycestr' pro signis dentricibus tenches et anguillis viij *li.* xj *s.* viij *d.*; eisdem die et anno ad solvendum Roberto Ropere pro diversis harnes' pro chariettis xj *s.* vj *d.*; eisdem die et anno ad solvendum Thome Lucoke pro diversis harnes' pro chariettis xx *s.*; eisdem die et anno ad

[1] Tysoe, Warws.

solvendum Higford' et Fulford' pro avena xx *s*.; eisdem die et anno ad
solvendum abbati de Kyllingeworth'[1] pro frumento et feno xliij *s*. iiij
d.; eisdem die et anno ad solvendum pro carbone empto per Thomam
Trehern' [.....]; eisdem die et anno pro cariagio specierum de London' usque Maxstoke xxx *s*.; eisdem die et anno ad solvendum Ricardo
Stiche pro volatilibus xl *s*.; [.....] die Decembris eodem anno ad
solvendum Willelmo Keysley pro ciphis xxvj *s*.; eisdem die et anno ad
solvendum Willelmo Grete pro [.....] eisdem die et anno ad solvendum Johanni del Chambr' pro j apro ix *s*. vj *d*.; eisdem die et anno pro
expensis hospicii c *s*.; xxix die Decembris eodem anno ad solvendum
Thome Litley pro speciebus ix *li*. xiij *s*. xj *d*. *ob*.; xxx die Decembris
eodem anno ad solvendum Johanni Paynell pro multonibus [.....];
ultimo die Decembris eodem anno pro expensis hospicii c *s*.; iiij die
Januarii eodem anno pro expensis hospicii c *s*.; vj die Januarii eodem
anno ad solvendum pro expensis equorum histrionum xxxv *s*.; viij die
Januarii eodem anno ad solvendum Johanni Stone de Assheby pro
vadiis c *s*.; eisdem die et anno ad solvendum Johanni Yale pro vasis de
electro iiij *li*. xxj *d*. *ob*.; eisdem die et anno ad solvendum Annsell de
Allesley pro multonibus [.....]; eisdem die et anno ad solvendum
Willelmo Surgeon' pro frumento lxvj *s*. viij *d*.; eisdem die et anno ad
solvendum Willelmo Brokes pro piscibus marinis x *li*. [.....]; xj die
Januarii eodem anno ad solvendum Henrico Gusset pro feno xxxiij *s*.
iiij *d*.; eisdem die et anno ad solvendum [*blank*] Hache de Allesley pro
multonibus xxiij *s*. iiij *d*.; eisdem die et anno ad solvendum Henrico
Botteler' de Colleshull'[2] pro avena xj *s*. vj *d*.; eisdem die et anno ad
solvendum Willelmo Bardymore pro piscibus aque recentis iij *s*. iij *d*.
ob.; eisdem die et anno ad solvendum Johanni Overton' pro multonibus xxvj *s*. viij *d*.; eisdem die et anno ad solvendum Higford' et Fulford'
pro avena xxxj *s*. viij *d*.; xvj die Januarii eodem anno pro expensis
hospicii lxvj *s*. viij *d*.; eisdem die et anno ad solvendum Thome Colett
et Thome Underwode pro multonibus iij *li*. xv *s*.; xx die Januarii
eodem anno ad emendum frumentum apud Coventr' lxvj *s*. viij *d*.; xxij
die Januarii eodem anno ad solvendum brasiatoribus xl *li*.; xxvj die
Januarii eodem anno pro expensis hospicii et ad emendum frumentum
x *li*.; xxix die Januarii eodem anno ad solvendum Johanni Gere
pikemonger' pro dentricibus et tenches c *s*.; eisdem die et anno ad
solvendum duobus carectariis pro cariagio alleciorum sprottorum
salmonum et aliorum lx *s*.; ultimo die Januarii eodem anno ad solvendum pro ij cades alleciorum x *s*. ij *d*.; primo die Februarii eodem anno
ad solvendum pro vj cades alleciorum et ij cades sprottorum xxxix *s*.;
iij die Februarii eodem anno ad solvendum Willelmo Pikerynge de
London' pro fretagio alleciorum londyng piklynge cartynge whervage

---

[1] Kenilworth, Warws. (Augustinian abbey).
[2] Coleshill, Warws.

et aliis xxvj *s.*; vj die Februarii eodem anno ad emendum frumentum apud Coventr' iiij *li.* xviij *s.* v *d.*; x die Februarii eodem anno ad solvendum pro expensis thesaurarii usque Bristoll pro vino [. . . . .]; xviij die Februarii eodem anno ad solvendum cuidam carectario pro cariagio fructorum et specierum de London' usque Maxstoke xxxiij *s.* iiij *d.*; xvj die Januarii eodem anno ad solvendum Roberto Dunston' pro sale xxviij *s.*; xx die Februarii eodem anno pro j carecta conducta de Stafford' usque Maxstoke cum olio vj *s.* viij *d.*; xxij die Februarii ad solvendum pro ij carectis conductis cum dentricibus et tenches de Eyre usque Maxstoke lxvj *s.* viij *d.*; eisdem die et anno ad solvendum Johanni Eyre pro dentricibus et tenches ix *li.*; eisdem die et anno ad solvendum pro j rete et anguillis xij *s.*; ix die Martii eodem anno ad solvendum pro expensis Hoke de Redyng'[1] in comitatu Gloucestr' vj *s.* viij *d.*; vij die Aprilis eodem anno pro expensis hospicii lxvj *s.* viij *d.*; eisdem die et anno pro multonibus emptis apud Coventr' vij *li.* vj *s.* viij *d.*; viij die Aprilis eodem anno ad solvendum Hugoni Payne de Solehull' pro avena xxviij *s.* iiij *d.*; eisdem die et anno ad solvendum Thome Ferrour de Balsale pro frumento xx *s.*; xvj die Aprilis eodem anno pro expensis hospicii lxvj *s.* viij *d.*; xix die Aprilis eodem anno ad emendum frumentum apud Coventr' xl *s.*; eisdem die et anno ad solvendum cuidam homini de Higham pro xvj multonibus xxviij *s.* iiij *d.*; xx die Aprilis eodem anno ad solvendum pro x quarteriis avene xvj *s.* viij *d.*; xxij die Aprilis eodem anno pro expensis hospicii xiij *li.* vj *s.* viij *d.*; xvj die Maii eodem anno ad solvendum pro expensis equorum auditoris apud Maxstoke xij *s.*; xxv die Maii eodem anno ad emendos boves ad nundinum de Coventr' xl *li.*; xxviij die Maii pro custu chariettarum usque Maxstoke xxvj *s.* viij *d.*; xviij die Junii eodem anno per manus Willelmi Forster' pro custu dominorum et dominarum de Maxstoke usque Wrytell' xiij *li.* vj *s.* viij *d.*; iiij die Julii eodem anno ad solvendum Johanni Thomas pro factura feni apud Peryndon' xx *s.*; xxv die Julii eodem anno per manus Johannis Heton' ad solvendum diversis creditoribus apud Maxstoke xx *li.*; xxviij die Julii eodem anno ad solvendum Thome Lytley pro speciebus xliij *s.* iiij *d.*; primo die Augusti eodem anno per manus Henrici Whitefeld' vj *li.* xiij *s.* iiij *d.*; iij die Augusti eodem anno per manus dicti Henrici ad solvendum pro expensis equorum de Writell usque Tonbrigge xlvj *s.* viij *d.*; eisdem die et anno pro custu ij plaustrorum de Writell usque Maxstoke xxxiij *s.* iiij *d.*; xvj die Augusti eodem anno per manus Johannis Spencer' ad emendos boves apud Maxstoke xx *li.*; eisdem die et anno per manus Henrici Whitefeld' ad emendas multones vj *li.* xiij *s.* iiij *d.*; eisdem die et anno ad remunerandos carectarios cariantes diversas estuffuras

---

[1] There are several places called Redding and Reddings in Glos.; see *Place-Names of Glos.*, ed. A. H. Smith (Engl. Place-Name Soc., xxxviii–xli).

domini de Kymbalton'[1] usque Writell xiij *s*. iiij *d*.; xj die Septembris anno xxxij pro expensis dicti thesaurarii equitantis usque North'[2] pro piscibus xl *s*.; xx die Septembris eodem anno pro custu Johannis Frankeleyn' usque Hull' vj *s*. viij *d*.; ut patet per quandam indenturam inde inter dominum et dictum thesaurarium confectam super hunc compotum liberatam et examinatam et infra thesaurum domini Lon-don' remanentem. Et de x *li*. receptis de domino super expensam hospicii predicti per manus Johannis Love ballivi de Wiggeston'[3] ut patet per quandam billam indentatam inde super hunc compotum restitutam et infra thesaurum predictum remanentem.

Summa ccccxlvj *li*. xv *s*. iiij *d*. *ob*.

Recepta denariorum de secretis cofris domini per manus domine per indenturam

Et de iiij[xx] xij *li*. xvj *s*. viij *d*. receptis de secretis cofris domini super expensam hospicii predicti per manus domine ad diversas vices infra tempus predictum, videlicet xxviij die Octobris anno xxxj per manus Thome Wright pro expensis hospicii xl *s*.; ij die Novembris eodem anno per manus dicti Thome ad emendum frumentum apud Coventr' xxxiij *s*. iiij *d*.; vij die Novembris eodem anno per manus dicti Thome pro expensis hospicii xl *s*.; x die Novembris eodem anno ad emendum frumentum apud Coventr' xxxiij *s*. iiij *d*.; xvj die Novembris eodem anno per manus dicti Thome ad emendum frumentum apud Coventr' et pro expensis hospicii lxvj *s*. viij *d*.; xxij die Novembris eodem anno ad emendum frumentum et pro expensis hospicii lxvj *s*. viij *d*.; eisdem die et anno ad solvendum Willelmo Warde de Stafford' in partem solucionis pro bobus c *s*.; iiij die Decembris eodem anno pro expensis hospicii lxvj *s*. viij *d*.; viij die Decembris eodem anno ad emendum frumentum apud Coventr' lj *s*. vj *d*.; xxv die Novembris eodem anno ad solvendum Johanni Laurence pro frumento lxvj *s*. viij *d*.; xxvj die Januarii eodem anno pro expensis hospicii lxvj *s*. viij *d*.; v die Februarii eodem anno pro expensis hospicii lxvj *s*. viij *d*.; xiij die Februarii eodem anno per manus Henrici Whitefeld' ad emendos salmones ad nun-dinum de Lichefeld' pro expensis hospicii lxvj *s*. viij *d*.; xv die Februarii eodem anno per manus dicti Henrici pro expensis hospicii xl *s*.; xxv die Februarii eodem anno pro expensis hospicii xl *s*.; ix die Martii eodem anno pro expensis hospicii xl *s*.; xiij die Martii eodem anno ad solvendum pro cariagio vj doliorum vini de Beaudeley[4] usque Maxst-oke xlviij *s*.; xiiij die Martii eodem anno ad solvendum pro cariagio vj doliorum vini de Beaudeley usque Maxstoke xlviij *s*.; xv die Martii

[1] Kimbolton, Hunts.
[2] Northampton.
[3] Presumably Wigston (Magna), Leics.
[4] Bewdley, Worcs.

eodem anno ad emendum frumentum apud Coventr' xxiiij s. iiij d.; xvj die Martii eodem anno ad solvendum pro cariagio iij doliorum vini de Beaudeley usque Maxstoke xxiiij s.; xvij die Martii eodem anno ad solvendum Thome Bedill' de Kynges Norton' pro cariagio unius dolii vini de Beaudeley usque Maxstoke viij s.; xx die Martii eodem anno pro expensis hospicii xl s.; eisdem die et anno ad [m. 2] solvendum pro multonibus xlviij s. iiij d.; eisdem die et anno ad solvendum pro cariagio ij doliorum vini de Beaudeley usque Maxstoke xvj s.; xxj die Martii eodem anno ad solvendum Thome Bedell' pro cariagio unius dolii vini de Beaudeley usque Maxstoke viij s.; xxiiij die Martii eodem anno ad solvendum pro cariagio iiij barellorum alleciorum de London' usque Maxstoke xviij s.; xxvij die Martii eodem anno ad solvendum pro cariagio ij doliorum vini de Beaudeley usque Maxstoke xvj s.; xxviij die Martii eodem anno pro expensis hospicii xxvj s. viij d.; eisdem die et anno ad dandum cuidam servienti Belknap' portanti capones domine iij s. iiij d.; xx die Aprilis eodem anno ad solvendum pro cariagio unius dolii vini viij s.; eisdem die et anno pro expensis hospicii viij s. x d.; xx die Maii eodem anno per manus Henrici Whitefeld' pro expensis hospicii xl s.; eisdem die et anno ad solvendum Johanni Bocher' de Writell in partem solucionis pro multonibus iiij li.; xxviij die Maii eodem anno ad solvendum provisoribus xx s.; eisdem die et anno pro sale et aliis xx s.; vj die Junii eodem anno pro expensis hospicii xl s.; xiiij die Junii eodem anno pro expensis hospicii et pro carbone marino et avena iiij li.; xvij die Junii eodem anno pro expensis hospicii xl s.; xxix die Junii eodem anno ad solvendum pro avena xx s.; v die Julii eodem anno pro expensis hospicii xl s.; ix die Julii eodem anno ad providendum pro avena xx s.; xiij die Augusti eodem anno pro expensis hospicii lx s.; xx die Augusti eodem anno ad solvendum pro avena xiij s.; xxx die Augusti eodem anno pro expensis hospicii liij s. iiij d.; vij die Septembris eodem anno pro expensis hospicii xlvj s. viij d.; et xvij die Septembris eodem anno pro expensis hospicii liij s. iiij d.; ut patet per iij billas indentatas inde inter dominam et dictum thesaurarium confectas super hunc compotum liberatas et examinatas et infra thesaurum domini London' remanentes.

Summa iiij^{xx} xij li. xvj s. viij d.

Vendicio coriorum pellium lanutarum pellettarum et cepi

Et de xvij li. iij s. de precio cxlvij coriorum bovinorum ut extra necatorum infra hospicium predictum per tempus predictum sic venditorum Willelmo Kempe de Coventr' hoc anno precio pecie ij s. iiij d. Et de viij li. xviij s. ix d. de precio lxv coriorum bovinorum ut extra necatorum infra hospicium predictum per tempus predictum sic venditorum Henrico Wheler' et Johanni Hobard' hoc anno precio pecie ij s. ix d. Et de iiij li. xiij s. de precio xxxvj coriorum bovinorum ut extra necatorum infra hospicium predictum per tempus predictum sic venditorum Willelmo Trublode hoc anno precio pecie ij *s.* vij *d.* Et de ix *li.* xij *s.* ix *d.* de precio lxiiij duodenarum iij pellium lanutarum proveniencium de necatis Dcclxxj multonibus ut extra infra hospicium predictum necatis inter festum Sancti Michelis in principio istius compoti et Carniprivium extunc proxime sequens precio duodene iij *d.* Et de lxv *s.* j *d.* de precio xvij duodenarum ix pellium lanutarum proveniencium de necatis ccxiij multonibus ut extra infra hospicium predictum apud Maxstoke necatis inter festum Pasche infra tempus predictum et xxvij diem Maii extunc proxime sequentem precio duodene iij *s.* viij *d.* Et de xxij *s.* de precio v duodenarum dimidie pellium lanutarum proveniencium de necatis lxvj multonibus ut extra infra hospicium predictum apud Writell necatis inter dictum festum Pasche et primum diem Junii extunc proxime sequentem precio duodene iiij *d.* Et de viij *s.* de precio vij duodenarum vj pellectarum vocatarum shorlynges proveniencium de necatis iiij^{xx} x multonibus ut extra necatis infra xxvij diem Maii infra tempus predictum et xxix diem Junii extunc proxime sequentem precio duodene xij *d. ob.* Et de xl *s.* de precio xxvj duodenarum et viij pellectarum vocatarum shorlynges proveniencium de necatis cccxx multonibus ut extra infra hospicium predictum necatis inter xxix diem Junii infra tempus predictum et festum Sancti Michelis in fine istius compoti precio duodene xviij *d.* Et de v *s.* vj *d. ob.* de precio iij duodenarum et iij pellium vitulorum infra hospicium predictum infra tempus predictum necatorum precio duodene xx *d.* Et de xliiij *s.* iij *d. q.* de precio cvj petrarum et ij librarum cepi non puri proveniencis de necatis boum et multonum infra hospicium predictum necatis inter xvj diem Maii infra tempus predictum et primum diem Octobris extunc proxime sequentem qualibet petra continenti viij libras sic vendita Guidoni Chaundeller' qualibet petra pro v *d.*

Summa xlix *li.* xij *s.* iiij *d. ob. q.*

Recepta denariorum de domino ut in providenciis domini et aliorum

Et de xiiij *li.* xiiij *s.* vj *d.* receptis de domino ut in precio diversarum estuffurarum per diversas vices infra dictum tempus huius compoti pro expensa hospicii predicti emptis et provisis et inferius in diversis titulis allocatis unde de precio v boum cxij *s.* vj *d.*, xvj barellorum alecii albi emptorum London' viij *li.*, de precio unius firkyn' et xxiiij anguillarum salsarum xxij *s.* Et de xxiij *li.* xix *s.* x *d.* scilicet receptis de domino ut in precio diversarum specierum per ipsum London' emptarum de Thoma Litley videlicet vj *li.* vj *s.* viij *d.* de precio clx librarum piperis; vj *li.* xviij *s.* x *d.* de precio cxix librarum zinziberis precio libre xiiij *d.*; lxvj *s.* de precio xxvj librarum sinamomi precio libre xxij *d.*;

xxx *s*. iiij *d*. de precio xiiij librarum clowes precio libre ij *s*. ij *d*.; xiij *s*.
de precio vj librarum maces precio libre ij *s*. ij *d*.; lxxv *s*. de precio
ccclx librarum amigdalorum jardini precio libre ij *d*. *ob*.; x *s*. de precio
lvj librarum dates; vj *s*. viij *d*. de precio unius libre croci; et xiij *s*. iiij *d*.
de precio ij sort ficuum et rasenorum. Et de xxiij *li*. xv *s*. ix *d*. *ob*.
receptis de domino ut in precio diversarum specierum per ipsum
London' emptarum de Francisco Grete videlicet cx *s*. x *d*. de precio
vij^{xx} librarum piperis precio libre ix *d*. *ob*.; iiij *li*. xj *s*. viij *d*. de precio l
librarum sinamomi precio libre ij *d*.; iiij *li*. vij *s*. iij *d*. *ob*. de precio lij
librarum et vj unciarum sugri de iij cutis precio libre xx *d*.; et ix *li*. vj
s. de precio ix^{xx} vj librarum sugri de ij cutis precio libre xij *d*. Et de
viij *li*. vj *s*. viij *d*. receptis de domino ut in precio j fatti vini albi de
Ruyn' empti per dominum London' pro expensis hospicii predicti.
Et de xxxvj *li*. receptis de domino ut in precio vj doliorum vini rubii
Vascon' per dominum emptorum London' pro expensis hospicii
predicti.

Summa cvj *li*. xvj *s*. ix *d*. *ob*.

Recepta denariorum diversis creditoribus ut extra debitorum

Et de Dccxxviij *li*. xix *s*. xj *d*. *ob*. *q*. debitis diversis creditoribus pro
diversis estuffuris ab eisdem pro expensis hospicii predicti in comita-
tibus Warr' et Essex' et alibi emptis et provisis et inferius allocatis
quorum quidem creditorum nomina cum summis particularibus eisdem ex causa predicta debitis in dorso huius compoti declarantur et
specificantur.

Summa Dccxxviij *li*. xix *s*. xj *d*. *ob*. *q*.

Recepta denariorum de valore diversorum remanencium anni proxime precedentis

Et de ccxl *li*. xiij *s*. iiij *d*. de precio diversarum rerum et estuffurarum
per dictum computantem de remanenci compoti sui anni proxime
precedentis receptis super hunc compotum appreciatis et inferius in
diversis titulis particulariter specificatis et allocatis.

Summa ccxl *li*. xiij *s*. iiij *d*.

Recepta denariorum de domino ut in custu equorum domini ad liberatum stancium

Et de iiij^{xx} iiij *li*. iij *s*. viij *d*. receptis de domino ut in custu et expensis
diversorum succursariorum et equorum domini et aliorum de familia
sua in comitatu Stafford' hoc anno ad liberatum existencium unacum
vadiis diversorum valectorum garcionum et pagettorum domini super
custodia eorumdem existencium ut patet per compotum receptoris
ibidem hoc anno ultra xliiij *li*. vj *s*. viij *d*. de custu et expensis diversorum pullorum domini ibidem infra tempus predictum sic estimatis

per auditorem domini ibidem hoc anno. Et de cxxv *li.* xix *s.* ix *d. ob.* scilicet receptis de domino ut in huius custu et expensis diversorum huius succursariorum et equorum domini et aliorum de familia sua apud Tonbrigge Hadelo[1] et Penshurst in comitatu Kanc' hoc anno ad liberatum existencium unacum vadiis diversorum valectorum garcionum et pagettorum domini super custodia eorumdem ibidem existencium ut patet per compotum receptoris ibidem hoc anno.

Summa ccx li. iij s. v d. ob.

Vendicio stauri vivi et mortui

Et de xlviij *li.* de precio ix doliorum vini rubei Vascon' de stauro domini de Maxstoke sic venditorum domino de Groby abbati de Killingeworth Thome Stanley et aliis ut extra precio dolii lvj *s.* viij *d.* Et de xiij *s.* iiij *d.* de precio unius equi debilis caterie domini sic venditi ut extra quia nihilis pro stauro. Et de iiij *s.* de precio unius equi debilis de charietto domini sic venditi ut extra quia nihilis pro stauro. Et de v *s.* x *d.* de precio diversarum peciarum de peutorvessellis sic venditis per tempus predictum. Et de xlvj *s.* viij *d.* de precio corticum diversorum arborum prostratorum infra boscum de Pakyngton'[2] sic venditorum diversis personis hoc anno. Et de x *s.* de precio xl vellerum lane proveniencium de tonsione xl multonum ut extra necatorum pro expensa hospicii predicti per tempus predictum sic venditorum ut extra precio pecie iij *d.*

Summa lj li. xix s. x d.

Valor exeuncium

Et de xiij *li.* v *s.* iiij *d.* receptis de valore diversorum exeuncium domino et domine per tempus predictum presentatorum super hunc compotum per auditorem appreciatorum et inferius in diversis titulis allocatorum unde de precio iiij quarteriorum frumenti precio quarterii vj *s.* v *d.*, xxv *s.* viij *d.*; de precio iiij boum precio capitis xv *s.* iiij *d.*, lxj *s.* iiij *d.*; de precio unius apri vj *s.* ij *d.*; de precio xviij signorum precio capitis iij *s.* iij *d.*, lviij *s.* vj *d.*; de precio ij carectarum feni precio carecte iij *s.* vj *d.*, vij *s.*; et xxij quarteriorum avene precio quarterii ij *s.*, xliiij *s.*; et aliorum parvorum exeuncium lxij *s.* viij *d.*

Summa xiij li. v s. iiij d.

Recepta forinseca

Et de xvj *s.* ix *d.* receptis de diversis tenentibus redditus assisos de Widford Brome[3] ad xxxiij *s.* vj *d.* per annum solvendos ad terminos

---

[1] Hadlow, Kent.
[2] Little Packington, Warws.
[3] Presumably in Widford, Essex.

Pasche et Sancti Michelis videlicet pro dicto termino Sancti Michelis in fine istius compoti.

Summa xvj *s.* ix *d.*

Vendicio super compotum
[*blank*]

SUMMA TOTALIS RECEPTE [*blank*]

[*m. 3*]
Panetria

Idem computat solvisse pro xxiiij quarteriis j bussello frumenti de parte remanencium anni proxime precedentis ut extra precio quarterii v *s.* vij *d.*, vj *li.* xiiij *s.* iiij *d.* Et solutum pro cccxxvj quarteriis vij bussellis ij peccis frumenti emptis ut extra pro expensis hospicii predicti de diversis personis in panetria ibidem diversis vicibus ad diversa precia per predictum tempus huius compoti precio quarterii per medium vj *s.* v *d.* plus in toto vj *s.* iiij *d.*, ut patet per quendam magnum papirum de dietis ipsius thesaurii super hunc compotum restitutum ciij *li.* v *s.* xj *d. ob.* Et solutum pro iiij quarteriis frumenti emptis ut extra causa predicta inter exeuncia precio quarterii vj *s.* v *d.*, xxv *s.* viij *d.* Et solutum pro ccccxvj panibus emptis ut extra de parte remanencium supradictorum v panibus ad j *d.*, vj *s.* xj *d.*

Summa cxj *li.* xij *s.* x *d. ob.*

Cervisia

Et solutum pro iiij pipis cervisie emptis ut extra causa predicta de parte remanencium supradictorum precio pipe x *s.*, xl *s.* Et solutum pro ccclxxiiij pipis cervisie emptis ut extra causa predicta precio pipe ix *s.* xj *d.* plus in toto xj *s.* x *d.*, ut patet per papirum predictum, ciiij^{xx}vj *li.* viij *d.* Et solutum pro cxxxvj duodenis et x ciphorum emptorum ut extra causa predicta precio duodene per medium vj *d.* plus in toto ij *s.*, lxx *s.*

Summa ciiij^{xx}xj *li.* x *s.* viij *d.*

Vinum

Et solutum pro xvj doliis et j pipa vini rubii Vascon' ut extra de parte remanencium supradictorum pro expensa hospicii predicti precio dolii vj *li.* xiij *s.* iiij *d.*, cx *li.* Et solutum pro xxij doliis vini rubii Vascon' emptis ut extra causa predicta de Ricardo Haddon' de Bristoll' precio dolii per medium cvj *s.* viij *d.*, ut patet per papirum predictum, cxvij *li.* vj *s.* viij *d.* Et solutum pro j dolio vini rubii Vascon' empto London' ut extra causa predicta precio vj li. Et solutum pro j fatto vini albi de Ruyn' viij *li.* vj *s.* viij *d.* et vj doliis vini rubii Vascon'

xxxvj *li.* emptis ut extra per dominum London' causa predicta precio
xliiij *li.* vj *s.* viij *d.*

Summa cclxxvij *li.* xiij *s.* iiij *d.*

Coquina

Boves Et solutum pro c bobus emptis ut extra causa predicta de
parte remanencium supradictorum unde apud Stafford' lij et Maxst-
oke xlviij precio capitis per medium xiij *s.* iiij *d.*, lxvj *li.* xiij *s.* iiij *d.* Et
solutum pro clxvij bobus emptis ut extra causa predicta precio capitis
per medium xv *s.* iiij *d.* plus in toto ij *s.* vj *d.*, ut patet per papirum
predictum, cxxx *li.* xviij *s.* x *d.* Et solutum pro v bobus emptis ut extra
causa predicta de providencia domini precio capitis per medium xxij
s. vj *d.*, ut patet per papirum predictum, cxij *s.* vj *d.* Et solutum pro iiij
bobus emptis ut extra inter exeuncia causa predicta precio capitis xv
s. iiij *d.*, lxj *s.* iiij *d.* Et solutum pro carcosiis carnis boum emptis ut
extra causa predicta de parte remanencium supradictorum precio
xij *s.*

Multones Et solutum pro xlvj multonibus emptis ut extra causa
predicta de parte remanencium supradictorum precio capitis xv *d.*,
lvij *s.* vj *d.* Et solutum pro ij carcosiis carnis multonum emptis ut extra
de parte remanencium supradictorum precio carcosii xij *d.*, ij *s.* Et
solutum pro MDcxxxvij multonibus emptis ut extra causa predicta
precio capitis per medium xvij *d. ob. di.q.* plus in toto iiij *s.* xj *d. ob. q.*,
ut patet per papirum predictum, cxxij *li.* xxiij *d. ob.*

Apri et porci Et solutum pro x apris emptis ut extra causa predicta,
ut patet per papirum predictum, precio capitis per medium vj *s.* ij *d.*
plus in toto iiij *d.*, lxij *s.* Et solutum pro j apro empto ut extra causa
predicta inter exeuncia precio vj *s.* ij *d.* Et solutum pro lxxiiij porcis
emptis ut extra causa predicta precio capitis per medium xx *d. ob.*
minus in toto j *d.*, ut patet per papirum predictum, vj *li.* vj *s.* iiij *d.*

Allecium album Et solutum pro iiij barellis allecii albi emptis ut
extra causa predicta precio barelli per medium xij *s.* iiij *d.*, ut patet
per papirum predictum, xlix *s.* iiij *d.* Et solutum pro xvj barellis allecii
albi emptis ut extra causa predicta de providencia domini precio
barelli per medium viij *s.*, viij *li.*

Allecium rubrum et sprotti Et solutum pro x cades allecii rubii
et ij cadez sprottorum emptis ut extra causa predicta, ut patet per
papirum predictum, lix *s.* ij *d.*

Pisces salsi Et solutum pro ccxl piscibus salsis emptis ut extra
causa predicta de parte remanencium supradictorum precio pecie v *d.*
ob., cx *s.* Et solutum pro MMDclxxvj piscibus salsis emptis ut extra
causa predicta precio pecie per medium v *d.* minus in toto v *s.*, ut patet
per papirum predictum, lv *li.* x *s.*

Pisces duri Et solutum pro cccxl piscibus duris emptis ut extra causa predicta de parte remanencium supradictorum precio centene xvj *s.* viij *d.*, lvj *s.* viij *d.* Et solutum pro MDccclxxij piscibus duris emptis ut extra causa predicta precio centene per medium xx *s.*, ut patet per papirum predictum, xix *li.* iiij *s.*

Salmones salsi Et solutum pro iiij barellis salmonum salsorum emptis ut extra causa predicta precio barelli per medium xxs. x *d.*, ut patet per papirum predictum, iiij *li.* iij *s.* iiij *d.* Et solutum pro j butta salmonum salsorum empta ut extra causa predicta, ut patet per papirum predictum, lvij *s.* vj *d.* Et solutum pro vj salmonibus salsis emptis ut extra causa predicta, ut patet per papirum predictum, viij *s.*

Anguille salse Et solutum pro j firkyn' et xxiiij anguillis salsis emptis ut extra de providencia domini causa predicta, ut patet per papirum predictum, xxij *s.* Et solutum pro j barello de salsis sturgeonibus emptis ut extra causa predicta, ut patet per papirum predictum, xj *s.*

Summa ccccxlvij *li.* iiij *s.* xj *d. ob.*

Empciones recences in officio coquine Et in diversis empcionibus recentibus in officio coquine per predictum tempus huius compoti factis pro expensa hospicii predicti ultra staurum ut supra emptum et expenditum ut extra in eodem officio unacum xx *li.* iij *s.* de precio dentricium tenchez anguillarum et aliorum piscium aque recentis, ut patet per papirum predictum, ccxvj *li.* xix *s.* ix *d.* Et solutum pro xx signis emptis ut extra causa predicta precio capitis iij *s.* iij *d.* plus in toto iiij *d.*, ut patet per papirum predictum, lxv *s.* iiij *d.* Et solutum pro vxiij signis emptis ut extra inter exeuncia causa predicta precio capitis iij *s.* iij *d.*, lviij *s.* vj *d.* Et solutum pro vij^{xx} copulis cuniculorum emptis de Johanne Forster' custode warenne manerii domini de Wrytell super expensam hospicii predicti precio copule iiij *d.*, xlvj *s.* viij *d.*

Summa ccxxv *li*, x *s.* iij *d.*

Salsaria

Et solutum pro iiij quarteriis salis emptis ut extra de parte remanencium supradictorum causa predicta precio quarterii iiij *s.* iiij *d.*, xvj *s.* Et solutum pro xxviij quarteriis j bussello salis emptis ut extra causa predicta precio quarterii per medium iiij *s.* vj *d.* plus in toto ij *s.* iij *d. q.*, vj *li.* viij *s.* x *d.* Et solutum pro cl laginis cinapii emptis ut extra causa predicta precio lagine iiij *d.*, ut patet per papirum predictum, l *s.* Et solutum pro j hoggeshede vini acris empt' ut extra causa predicta, ut patet per papirum predictum, xiij *s.* viij *d.* Et solutum pro x laginis verious emptis ut extra causa predicta precio lagine ij *d.* plus in toto iiij *d.*, ut patet per papirum predictum, ij *s.* Et solutum pro vj laginis olei emptis ut extra de parte remanencium supradictorum precio lagene xij *d.*, vj *s.* Et solutum pro viij laginis olei emptis ut extra causa predicta, ut patet per papirum predictum, ix *s*. iiij *d*. Et solutum pro j hoggeshede olei empt' ut extra causa predicta de providencia thesaurarii, ut patet per papirum predictum, xlvj *s*. viij *d*. Et solutum pro lx lagenis mellis emptis ut extra de parte remanencium supradictorum precio lagene x *d*., l *s*. Et solutum pro xxxvj lagenis mellis emptis ut extra causa predicta precio lagene per medium ix *d*., ut patet per papirum predictum, xxx *s*. Et solutum pro iiij quarteriis iiij bussellis piscium viridium xij *s*. x *d*., xxix bussellis farine avene xxiiij *s*. vij *d*., cepis xiiij *s*. iiij *d*. *ob*., piris iij *s*. vj *d*. emptis ut extra causa predicta, ut patet per papirum predictum, lv *s*. iij *d*.

Summa xx li. vij s. ix d.

Aula et camera

Et solutum diversis hominibus pro prostracione fissure et cariagio focalii pro expensa hospicii predicti, ut patet per papirum predictum, ix *li*. ix *s*. iiij *d*. Et solutum pro vj quarteriis carbonis lignei emptis ut extra de parte remanencium supradictorum precio quarterii v *d*., ij *s*. vj *d*. Et solutum pro cccclxiij quarteriis carbonis silvestris emptis ut extra causa predicta precio quarterii per medium v *d*. *q*. plus in toto iiij *d*. *ob*. *q*., ut patet per papirum predictum, x *li*. ij *s*. xj *d*. Et solutum pro factura et cariagio x duodenarum et xj quarteriorum huius carbonis de bosco proprio domini pro qualibet duodena cum cariagio xxij *d*., ut patet per papirum predictum, xx *s*. Et solutum pro iiij carectis cipporum emptis causa predicta, ut patet per papirum predictum precio carecte v *s*., xx *s*.

Summa xxj li. xiiij s. ix d.

Garderoba

Et solutum pro vj libris piperis iiij *s*., v libris zinziberis iiij *s*. ij *d*., j libra cinamomi xiiij *d*., xvj libris amigdalorum jardini ij *s*. viij *d*., viij libris dimidia rice xvij *d*., xxij libris datez iij *s*. vj *d*., viij libris sugri xij *s*., iij libris sugri cassis iij *s*., j libra clowes et macez ij *s*. iiij *d*., ij libris saundres xx *d*., j libra croci viij *s*., ij libris annes iiij *d*., lv libris reisinorum de Coraunce ix *s*. ij *d*., cx libris cere operate xlviij *s*., xlviij libris weke vij *s*. emptis ut extra de parte remanencium supradictorum, cviij *s*. v *d*. Et solutum pro pipere croco cinamomo amigdalis et aliis diversis speciebus emptis ut extra causa supradicta ut patet per papirum predictum ubi predictarum specierum genera cum summis de diversis preciis earumdem particulariter declarantur et separatim annotantur xxj *li*. iij *s*. Et solutum pro pipere croco sinamomo amigdalis et aliis diversis speciebus emptis ut extra causa predicta de providencia domini de Francisco Grete xxiij *li*. xv *s*. ix *d*. *ob*. et Thoma Litley xxiij *li*. xix *s*. x *d*. ut patet per papirum predictum ubi predictarum specierum genera cum summis de diversis preciis earumdem particulariter declarantur et separatim annotantur xlvij *li*. xv *s*. vij *d*. *ob*. Et solutum pro viij^{c}iiij^{xx}iiij libris cere non operate centena per v^{xx} et xij emptis ut extra causa predicta precio centene per medium xlvj s. viij d. plus in toto vj s. vj d. ut patet per papirum predictum xx li. xiiij s. vj d. Et solutum pro viij^{xx}iiij lees dimidi' et ij libris Weke emptis ut extra causa predicta ut patet per papirum predictum xlj s. v d. Et solutum pro cxij libris candelarum Parisiensium emptis ut extra de parte remanencium supradictorum precio libre j d., ix s. iiij d. Et solutum pro Dcciiij libris candelarum Parisiensium facientibus lviij duodenas viij libras emptas ut extra causa predicta precio duodene per medium xvj d. ut patet per papirum predictum lxxiiij s. viij d. Et solutum pro ccc libris cepi liquefacti precio libre j d. et iiij^{c}iiij^{xx} libris cepi non liquefacti precio libre ob. q. emptis ut extra causa predicta de parte remanencium supradictorum lv s. Et solutum pro ccxxxvj libris cepi liquefacti emptis ut extra tam pro candelis pro expensa hospicii predicti inde fiendis quam pro morteriis in cameris domini et domine noctanter ardentibus perimplendis precio centene vj s. viij d. plus in toto xvj d. ut patet per papirum predictum xvij s. iiij d. Et solutum pro ciiij^{xx}iiij libris cepi non liquefacti emptis ut extra pro candelis pro expensa hospicii predicti inde fiendis ut patet per papirum predictum xj s. xj d.

Summa cv li. xj s. ij d. ob. unde per Franciscum Grete xxiij li. xv s. ix
d. ob.

Thomam Litteley xxiij li. xix s. x d.

per alios cum remanentibus lvij li. xv s. vij d.

Stabilium

Et solutum pro ciiij^{xx}x carectis feni emptis ut extra de parte remanencium supradictorum precio carecte ij s. viij d., xxv li. vj s. viij d. Et solutum pro ccx carectis feni emptis ut extra causa predicta precio carecte per medium iij s. vj d. ob. plus in toto v s. vij d. ut patet per papirum predictum, xxxvij li. ix s. iiij d. Et solutum pro ij carectis feni emptis ut extra inter exeuncia causa predicta precio carecte iij s. vj d., vij s. Et solutum pro xxj carectis straminis emptis ut extra causa predicta precio carecte xiiij d. plus in toto iiij d. ut patet per papirum predictum, xxiiij s. x d. Et solutum pro x quarteriis avene emptis ut extra causa predicta de parte remanencium supradictorum precio quarterii per medium xx d., xvj s. viij d. Et solutum pro cccciij quarteriis iiij bussellis avene emptis ut extra causa predicta precio quarterii per medium xxj d. plus in toto xvj d., xxxv li. vij s. v d. ob. Et solutum pro xxij quarteriis avene emptis ut extra inter exeuncia precio quarterii ij s. ut patet per papirum predictum xliiij s. Et in vadiis diversorum valectorum et garcionum domini ac pagettorum diversorum de familia domini apud [blank] ad diversas vices infra tempus predictum super custodia succursariorum et equorum predictorum existencium ut particulariter patet per papirum predictum ubi huius valecti garcionis [*m. 4*] ac pagetti vadia de mense in mensem separatim annotantur, nichil. Et solutum pro vj bussellis ordei emptis ut extra causa predicta ut patet per papirum predictum ij *s.* v *d.* Et solutum pro vj carectis carbonis marini emptis ut extra causa predicta de parte remanencium supradictorum precio carecte ij *s.* ij *d.*, xiij *s.* Et solutum pro j chaldrio vj bussellis carbonis marini emptis ut extra causa predicta precio ix s. Et solutum pro lxxviij barres ferri pondere Miiij^cij librarum emptis ut extra causa predicta de parte remanencium supradictorum precio centene v *s.* vj *d.*, lxxvij *s.* Et solutum pro ij tonulatis ferri pondere MMMM librarum emptis ut extra causa predicta precio tonulati iiij *li.* xvj *s.* viij *d.*, ix *li.* xiij *s.* iiij *d.* Et in expensis diversorum succursariorum equorum domini et domine ac aliorum de familia domini apud Stafford' hoc anno ad diversas vices infra tempus predictum ad liberatum existencium unacum vadiis diversorum valectorum garcionum et pagettorum ibidem super custodia eorumdem existencium ut patet per compotum receptoris ibidem hoc anno ultra xliiij *li.* vij *s.* viij *d.* de custu et expensis diversorum pullorum domini ibidem infra tempus predictum sic estimatis per auditorem ibidem hoc anno iiij^xxiiij *li.* iij *s.* viij *d.* Et in considerabilibus expensis diversorum succursariorum equorum domini et domine ac aliorum de familia sua apud Tonbrigge Hadelo et Penshurste in comitatu Kanc' ad diversas vices infra tempus predictum ad liberatum existencium unacum vadiis diversorum valectorum garcionum et pagettorum ibidem super custodia eorumdem existencium ut patet per compotum receptoris ibidem hoc anno cxxv *li.* xix *s.* ix *d. ob.* Et solutum Johanni Thomas Firmario de Peryndon' ut in precio ccx carectarum feni provenientis de pratis diversis ibidem de eodem emptarum pro expensis equorum domini et aliorum de familia sua ibidem hoc anno ad liberatum stancium precio carecte iij *s.* vj *d.*, xxxvj *li.* xv *s.*

Summma cccclxiiij *li.* ix *s.* ij *d.*

Custus et expense neccessarie cum solucionibus forinsecis

Et in diversis custibus et expensis per dictum thesaurarium per predictum tempus huius compoti factis equitandum ad nundinum de [*blank*] et alibi circa empciones et provisiones diversorum victualium et estuffurarum supradictorum pro expensa hospicii predicti necessariorum unacum stipendiis et expensis diversorum hominum et carectariorum huius victualia de diversis locis usque hospicium predictum cariancium et fugancium aceciam cum expensis diversarum personarum de familia domini in diversis negociis domini et domine ad diversas vices infra tempus predictum missarum unacum regardis datis diversis personis domino et domine exeuntibus presentancibus aceciam cum bactacione diversorum equorum hoc anno ad diversas vices ad liberatum existencium unacum vj *li.* solutis Johanni Welles et aliis pro cariagio piscium salsorum et durorum de Torkesey usque Maxstoke mense Octobris infra tempus predictum; xvj *s*. solutis pro j mane conducto pro frettagio dictorum piscium de Hulle usque Torkesey mense predicto; xxxiiij *s*. solutis pro cariagio salmonum cere et alleciorum de London' usque Maxstoke mense Novembris; xxx *s*. solutis pro cariagio unius dolii vini de London' usque Maxstoke mense predicto; xxx *s*. solutis pro cariagio j dolii vini et pro blodiis liberatis domini de London' usque Maxstoke mense Decembris; xxx *s*. solutis pro cariagio unius fatti vini de Ruyn' de London usque Maxstoke mense predicto; xxx *s*. solutis pro cariagio diversarum specierum de London' usque Maxstoke mense predicto; xxviij *s*. vj *d*. *ob*. solutis pro factura xv duodenarum et vij quarteriorum carbonis silvestri in bosco domini ibidem mense predicto; xxv *s*. solutis pro expensis xij equorum et hacnettorum ix histrionibus domini tempore Natalis Domini mense Januarii; lx *s*. solutis pro cariagio alleciorum sprottorum salmonum salsorum et aliorum de London' usque Maxstoke mense predicto; viij *s*. viij *d*. solutis pro hayling' et drawyng' xxij dolii vini de diversis sellariis in Bristoll' mense Februarii; iiij *li*. xx *d*. solutis pro le freght' predictorum xxij doliorum vini et ij tonulatorum ferri de Bristoll' usque Beaudeley mense predicto; xl *s*. solutis pro expensis dicti thesaurarii cum iij personis et iiij equis equitantibus de Maxstoke usque Bristoll' pro predictis vino et ferro providendis mense predicto; xxvj *s*. solutis pro fretagio londagio wharvage cartyng' et piklyng' allecii albi et rubei mense predicto; xxxiij *s*. iiij *d*. solutis pro cariagio fructorum et specierum et aliorum de London' usque Maxstoke mense predicto; lxvj *s*. viij *d*. solutis pro ij carectariis de Eire pro cariagio dentricium et tenches de Eyre usque Maxstoke mense predicto; xxvij *s*. vj *d*. solutis pro expensis Johannis Forster' equitantis de Maxstoke usque Bristoll' pro vino ibidem emendo et eligendo mense predicto; viij *li*. xvj *s*. solutis diversis carectariis cariantibus xxiij dolia vini de Beaudeley usque Maxstoke mense Martii; xlvj *s*. viij *d*. solutis pro expensis Willelmi Hoke et sociorum suorum pro sustentacione et fugacione boum de comitatu Glouc' usque Maxstoke mense predicto; xxvj *s*. viij *d*. solutis priori de Maxstoke pro decima feni provenientis de pratis vocatis Blakesiche Brodemede Forgemede et Cowhey mense Junii; xiij *li*. vj *s*. viij *d*. solutis pro expensis domine Bardolf' domini Johannis domine Katerine cum familiis suis de Maxstoke usque Writell mense predicto; xx *s*. solutis pro cariagio iij doliorum vini de London' usque Writell mense Julii; ix *s*. ij *d*. solutis pro fugacione boum et multonum de Desford' in comitatu Leyc' usque Writell mense Augusti; lxj *s*. solutis pro expensis diversorum officiariorum domini existencium apud Maxstoke super solucione creditorum hospicii mense predicto; xxxv *s*. solutis pro expensis dicti thesaurarii cum servientibus et equis suis apud castrum de Maxstoke tam pro solucione creditorum et

liberacione warrentorum quam pro providencia xl boum et ccc multonum pro expensis hospicii domini apud Writell' mense predicto per
xxj dies; xlv *s*. iiij *d*. pro cariagio iiij doliorum vini de London' usque
Writell' mense predicto et xiij *s*. iiij *d*. pro expensis dicti thesaurarii
equitantis de Writell versus Norfolchiam pro pisce salso ibidem prov-
idendo mense predicto sicut continetur in supradicto magno papiro
de dietis ubi huius soluciones forinsece et expense necessarie necnon
causa solucionis cuiuslibet summe particularis eorumdem plenius annotantur et separatim de mense in mensem particulariter declarantur
ac per sacramentum computantis ciij *li*. viij *s*. vij *d*. *ob*. Et in diversis
custibus factis et appositis circa empcionem et reparacionem diversorum harnes' pertinencium ad charietta plaustra et carectas hospicii
predicti ut particulariter patet per papirum predictum lxix *s*. j *d*.

Summa cvj *li*. xvij *s*. viij *d*. *ob*.

Empcio stauri vivi

Et solutum pro j equo coloris nigri empto pro charietto domini
mense Octobris infra tempus predictum ut patet per papirum predictum xxx *s*.

Summa xxx *s*.

Empcio panni linei

Nulla

Empcio necessariorum

Et solutum pro papiro empto pro libro thesaurarii in domo computatorii fiendo bultelles ligaturis ligneis streynours paylles et bolles
ollis terreis et aliis rebus necessariis in diversis officiis infra hospicium
predictum unacum cj *s*. iiij *d*. solutis pro iiij patellis ij ladles et ij
skymers de latone et iiij *li*. xxj *d*. *ob*. solutis pro xiiij duodenis discorum
et vj duodenis salsariorum de electro pondere cccij librarum precio
libre iij *d*. *q*. emptis apud Coventr' per dictum thesaurarium ut particulariter patet per papirum predictum ubi huius necessaria cum precio cuiuslibet eorumdem separatim annotantur x *li*. vj *s*. iij *d*. *ob*.

Summa x *li*. vj *s*. iij *d*. *ob*.

Empcio exeuncium

Et solutum pro diversis parvis exeuncibus domino et domine ad
diversas vices hoc anno presentatis ut patet per papirum predictum
ultra xxv *s*. viij *d*. de precio iiij quarteriorum frumenti; lxj *s*. iiij *d*. de
precio iiij boum; vj *s*. ij *d*. de precio j apri; lviij *s*. vj *d*. de precio xviij
signorum; xliiij *s*. de precio xxij quarteriorum avene; vij *s*. de precio ij
carectarum feni, superius in diversis titulis grossis emptorum particulariter appreciatorum et allocatorum ut patet per papirum predictum
lxij *s*. viij *d*.

Summa lxij *s*. viij *d*.

Vadia officiariorum

Et in vadiis diversorum officiariorum domini in diversis officiis infra hospicium predictum pro terminis Pasche et Sancti Michelis infra dictum tempus huius compoti accidentibus ut patet per papirum predictum xliij *li.* vj *s.* viij *d.*

Summa xliij *li.* vj *s.* viij *d.*

Conductura pasturarum

Et solutum Thome Whatton' ballivo manerii de Maxstoke pro diversis pratis et pasturis de eodem locatis tam pro bobus et multonibus domini in eisdem depasturandis crassandis et sustentandis quam pro feno pro expensis hospicii domini de eisdem habendo videlicet j pastura vocata Collesley xl *s.*, j pastura vocata Halomeswode x *s.*, j prato vocato Monewode cum j crofto vocato Blakecroft l *s.*, ac j prato vocato Russhemedowe viij *s.* ut patet per papirum predictum cviij *s.* Et solutum eidem Thome pro agistamento yemali et estivali diversorum averiorum domini infra parcum ibidem ut patet per papirum predictum lxvj *s.* viij *d.* Et solutum eidem Thome pro pannagio porcorum infra parcum predictum hoc anno habendo ut patet per papirum predictum xl *s.* Et solutum Johanni Calthorp' pro quadam pastura de eodem conducta vocata Widefordbrome pro bobus et multonibus ibidem hoc anno pascendis et crassandis videlicet a festo Sancti Trinitatis infra tempus predictum usque festum Sancti Michelis in fine istius compoti lx *s.*

Summa xiij *li.* xiiij *s.* viij *d.*

Custus itineris domini et domine   [*blank*]

Solucio creditoribus

Et solutum diversis creditoribus compoti dicti thesaurarii de anno xxvij subscriptis ut pro tot denariis eisdem per dominum debitis pro diversis estuffuris de eisdem pro expensis hospicii domini emptis et provisis ut patet in compoto dicti thesaurarii de anno proxime precedenti videlicet Thome Higham pro diversis volatilibus viij *s.* ij *d.* Et solutum diversis huius creditoribus compoti dicti thesaurarii de anno xxviij ut pro tot denariis eisdem per dominum debitis pro diversis estuffuris de eisdem pro expensis hospicii domini emptis et provisis ut patet in compoto dicti thesaurarii de anno proxime precedenti videlicet j pagetto Harpour pro vadiis xvj *d.*, Thome Higham pro volatilibus ix *s.* x *d.*, in toto xj *s.* ij *d.* Et solutum diversis huius creditoribus compoti dicti thesaurarii de anno xxix ut pro tot denariis eisdem per dominum debitis pro diversis estuffuris de eisdem pro expensis hospicii predicti emptis et provisis ut patet in compoto dicti thesaurarii de anno proxime precedenti videlicet Johanni Barre servienti domini pro expensis et avena xij *s.* viij *d.*, Willelmo Frankeleyn' servienti domini

pro menues viij *d.*, Johanni Colles pro falcacione prati vocati Blakesiche xxij *s.* iiij *d.*, Thome Jeke de Maxstoke pro litere et cariagio xij *s.*
viij *d.*, Johanni Sadeler' de Whiteacr' pro avena x *s.*, Johanni Tiesley
de Yerdeley pro avena xxv *s.*, Johanni Bradmoure de Lee pro feno ij
s. vj *d.*, Thome Wright' de Whiteacr'[1] pro avena iij *s.*, Johanni
Billyngton' de Bentley pro avena ij *s.*, Johanne Yerdeley lotrici hospicii
pro lotura naparie iij *s.*, Johanni Dey de Drakenage pro stramine et
cariagio xviij *d.*, Johanni Bulkeley pro labore suo cum charietto xij *d.*
et Henrico Porter' de Maxstoke pro feno xvij *s.*: [*m.5*] in toto Cxiij *s.*
iiij *d.* Et solutum diversis huius creditoribus compoti dicti thesaurarii
de anno xxx subscripto ut pro tot denariis eisdem per dominum debitis
pro diversis estuffuris de eisdem pro expensis hospicii domini emptis et
provisis ut patet in compoto dicti thesaurarii de dicto anno proxime
precedenti videlicet Johanni Michell' de Lee pro piscibus aque recentis
xiiij *s.* v *d. ob.*, Thome Hille pro piscibus aque recentis xv *s.* v *d.* q.,
Clementi Draper pro porc' xiij *s.* iiij *d.*, Willelmo Frankeleyn' servienti
domini pro melle et aliis necessariis x *s.* j *d.*, Johanni Badcoke de
Whiteacr' pro trituracione frumenti et cariagio avene et litere xx *s.*
viij *d.*, Johanni Serche de Halowton' pro avena iiij *s.* vj *d.*, Thome Jeke
de Maxstoke pro stramine vij *s.*, Johanni Forster' servienti domini pro
pipis vacuis et aliis expensis xiij *s.*, Henrico Shakespere pro factura
farine avene viij *d.*, Willelmo Nicholl' pro piscibus aque recentis xxj
d., Thome Turnour de Coventr' pro ciphis xxiiij *s.* viij *d.*, Willelmo
Hille de Whiteacr' pro feno xij *s.*, Ricardo Heth' de Maxstoke pro
feno vj *s.*, Johanni Barre servienti domini pro avena vj *s.*, iiij *d.*,
Willelmo Harries de Coton' pro avena et cariagio xx *s.*, Thome
Ferrour de Balsale pro avena et frumento xx *s.*, Ricardo Dey de
Maxstoke pro cariagio xij *d.*, Henrico Butler' de Colshull' pro cariagio
xij *d.*, Johanni Blakenhale de Merston' pro j axtree v *d.* et Willelmo
Holde de Colshull' pro waynecloutez v *d.*, in toto ix *li.* xviij *s.* iij *d. ob.*
q. Et solutum diversis huius creditoribus compoti dicti thesaurarii de
anno xxxj subscripto ut pro tot denariis eisdem per dominum debitis
pro diversis estuffuris de eisdem pro expensis hospicii domini emptis et
provisis ut patet in compoto dicti thesaurarii de dicto anno proxime
precedenti videlicet Thome Hill' pro piscibus aque recentis iiij *s.* xj *d.*,
Willelmo Nicholl' pro piscibus aque recentis vj *s.* v *d. ob.*, Johanni Dey
de Drakenage pro stramine viij *s.* ij *d.*, Johanni Grene de Colshull' pro
j apro iiij *s.* iiij *d.*, Johanni Danyell' de Halowghton' pro stramine ij *s.*
x *d.*, Thome Jeke de Maxstoke pro stramine ij *s.* viij *d.*, Willelmo
Harries de Coton' pro stramine ij *s.* vj *d.*, Johanni Badecoke de Whiteacr' pro avena iij *s.* ij *d.*, Johanni Barre servienti domini pro wayne-
clowtez ij s., Johanni Bailly servienti domini pro ollis terreis x *d.*,
Willelmo Frankeleyn' servienti domini pro ollis et bollis iij *s.* viij *d.*,

[1] Over Whiteacre, Warws.

Thome Dolhey de Whiteacr' pro multonibus xiiij *s.*, Roberto Hervy de Berkeswell' pro avena xxiij *s.* iiij *d.*, Johanni Forster servienti domini pro ceris et clavis iij *s.* vij *d.*, Radulfo Whatley de Bromewiche[1] pro carbone marino xxx *s.*, Henrico Catour pro multonibus xix *s.* vj *d.*, Johanni Michell' pro piscibus aque recentis v *s.* ij *d. ob.*, Johanni Dadyngton' de Pakyngton' pro avena x *s.* vij *d. ob.*, Johanni Hamper servienti domini pro piscibus marinis iiij *s.* iiij *d.*, Willelmo Forge et iij aliis personis pro falcacione xxix *s.*, Johanni Chesshire pro avena xvj *s.* viij *d.*, Henrico Gusset pro feno xxxiij *s.* iiij *d.*, Johanni Stanle pro factura feni viij *d.*, Willelmo Corall' pro consimili iiij *d.*, Henrico Wyndesovere pro consimili ij *s.*, Johanni Guphill' pro multonibus xj *s.* iij *d.*, Henrico Butler' de Colshull pro cariagio feni vij *s.* vj *d.*, Ricardo Dey pro consimili iiij *s.*, Johanni Notyng' pro consimili viij *s.* x *d.*, Johanni Blakenhale de Merston' pro diversis harnes' charietti domini ix *s.* x *d.*, Ricardo Brian' et Gardiano de Knolle[2] pro avena x s., Henrico Holand' cananico [*sic*] pro cera fracta v *s.*, Johanne Yerdeley lotrici hospicii pro lotura naparie xvij *s.* vj *d.*, Willelmo Forster' pro feodo suo pro j quarterio anni xiij *s.* iiij *d.*, Henrico Whitefeld' pro feodo suo pro j anno liij *s.* iiij *d.*, Thome Wright' pro feodo suo pro iij quarteriis anni xl *s.*, Thome Bray Johanni Forster' Johanni Hamper Henrico Dughty' Johanni Halle cuilibet pro feodo suo pro j anno xl *s.*, x *li.* Henrico Catour pro feodo suo pro dicto anno xx *s.*, Thome Burton' Johanni Colles utrique pro feodo suo pro j anno xxvj *s.* viij *d.*, liij *s.* iiij *d.* Willelmo Hille pro feodo suo pro dicto anno xiij *s.* iiij *d.*, Willelmo Roce Johanni Bailly Willelmo Calverley Thome Salet Johanni Barre Johanni del Ewry Willelmo Lyndesey Ricardo Frrunceys Johanni Payne Johanni Ferrers et Willelmo Wayneman' pro feodo suo pro j anno videlicet cuilibet eorum xx *s.*, xj *li.* Johanni Guphill' pro feodo suo pro j quarterio anni vj *s.* viij *d.*, Johanni Ferrour pro feodo suo pro dicto anno x *s.*, Thome Bocher' pro feodo suo pro iij quarteriis anni xv *s.*, Henrico Ferrour pro feodo suo pro dicto anno xiij *s.* iiij *d.*, Johanni Dounfrount pro consimili pro dicto anno xiij *s.* iiij *d.*, Petro del Squillery pro consimili x *s.*, Thome Yerdeley pro consimili x *s.*, Willelmo Notyng' garcioni charietti pro feodo suo pro j quarterio anni v *s.* et Willelmo puero coquine pro consimili pro dicto anno iij *s.* iiij *d.*, in toto l *li.* vij *s. ob.*

Summa lxvj *li.* xviij *s. q.*

SUMMA OMNIUM ALLOCACIONUM ET SOLUCIONUM [*blank*]

ET HABET SUPERPLUS [*blank*]

Et allocatur ei cl *li.* ix *s.* ix *d. q.* de quodam superplus' per ipsum in

---

[1] Castle Bromwich, Warws.
[2] Knowle, Warws.

compoto suo anni proxime precedentis habito prout patet in pede ibidem. ET SIC HABET SUPERPLUS' [*blank*]

Contra quos oneratur de xxxvij *s*. ix *d*. *ob*. de diversis rebus ut extra venditis super compotum. Et scilicet oneratur de clxxvj *li*. vij *s*. ix *d*. *di*. *q*. ut pro tot denariis domino debitis per diversos officiarios hospicii quorum nomina patent in compoto anni precedentis.

SUMMA DEBIT CONIUNCTA clxxviij *li*. v *s*. vj *d*. *ob*. *di*. *q*.

UNDE

Johannem Taverner' ut de precio multonum et ordei super ipsum pro solucione vadiorum apud Hatfeld'[1] Writell et Ongr'[2] venditorum in anno xx dicti regis nunc, iiij *li*. xvj *s*.

Ricardum Moyn' de parte xiij *s*. iiij *d*. de precio unius equi sibi in anno xxj venditi ultra iiij *s*. de precio avene de eodem empte solutos per dominum ut patet inter creditores de anno xxiij, ix *s*. iiij *d*.

Willelmum del Pantria ut de precio MDcxxxj panium in anno xx, xxj, xxij et xxiij venditorum xxvij *s*. ix *d*. *q*. necnon de precio MMMDvj panium super compotum de anno xxvij venditorum lviij *s*. v *d*. *q*., iiij *li*. vj *s*. ij *d*. *ob*.

Thomam Braye de precio Mclxix panium super compotum de anno xxvij venditorum xix *s*. v *d*. *ob*. *q*., necnon de precio iiij*c* ix panium super compotum de anno xxix venditorum vj *s*. x *d*., aceciam de precio cxxxv panium super compotum de anno xxx venditorum ij *s*. iij *d*., necnon de precio Mccclxviij panium super ipsum super hunc compotum venditorum xxij *s*. ix *d*. *ob*., lj *s*. iiij *d*. *q*.

Rogerum Baker' et Willelmum Baker' de precio xxij quarteriorum iiij bussellorum frumenti et xxxiij quarteriorum iiij bussellorum furfuris in anno xxiij, xxiiij, xxv et xxvj super compotum venditorum cv *s*. x *d*., necnon de precio xxj quarteriorum iiij bussellorum frumenti in anno xxviij venditorum iiij *li*. xiij *s*. vj *d*., ix *li*. xix *s*. iiij *d*.

Willelmum Baker' de precio j quarterii iij bussellorum ij peccarum frumenti super hunc compotum hoc anno venditorum, ix *s*.

Johannem Hans de precio lvij quarteriorum j busselli ij peccarum avene super compotum de anno xxj dicti regis nunc venditorum, lxxvij *s*. v *d*.

Predictum Willelmum de panetria ut de precio xvj piparum xl laginarum dimidie servisie in anno xxj dicti regis nunc venditarum vij *li*. vij *s*. iiij *d*. *ob*., et Dccccxviij laginarum dimidie cervisie et bere super compotum de anno xxvj venditarum lxxvj *s*. vj *d*. *ob*., necnon de precio xxvj piparum et xxvij laginarum cervisie super compotum de predicto anno xxvij venditarum xj *li*. xvj *s*. iij *d*., xxiij *li*. ij *d*.

[1] Hatfield Broad Oak, Essex.
[2] Ongar, Essex.

Predictum Thomam Bray ut de precio vj piparum lvij laginarum dimidie cervisie et bere super ipsum in anno xxvij venditarum lviij *s.* ix *d.*, et de precio Dcccj laginarum dimidie cervisie super compotum de anno xxviij venditarum lxvj *s.* ix *d. ob.*, necnon de precio ccxviij laginarum dimidie cervisie super compotum de anno xxix venditarum xviij *s.* ij *d. ob.*, ac de precio xxviij piparum cj laginarum cervisie super compotum de anno xxx venditarum xiiij *li.* viij *s.* v *d.*, necnon de precio xx piparum xiij laginarum dimidie cervisie super ipsum in anno proxime precedenti venditarum x *li.* xiij *d. ob.*, xxxj *li.* xiij *s.* iij *d. ob.*

Johannem Coke et Johannem Lyndesey carnifices de precio v boum super ipsos in anno xxj et xxij ac de precio xliij multonum in anno xxiij regis nunc super compotum venditorum, vij *li.* vj *s.* iiij *d.*

Johannem Waryng' de precio cxxvj librarum cere operate et iiij^c lxv librarum candelarum in anno xxj et xxij super compotum venditarum, vj *li.* xij *s.* vj *d. ob. di. q.*

Johannem Lyndesey carnificem de precio j bovis super ipsum in anno xxx venditi, xiiij *s.* vj *d.*

Thomam del Ewry et socios suos de precio xlvj librarum dimidie candelarum Parisiensium in annis xxiij, xxiiij, xxv et xxvj super compotum venditarum iiij *s.* xj *d.*, necnon de precio Diiij^xx v librarum candelarum Parisiensium super compotum de anno xxix venditarum lvij *s.* j *d.*, necnon de precio MMcxxxiij librarum candelarum Parisiensium super compotum de anno xxx venditarum viij *li.* xvij *s.* ix *d.*, xj *li.* xix *s.* ix *d.*

Johannem del Ewrye de precio xxj librarum candelarum super ipsum in anno proxime precedenti venditarum, xxj *d.*

Johannem Chaundeler' de precio Dccccxliij librarum cepi liquefacti centena ad v *s.* super ipsum in anno proxime precedenti venditi, xlij *s.* ij *d.*

Johannem Brussingham marescallum aule, Johannem Hall' et Thomam Wiloughby hostiarios aule et camere de precio xx piparum iiij^xx xj laginarum cervisie et xlv laginarum vini que per eorum nimis presentamentum coram thesaurarium hospicii in domo computatorii in annis xxij et xxvj super compotum vendite, xij *li.* iiij *s.* vj *d.*

Robertum Coke de precio xxciij piscium durorum carnum boum et multonum in annis xxij et xxiij et xxv super compotum venditorum, xlv *s.* x *d.* [*m.6*] Johannem Danyell' de precio lvj piscium salsorum et di'^a super ipsum in anno xxvij venditorum, xviij *s.* x *d.*

Eundem Johannem de precio ij quarteriorum carnis multonis viij *d.*, necnon de precio cciij piscium salsorum in anno xxviij venditorum iiij *li.* viij *s.* xj *d. ob.*, necnon de precio lxij piscium durorum x *s.* iiij *d.* et cc piscium salsorum iiij *li.* iij *s.* iiij *d.* super ipsum in anno xxix venditorum, ix *li.* iij *s.* iij *d. ob.*

^a *Sic; error for* durorum?

Willelmum Frankeleyn' de precio xxvij piscium salsorum xj *s.* iij *d.*
et xvj piscium durorum ij *s.* viij *d.* super ipsum in anno xxx venditorum,
necnon de precio xvj piscium salsorum vj *s.* viij *d.* et xxij piscium
durorum iij *s.* viij *d.* super ipsum in anno proxime precedenti venditorum aceciam de precio ij quarteriorum carnis boum vj *s.* super
ipsum hoc anno venditorum, xxx *s.* iij *d.*

Johannem Barre de precio x quarteriorum vj bussellorum avene
super ipsum in anno xxiiij venditorum, xvij *s.* xj *d.*

Johannem Forster' de celario domini de precio xxviij sextariorum
vini super compota de anno xxiiij, xxv, xxvj et xxvij venditorum iiij *li.*
xviij *s.* v *d.*, necnon de precio xxix sextariorum iij picheriorum j
quarterii vini super ipsum in anno xxviij super compotum venditorum
lxix *s.* vj *d. q.* ac de precio iiij^{xx}vij sextariorum iij picheriorum iij
quarteriorum vini super ipsum in anno xxix venditorum x *li.* v. *s.* ij *d.*
ob., necnon de precio cxl sextariorum ij picheriorum j quarterii vini
super ipsum in anno xxx venditorum xvj *li.* vij *s.* x *d.*, xxxv *li.* xij *d. q.*

Johannem Lyndesey et Johannem Robiaunte de precio xl multonum in anno xxv super compotum venditorum, lxviij *s.* ix *d.*

Eosdem de precio vj multonum super ipsos in compoto de anno
xxviij venditorum, ix *s.*

Johannem Barre et socios suos avenatores de precio xxxvj quarteriorum vij bussellorum iij peccarum avene et fabarum super ipsos in
anno xxx venditorum, xlvj *s.*

Remanencia compoti supradicti thesaurarii de anno supra-scripto

De frumento—vij quarteria precio quarterii vj *s.* v *d.*—xliiij *s.* xj *d.*
De panibus—lx videlicet v pro j *d.*—xij *d.*
De vino—xix pipe xl lagine precio pipe lvj *s.* viij *d.*—lv *li.* iij *s.* iiij *d.*
De cervisia—vj pipe precio pipe x *s.*—lx *s.*
De bobus vivis—xliij unde pro plaustris xvj precio capitis xv *s.* iiij *d.*—
xxxij *li.* xix *s.* iiij *d.*
De multonibus vivis—xj^{xx}iiij precio capitis xvij *d.*—xv *li.* ix *s.*
De carne boum—ij quarteria precio—vj *s.*
De cassis multonum—j cassa dimidia precio—xviij *d.*
De piscibus salsis—ccxl precio pecie v *d.*—c *s.*
De piscibus duris—cix precio centene xx *s.*—xxij *s.* viij *d. ob.*
De melle—xiiij lagene precio lagene x *d.*—xj *s.* viij *d.*
De sale—j quarterium precio—iiij *s.*
De cera non operata—ccccxiiij libre centena per v^{xx} et xij precio
centene xlvj *s.* viij *d.*—ix *li.* xij *s.* vj *d.*
De cera operata—v^{xx} libre precio libre v *d.*—xlj *s.* viij *d.*
De candelis parisiensibus—v libre precio libre j *d. q.*—vj *d. q.*
De pipere—vij^{xx}xij libre precio libre ix *d.*—cxiiij *s.*

De zinzibere—lxv libre precio libre xiiij *d.*—lxxv *s.* x *d.*

De sinamomo—xxxij libre precio libre xxij *d.*—lviij *s.* viij *d.*

De amigdalis jardini—lx libre precio libre ij *d. ob.*—xij *s.* vj *d.*

De sugro albo de ij cutis—xl libre precio libre xxij *d.*—lxxiij *s.* iiij *d.*

De reisinis de Coraunce—iiij^{xx} libre precio libre ij *d.*—xiij *s.* iiij *d.*

De clowes—iiij libre precio libre ij *s.* ij *d.*—viij *s.* viij *d.*

De macez—ij libre precio libre ij *s.* ij *d.*—iiij *s.* iiij *d.*

De dates—iiij libre precio libre iij *d.*—xij *d.*

De saundres—ij libre precio libre xij *d.*—ij *s.*

De rice entier—vj libre precio libre ij *d.*—xij *d.*

De annes—ij libre precio libre iij *d.*—vj *d.*

De feno—xvij^{xx} carecte unde apud Writell vj^{xx} et x carecte, Peryndon'
x^{xx} et x carecte, precio carecte iij *s.* vj *d.*—lix *li.* x *s.*

Summa totalis valoris remanencium predictorum—cov *li.* xiij *s.* iiij *d.*
ob. q.

[*m.1*d]   WISTOWE ANNO XXXII

[Frumentum]
[..........] xxiiij quarteriis j bussello frumenti receptis de
[..........] unde apud Warr'[1] xiij quarteria, Maxstoke vij quarteria v busselli et Stafford' [..........] vij bussellis ij peccis receptis
de empcione ut infra. Et de vij quarteriis frumenti receptis de empcione ut infra inter exeuncia.

Summa ccclvj quarteria ij pecce.

De quibus
[Idem] computat furnisse infra hospicium predictum per tempus
infrascriptum pro expensa hospicii infrascripti ut patet per quendam
magnum papirum ipsius [.....] de dietis dicti hospicii super hunc
compotus ostensis [..........] Et liberasse Johanni Frankeleyn in
coquina pro [..........] xj quarteria. Et liberasse Johanni
M[.....] pro sustentacione [.....] domini ibidem infra tempus
predictum per tallium ij bussellos. Et [.....] in coquina pro potagio
inde fiendo iiij bussellos. Et liberasse Alicie de Camera pro sustentacione phesianorum et aliorum volatilium infra cameram domine per
tallium iiij busselos. Et [.....] mensuras lxxvij quarteriorum frumenti de mensuris villarum de Warr' et Coventr' que quidem lxxvij
quarteria minus [.....] mensuris granarii de Maxstoke in quolibet
quarterio j bussellus per debitam examinacionem et approbacionem
inde habuit super hunc compotum ix quarteria v bussellos. Et in
vendicione super compotum j quarterium iiij bussellos ij peccas.

Summa cccxlvij quarteria v busselli.
Et remanent vij quarteria frumenti.

[Panis]
Et de ccccxvj panibus receptis de remanencibus. Et de iiij[xx]xMciiij[xx]
receptis de furnicio predictorum cccxxv quarteriorum vj bussellorum
frumenti ut supra furnitorum per tempus predictum.

Summa iiij[xx]MDiiii[xx]xvj

De quibus
Idem computat expendisse infra hospicium predictum per tempus
predictum ut patet per papirum predictum iiij[xx]ixMclxviij panes. Et
in vendicione super compotum Mccclxviij panes pro

Summa iiij[xx]MDxxxvj.
Et remanent lx panes.

Furfura
Et de iiij[xx] quarteriis vij bussellis pecca furfure provenientis de fur-

[1] Warwick.

nicio predictorum cccxxiij quarteriorum v bussellorum frumenti ut supra furnitorum videlicet de quolibet quarterio ij busselli.

Summa iiij^{xx} quarteria vij busselli pecca.

Que

Idem computat liberasse Johanni Barre custodi granarii domini ibidem pro mixtura prevendenda ibidem per tallium.

Summa que supra.
Et nichil remanet.

[Vinum]

Et de Dccccvij sexteriis ij picheriis vini rubii receptis de remanencibus unde apud Stafford' cx sexteria Maxstoke vij^ciiij^{xx}xvij sexteria ij picherii. Et de Mcclxv sexteriis repertis in xxiij doliis vini rubii Vascon' receptis de empcione ut infra qualibet pipa continenti cx lagenas. Et de lxxj sexteriis iij picheriis ij quarteriis repertis in j fatto vini de Ruyn' recepto de empcione ut infra de providencia domini London'. Et de cccxxx sexteriis vini rubii repertis in vj doliis vini rubii Vascon' receptis de empcione ut infra de providencia domini London'.

Summa MMDlxxiij sexteria iij picherii ij quarteria.

De quibus

Idem computat expendisse infra hospicium predictum per tempus predictum ut patet per papirum predictum Mccciiij^{xx}xiij sexteria iij picherios ij quarteria. Et in v lagenis diversis pipis vini per tempus predictum xv sexteria. Et liberasse in coquina domini tempore Natali Domini pro potagio cum eodem fiendo per j tallium, nil quia infra dietas. Et liberasse in officio scutellarii pro salciamentis inde fiendis per j tallium, nil quia infra dietas. Et liberasse in dictum officium scutellarii pro vino acro inde fiendo per j tallium. Et liberasse in lardario domini pro sturgeonibus recentibus cum eodem custodiendis per j tallium, nil quia inter dietas. Et venduntur domino de Groby abbati de Killingworth' Thome Stanley et aliis ut infra, ix dolia continentia cccciiij^{xx}xv sexteria. Et datur per dominum episcopo Cestr'[1] j pipa continens xxvij sexteria ij picherios. Et expenduntur per dominum existentem apud Stafford' mense Martii et per dominum Stafford' existentem ibidem mense Augusti infra tempus predictum et mense Februarii post tempus compoti, iij pipe continentes iiij^{xx}ij sexteria ij picherios.

Summa MMxiij sexteria iij picherii ij quarteria.

Et remanent apud Writell xix pipe xl lagene
facientes Dxxij sexteria ij picherios. Et apud
Stafford' j pipa continens xxvij sexteria ij
picherios.

---

[1] Chester. The usual title used by the bishop was Coventry and Lichfield.

Cervisia

Et de ccccxxxij lagenis cervisie receptis de remanencibus. Et de xlMccccxlviij lagenis cervisie repertis in iij^{c}lxxiiij pipis et lvj lagenis cervisie receptis de empcione ut infra qualibet pipa continenti cviij lagenas.

Summa xlMDccciiij^{xx} lagene.

De quibus

Idem computat expendisse infra hospicium predictum per tempus predictum ut patet per papirum predictum, xxxixMix^{c}xlj lagenas. Et in lecagio predictarum ccclxxiiij piparum in cariagio earumdem de Colshull usque Maxstoke et de Chelmesford' et Writell' usque manerium ad diversas vices infra tempus predictum videlicet de qualibet pipa ij lagene, cciiij^{xx}vij lagenas.

Summa xlMccxxxij lagene.
Et remanent vj pipe cervisie facientes vj^{c}xlviij lagenas.

Ciphi

Et de cxxxvj duodenis et x ciphorum receptorum de empcione ut infra.

Summa cxxxvj duodene et x ciphorum.

Quos

Idem computat expendisse infra hospicium predictum per tempus predictum ut patet per papirum predictum.

Et nil remanet.

Boves

Et de c bobus receptis de remanencibus unde apud Stafford' lij Maxstoke xlviij cum xvj plaustris. Et de clxvij bobus receptis de empcione ut infra. Et de v bobus receptis de empcione ut infra de providencia domini. Et de iiij bobus receptis de empcione ut infra inter exeuncia.

Summa cclxxvj.

De quibus

Idem computat necasse infra hospicium predictum per tempus predictum ut patet per papirum predictum ccxlviij.

⟨supersunt xv⟩   Summa [*blank*]
Et remanent xliij unde pro plaustris xvj.

Carcosia bovina

Et de j carcosio bovino recepto de remanencibus. Et de ccxlviij carcosiis bovinis receptis de necacione tot boum ut supra pro expensa hospicii predicti necatorum.

Summa ccxlix carcosia.

De quibus

Idem computat expendisse infra hospicium predictum per tempus predictum ut patet per papirum predictum ccxlviij carcosia. Et in vendicione super compotum ij quarteria pro

⟨vj *s.*⟩   Summa ccxlviij carcosia ij quarteria.
                            Et remanent ij quarteria.

[*m.*2d]

Multones

Et de xlvj multonibus receptis de remanencibus. Et de MDcxxxvij multonibus receptis de empcione ut infra.

                            Summa MDciiij^{xx}iiij.

De quibus

Idem computat necasse infra hospicium predictum per tempus predictum ut patet per papirum predictum Mcccclx.

                            Summa Mcccclx.
                        Et remanent ccxxiij multones.

Casse multonum

Et de ij cassis multonum receptis de remanencibus. Et de Mcccclx cassis multonum proveniencibus de necacione tot multonum ut supra pro expensa hospicii predicti necatorum.

                        Summa Mcccclxij casse.

De quibus

Idem computat expendisse infra hospicium predictum per tempus predictum ut patet per papirum predictum Mcccclx cassas ij quarteria.

                    Et remanent j cassa ij quarteria.

Coria bovina

Et de ccxlviij coriis bovinis proveniencibus de necacione tot boum ut supra necatorum.

                Summa ccxlviij. Et venduntur ut infra.
                                Et nil remanet.

Pelles lanute et pellecte

Et de Mcccclx pellibus lanutis et pellectis proveniencibus de necacione tot multonum ut supra necatorum.

            Summa Mcccclx. Et venduntur ut infra.
                                Et nil remanet.

Vellera

Et de xl velleribus lane receptis de tonsura tot multonum infra tempus predictum tonsorum.

                Summa xl. Et venduntur ut infra.
                                Et nil remanet.

Apri et porci

Et de x apris receptis de empcione ut infra. Et de j apro recepto de empcione ut infra inter exeuncia. Et de lxxiiij porcis receptis de empcione ut infra.

Summa iiij^{xx}v.

Quos

Idem computat expendisse infra hospicium predictum per tempus predictum ut patet per papirum predictum.

Et nil remanet.

Pisces salsi

Et de ccxl piscibus salsis receptis de remanencibus. Et de MMDclxxvj piscibus salsis receptis de empcione ut infra.

Summa MMDccccxvj.

De quibus

Idem computat expendisse infra hospicium predictum per tempus predictum ut patet per papirum predictum MMDclij. Et liberasse extra hospicium cum domino in itinere suo versus Stafford' ut patet per papirum predictum per sacramentum computantis xxiiij.

Summa MMDclxxvj.

Et remanent ccxl pisces salsi.

Pisces duri

Et de cccxl piscibus duris receptis de remanencibus. Et de MDccclxxij piscibus duris receptis de empcione ut infra.

Summa MMccxij.

De quibus

Idem computat expendisse infra hospicium predictum per tempus predictum ut patet per papirum predictum MMlxxiij. Et liberasse extra hospicium cum domino in itinere suo versus Stafford' ut patet per papirum predictum per sacramentum computantis xxx.

Summa MMciij.

Et remanent cix pisces duri.

Allecium album

Et de iiij barelles allecii albi receptis de empcione ut infra per thesaurarium. Et de xvj barelles allecii albi receptis de empcione ut infra de providencia domini.

Summa xx barelles.

Quos

Idem computat expendisse infra hospicium predictum per tempus predictum ut patet per papirum predictum.

Et nil remanet.

Allecium rubeum et sprotti

Et de x cades allecii rubei et ij cades sprottorum receptis de empcione ut infra.

Summa x cades allecii rubei et ij cades sprottorum.

Que
  Idem computat expendisse infra hospicium predictum per tempus predictum ut patet per papirum predictum.
                                                    Et nil remanet.

Salmones salsi

  Et de iiij barelles j but et vj salmonibus salsis receptis de empcione ut infra.
                            Summa iiij barelles j but et vj salmones.

Que
  Idem computat expendisse infra hospicium predictum per tempus predictum ut patet per papirum predictum.
                                                    Et nil remanet.

Anguille salse

  Et de j firkyn' et xxiiij anguillis salsis receptis de empcione ut infra de providencia domini.
                                Summa j firkyn' xxiiij anguille.

Quas
  Idem computat expendisse infra hospicium predictum per tempus predictum ut patet per papirum predictum.
                                                    Et nil remanet.

Sturgeones

  Et de j barell' sturgeonum recepto de empcione ut infra.
                                                  Summa j barell'.

Quem
  Idem computat expendisse infra hospicium predictum per tempus predictum ut patet per papirum predictum.
                                                    Et nil remanet.

Sal album

  Et de iiij quarteriis salis albi receptis de remanencibus. Et de xxviij quarteriis j bussello huius salis receptis de empcione ut infra.
                          Summa xxxij quarteria j bussellus salis.

De quibus
  Idem computat expendisse infra hospicium predictum per tempus predictum ut patet per papirum predictum xxxj quarteria j bussellum.
                          Summa xxxj quarteria j bussellus.
                          Et remanet j quarterium salis.

Cera operata et non operata

  Et de cxxij libris cere operate centena per v^{xx} et xij et xlviij libris weke receptis de remanencibus. Et de Dccciiij^{xx}iiij libris cere non operate receptis de empcione ut infra centena per v^{xx} et xij. Et de viij^{xx} iiij lees dimidiis et ij libris weke receptis de empcione ut infra.
                  Summa Mxlij libre centena per v^{xx} et xij.

De quibus

Idem computat expendisse infra hospicium predictum per tempus predictum ut patet per papirum predictum Dxxviij libras centena per v^{xx} et xij.

Summa Dxxviij libre centena per v^{xx} et xij.

Et remanent de cera non operata ccccxiiij libre centena per v^{xx} et xij

cera operata v^{xx} libre.

Cepum non liquefactum

Et de cccciiij^{xx} libris cepi non liquefacti receptis de remanencibus. Et de MMccc libris cepi non liquefacti proveniencibus de necacione boum et multonum ut supra necatorum pro expensa hospicii predicti. Et de ciiij^{xx}iiij libris cepi non liquefacti receptis de empcione ut infra.

Summa MMix^{c}lxiiij libre.

De quibus

Idem computat in perdicione et vastura super liquefactionem eiusdem per Johannem Chaundeler' videlicet de qualibet Mcc librarum ccccviij libras dimidiam. Et liberasse Johanni Chaundeler' de cepo liquefacto MMDlv libras dimidiam.

Summa que supra.
Et nil remanet.

Cepum liquefactum

Et de ccc libris cepi liquefacti receptis de remanencibus. Et de cxij libris cepi liquefacti receptis de remanencibus in candelis. Et de MMD lv libris dimidia cepi liquefacti receptis de empcione ut infra per Johannem Chaundeler'. Et de ccxxxvj libris cepi liquefacti receptis de empcione ut infra per tesaurarium.

Summa MMMcciij libre dimidia.

De quibus

Idem computat liberasse in officium chaunderie infra hospicium predictum pro expensa eiusdem in candelis per j tallium MMDccxxiij libras dimidiam. Et expenduntur in implecione iiij mortariorum domini et domine ac camere domini de Stafford' et Nurcer' per tempus predictum cccciiij^{xx} libre.

Summa que supra.
Et nil remanet.

[*m.3*d]

Candele Parisienses

Et MMDccxxiij libris dimidia candelarum receptis de Johanne Chaundeler' per tallium. Et de Dcciiij libris candelarum receptis de empcione ut infra.

Summa MMMccccxxvij libre dimidia.

De quibus

Idem computat expendisse infra hospicium predictum per tempus predictum ut patet per papirum predictum MMMccccxxij libras dimidiam.

Summa MMMccccxxij libre dimidia.
Et remanent v libre candelarum.

Signi

Et de xx signis receptis de empcione ut infra. Et de xviij signis receptis de empcione ut infra inter exeuncia.

Summa xxxviij signi.

Quos

Idem computat expendisse infra hospicium predictum per tempus predictum ut patet per papirum predictum.

Et nil remanet.

Carbones marini et silvestres

Et de xviij quarteriis carbonis marini et vj quarteriis carbonis silvestris receptis de remanencibus. Et de vj quarteriis vj bussellis carbonis marini receptis de empcione ut infra. Et de cxxxj quarteriis carbonis silvestris proveniencibus de factura carbonis de proprio bosco domini ut infra. Et de cccclxiij quarteriis carbonis silvestris receptis de empcione ut infra.

Summa Dcxxiiij quarteria vj busselli.

De quibus

Idem computat expendisse infra forgeas domini apud Maxstoke et Writell' per tempus predictum ut patet per papirum predictum xxiiij quarteria vj bussellos carbonis marini. Et computat expendisse infra hospicium predictum per tempus predictum Dc quarteria carbonis silvestris.

Summa que supra.
Et nil remanet.

Oleum

Et de vj lagenis olei receptis de remanencibus. Et de viij lagenis olei receptis de empcione ut infra. Et de lx lagenis olei repertis in j hoggeshedd' olei recepto de empcione ut infra.

Summa lxxiiij lagene.

Quas

Idem computat expendisse infra hospicium predictum per tempus predictum ut patet per papirum predictum.

Et nil remanet.

Mel

Et de lx lagenis mellis receptis de remanencibus. Et de xxxvj lagenis mellis receptis de empcione ut infra.

Summa iiij^{xx}xvj lagene mellis.

De quibus

Idem computat expendisse infra hospicium predictum per tempus predictum ut patet per papirum predictum iiij^{xx}ij lagenas mellis.

> Summa iiij^{xx}ij lagene mellis.
> Et remanent xiiij lagene mellis.

Ferrum

Et de lxxviij barres ferri pondere [*blank*] librarum ferri receptis de remanencibus. Et de [*blank*] ferri repertis in ij tonulatis ferri receptis de empcione ut infra.

> Summa [*blank*]

De quibus

Idem computat liberasse ad forgeam domini ibidem tam pro ferrura diversorum succursariorum et equorum domini et domine ibidem ac aliorum de familia domini ibidem ad diversas vices infra dictum tempus huius compoti quam super facturam diversorum ferramentorum ibidem ut patet per papirum predictum.

> Summa [*blank*]
> Et remanent [*blank*]

Species

Et de receptis de remanencibus compoti anni proxime precedentis:

vj libris piperis	viij libris sugri albi
v libris zinziberis	iij libris sugri cassis
j libra croci	j libra clowes et macez
j libra cinamomi	ij libris saundrez
xvj libris amigdalorum	ij libris agnnes
viij libris rice dimidie	lv libris resinorum de Coraunce
xxij libris dates	

Et de receptis de empcione ut infra:

cccxvj libris piperis	viij libris floris de rice
ciiij^{xx}xiiij libris zinziberis	j libra turnesole
ix libris croci	j libra alkenet
cij libris cinamomi	iij libris saundrez
Dclxiiij libris amigdalorum	xlj libris prunes
cclxxix libris vj unciis sugri	cxviij libris datez
ciiij^{xx}xiiij libris reisinorum de Coraunce	viij libris blaunchpoudr'
	iij sort xxxvj libris ficuum et reisinorum
xxxiiij libris clowez et macez	
xxviij libris rice	

De quibus expensa infra hospicium predictum infra tempus predictum ut patet per papirum predictum:

clxx libre piperis	xxx libre dimidia rice entier'

cxxxiiij libre zinziberis
lxxj libre sinamomi
lxxviij libre iiij quarteria vj unciej sugri de iij cutez
clxvj libre sugri de ij cutez
Dcxx amigdalorum jardini
x libre croci
clxix libre reisinorum de Coraunce
xvij libre dimidia clowez

xj libre dimidia macez

Et remanent:

clij libre piperis
lxv libre zinziberis
xxxij libre sinamomi
lx libre amigdalorum
xl libre sugri
iiij^{xx} libre reisinorum de Coraunce

viij libre floris de rice
j libra turnesole
libra alkenet

iij libre saundres
xlj libre prunes
cxxxvj libre datez
viij libre blaunchepoudr'

iij sort' xxxvj libre ficuum et reisinorum
viij libre iiij uncie sugri cassis

iiij libre clowez
ij libre macez
iiij libre datez
ij libre saundres
vj libre rice entier'
ij libre annes

Avena

Et de x quarteriis avene receptis de remanencibus. Et de cccciiij quarteriis iiij bussellis avene receptis de empcione ut infra. Et de xxij quarteriis avene receptis de empcione ut infra inter exeuncia. Et de iiij^{xx} quarteriis furfuris receptis de Willelmo Baker pro mixtura cum avena predicta. Et de iiij^{xx} quarteriis vj bussellis avene de incremento mensure provenienci de predictis avena et furfure liberando avenam et furfurem predictum extra granarium infra hospicium quemlibet bussellum per v peccas per minorem mensuram pro avantagio domini. Et de Dxxxvj quarteriis v bussellis avene receptis de empcione ut infra infra summas expensas equorum stancium apud Stafford' ad liberatum. Et de Dxxvij quarteriis avene receptis de empcione ut infra infra summas expensas equorum stancium apud Tonbrigge ad liberatum.

Summa MDclx quarteria vij busselli.

De quibus

Idem computat expendisse in provenda equorum domini et domine et familie sue ac aliorum extraneorum ibidem per tempus predictum superveniencium ut patet per papirum predictum Dciiij^{xx}j quarteria ij bussellos j peccam. Et expendisse apud Stafford' et Tonbrigge in provenda equorum domino et diversis generosis et valectis domini ibidem ad liberatum ad diversas vices infra dictum tempus huius compoti stancium ut patet per compotum receptoris ibidem Mlxiij

quarteria v bussellos. Et liberasse provisoribus pulletriarum pro sustentacione signorum et aliarum pulletriarum ibidem per j tallium xv
quarteria vij bussellos iij peccas.

Summa que supra.
Et nil remanet.

Fenum

Et de Dxlij carectis feni receptis de remanencibus unde apud Maxstoke ciiij^{xx}x carecte et Stafford' cccclij carecte. Et de ccx carectis feni
receptis de empcione ut infra. Et de ij carectis feni receptis de empcione
ut infra inter exeuncia. Et de iiij^{xx}iiij carectis feni proveniencibus de
pratis diversis pertinencibus castro de Maxstoke. Et de cxviij carectis
feni receptis de empcione ut infra infra summas expensas equorum
stancium apud Stafford' ad liberatum. Et de iiij^{xx}j carectis feni receptis
de empcione ut infra infra summas expensas equorum stancium apud
Tonbrigge ad liberatum.

Summa Mxxxvj carecte.

De quibus

Idem computat expendisse infra hospicium predictum per tempus
predictum super sustentacionem succursariorum et equorum domini
et domine ac domini Stafford' necnon aliorum equorum diversorum
generosorum et valectorum de familia domini et aliorum extraneorum
ibidem ad diversas vices hoc anno existencium ut patet per papirum
predictum cccciiij^{xx}xvij carectas. Et computat expendisse per equos
diversorum generosorum et valectorum de familia domini apud Stafford' ad liberatum existences per tempus predictum cxviij carectas. Et
computat expendisse per diversos equos diversorum generosorum et
valectorum domini apud Tonbrigge ad liberatum stances per tempus
predictum iiij^{xx}j carectas.

Summa Dciiij^{xx}xvj carecte.
Et remanent apud Writell' cxxx carecte
Peryndon' ccx carecte.

Equi carectabiles

Et de vj equis carectabilibus receptis de remanencibus. Et de j
recepto de empcione ut infra.

Summa vij.

De quibus

[*m. 4*d]

Idem computat in vendicione ut infra quia nihiles pro stauro ij.

Summa ij.
Et remanent v equi carectabiles.

Vacce lactabiles

Et de vj vaccis lactabilibus receptis de remanencibus.

Summa vj.

Et remanent [*blank*]

Nomina creditorum non solutorum de tempore Ricardi Dounham[1] thesaurarii hospicii domini Humfridi ducis Bukyngham' a xx die Junii anno xvij regis Henrici sexti usque primum diem Octobris anno eiusdem regis xix.

Debentur:

Essex:

Willelmo Evererd' de Chelmesford' pro ferrura equorum, xxxiij *s.* v *d.* *ob.*

Johanni Glastoke bochour pro multonibus, lx *s.*

le hierd' de Norton' hall' pro Johanne Smyth' de Norton' pro vitulis, cij *s.* x *d.*

Thome Tendryng' de Boreham pro feno, xl *s.*

Thome Springefeld' pro factura brasii, lxij *s.* x *d. ob.*

Willelmo Evererd' de Chelmesford' pro fenestris et aliis, xxv *s. ob.*

Kymbalton':

Willelmo Danyell' de Seynt Edez[2] pro brasio, xij *li.* x *s.*

Rogero Baker' de Kymbalton', vij *s.*

Willelmo Pete de eadem, vij *s.* viij *d.*

London':

Davido Waxchaundeler' apud Pollesyate, xiij *li.* ij *s.* vj *d.*

Hospicium:

Davido del Wardrop' pro diversis expensis, xv *s.* viij *d.*

Johanni Tanner', xxxiij *s.* iiij *d.* ⟨soluta per warrantum domini allocatum in compoto generalis receptoris de anno xxxiij⟩

Summa creditorum predictorum non soluta nec assignata xxxix *li.* xv *s.* iiij *d. ob.*

Nomina creditorum compoti Willelmi Wistowe thesaurarii hospicii predicti finientis ad festum Sancti Michelis anno xxij regis Henrici sexti.

Debentur Johanni Hay pro bobus ab ipso emptis apud Alchirche[3] vij *li.* x *s.* vj *d.*

Summa creditoris predicti non soluta nec assignata vij *li.* x *s.* vj *d.*

Nomina creditorum compoti dicti thesaurarii de anno xxiij regis Henrici sexti.

[1] Richard Donham was William Wistowe's predecessor as treasurer of the household, and was in office by Mich. 1430 to 1 Oct. 1440; see C. Rawcliffe, *The Staffords* (Cambridge, 1978), 197, 233-4.

[2] Presumably St Ives, Hunts.

[3] Alvechurch, Worcs.

Debentur Willelmo Abraham de London' pro j dolio vini cx *s.*
   Summa creditoris predicti non soluta nec assignata cx *s.*

Nomina creditorum compoti dicti thesaurarii de anno xxiiij regis Henrici sexti.
Debentur Ricardo Marion' de Rothing'[1] pro cariagio frumenti v *s.* viij *d.*
            Summa patet.

Nomina creditorum compoti dicti thesaurarii de anno xxv regis Henrici sexti.
Debentur:
Willelmo Burgham pro vadiis et cariagio focaliorum iiij *s.* iiij *d.* ⟨non plus eo quod vj *s.* viij *d.* recompensantur dicto thesaurario de parte v marcarum eidem liberatarum pro avena emenda unde nondum computavit⟩
Johanni Welles de London' pro piscibus marinis ix *s.*
Hugoni Calverley Johanni Brinkeley Johanni Kynge et Johanni Steward' pro vadiis xxxj *s.* vij *d. ob.*
Johanni Fernham ij *d.*
Johanni Orkesley pro cariagio feni xvj *d.*
Summa creditorum predictorum nondum soluta nec assignata [*blank*]

Nomina creditorum compoti dicti thesaurarii de anno xxvj regis Henrici sexti.
Debentur:
Johanni Waryn' de Hatefeld' pro vadiis xxiij *s.* iiij *d. ob.*
Ricardo Alrede pro frumento feno litera avena et multonibus xx *li.* xij *s.* v *d. ob. q.* ⟨soluta per warrantum domini allocatum in compoto generalis receptoris de anno xxxij⟩
Thome Higham pro v quarteriis j bussello frumenti xxxiiij *s.* ij *d.*
Summa creditorum predictorum nondum soluta nec assignata [*blank*]

Nomina creditorum compoti dicti thesaurarii de anno xxvij regis Henrici sexto.
Debentur:
Johanni Brayne de Colleworth pro cccxxiiij multonibus ultra xx marcas solutas per warrantum domini in anno xxvij xiij *s.* iiij *d.* ⟨soluta per dominum⟩
Thome Hide de Fobbyng' pro agnellis volatilibus cirpis et cariagio cxij *s.* v *d. ob.*
Johanni Turnour baker' pro vadiis xxj *s.* iiij *d. ob.*
Johanni Waryn' de Hatefeld' pro vadiis xxxiij *s.* xj *d. ob.*

---

[1] The Rodings, Essex.

Thome Edmonde de London' pro piscibus duris v *s.*
Ricardo Chattok de London' pro ferro xv *s.* vj *d.*
Ricardo Craile de London' pro sale xviij *s.*
Summa creditorum predictorum nondum soluta nec assignata [*blank*]

Nomina creditorum compoti dicti thesaurarii de anno xxviij regi Henrici sexti.
Debentur:
Henrico Bolle de London' pro pultria viij *s.*
j pagetto Alexandri Eden' pro vadiis apud Peryndon' vij *d. ob.*
j pagetto Edwardi Delamare ibidem pro consimili vj *d.*
[*m.*5d] Johanni Maldon' de Shiringham¹ pro piscibus marinis xxxvi *s.* x *d.* ⟨soluta per dominum⟩
Executoribus Calthorp' pro j pastura vocata Widefordbrome vj *s.* viij *d.*
Summa creditorum predictorum nondum soluta nec assignata [*blank*]

Nomina creditorum compoti dicti thesaurarii de anno xxix regis Henrici sexti.
Debentur:
Willelmo Palmer de Ely pro bobus xviij *s.*
Philippo Jermayn' de Writell' pro avena xxxvj *s.*
Johani Forster' servienti domini pro diversis expensis x pipis vacuis xlix *s.*
Executoribus Calthorp' pro pastura vocata Widefordbrome vj *li.*
Summa creditorum predictorum nondum soluta nec assignata [*blank*]

Nomina creditorum compoti dicti thesaurarii de anno xxx regis Henrici sexti.
Debentur:
Johanni Page de Stokewithferde² pro piscibus marinis xxxiij *s.* ij *d.*
Willelmo Forster' servienti domini pro picis per ipsum emptis iiij *li.* xx *d.* ⟨loquendum Willelmo Forster quomodo soluta et cetera⟩
Summa creditorum predictorum nondum soluta nec assignata [*blank*]

Nomina creditorum compoti dicti thesaurarii de anno xxxj regis Henrici sexti.
Debentur:
Johanni Steward' London' pro vino acri et oleo lxxix *s.* ij *d.*
Willelmo Hulyn' pro alleciis et sprottis xxviij *s.*
Thome del Ewrye pro feodo suo pro dicto anno xx *s.* ⟨soluta per dominum⟩
Summa creditorum predictorum nondum soluta nec assignata [*blank*]

¹ Sheringham, Norf.
² East and West Stockwith (Lincs. and Notts.) are opposite to each other on the river Trent.

Nomina creditorum compoti infrascripti thesaurarii de anno xxxij regis Henrici sexti.

Debentur:

Ricardo Wode de Coventr' pro diversis speciebus cvj *s.* v *d.* ⟨De quibus habet warrantum receptor de Caurs⟩[1]

Thome Blakestone de Stokwith' pro diversis piscibus marinis lxvij *li.* ix *s.* vj *d.* ⟨De quibus habet warrantum receptor de Holdernes⟩

Roberto Dunston de Madeley pro sale xxiiij *s.* ⟨De quibus habet warrantum receptor Stafford'⟩

Willelmo Higford' et Willelmo Fulford' de Parochia de Sulehull[2] pro avena iiij *li.* xiij *s.* iiij *d.* ⟨De quibus habet warrantum receptor generalis⟩

Roberto Twier' receptori de Holdernesse pro piscibus salsis et duris et diversis aliis sumptis et expensis liij *li.* iiij *s.* ⟨soluta per warrantum eidem Roberto directum⟩

Johanni Laurence ballivo de Tiseho pro frumento xxv *s.* ij *d.*

Johanni at Lowe de Busshbury pro multonibus xliij *s.* x *d. ob.* ⟨De quibus habet warrantum receptor comitatus Stafford'⟩

Thome Whatton' pro servisia xxviij *li.* iiij *s.* ⟨De quibus habet warrantum receptor generalis⟩

Thome Baker' pro cervisia xxv *li.* xiiij *s.* ⟨De quibus habet warrantum receptor generalis⟩

Simoni Hawvell' pro cervisia xix *li.* vj *s.* ⟨De quibus habet warrantum receptor Stafford'⟩

Johanne Leycroft pro cervisia xxviij *li.* ⟨De quibus habet warrantum receptor de Caurs⟩

Willelmo Helde de Colshull pro cervisia xx *li.* xiij *s.* iiij *d.* ⟨De quibus habet warrantum receptor generalis⟩

Johanni Wytherton' receptor de Caurs pro bobus cvj *s.* viij *d.* ⟨soluta per warrantum domini allocatum in compoto suo de anno xxxj⟩

Willelmo Keysley de Shiffenhale[3] pro ciphis xliij *s.* ⟨De quibus habet warrantum receptor Stafford'⟩

Johanni Steward' de London pro vino acri xl *s.* viij *d.*

Henrico Wynturton' de Makworth[4] pro multonibus lxj *s.* xiij *d.* ⟨soluta per warrantum domini allocatum in compoto Johannis Bernes ballivi de Colston' Basset de anno xxxj⟩

Johanni Smyth' de Dobrugge pro multonibus xl *s.* iij *d.* ⟨De quibus habet warrantum receptor Stafford'⟩

Johanni Drayton' de Atherston' pro multonibus xlvj *s.* viij *d.* ⟨De quibus habet warrantum receptor generalis⟩

---

[1] Cause, Salop.
[2] Solihull, Warws.
[3] Shifnal, Salop.
[4] Mackworth, Derbys.

Johanni Bernewell' de London' pro salmonibus salsis allecio rubeo et albo xiij *li*. xiiij *s*. x *d*.

Willelmo Alote de Wyndyngton' pro multonibus lv *s*. ⟨De quibus habet warrantum receptor comitatus Stafford'⟩

Abbati de Killyngworth' pro frumento vj *li*. xiij *s*. iiij *d*. ⟨De quibus habet warrantum receptor generalis⟩

Willelmo Brokes pro piscibus marinis lxiij *s*. ⟨De quibus habet warrantum receptor comitatus Stafford'⟩

Willelmo Corall' juniori pro frumento lxxiij *s*. iiij *d*. ⟨De quibus habet warrantum receptor de Caurs⟩

Henrico Holand' pro melle xxx *s*. ⟨De quibus habet warrantum receptor generalis⟩

Thome Colet et Thome Underwode pro multonibus x *li*. ix *s*. ij *d*. ⟨De quibus habet warrantum receptor de Caurs⟩

Rogero Janyns de Weddesbury[1] pro bobus xxvj *s*. ⟨De quibus habet warrantum receptor de Stafford.⟩

Johanni Dalton' de Tamworth' pro avena xxxiij *s*. iiij *d*. ⟨De quibus habet warrantum receptor de Stafford'⟩

Willelmo Wereham de Chaterley pro bobus lxxviij *s*. ⟨De quibus habet warrantum receptor de Caurs⟩

Ricardo Buriell' de Stafford' pro j hoggeshede olei xlvj *s*. viij *d*. ⟨De quibus habet warrantum receptor Stafford'⟩

Thome Litteley de London' pro diversis speciebus lxxix *s*. iiij *d*. soluta per thesaurarium per indenturam⟩

Ricardo Haddon' de Bristoll' pro vino cxvij *li*. vj *s*. viij *d*. ⟨soluta per warrantum domini allocatum in compoto Nicholai Poyntez hoc anno⟩

Ricardo Alberton' de Bristoll'[a] pro ij tuntight ferri ix *li*. xiij *s*. iiij *d*.

Nicholao Poyntez pro sturgeonibus fructis hayling' vini fretagio eiusdem et uno lampredo cxviij *s*. ix *d*.

⟨soluta per warrantum domini allocatum in compoto Nicholai Poyntez receptoris comitatus Glouc' de anno xxxij infra maiorem summam⟩[b]

Ricardo Shawe de Solehull pro avena xxvj *s*. viij *d*. ⟨De quibus habet warrantum receptor generalis⟩

Nicholao Poyntez pro bobus cum custodia fugacione eorumdem xlv *li*. xix *s*. vj *d*. ⟨soluta per warrantum allocatum in compoto suo de anno xxxij⟩

Henrico Overton' de Bromecote pro bobus et multonibus lxix *s*. viij *d*. ⟨De quibus habet warrantum receptor de Caurs⟩

---

[a] *Bracketed with following entry, so that marginal note applies to both.*
[b] *Applies to previous two entries.*

---

[1] Wednesbury, Staffs.

ohanni Parker' de Coventr' pro multonibus iiij *li.* vj *s.* viij *d.* ⟨De
quibus habet warrantum receptor generalis⟩

ohanni Baker' de Bikenhull'[1] pro multonibus xxxv *s.* ⟨De quibus
habet warrantum receptor generalis⟩

Iugoni Parre de Solehull' pro avena xl *s.* ⟨De quibus habet warrantum receptor generalis⟩

Ricardo Catour servienti domini pro diversis achatis iij *s.* x *d.*

ohanni Evererd' de Newlondehall'[2] pro frumento feno et aliis iiij *li.*
x *s.* iiij *d.*

Ricardo Stonerd' firmario de Boyton' pro frumento multonibus feno
et cariagio xv *li.* xij *s.* viij *d.* ⟨soluta per warrantum domini receptori
generali directum continentem xxx *li.* x *s.* allocata in compoto dicti
receptoris de anno xxxiij⟩

Thome Frende de Writell' pro frumento feno stramine et cariagio xiiij
li. iiij *d.* ⟨habet warrantum receptor generalis⟩

Villelmo Bedell' de eadem pro frumento avena sale feno et aliis lxxj *s.*
ij *d.*

ohanni Ree de eadem milner' pro frumento xvj *s.*

Guidoni Harlyng' de Chelmesford' pro cervisia xxx *s.* ⟨soluta per
thesaurarium⟩

Eidem Guidoni pro bobus cx *s.* ⟨habet warrantum receptor generalis⟩

ohanni Cranmer' de Chelmesford' pro bobus multonibus et feno c *s.*
j *d.* ⟨soluta per warrantum allocatum in compoto ballivi de Fobbyng'
de anno xxxiij⟩

ohanni Bochour de Writell' pro multonibus iiij *li.* xij *s.* vj *d.* ⟨soluta
per warrantum domini allocatum in compoto ballivi de Fobbyng' de
anno xxxiij⟩

Guidoni Chaundeler' pro cenapio verious et candelis liij *s.* ix *d. ob. q.*

Laurencio Palmere ballivo husbondrie de Writell' pro multonibus et
cariagio viij *li.* xvj *s.* iiij *d.*

ohanni Bedell' de Writell' pro multonibus vj *li.*

Thome Claydon' de Dodynghurste[3] pro ciphis xxxj *s.* xj *d.* ⟨soluta per
thesaurarium per indenturam⟩

ohanni Gardinere de Badoo[4] pro feno avena et expensis vij *li.* xij *s.*

ohanni Aleyn' de Chelmesford' pro piscibus marinis xxvj *li.* xvj *s.* viij
d. ob. ⟨soluta per thesaurarium per indenturam⟩

Thome Chaundeler' de Writall' pro vitulis lacte cassis et butira xxxij
s.

ohanni White de Boyton' pro vitulis lacte cassis et butira xxx *s.* viij *d.*

---

[1] Bickenhill, Warws.
[2] Newland Hall, Essex.
[3] Doddinghurst, Essex.
[4] Baddow, Essex.

⟨soluta per warrantum domini allocatum in compoto receptoris ge neralis de anno xxxiij infra summam ij warrantorum Ricardi Stonerd continencium xlj *li.* viij *s.* xj *d. ob.*⟩

Johanni Thorp ballivo de Fobbyng' pro cirpis xxxv *s.* ⟨soluta pe warrantum domini allocatum in compoto receptoris generalis de ann xxxiij⟩

Ricardo Breton' de Writell' pro multonibus vj *s.* viij *d.*

Johanni Swafeld' pro feno et cariagio xiiij *li.* xx *d.* ⟨soluta per warran tum domini allocatum in compoto bedell' de Writell' de anno xxxiij⟩

Willelmo Pawley de Chelmesford' pro avena xxj *s.* viij *d.*

Johanni Fuller' de Danbury pro feno et cariagio vj *li.* xij *s.* viij *d* ⟨soluta per dominum⟩

Johanni Tendryng' de Boreham pro feno xxix *s.* iiij *d.* ⟨habet warran tum ballivus de Fobbyng'⟩

Thome Tendring' de eadem pro feno xxiiij *s.* ⟨soluta per thesaurar ium⟩

[*m.*6d] Johanni Rouge de Godestr'[1] pro feno xxvij *s.*

Johanni at Ree de Stok pro carbone silvestri lx *s.* ⟨habet warrantum receptor generalis⟩

Johanni Yonge de Rokeswell'[2] pro avena xxiij *s.* iiij *d.*

Willelmo Brugge de Writell' pro prostracione focalii vj *s.* viij *d.*

Johanni Harry juniori pro consimili xxij *d.*

Johanni Harry seniori pro consimili x *d.*

Johanni Wasket pro consimili x *d.*

Johanni Parke pro consimili x *d.*

Thome Newloke et filio suo pro consimili ij *s.*

Johanni Highwode pro consimili xviij *d.*

Roberto Stane pro consimili x *d.*

Edwardo Copelonde pro consimili xij *d.*

Johanni Stonerd' de Cowbrugge[3] pro consimili viij *d.*

Ricardo Menston' pro consimili x *d.*

Johanni Wode pro consimili vj *s.* viij *d.*

Thome Hurtelyng' pro consimili vj *s.* viij *d.*

Waltero Stamper pro consimili vij *s.* viij *d.*

Johanni Brakeley pro consimili viij *d.*

Willelmo Purcer' pro consimili viij *d.*

Johanni Gerard' pro consimili viij *d.*

Johanni Morkyn' seniori pro consimili viij *d.*

Johanni Morkyn' juniori pro consimili viij *d.*

Willelmo Hert pro consimili iiij *d.*

Johanni Salman' pro consimili iiij *d.*

---

[1] Good Easter, Essex.
[2] Roxwell, Essex.
[3] Cowbridge, Essex.

Villelmo Munde pro consimili iij *s.* vj *d.*
Ricardo Scarlet pro consimili xiiij *d.*
Villelmo Faux de Edney pro cariagio focalii vj *s.* viij *d.*
Iohanni Braynewode pro consimili v *s.* iiij *d.*
Villelmo Welde de Edney pro consimili ij *s.* viij *d.*
Villelmo Weld' de Highwode[1] pro consimili ix *s.* iiij *d.*
Henrico Wheler' pro consimili xvj *s.*
Iohanni Borell' pro consimili xiiij *s.* viij *d.*
Iohanni Litell' pro consimili xvj *s.*
Thome Lightfote pro consimili xij *s.*
Villelmo Stenby pro consimili vj *s.* xiij *d.*
Iohanni Weld' de Highwode pro consimili ix *s.* iiij *d.*
Iohanni Monke de Highwode pro prostracione focalii viij *s.* viij *d.*
Iohanni Geffrey de eadem pro consimili viij *s.*
Iohanni Pery de Rokeswell pro consimili xij *d.*
Iohanni Hervy de eadem pro consimili viij *d.*
Iohanni Bigoode firmario de Hatefeld' pro frumento ix *li.* vj *s.* viij *d.*
⟨soluta per warrantum domini allocatum in compoto generalis recep-
oris de anno xxxiij⟩
Willelmo Peper pro factura veious x *d.*
Willelmo Selander' pro consimili x *d.*
Stephano Palmere*ᵃ* pro consimili x *d.*
Uxori Stephani Palmere pro lotura naparie iij *s.* iiij *d.*
⟨soluta per thesaurarium per indenturam⟩*ᵇ*
Iohanni Coke de Maldon' pro carbone marino ix *s.*
Iohanni Pynchon' de Highwode pro prostracione focalii xx *d.*
Stephano Elkyn' pro consimili xij *d.*
Henrico Whitefeld'*ᶜ* pro feodo suo pro uno anno liij *s.* iiij *d.*
Thome Wright pro consimili liij *s.* iiij *d.*
Iohanni Forster' pro consimili xl *s.*
⟨soluta per thesaurarium per indenturam⟩*ᵈ*
Thome Bray pro consimili xl *s.* ⟨soluta per dominum per manus
Thome Berkeley ballivi honoris Glouc' in comitatu Glouc' ut patet
per compotum suum ibidem de anno xxxij⟩
Iohanni Hall'*ᵉ* pro consimili xl *s.*
Iohanni Hamper pro consimili xl *s.*
Henrico Dughty pro consimili xl *s.*

ᵃ Bracketed with following entry, so that marginal note applies to both
ᵇ Applies to previous two entries
ᶜ Bracketed with next two entries, so that marginal note applies to all three
ᵈ Applies to previous three entries
ᵉ Bracketed with next two entries, so that marginal note applies to all three

[1] Presumably Highwood, Essex.

⟨soluta per thesaurarium per indenturam⟩*a*

Johanni Fox pro consimili pro iij quarteriis anni xxx *s.* ⟨soluta pe dominum⟩

Johanni Chaundeler' pro consimili pro iij quarteriis anni xxx *s.* ⟨soluta per dominum⟩

Willelmo Roce*b* pro consimili pro iij quarteriis anni xv *s.*

Thome Burton' pro consimili xxvj *s.* viij *d.*

Johanni Guphull' pro iij quarteriis anni per annum xxvj *s.* viij *d.*, xx s

Johanni Bailly pro feodo suo xx *s.*

Willelmo Calverley pro consimili xx *s.*

Thome Salet pro consimili xx *s.*

Johanni Ewry pro consimili xx *s.*

Johanni Barre pro consimili xx *s.*

Willelmo Lyndsey pro consimili xx *s.*

Thome Manchestour pro consimili xx *s.*

Ricardo Fraunceys pro consimili pro iij quarteriis anni xv *s.*

Henrico Whatson' ferrour pro consimili pro iij quarteriis anni xx *s.*

Johanni Payne pro consimili xx *s.*

Johanni Colles wodehewer' pro consimili xxvj *s.* viij *d.*

Johanni Ferrers pro feodo suo per annum xx *s.*

Thome Colby garcioni chariette pro consimili pro iij quarteriis anni xv *s.*

⟨soluta per thesaurarium per indenturam⟩*c*

Johanni Reve chariettour pro consimili xxxiij *s.* iiij *d.* ⟨soluta pe warrantum domini allocatum in compoto ballivi de Maxstoke de anno xxxiij⟩

Willelmo Wayneman' pro iij quarteriis anni xv *s.* ⟨soluta per thesaurarium per indenturam⟩

Petro del Squillery pro feodo suo x *s.* ⟨soluta per receptorem generalem⟩

Thome Yerdeley*d* pro consimili x *s.*

Johanni Dounfront pro consimili pro dicto anno xiij *s.* iiij *d.*

Willelmo Helwice de coquina vj *s.* viij *d.*

Johanni Yonge garcioni chariette pro j quarterio anni vj *s.* viij *d.*

Johanni Gardinere pro j quarterio anni v *s.*

Johanni Baker' ferrour pro j quarterio anni v *s.*

Johanni Kendale catour pro feodo suo per xvj septimanas vj *s.* viij *d.*

Roberto Lawe fowler' pro feodo suo pro iij quarteriis anni xlvj *s.* vii *d.*

Willelmo Addersley pro consimili vj *s.* viij *d.*

a Applies to previous three entries
b Bracketed with next fifteen entries, so that marginal note applies to all sixteen
c Applies to previous sixteen entries
d Bracketed with next eight entries, so that marginal note applies to all nine

⟨soluta per thesaurarium per indenturam⟩*a*

ohanni Calthorp' pro quodam pastura vocata Widfordbrome pro
licto anno lx *s.* ⟨soluta per thesaurarium ad manus Johannis Bedell'
*t reddita assisa pro dicto anno xvj *s.* ix *d.*⟩

Summa totalis creditorum predictorum Dccxxviij *li.* xix *s.* xj *d. ob. q.*

a Applies to previous nine entries

GLOSSARY

alkenet—alkanet, red die used in cookery

allecium—herring; a. album—salted herring; a. rubeum—smoked herring

agnnes, annes—aniseed

axtree—axletree (part of cart)

blaunchpoudr'—mixture of powdered spices used for sprinkling on cooked dishes

bultelles—bolting cloths, for separating bran from flour

candela Parisiensis—standard tallow candle weighing one pound

carbo—coal; c. ligneus—charcoal; c. marinus—sea coal, mineral coal; c. silvester—charcoal

centena—a 'hundred'; a measure of quantity numbering 100, 112 or 120 depending upon the item being counted

clowes—cloves

conductura—hire, customary payment

cortex—tree bark

crocus—saffron

electrum—pewter, latten

familia—members of the domestic household

feodum—fee, wages

ferramentum—ironwork, fetter

ferrour—farrier, blacksmith

ferrura—fariery, horse-shoes

ficus—fig

fretagium—freight, freighting

fugacio—driving of animals

grossus—coarse

hacnettus—hackney horse

hospicium—domestic household

implecio—filling

lactabilis—used for milking

lagena, lagina—gallon, gallon vessel

lecagium—loss, leakage, ullage

lees—leese, leas (of thread)

lineus—of linen

litera—straw, litter

lotrix—laundress

lotura—washing

macez—mace

menues—small items or services
milner—miller
morterium—mortar, lamp
olla terrea—earthenware pot
operatus—worked, moulded
papirus—paper, document; p. de dietis—journal, account of daily
　expenditure
pellecta—pelt, sheepskin
pellis—pelt, hide; p. lanuta—wool-fell, sheepskin
pestelle—pestle
pica—pike (fish)
piscis—fish; p. durus—stockfish, i.e. dried salted white fish; p. salsus—
　large salted white fish
pisis viridis—dried peas
rasenus, reisinus—raisin; r. de Coraunce—currant
rice—rice; r. entier—whole grain rice; Flos de rice—ground rice
ruyn'—Rhine
sal—salt; s. album—refined salt
saundres—'sanders', red sandalwood used for colouring food
sinamonum—cinnamon
skymer—skimmer, sieve
species—spice
succursarius—trotting horse, race horse
sugrum—sugar; s. de iij cutis—sugar cooked three times, i.e. more
　refined than s. de ij cutis; s. de cassis—loaf sugar
tonulatus—tun, cask
turnesole—turnsole, purple food colouring
vellus—fleece, wool
verious, verjus—verjuice, the juice of crabapples or unripe grapes

II

DOCUMENTS CONCERNING THE NEGOTIATION OF THE ANGLO-FRENCH TREATY OF MARCH 1550

edited by

D. L. POTTER

CONTENTS

INTRODUCTION

The treaty of Boulogne and the documents

The following documents consist of the publication, *in extenso*, of all
the surviving French archival material concerning the negotiation of
the treaty of Boulogne between England and France in March 1550.
Most of the documents have never before been published nor have
they been used extensively by historians of diplomacy and politics.
The treaty itself brought to an end a relatively short war which had
been preceded, in Scotland and around the English territories in
France, by an increasingly dangerous unofficial conflict, the principal
cause of which was the French desire to reverse Henry VIII's conquests of 1544 and to overthrow English power in Scotland.[1] War had
been declared between England and France in the first week of August
1549.[2] A rapid campaign followed in which the French forces, under
the king's personal command, though they acquired a decided advantage in taking most of the fortifications around Boulogne and effec-
tively cutting the town off from Calais by land, failed to press home
the campaign to take Boulogne itself. This was partly a result of
adverse weather conditions which bogged the French forces down and
also, perhaps, the consequence of a certain improvization in the late
planning of the campaign.[3] As a result, tentative negotiations began
in November between the two local commanders, Gaspard de Coligny
and Lord Clinton, though to little effect.[4] War between England and
France had wide implications, especially in the context of the
approaching renewal of conflict between France and the emperor,
and neutral mediators whose interest lay in a strong anti-Habsburg

---

[1] On the origins of the 1549 war, cf. D. L. Potter, 'Diplomacy in the mid-16th century:
England and France 1536–1550' (Cambridge Ph. D thesis, 1973), ch. 4.

[2] On the campaign, cf. N. de Nicolay, *Double d'une lettre missive ... à monseigneur Du Bays
... contenant le discours de la guerre faicte par le Roy ... Henry deuxième de ce nom pour le
recouvrement du pais de Boulognoys* (Lyon, 1550) and Rosny, 'Documents'.

[3] The best documentation on the adverse conditions is in the correspondence of the
constable de Montmorency and the rheingraff Johann Philipp, Chantilly, Musée Condé,
II. On the lack of planning, cf. Renard to the emperor, 8 Aug. 1549, *C. S. P. Span.*, ix.
424.

[4] Renard to the emperor, 11 Nov. 1549, *C. S. P. Span.*, ix. 471; L'Aubespine to
Aumale, 25 Sept. 1549, B.N., fr. 20534, f. 95; Montmorency to Aumale, 25 Sept. 1549,
B. N., Clairambault 342, f. 172; cardinal de Guise to Aumale, 27 Sept. 1549, B.N., fr.
20577, f. 15; Montmorency to Marillac, 7 Oct. 1549, B.N., fr. 3099, pp. 163–4; Alvarotti
to Ercole II of Ferrara, 11 Oct. 1549, Modena, A. S., Can Est. Francia, B 26 fasc. 3, pp.
1–2.

coalition rushed to arrange peace talks.[1] Serious discussions reall
began, however, as a result of the initiative taken by a Florentin
merchant naturalized in England, Antonio Guidotti, who used hi
important contacts at the French court to lay the foundations c
substantial talks.[2] Whether the constable Anne de Montmorenc
really had secret contacts in England throughout the war, as a
imperial agent suggested, may never be known.[3] At any rate, th
English council was gradually coming round to the idea of negotiatio
after Somerset's fall and Guidotti's peace initiative must have bee
welcome. The French were aware of the seriously weakened interna
state of England (nos. **2, 23**) with further risings, lack of money an
allies. Despite the brave show of sending over the earl of Huntingdo
with reinforcements, these realities were coming to bear on Englis
thinking.[4] On the other hand, the French campaign had failed in it
main objective and a negotiated peace would be most welcome to th
French in the light of the question mark which continued war raise
over the emperor's intentions.

Guidotti was at work from November, trying above all to convinc
both sides that their best interest lay in the formation of a close allianc
cemented by an Anglo-French marriage.[5] This was a premature move
but he at least established the basis for a useful dialogue. Commission
ers were appointed on both sides in the first week of January 1550 bu
talks were delayed and Guidotti, who appears ever optimistic, ha
considerably over-simplified the problems, earning a considerabl
degree of suspicion. It took until 24 March to finalize the treaty.

* * *

The documents published here therefore throw a precise light o
the detailed negotiation of an important treaty. Until recently, vir
tually no published sources existed, though the publication of Willian
Paget's letters has gone some way to fill the gap on the English side b
providing for the reader portions of the letter-book kept by him durin
the negotiations.[6] On the French side, little has been published excep

---

[1] On all this, cf. Potter, 'Treaty', 54–7.

[2] On Guidotti, cf. below, no. **4,** n. 1.

[3] Renard to the emperor, 10 July 1550, *C. S. P. Span.*, x. 327–8.

[4] Especially in the advice of Paget to Protector Somerset, discussed by M. L. Bus
The Government Policy of Protector Somerset (1975), 37–9, D. Hoak, *The King's Council in t
Reign of Edward VI* (Cambridge, 1976), 167–9 and, of course, S. Gammon, *Master
Practices* (Newton Abbot, 1973), 130–59.

[5] The two crucial documents are Guidotti's memorial to Henri II, 9 Nov. 1549, Cali
E. iii, ff. 69–70 and Alvarotti's description of his negotiations with the French king,
Jan. 1550, Modena, A. S., Francia, B 27, fasc. 1, n. p. (pp. 1–6). Guidotti's memorial
printed below, Appendix II.

[6] Cf. 'Paget Letters', nos. 47–58.

ome isolated documents concerning Gaspard de Coligny and a few
pieces in the Bibliothèque Nationale which are relatively well known.[1]
Indeed, there is an unfortunate gap in the available French diplomatic
archives from the cessation of Odet de Selve's correspondence in
December 1548 and the commencement of that of Noailles in May
1553.[2] Thanks to the discovery of the documents printed here, how-
ver, it has proved possible to provide virtually complete documen-
ation for the French side of the negotiations.

This documentation, by its very completeness, provides an impor-
ant insight not only into the way in which the treaty came to be
drawn up but, perhaps more importantly, into the manners and
echniques of negotiation characteristic of diplomacy in the mid-six-
eenth century. The uncertainties and difficulties inherent in any
diplomatic negotiation are clear enough and in this case neither side
ould be sure of the good intentions of the other, while the French for
heir part were certainly contemplating a military solution (no. **23**).
On the other hand a negotiated solution presented both sides with
ertain advantages; to the English the salvage of some prestige; for the
French a re-occupation of Boulogne by peaceful means would obviate
military risks and lay the way open for a renewal of war with the
mperor without the dangers of a determinedly hostile England on
heir flanks (no. **22**). The negotiations, though, were by no means
imple. The juxtaposition of the French and English negotiating terms
eveals wide differences on numerous matters, including the English
osition in Scotland, the old problems of the 'pension' owed by French
kings to the English under the terms of previous treaties and, curiously,
. certain ambivalence over the marriage alliance, probably suggested
hrough Guidotti, between Edward VI and a daughter of Henri II.
The French were anxious for this but the English were unenthusiastic
about relinquishing the idea of the Scots marriage. This coolness
equired the preparation of a more limited commission by the French

---

[1] Delaborde, *Coligny*, vol. i; Rosny, 'Documents', is a valuable collection which prints
mainly documents concerning the war but also a few on the peace talks.

[2] *Correspondance politique d'Odet de Selve*, ed. J. Lefebvre-Pontalis (Paris, 1888). The
editor makes it clear that the break of Dec. 1548 is simply the result of the loss of de
Selve's register for Jan.–Aug. 1549 (his next register, for the embassy to Venice in 1551,
is preserved). Only one of the dispatches received by de Selve has come to light (below,
App. 1, no. 2) (drafts would have been kept by Claude de L'Aubespine, Guillaume
Bochetel or Jacques Bourdin—see below). The next ambassador, Jean Pot, sieur de
Chémault, kept the dispatches he received, 1550–1, and these, formerly thought to have
been destroyed by fire in the 19th century at the Archives Départementales, Bourges,
are in fact kept, mutilated and inaccessible to researchers, at those archives. Virtually
nothing remains of the correpondence of Boisdauphin, 1551–3. J. Vertot, *Ambassades de
Messieurs de Noailles*, 5 vols. (Leyden, 1763) prints a large portion of the Noailles registers
at the quai d'Orsay. Those not printed can be consulted in transcript in P.R.O., 31/3
vol. 20.

chancellery, afraid of loss of face, and caused some embarrassment fo the French negotiators, who were advised 'couvrir cela en leur endro: le mieulx que vous pourrez' (nos. **27, 35**). The maintenance of prestig in such negotiations was always a prime concern for the diplomat though it was expressed in the defence of apparently petty matter weakness here indicated a chink in the armour which might be ex ploited. This was something of a convention. While aiming at th hardest possible terms, Henri II sounds convincing when he instruc his envoys: 'ne veulx je point toucher a son honneur' (no. **16**). Loss o prestige might well result should one side turn up, only to be 'jiltec by the other. The French were clearly worried about this and though the English might exploit French willingness to negotiate in thei relations with the emperor (nos. **5, 6, 14**). Nor were they prepared t return to the, by now, traditional place for Anglo-French talks on th border between the Calais Pale and the territory of Ardres; the objec of the talks must be made generally clear and this required talks nea Boulogne. Other places were regarded as 'perte de ... repputatior (no. **26**) and contrary to the king's honour. Henri II would not 'leu laisser avoir ceste bonne sur moy que de cedder a ce commencemen (no. **28**). First blood was therefore a matter of consequence. Agree ment was in fact long delayed by English bluff and French intransig ence (nos. **12, 13, 15, 24, 25**). Next came the problem of arranging temporary truce, complicated by the French desire to keep the fightin going at sea and requiring special provision to ensure the safety o English communications with their masters across the Channel (nos **12, 21, 29**).

Once these preliminary matters had been dealt with, the document concerning the actual negotiations reveal both the conventions an the special problems. First came the exchange of commissions. It wa customary for both sides to exhibit these at the first meeting and the would eventually be incorporated in the text of the treaty. On thi occasion, the English, with a certain blatant craftiness, sent theirs t the French and asked for the French in return. This naturally encour aged to French to suppose they wanted to make some capital out of i and they refused, though not before taking their own copy of th English commission. This also enabled them to avoid the trap abou the marriage clause (nos. **27, 29**). Documents relating to the talk reveal the order of business: a preliminary meeting devoted to lon and formal statements of position, used as the French expressed it t 'sonder le fondz de leur intention' (no. **22**). After the reading o commissions and the drawing up of a further truce, du Mortier an Paget launched into long speeches putting their maximum cases; thes lasted two days and only then did the bargaining proper commenc (nos. **40, 42**). The ebb and flow of this bargaining is best followed b perusing the despatches from no. **42.** It should be pointed out that the final terms were not dictated entirely by the French since the French king had to agree to some substantial financial concessions in order to obtain what he wanted. The physical difficulties of meetings are apparent. The first session began at 8 a.m. on 18 February in a wooden house built especially for the purpose on the French side of the estuary. On this occasion the English had crossed by horse at low tide and could only remain for two hours as otherwise their entourage would have been trapped all day and left outside in the rain. Thereafter they came by boat and the problem was solved. We learn that the language of negotiation was mixed; Paget could speak in French but Petre was not up to this and used Latin. The English, in their corner discussions, of course spoke their own language and could not be interpreted (no. **42**). We learn something of the drawing up of the treaty itself, for the French considered it an advantage to 'mettre la main a la plume' (no. **47**) and, to their surprise, found that their English opponents had no objection to the drawing up of the Latin articles by du Mortier. 'N'ont jamais mis la main a la plume en quelque lectre, memoyre ne autre chose deppendant de ceste negociacion', they reported with some surprise of the English (no. **51**). Many other incidental features of negotiating conventions can be observed, including the length of the sessions (usually 1 p.m. to 6 p.m.) and the extent to which consultations with the court were necessary when envoys had to contemplate departure from the terms of their commissions. The time taken for a dispatch to be carried from Boulogne to the court (then travelling south of Paris, around Nemours, Montargis and Fontainebleau) was about three days.[1] Final agreement was delayed by English resistance over terms concerning the liquidation of their position in Scotland and the exact amount of artillery to be handed over at Boulogne. 'La conservacion de l'honneur des deux costez' dictated an agreement that the number of pieces found there by the English in 1544 would be handed over and no more (nos. **53B, 61**). Treaties of peace were usually drawn up in two versions, including elaborate prologues appealing to general principles, the text of commissions and the substantial agreement. They were then signed by each set of negotiators and exchanged. This was not the end; there then followed the elaborate process of ratification and oath as well, in this case, as the exchange of hostages (nos. **58, 59, 60, 61, 66**). Publication followed the signing of the treaty (nos. **54, 56**).

The treaty of Boulogne marked an important stage in the development of Anglo-French relations in the sixteenth century. During the reign of Henry VIII, the accumulated debts under the treaties of

---

[1] E.g. a dispatch of 18 Feb. received on 21, that of 21 received on 24, of 16 Mar. received on 19.

1514, 1518, 1525 and 1527 had bedevilled relations and made the conclusion of peace treaties increasingly difficult. Although in March 1550 the English finally decided to cling to their rights under these treaties (unwilling to sign them away during a royal minority), the practical effect of the treaty was to settle the debts by letting them sleep. In effect, the payment in coin of 400,000 écus constituted a de facto end to the financial obligations. The treaty also initiated a period of *rapprochement* culminating in the marriage alliance signed in the summer of 1551 and the treaty with Scotland in the same year. Anglo-French relations remained close until the close of Edward's reign and gave Henri II the opportunity to unleash the new war against the emperor. English land ambitions on the Continent were now limited to the defence of Calais, a problem liquidated, of course, in 1558. The treaty of 1550 therefore begins a decade of considerable readjustment in the relationship between the two countries.

Who, then, really triumphed in 1550? It used to be thought that the treaty of Boulogne was a humiliation for a weakened England. The documents printed here show that the negotiations were far from one-sided. If men grumbled in England against the abandonment of Henry VIII's conquests, so they did in France at the failure to press home the advantage. The Guise, who regarded the treaty as the work primarily of the constable and of his nephew, Coligny, saw it as an attack on their interests,[1] though they swiftly recovered. Soon afterwards, the duke wrote to his kinsman the cardinal of Ferrara:

> quant a l'advancement que vous plust me mander, Monsieur, que mond. sieur le connestable fera desormais aux siens, je ne me suis encores apperceu que pour la paix d'Angleterre ilz se soient tant ressentiz des bienfaictz du Roy comme ilz le se promettoient et pour ceste heure j'en voy moins de moyen qu'il n'y eut jamais, estantz puisnagueres entrez avec mond. sieur le connestable en quelques differentz, qui n'est, ainsi que pouvez congnoistre, pour de beaucoup servir a sa grandeur.[2]

All of which indicates, of course, the importance of bearing the elusive element of court politics in mind as the background to diplomacy.

Nevertheless, the English government, committed as it was to maintaining the fruits of Henry VIII's expensive victories in 1544, had been led to make a massive investment in Boulogne as a fortress and this had proved ultimately an act of folly on the grand scale. This was only partly offset by the financial arrangements of 1550 that, by placing

---

[1] Potter, 'Treaty', 64.

[2] Duke of Guise to the duke of Ferrara, undated draft, *c.* Apr. 1550, B.N., fr. 20648, ff. 64–5.

a store of coinage at the government's disposal, allowed it to initiate a reform of the currency.

I   The sources

The documents published below result from the survival of three distinct sources, including two private archives, and together they provide virtually complete documentation for the period from January to May 1550. These sources are:

(a)   The archives of Claude de L'Aubespine

It should be remembered that, during the sixteenth century, all state papers, whether addressed to the king, his chief ministers, or drawn up in their names, were retained by the secrétaires des commandements (after 1547 more usually known as secrétaires d'état) in charge of the king's political correspondence. In the period under discussion, affairs concerning the British Isles were part of the department of Guillaume Bochetel, but there was considerable interchange between his area and that of Claude de L'Aubespine.[1] During the negotiations of 1550, in any case, Bochetel was one of the commissioners and de L'Aubespine managed the correspondence from the court. It was, consequently, among his papers that the records of the negotiations were kept. De L'Aubespine's archives remained intact until well after his death and were eventually deposited, with those of his brother Sébastien, abbé de Bassefontaine and bishop of Limoges, at the château de Villebon, Eure-et-Loir, which was acquired by his descendants in the seventeenth century. Many of these papers are still at Villebon, saved from the great sale of the Villebon archives in 1903 by the present owner, M. de La Raudière. They are particularly rich for 1542-6, 1549-50, the mid-1550s and the period of Catherine de Medici. For our purposes, the drafts of the court's dispatches during January 1550 have survived, as well as some copies sent to the court by the commissioners. Much more must originally have existed. As is the case with many private archives in France, the removal of choice items began very early. Several volumes of Claude de L'Aubespine's papers were detached during the seventeenth century and now form volumes 6604-21 of the fonds français in the Bibliothèque Nationale.

[1] N. Sutherland, *The French Secretaries of State in the Age of Catherine de Medici* (1962), 29-32, 70-2. Bassefontaine outlined the division of responsibilities at the start of the campaign: 'Monsieur le Conestable et Monsieur d'Aumale partent ce jourd'huy de Compienne et quatre ou cinq jours apres part le Roy pour aller a Amiens, la ou il deliberera selon ce qu'il entendra de passer ou non. Monsieur de L'Aubespine sera tousiours prest du Roy ... Messieurs de Marchaumont et Bourdin, qui a sa survivance et l'office de Monsieur de Sassy, vont avec Monsieur le Conestable' (letter to Jacques Mesnage, 6 Aug. 1549, B.N., fr. 17890, f. 300).

From these, it is possible to recover several dispatches to the king and the constable de Montmorency during the negotiations. Further documents were lost during the sale of 1903, two of which were bought and published by the Boulogne scholar, A. de Rosny and another was bought by the Bibliothèque Nationale and was published by G. Dickinson.[1] Many other documents from other periods fround their way to America and can now be consulted in the Pierpont Morgan and other libraries.

The Villebon archives have been sorted into folders and the present publication uses the group numbers established for the sale of 1903 (in liassès and cartons).[2] The documents themselves are unnumbered. Numbers below were given by the present editor for his own convenience.

(b) *The papers of François de Montmorency, sieur de La Rochepot*
La Rochepot, as the senior French commissioner, retained several though not all, of the original dispatches from the court among his own papers. The latter are particularly important for his activities as the governor of Picardy and passed, after his death in 1551, to his wife, Charlotte d'Humières and, after her death, to her nephew, Jacques. They remained with the Humières archive at the château of Monchy until the mid-seventeenth century, when most of them were acquired by P. de Béthune and thence passed into the King's Library. They now form the backbone of the fonds français for the reigns of François I and Henri II. The rest of the archive was dispersed in the nineteenth century, though not before it had been catalogued.[3] The La Rochepot papers relative to this publication are to be found in B.N., fr. 3062, 3125 and 3134.

(c) *The register of the French commissioners, February–March 1550*
This is of vital importance and neatly complements the other sources. It is now broken into four portions in the Archives du Ministère de Affaires Etrangères, Correspondance Politique, Angleterre, II, VIII and supplément I. Its original form as a single register can be established by the list (pp. 68–9 below), which uses the original foliation to indicate the order in which the register was arranged.

The origin of this document is a difficult problem. Clearly intended as a formal record of the negotiations from the point of view of the peace commissioners (it was drawn up with the heading *treaties in*

---

[1] Below, nos. **10, 36** and **57**.

[2] The 1903 sale catalogue, reproduced by P. Des Forts, *Le château de Villebon* (Paris 1914), 180–8.

[3] The provenance of the La Rochepot papers is revealed by J. Pichon, 'Correspondance des d'Humières, provenant du château de Monchy', *Bulletin de la Société de l'histoire de Compiègne*, vi. 78–140.

italic script and the rest in the usual secretary hand) and compiled after the conclusion of the treaty rather than as the documents were issued, it displays some odd omissions and inclusions. The royal dispatch of 19 March is excluded, nothing of the correspondence before 1 February finds a place and yet several miscellaneous documents relating to Anglo-French border negotiations or plans against Boulogne in 1547-8 are included (below, Appendix I nos. 1-3). Though not directly connected with the 1550 talks, these were probably documents which would have been needed by the commissioners. However, it looks as though the register was certainly compiled from drafts of the commissioners' dispatches as the place is usually left blank in the dating clause (these have been supplied where possible from other evidence).

No conclusive statement can be made on authorship. It might seem obvious to identify the two robe councillors, Bochetel and du Mortier, as the most likely candidates and, since Bochetel was often in charge of English affairs, he would have been in a position to have the documents. However, secretaries of state did not usually feel the need to draw up such registers, keeping their papers in files of drafts and originals.[1] One further suggestion may be made. All the documents in the register have one figure in common: Gaspard de Coligny. All the miscellaneous documents for 1547-8 and those for May 1550 are connected with him or his brother d'Andelot. It is a possibility, then, that his secretary was responsible for drawing up the register as a record of his master's actions. Confirmation of this may be given by the fact that Coligny briefly left the talks after 20 February and the important despatch of 26 February is missing from the register. This theory derives further support from the existence of a similar register drawn up for Coligny after his negotiation of the truce of Vaucelles in 1555-6.[2] It need hardly be stressed that the quai d'Orsay archives for this period are the result of haphazard seventeenth-century collecting as are the manuscripts in the Bibliothèque Nationale.

All the documents from the register are printed below, though the miscellaneous items are brought together in Appendix I (since they were probably used as reference documents by the negotiators).

*   *   *

Other related documents are to be found in the appendices. Appendix II gives the text of Antonio Guidotti's memorial to Henri II, of importance since it indicates the origin of the basis of negotiations. Appendix III contains documents illustrating the French negotiations with the

---

[1] Secretaries of State did, of course, keep registers of financial orders made by the conseil priveé and the king.

[2] B.N., fr. 2846, ff. 156-217.

THE REGISTER OF THE FRENCH COMMISSIONERS
(discussed above, pp. 66–7)

Document	original fol.	present fol.	extant original	this edition
Treaty of 1546	90–7	Supp.I, 57–64		—
Treaty of 1550	98–102	II, 279–83		53
Instructions, 8 i 1550	102–7	II, 283–8	B.N. fr. 3125	2
Mémoire for Andelot, 6 iii 1550	107–9	II, 288–90	B.N. fr.6616	48
King's reply, 9 iii 1550	109–11	II, 290–2		50
Mémoire for Andelot, 16 iii 1550	111–14	II, 292–5, 366	B.N. fr.6611	51
Mémoire, London 29 v 1550	114–16	II, 366–8		67
Henri II to de Selve, 1547	116–18	II, 368–70		App.I, 2
Mémoire to Valleron	118–19	II, 370–1		App.I, 1
Mémoire to Coligny, c. 1547	120–1	VIII, 91–2		App.I, 4
Ransom arrangements, 1549	121–2	VIII, 92–3		25
Henri II to commissioners, 5 ii 1550	122	VIII, 93		28
Henri II to same, 8 ii 1550	122–3	VIII, 93–4		29
Henri II to same, 8 ii 1550	123–5	VIII, 94–6		34
Henri II to same, 13 ii 1550	125	VIII, 96	B.N. fr.3125	35
Henri II to same, 13 ii 1550	125–6	VIII, 96–7	B.N. fr.3134	36
Constable to same, 13 ii 1550	126–7	VIII, 97–8		39
Constable to same, 15 ii 1550	127	VIII, 98		

	B.N. fr.3134		
Henri II to same, 22 ii 1550	VIII, 98–9	127–8	45
Henri II to same, 24 ii 1550	VIII, 99–100	128–9	46
Henri II to same, 2 iii 1550	VIII, 100–4	129–33	47
Commissioners to Henri II, 1 ii 1550	VIII, 104–5	133–4	24
Commissioners to same, 5 ii 1550	VIII, 105–6	134–5	26
Commissioners to same, 6 ii 1550	VIII, 106–7	135–6	27
Commissioners to same, 9 ii 1550	VIII, 107–8	136–7	30
Commissioners to same, 11 ii 1550	VIII, 108–10	137–9	31
Commissioners to same, 13 ii 1550	VIII, 110	139	38
English commissioners, c. 13 ii 1550	VIII, 110	139	37
Truce, 11 ii 1550	VIII, 110–11	139–40	32, i
Truce, 13 ii 1550	VIII, 111	140	32, ii
Commissioners to Henri II, 18 ii 1550	VIII, 11–13	140–2	40
Truce, 20 ii 1550	VIII, 113–14	142–3	42
Commissioners to Henri II, 19 ii 1550	VIII, 114–17	143–6	41
Mémoire sent by Bléneau, 20 ii 1550	VIII, 117–18	146–7	43
Commissioners to Henri II, 21 ii 1550	VIII, 118–19	147–8	44
Propos of Villefage, c. i 1550	VIII, 119–20	148–9	23
Advis of Andelot, 28 iii 1548	VIII, 120–1	149–50	App.1, 3

Irish princes that ran parallel with the talks at Boulogne. These are included since they are much less well known than the documents concerning French dealings with the Scots which form the other parallel negotiations.[1] Finally, Appendix IV gives, for reference purposes, a list of the extant English documents on this negotiation.

III *Notes of the main negotiators*

François de Montmorency, sieur de La Rochepot

Younger brother of the constable Anne de Montmorency, he had been appointed governor of Picardy in the absence of the duc de Vendôme by 1532 and, his fortunes following those of his brother, in 1538 he also became governor of the Ile-de-France. After an eclipse during the later years of François I, he returned as deputy governor of Picardy under the young Antoine de Bourbon in 1547. Before 1550, he had not been involved in high-level diplomacy though he had considerable experience of dealing with the English on the border of Calais. Never of the most robust health, he was to die August 1551.[2]

Gaspard de Coligny, sieur de Châtillon

Coligny had not had much experience of diplomacy until this time. After the accession of Henri II and the return of his uncle, Montmorency, to power, he was placed in command of the forces opposite Boulogne and, as a result, had some dealings with the English garrison. He had been involved in negotiations with Clinton in October-November 1549. Early in 1550, he was appointed as governor of the Boulonnais under the overall command of La Rochepot.[3]

André Guillart, sieur Du Mortier

Held the posts of maître des requêtes de l'hôtel du Roi and conseiller du Roi au conseil privé (1547). His most important diplomatic assignment, after a long career in the Parlement and as a councillor of Paris,

---

[1] The correspondence between the French court and Scotland has been published in several places: letters between Marie de Guise and her brothers, *Mémoires de Guise*, 5-37 and A. Teulet, *Relations, politiques de la France et de l'Espagne avec l'Ecosse au XVIe siècle* (Paris, 1862). Documents from the same source and still unpublished are in B.N., fr. 20457, pp. 229-43. The dispatches received by Marie are largely published in *Foreign Correspondence with Marie de Lorraine, queen of Scotland, from the originals in the Balcarres Papers*, ed. M. Wood (Scottish History Soc., 1925).

[2] There is as yet no study of La Rochepot's career. The main sources are his papers in the B.N. For a study of an earlier aspect of his life, cf. D. L. Potter, 'International politics and naval jurisdiction in the 16th century: the case of François de Montmorency', *European Studies Rev.* vii (1977), 1-27.

[3] On this period of Coligny's career, the best source is Delaborde, *Coligny*, 70-90. Cf. also E. Bersier, *Coligny avant les guerres de religion* (Paris, 1884) and J. Shimizu, *Conflict of Loyalities* (Geneva, 1970).

was as envoy in 1546-7 to Paul III, with instructions to negotiate an alliance between France, Venice and the Pope. He was possibly connected to the Guise and may have obtained the cardinal's hat for Charles de Guise, though there is some suspicion of Huguenot sympathies before his death in 1568.[1]

Guillaumɇ Bochetel, sieur de Sacy (or Sassy)

His career grew through posts in the royal secretariat (1518, secrétaire de la chambre; 1530, secrétaire signant en finances; 1532, secrétaire des finances; 1547, secrétaire d'état et des commandements). He had been sent on mission to Spain in 1529, had accompanied admiral Chabot de Brion to Calais in 1535 and had taken part in the Anglo-French peace negotiations of 1546. He was appointed *greffier* of the Ordre de Saint-Michel in 1542. From 1547, his department included England and Scotland. He retired from active service in 1550-1, in favour of Jacques Bourdin, and died in 1557.[2]

IV *Note on presentation and acknowledgements*

Documents are transcribed in full, except in a few cases where the routine phrases of commendation which end dispatches have been omitted. Spelling is original (with the usual emendations of *v* and *u*) but capitalization and punctuation (including apostrophes: i.e. *qu'il* for *quil*) are modernized. Except in the case of later copies which have used accents, these have not been added to the sixteenth-century manuscripts as they were rarely used in script and there was no consensus on their use even in printed forms. All documents, including the few that have been printed before, are newly transcribed. Those which have been destroyed since their first printing are given in their published form.

In establishing the texts of drafts, the principle of defining the text as finally drawn up has been adhered to. Corrections with substantial points (deletions or additions) are given in the apparatus but minor grammatical corrections are omitted. Except where otherwise stated, all drafts are in the hand of Claude de L'Aubespine. In the apparatus, *draft* means the corrected first version of a dispatch kept as a file copy by the secretary; *original* indicates the final document as signed and retained by the recipient; *copy* indicates a duplicate of the original;

---

[1] On Guillart, cf. A. Pommier, *Chroniques de Souligné-sous-Vallon et Flacé* (Angers, 1889), 158-70 and A. Jouanna, 'André Guillart' in R. Mousnier, *Le conseil du Roi de Louis XII à la Révolution* (Paris, 1970), 231-53.

[2] On Bochetel, cf. V.-I. Comparato, 'Guillaume Bochetel, secrétaire d'état', R. Mousnier, *Le conseil du Roi*, 105-29.

registered copy indicates a copy of either an original or draft kept in the formal register of negotiations described above.

Footnotes explain most substantive points and attempt a degree of comparison with the English sources. Occasional quotations are made from manuscripts printed in 'Paget letters', especially where the printed version makes no attempt to reconstruct a mutilated original. Emphasis is given, however, to those Cotton manuscripts not printed in 'Paget letters'.

Documents are dated at the head in new style. The year began in France at Easter, so most documents were originally dated 1549.

My thanks are due particularly to M. de la Raudière, owner of the château of Villebon, for permission to visit and read the papers, to M. J.-D. Pariset of the Archives Nationales for microfilming those documents which I was unable to copy at Villebon and to the staffs of the Bibliothèque Nationale and the Archives of the quai d'Orsay.

Documents in the Archives du Ministère des Affaires Etrangères, the Bibliothèque Nationale and the Public Record office are printed by permission of the authorities concerned.

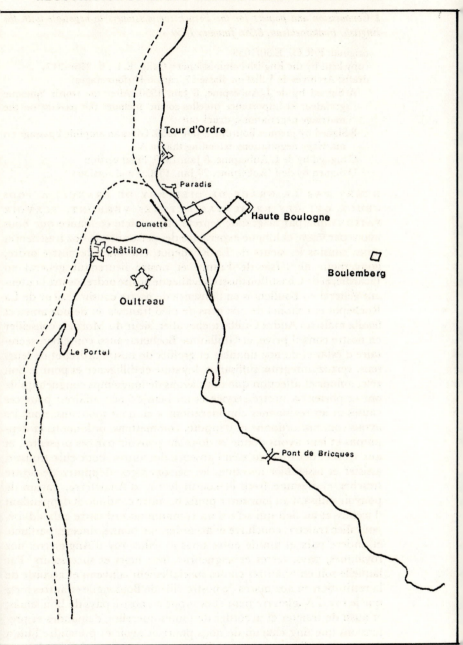

Map I   Fortifications around Boulogne, 1549

1 *Commission and powers for the French commissioners to negotiate with the English. Fontainebleau, 8/20 January 1550*

original: P.R.O., E 30/1053
copy kept by the English commissioners: Calig. E. iv, ff. 246r–247v
drafts: Archives de Villebon, liasse 52, carton H (four stages):
    A Signed by de L'Aubespine, 8 Jan. 1550. After the words 'quelque
      grandeur et importance qu'elles soient' includes the passage on the
      marriage negotiations, struck out
    B Signed by Jacques Bourdin, 8 Jan. 1550. Gives an amplified passage on
      marriage negotiations extending that in A
    C Signed by de L'Aubespine, 8 Jan. 1550. Final version
    D Signed by de L'Aubespine, 20 Jan. 1550. Final version

HENRY PAR LA GRACE DE DIEU ROY DE FRANCE, A TOUS
CEULX QUI CES PRESENTES LETTRES VERRONT, SCAVOIR
FAISONS que par la grande seurete et parfaicte confiance que nous
avons par vraye et longue experience des personnes de noz treschers et
amez cousins les sieurs de La Rochepot, chevalier de nostre ordre,
gouverneur de l'Isle de France et nostre lieutenant general en
Picardie, et de Chastillon aussi chevalier de nostre ordre, nostre lieutenant general en Boullenois en l'absence de nostre cousin le sieur de La
Rochepot et collonel de noz gens de pied francois, et de noz amez et
feaulx maistres Andre Guillart, chevalier, sieur du Mortier, conseiller
en nostre conseil prive, et Guillaume Bochetel, aussi conseiller, secretaire d'estat et de noz finances et greffier de nostre ordre, et de leurs
sens, vertuz, integrite, suffisance, loyaulte et dilligence et pour le bon
zele, amour et affection que nous avons de longtemps congneu qu'ilz
ont et portent a nostre service et au bein de noz affaires; pour ces
causes et autres bonnes considerations a ce nous mouvans, nous les
avons commis, ordonne et deppute, commettons, ordonnons et dep-
putons et leur avons donne et donnons pouvoir par ces presentes, et
aux trois et deux d'iceulx en l'absence des autres, pour eulx trouver,
assister et assembler avecques les personnaiges, depputez de nostre
trescher et tresame frere et cousin le roy d'Angleterre, garniz de
pouvoir suffisant au jour surce prefix ou autre continue et deppendant
d'icelluy et au lieu qui sera d'un commun accord entre eulx advise,
pour illec traicter, conclurre et accorder une bonne, sincere, parfaicte
et entiere paix et amitie entre nous et ledict roy d'Angleterre, noz
royaumes, pays, terres et seigneuries, noz hoirs et successeurs. Par
laquelle soit entre autres choses speciallement convenu et accorde de
la restitution en noz mains de nostre ville de Boulongne et autres fortz
que le roy d'Angleterre tient et occuppe en nostre pays de Boullenois;
et aussi de traicter et accorder de toutes querelles, demandes et pretensions que ung chacun de nous pourroit avoir et pretendre l'un a
l'encontre de l'autre, et generallement de traicter et pacifier de tous

differendz par le moyen desquelz ladicte paix et amitie pourroit estre retardee ou empeschee, soubz tels pactz, conditions et convenances qu'ilz verront estre affaire pour le bien de nous et de noz royaumes et pays de quelque grandeur et importance qu'elles soient,[a] et generallement faire et accomplir par iceulz noz depputez en toutes et chacunes les choses dessusdictes, leurs circonstances et deppendances pour le bien, establissement et seurete de ladicte paix, amitie, alliance et confederation entre nous, noz hoirs et successeurs, noz royaumes, pays et seigneuries et pour la restitution de nostredicte ville de Boullongne et fortz de Boullenoys tout ce qu'ilz verront et congnoistront estre requis et necessaire et convenable, [b]et aussi de povoir bailler tout tel saufconduict et seurete aux depputez d'ocelluy nostredict bon frere le roy d'Angeleterre, leurs gens, serviteurs, officiers et messagiers et semblablement accorder tresve et abstinence de guerre pour tel temps et ainsi qu'ilz verront estre a faire pour l'effect dessusdict et durant le pourparle de ce present traicte, arrest et conclusion d'icelluy[b] tout ainsi que de nous mesmes ferions et faire pourrions si presens en personne y estions, iacoit qu'il y eust chose qui requist mandement plus especial que en ces presentes n'est exprime, PROMETTANS en bonne foy et parolle de roy avoir agreable en tenir pour ferme et estable tout ce que par nosdictz depputez et les trois et deux d'eulx en l'absence des autres aura este faict, negocie et accomply en ce que dessus, leurs circonstances et deppendances, et le tout ratiffier, agreer et approuver dedans tel temps et ainsi qu'il sera promis, convenu et accorde sans jamais aller ne venir directement ou indirectement au contraire. Car tel est nostre plaisir. EN TESMOING de ce nous avons signe ces presentes de nostre main et a icelles faict mettre et apposer nostre scel. Donne a Fontainebleau le xxme jour de janvier, l'an de grace mil cing cens quarante neuf, et de nostre regne le troysiesme.

HENRY

[*on the reverse*] Par le Roy, Delaubespine.

---

[a] *Draft A gives there the following passage:* Pour laquelle mieulx eddiffier et establir il sera par adventure necessaire traicter et entrer en propoz d'approcher noz maisons par plus grande et estroicte assunte et alliance de mariage, auquel effect est besoing depputer bons et notables personnaiges esquelz nous ayons entiere confiance. *This is crossed out and in draft B, Bourdin replaces it by the following:* et pour lad. paix myeulx eddiffier, corroborer et establir par approaches de noz maisons et plus grande et estroicte alliance, nosdictz depputez pourront pareillement traicter, conclure et accorder avec ceulx de nostredict cousin le roy d'Angleterre le traicte de mariage d'entre ledict roy d'Angleterre et nostre treschere et tresamee fille aisnee Elizabeth de France soubz et avecques telles condicions et articles qu'ilz adviseront. *It seems reasonable to suppose that this is the version which had to be replaced in order to save French prestige, below no.* **27**

[b-b] *This passage was added by Bourdin in draft B*

Endorsed: Commissio Henrici Francorum Regis factum ad Monsr Ro-
chepotte de conferentia habenda cum oratoribus Edwardi Sexti Regis
Angliae pro pace inter predictos Reges concludendo. Datum xx° die
Januarij 1549.

Sealed: with the great seal in yellow wax on a paper tongue.

2 *Instructions to the negotiating commissioners, La Rochepot, Gaspard de Coligny, Du Mortier and Bochetel. Fontainebleau, 8 January 1550*

    copies: B.N., fr. 3125, ff. 20-3
           Villebon, liasse 52, carton H
    registered copy: A.E.C.P., Angl. II, ff. 283-8

Et premierement

Le Roy veult et entend que ses ambassadeurs mectent incontinant
fin a ceste negociacion sans tirer la chose en longueur, affin d'oster
tout moien aux Angloys de s'en prevaloir soyt envers leurs subgectz
ou autres.

Et a ceste fin, pour abreger l'affaire le Roy sera content que ses
ambassadeurs commencent et mectent en avant comme, suivant ce
qu'a este advise entre leurs maistres,[1] ilz sont venuz pour traicter de la
redition de Boullongne avec une bonne paix entre le Roy leur maistre
et le Roy d'Angleterre et pour declarer en deux motz l'intencion de
leur maistre, c'est qu'il desire vivre en bonne paix et voisinance avecques le Roy d'Angleterre moiennant qu'il luy face restituer sa ville
de Boullongne, pour laquelle restitucion le Roy sera content luy paier
une somme raisonnable equippolente a ce qu'ilz luy restitueront.

Et si les Angloys mectent en avant, comme il est vray semblable,
qu'ilz feront que le chemyn de la paix et restitucion de Boullongne est
tout ouvert part le derrenier traicte de paix faict entre les feuz Roys[2]
et que ledict traicte est perpetuel, faict pour eulx et leurs successeurs,
et consequamment que l'obligacion dure tousiours et qu'il ne fault
que l'execucion, a quoy ilz sont prestz:

Le Roy veult que ses ambassadeurs entendent que son intencion
n'est poinct d'entretenir ne suivre ledict traicte encores que les Angloys
tinssent aujourdhuy tout ce qu'ilz soulloient tenir tant en Boullenoys
que en Escosse, pour estre ledict traicte trop desavantaigeulx pour luy
et pour sa couronne et aussi que l'execution d'icelluy en deux poinctz
est non seullement tres dificille mais impossible du tout, demeurans les
Angloys es termes qu'ilz ont tousjours tenuz jusques icy. Partant on
leur couppera tout court ce chemyn, leur faisant entendre qu'il fault

----

[1] The preliminaries were negotiated by Antonio Guidotti through his contact in the
household of Catherine de Medici, Antonio Gondi. Cf. his memorial to Henri II, 9 Nov.
1549, Calig. E. iii, ff. 69-70 (Appendix II).
[2] Treaty of Campe, 7 June 1546.

traicter tout de nouvel et que le Roy entend et n'est oblige suivre ledict traicte pour plusieurs raisons:

En premier lieu, il n'a confirme ne eu pour agreable ledict traicte de paix.[1]

Secondement, ledict traicte a este en plusieurs facons viole et rompu par les Angloys et par ainsi, n'ayant este de leur part observe [...][a] notoirement enfrainct, le Roy aussi de sa part n'est tenu de l'observer et de l'infraction faicte par les Anglois assez appert tant pour avoir envahy le royaume d'Escosse, prins aucunes villes et plusiers chasteaulx audict royaume et y avoir faict maintz graves dommaiges et depredations par voye de guerre et hostilite contre le teneur dudict traicte duquel les Escossoys sont comprins, que pour avoir continuellement depuis troys ans enca pille et deprede les subgectz du Roy, prins et emmene les navires et les hommes sans jamais avoir voulu faire restitucion ne ouverture de justice et y a plusieurs Angloys qui en justice ont dict et deppose pardevant les officiers du Roy qu'ilz avoient eu conge par escript pource faire du Protecteur d'Angleterre et qu'il bailloit conge a tous Angloys qui le demandoient de courir sus aux Francoys et de les grever et endommaiger le plus qu'ilz pourroient.

Davantaige, il est tout notoire que depuis le traicte de paix ilz ont encommance et paracheve les fortificacions de la Dunette et tout ce qui est du port de Boullongne contre ledict traicte.[2]

Et encores qu'on voulust garder d'une part et d'autre le dernier traicte de paix si est ce que la chose est maintenant reduicte a l'impossible de la part des Angloys pource qu'ilz ne scauroient restituer les choses qu'ilz sont tenuz rendre par ledict traicte ne possedant plus rien en Boullenoys fors la ville et ce qui est entre ladicte ville et la tour d'Ordre,[3] par ainsi il est de necessite de venir a nouvel traicte.

Or, ce point vuyde, les Angloys pourront mectre en avant que au pis aller les partyes demoureront en l'estat qu'elles estoient auparavant ledict traicte et en semblables droictz et que partant il fault maintenant disputer de ce qui leur estoyt deu lors dudict dernier traicte et consequamment leur satisfaire de ce qui se trouvera leur estre deu par les traictez precedens ledict derrenier traicte.

a Illegible

---

[1] Henri II had refused to confirm the treaty of April 1547 after his accession in Mar. 1547. (Cf. the procès-verbal of the conseil privé, B.N., fr. 18153, f. 1, 19 Apr. 1547). He had then been prepared to observe the 1546 treaty (cf. App. I, nos. 1 and 2).

[2] The Dunette was a fortified mole in the middle of the harbour of Boulogne, built between 1547 and 1549 and much admired by the French. Cf. Shelby, *Rogers*, 71–2; A. de Rosny, *Album historique du Boulonnais* (Boulogne-sur-Mer, 1892), plate xvii.

[3] Tour d'Ordre: a Roman lighthouse which stood on the cliff to the north of the harbour of Boulogne. Known to the English as 'the Old Man', it was fortified in 1544 but Rogers began a new fort around it in 1546. Cf. Shelby, *Rogers*, 63–4.

Surquoy fault noter que le sommaire de toutes leurs demandes, querelles et pretensions consiste en ce qu'il s'ensuict: c'est a savoir, qu'ilz dient qu'il est due au Roy d'Angleterre a cause du traicte de l'an v^c xxv deux millions d'or ou environ, paiables en vingt ans et si, a la fin des vingt ans, il est encores vivant luy sera des la en avant paie durant le cours de sa vye seullement la somme de cent mil escuz chacun an par forme de pension.[1]

Sur ladicte somme de deux millions, luy ont este paiez neuf annees et demye seullement et soyt icy note que de ladicte pension viaigere montant cent mil escuz par an est escheue une annee des le premier jour du mois de Novembre cinq cens quarante cinq.[2]

Oultre ce, est deu par le traicte de la paix perpetuelle faict l'an v^c xxvij une pension a tousjours de cinquante mil escuz couronne d'unepart et de mil escuz a quoy a este reduicte la pension annuelle paiable jusques au bout du monde, de laquelle pension de L^m escuz le premier paiement debvoit commancer apres la mort du Roy d'Angleterre derrenier decede; et au regard de la pension du seel reduicte et comu[tee?] pour le cours de la vie du feu Roy d'Angleterre en dix mil escuz sol. de pension annuelle, elle a este paiee depuis ledict traicte de l'an v^c xxvij jusques en l'an v^c xxxv que commencerent les guerres entre l'Empereur et le feu Roy.[3]

Pour subvertir toutes lesdictes demandes, sera respondu que le traicte de la pension perpetuelle qui est de l'an v^c xxvij et dont le premier paiement doibt commancer apres sa mort est resolu par sa faulte et coulpe et est demeure de nul effect et obligacion, car ledict traicte recours a icelluy et aux autres traictez correlatifs est fonde sur deux causes:

La premiere et principalle c'est la promesse qu'il faict pour luy ses heires et successeurs de ne troubler le Roy ny ses successeurs es choses qu'il possede.

La seconde est la promesse qu'il faict de contribuer a l'offension contre l'Empereur jusques a ce que la delivrance de messieurs les enffans du Roy soyt faicte ou que le Roy en soyt d'accord avecques l'Empereur.

Et est l'execucion desdictes deux choses requises devant qu'il puisse dire ladicte pension perpetuelle luy estre deue.

Or, combien qu'il ait satisfaict a la contribucion de la guerre

---

[1] For the terms of the treaty of More, 30 Aug. 1525, cf. Rymer, *Foedera*, xiv. 48–57.

[2] The vast sums of pensions and obligations which had accrued to England by the treaties of 1525 and 1527 were remitted by Henry VIII to help the French war effort in 1527–9, cf. *L.P.*, iv. nos. 5515, 1604(3), app. no. 183; accounts of Passano, A.N., J 923 no. 8. Full payment was resumed in 1531 and continued until the first instalment of 1534 but then ceased (*L.P.*, v. nos. 222, 1065, 1504, vii. no. 1554).

[3] Treaty of Perpetual Peace, 18 Aug. 1527, Rymer, *Foedera*, xiv. 218–27.

offensive selon les traictez,[1] comme ala verite il en a recognoissance et quictance en forme et tresbonne et tresample, si est ce que, aiant envahy le Roy en son royaulme es annees v^{c}xlij, xliij et xliiij, il a enfrainct mainfestement [*sic*] ledict traicte de paix et pension perpetuelle.

Et si l'on dict que la guerre a este juste, pource que lors luy estoient deue sept ou huict annees des paiemens que l'on devoyt faire pour l'acquict des deux millions d'or:

leur sera respondu que, oultre ce qu'ilz ne scauroient faire apparoir d'un reffuse absolut paiement, si est ce que justement il leur pouvoyt estre reffuse pource que, par le traicte de l'an v^{c}xxv, qui est le traicte qu'ilz pretendent avoir este par nous enfraict, le feu Roy d'Angleterre estoyt tenu secourir le Roy s'il estoyt trouble ou envahy en la possession de ses pays recours audict traicte, ce qu'il ne voulust faire encores qu'il en eust este somme et requis lors que l'Empereur vint envahir la France avecques deux armees, l'une en Provence ou luy mesmes estoyt en personne, l'autre en Picardye ou estoyt le conte de Nassau, qui est environ le temps que cesse les paiemens d'Angleterre.[2]

La requisition du secours faicte, tant par monsieur de Tarbes ambassadeur pour lors du Roy an Angleterre que par le Roy mesmes, parlant a la personne le l'evesque de Vincestre lors ambassadeur en France dudict Roy d'Angleterre, pareille requisition a este faicte par plusieurs foys audict evesque de Vincestre lors ambassadeur comme dict est, par monsieur le Connestable.[3]

Et fault noter en cest endroict que, combien que par troys principaulx contractz, l'un de l'an v^{c}xviij, l'autre de l'an v^{c}xxv et le tiers de l'an v^{c}xxxij, le Roy d'Angleterre soit oblige au Roy pour la deffence de son royaume, si est ce qu'il ne se fault ayder en cest endroict que du traicte de l'an v^{c}xxv, qui est le mesme traicte sur l'infraction duquel les Angloys fondent la guerre offensive faicte par eulx, car, quant aux traictez de l'an v^{c}xviij, l'Angloys se peult facillement saulver recours a iceulx.[4]

Et soyt note en cest endroict que le traicte de l'an v^{c}xxxij porte nommement que c'est sans [. . . .]cion^a des traictez precedens et qu'ilz demourront en leur force et vertu, parquoy le Roy d'Angleterre peult estre valablement combatu dudict traicte de l'an v^{c}xxv et luy mesmes ne combat que de l'infraction dudict traicte.

---

^{a} *Illegible*

---

[1] I.e. during the war of 1528-9.

[2] I.e. the invasion of 1536. The payment of the pension had, in fact, ceased in 1534.

[3] For French demands for aid in 1536 and connections with the unpaid pension, cf. *L.P.* xi, no. 304, 445; xii (1), nos. 445, 865.

[4] These were the contracts signed as part of the Anglo-French peace of 1518 and the agreements between Henry VIII and François I at the Boulogne conference of 1532.

S'ensuict de ce que dessus, que si le Roy a peu licitement reffuser le paiement de ce qu'estoyt deu par le traicte ce l'an v^{c}xxv, comme a la verite il l'a peu faire pour les raisons que dessus, que la guerre de l'Angloys est iniuste. Si elle est iniuste, le Roy est quicte de la pension perpetuelle qui est fondee sur la promesse de l'Anglois de ne faire jamais la guerre en France et aussi des impenses et dommaiges de la guerre et que, au contraire, l'Angloys doibt au Roy lesdictz impense et dommaiges, qui montent trop plus que ce que luy reste deu par le traicte de l'an v^{c}xxv et par ainsi ses demandes subverties.

Et si de la part des Angloys est dict que le derrenier traicte decide assez ce qui leur est due et que partant il ne fault plus refricquer ne disputer si justement cela est deu ou non:

On leur respondra qu'il fault prendre ledict traicte comme non advenu, ayant este viole et resolu par leur faict et coulpe. Et ainsi que on ne se peult prevaloir ny ayder d'ung contract ou traicte qui seroyt nul aussi on ne peult vallablement soy ayder ny funder aucun droict sur ung contract ou traicte resolu et adnulle comme est ledict traicte de paix. Et dadvantaige, les sommes qui sont promises par ledict derrenier traicte sont accordees plus en contemplacion des choses qu'ilz promectoient rendre et restituer que pour fondement qu'il y eust aux demandes qu'ilz faisoient touchant les debtes et arreraiges et pensions par eulx pretenduz. Or, maintenant ilz ne peuvent rendre les choses par eulx promises, comme il a este dict cy dessus, et consequammen ilz ne peuvent aussi demander les sommes accordees pour cest effect.

Pour resolucion du voulloir et intention du Roy, les ambassadeurs entendront que ledict seigneur sera contant qu'ilz puissent accorder aux depputez du Roy d'Angleterre jusques a la somme de trois cens mil escuz sol., payables autant et a ung seul paiement, moyennant que la ville de Boullongne et les fors adjacens tenuz par les Angloys luy soient renduz, avecques les munitions de guerre y estant, et aussi que les places et fortz conquis et occuppez par les Angloys ou royaume d'Escosse depuis le trespas du feu Roy luy soient renduz. Et oultre que ledict seigneur demeure quicte de toutes debtes et pensions pretendues par le Roy d'Angleterre tant a cause du traicte du More faict et passe en l'an v^{c}xxv que aussi du traicte de la paix perpetuelle passe en l'an v^{c}xxvij et que davantaige le Roy d'Angleterre face abatre et demolir les fortz qu'il a piusnagueres faict construire en l'Isle d'Origny, moyennant laquelle demolition le Roy sera aussy content de faire demolir les fortz nouvellement construictz en l'Isle de Serq, sans ce que les ungs ny les autres y puissent desormais fortiffier.[1]

Et ou les depputez du Roy d'Angleterre feroient difficulte de voulloir traicter du quictement de tout le contenu esdictz traictez de l'an

[1] English fortifications had been commenced in 1548 as a response to similar French moves on Sark. Cf. Henri II to Marillac, 15 May 1549, B.N., fr. 3099, p. 1.

ᶜxxv et l'an vᶜxxvij le Roy sera content que, pour la restitucion de
Boullongne et fors adjacens avec les munitions de guerre, leur soyt
promise et accordee la somme de cent cinquante mil escuz d'or sol.
comptant, payable a ung seul paiement. Et au surplus, que le Roy
d'Angleterre demoure entier en tous ses droictz et pretensions a cause
esdictz traictez vᶜxxv et vᶜxvij, demourant aussi le Roy entier en ses
droictz, deffences et exceptions au contraire.

Et sera contant le Roy que en tous deux cas dessusdictz et moyennant la restitucion de Boullongne comme dict est, soit traicte et
accorde le mariage d'entre le Roy d'Angleterre et madame Elizabeth
sa fille aisnee,[1] lequel mariage lesdictz ambassadeurs tiendront en la
plus grande reputacion qu'ilz pourront comme a la verite il merite d'y
estre tenu.

Pour l'effect duquel mariage et en faveur d'icelluy, le Roy est
contant que, les la premiere offre, leur soyt offert la somme de deux
cens mil escuz soleil et si les ambassadeurs du Roy d'Angleterre incis-
sent a ce que plusgrand somme soyt baillee, le Roy sera contant qu'on
l'eslargisse jusques a troy cens mil escuz et, oultre tout ce que dessus,
ledict seigneur sera aussi content si ses ambassadeurs voyent que cela
puisse servir a la conclusion du traicte, qu'ilz offrent une pension
annuelle de cinquante mil excuz d'or paiable audict Roy d'Angleterre
durant la vie de ladicte dame Elizabeth de France, a commancer le
premier paiement incontinant apres le mariage consomme. Toutesfoys, pour la premiere offre de ladicte pension, si tant est qu'ilz
congoissent qu'elle puisse servir, elle sera mise a la somme de xxvᵐ
escuz et se garderont lesdictz ambassadeurs du Roy, pour parlans
ludict mariage, d'entrer en aucune difficulte de ce que ledict Roy
d'Angleterre et ses subgectz ne sont obeyssans a l'eglise Romaine. Et
si d'eulx mesmes ilz venoient a toucher ce poinct, leur sera respondu
comme de chose a quoy le Roy ne se veult arrester, saichant que ledict
Roy d'Angleterre est de sa conscience responsable a Dieu et aussi que,
parvenu en aage, il scaura bien eslire ce que sera salutaire et utille.

Et ou cas que l'on soyt d'accord de la restitucion de Boullongne,
par ung mesme moien pourra estre accorde de execution dudict traicte
soubz les deux formes qui s'ensuivent. C'estasavoir, que le Roy asseu-
rera le Roy d'Angleterre par lettres de bancque en forme de depost a
son contantement dedans la ville de Londres de la somme a quoy aura
est convenu, paiable icelle somme audict Roy d'Angleterre en fournissant par luy aux marchans bancquiers recongnoissance du Roy
ou son lieutenant comme ladicte ville et fortz avecques les munitions
du guerre auroient este renduz en ses mains, ou bien que le Roy
consignera royaulment et de faict la somme qui aura este accorde es

---

[1] Elisabeth de France.

mains de la Seigneurie de Venize,[1] laquelle Seigneurie sera ten
promptement la delivrer au Roy d'Angleterre faisant par luy apparoi
comme ladicte ville et fortz construictz seront parvenuz es mains d
Roy suivant le traicte.

Faict a Fontainebleau le viij[e] jour de janvier l'an mil cinq cen
quarante neuf.

Endorsed: Instruction aux depputez que le Roy envoye en Picardy
pour la reduction de Boullongne au mois de janvier 1549

3 *Gaspard de Coligny to Henri II. 17 January 1550*
    original: B.N., fr. 6616, ff. 141–2

Sire, suivant ce qu'il vous a pleu me mander par le sieur de Beaudine
que j'eusse a scavoir l'intention du conte Reingrave[3] sur la levee qu
vous entendez faire maintenant d'allemans, je luy faict venir en cest
ville icy et apres luy avoir faict entendre comme vous le voulliez bie
et favorablement traicter, et que devant que d'en parler plus avan
vous voulliez bein scavoir de luy s'il vouldroit faire ceste levee nouvelle
laissant les enseignes qu'il a en Escosse a Requrot[4] (ou bien que, le
retenant a luy vous bailleriez audict Requrot cestedicte levee). Sire
oultre la response que ledict conte vous faict par une lettre qu
presentment je vous envoye, il m'a encores prye vous faire scavoir qu'
ne luy seroit pas honorable d'avoir conduict des gens hors de vostr
royaulme pour les habandonner maintenant, et qu'il m'en auroyt pa
meilleur bruict sur ceulx de sa nation qui penseroient qu'il les eus
habandonner pour occasion qui ne tourneroyt poinct a son advan
taige. Toutesfoys, Sire, sa resolution est qu'il se remect ad ce qu'il vou
plaira luy commander, et ce que vous estimerez estre de plus importan
pour vostre service, le tenant pour asseure que vous regarderez a lu
faire conserver son credit avec ceulx de sadicte nation dont il fauldr
qu'il s'ayde pour vostre service.

Et pource que ledict sieur de Beaudyne m'a dict que vostre intentio
estoit lever jusques a sept enseignes d'Allemans, ledict conte aussy
surce m'a prye vous fayre entendre que si vous aviez volunte d'en fair

[1] For further details on Venetian good offices, cf. no. **50**, the reply of Henri II, 9 Mar
1550; Morvillier, French ambassador to Venice, to Henri II, 7 Apr. 1550, B.N., fr
16088, ff. 192–3.

[2] Jean de Crussol, sieur de Beaudiné, a gentleman frequently used for confidentia
messages to and from the court.

[3] Johann Philipp von Salm, count of Sauviage, the Rhine and Salm, a Germa
captain regularly in French service. He played an important part in Scotland, 1548–
and the siege of Boulogne, 1549–50. Many letters to him survive from Montmorency
La Rochepot and Marie de Guise for this period.

[4] Georg von Reckenrod a mercenary leader of landsknechts in French service as earl
as 1542 and still in 1558.

ver jusques a sept il vous vouldroict supplier luy en voulloir donner
s troys et Rocqurot pourroict avoir les quatre autres affin qu'il soict
yeulx accompagne pour avoir plus de moyen de vous faire service et
ue, la ou il vous plairoyt envoyer en Escosse quelqu'un, si c'estoit luy
pourroict laisser sept enseignes de deca en garde audict [sic] tant
ue vous le y vouldryez employer. Si aussy vous trouviez meilleur d'y
ivoyer ledict Rocquroy les enseignes qu'il auroit pourroient de-
iourer en garde audict conte et prandre celles qui sont de dela. En
la Sire il se remect du tout a vostre voulloir ayant entierement
esdye sa vye a vostre service.

Sire, depuis la depesche que je vous ay faict par Baptiste vostre
uchement,[1] j'ay faict avec Salcede[2] qu'il mectra dedans la grange
'admonition que je foys faire pour vous au camp des Allemans des
rines et du vin pour ung moys pourveu qu'il puisse faire cuyre du
ain desdictes farines et que au pris qu'il en prandra il y en remectra
'aultres affin d'avoir ceste advance pour s'en prevalloir en quelque
ecessite qui peult survenir, ce que je luy ay acorde comme choze bien
iisonnable. Depuis ladicte depesche je n'ay rien entendu de nouveau
e noz voisins, car les advertissemens que j'ay ne conferment ce que
esia je vous en ay mande. Je m'en iray demain couscher au fort pour
eoir la et au Montchastillon[3] les admonitions que ledict cappitaine
alcede y mises desquelles il m'a dict y avoir ung bon nombre de ce
u'il est tenu y fournir et que le reste dedans peu de jours y sera. Je
i'en retourneray de la Amblethueil pour estre plus pres des ennemys
ffin d'en entendre plus souvent des nouvelles dont je ne fauldray a
ous advertir.

commendation and date]

P.S.] Sire, en voulant fermer ceste lettre, il m'est arrive deux hommes
ui me servent venans de Calays et Guysnes, et du lieu ou sont logez
s Angloys dedans la terre d'Oye,[4] qui m'ont dict qu'il n'est poinct de
ruict qu'ilz deslogent, et attendoyent encores quelques gens qu'ilz

---

[1] Baptiste Praillon, king's interpeter (cf. pension of 1000 liv. for him in 1549, B.N., fr.
132, fn. 38).

[2] Pierre, sieur de Salcedo or Salcède, captain of Hardelot and concessionaire for the
pply of French forts between Montreuil and Boulogne. Cf. G. L'Homel, *Nouveau*
ceuil de documents pour service a l'histoire de Montreuil-sur-mer (Compiègne, 1910), 125–44.

[3] Mont Châtilon, probably fort Châtillon, a fort commenced by Coligny nearer to the
ntrance of the harbour at Boulogne. For plan, cf. Shelby, *Rogers*, 62.

[4] Ellis ap Gruffydd gave a vivid description of the state of the troops sent out under
Huntingdon to restore the situation and who were encamped in the terre d'Oye. Cf. M.
ryn Davies, 'Boulogne and Calais from 1545 to 1550' in *Bull. Faculty of Arts of Fouad I*
niversity, Cairo, xii(i) (May 1950), 74–5. The council was worried by Huntingdon's
ifficulties 'who, being a yong jentleman hath nede to have his want of experience
pplyed with your good advises' to control troops and supplies (cf. letter to commis-
oners, 28 Jan. 1550, Calig. E. iv, ff. 204v–205r).

dient avoir este arreste a Cantorbrey pour craicte qu'ilz ont que l
emotions se renouvellent dedans le royaume d'Angleterre.[1] Et se tie
pour certain qu'il fauldra faire repasser des forces qu'ilz ont par de
pour obvier aux inconveniens qui pourroient survenir de dela. Car i
doubtent que lesdictes emotions soyent plusgrandes qu'elles n'o
encores este. Les vivres (ad ce qu'ilz m'ont compte) rencherissent fo
audict Calays. Il est vray que les gens de guerre pour ceste heure r
s'en contentent gueres a raison qu'ilz vivent a la taille. Tout le pa
d'Oye est fort ruyne et sans la faveur de l'Empereur ilz seroient bie
et plusgrande extremite. Il se faict bien des deffences generalles oudi
pays que l'on n'ayt a porter vivres ny a voz subiectz ny aux Anglo
et ceulx qui en portent de deca sont bien rigoureusment chastiez, ma
non ceulx qui en portent ausdictz Angloys, de sorte (Sire) que, no
obstant toutes les belles parolles que ledict Empereur et ses ministr
vous donnent, ilz portent toute la faveur qu'ilz peuvent aux Angloy
L'ung de ceulx cy desquelz je vous parle (qui est Flamant) m'a di
que une des plusgrandes crainctes que ayent ceulx de sa nation c'e
que vous ayez paix avec lesdictz Angloys. Il revint hyer au soyr un
prisonnier de Boullongne qui y a este l'espace de troys moys qui m'
asseure avoyr veu charge dedans les navires bien trente piec
d'artillerye et de fonte et que au lieu de celle la ilz en mectent de fe
Je luy ay demande s'il scavoyt poinct l'occasion pourquoy. Il dict qu
c'est qu'ilz s'attendent et tiennent pour asseure d'avoir paix avecqu
vous par le moyen d'ung mariage.

Mais je ne trouve pas vray semblable qu'ilz emportassent ladic
artillerye si tost, car ilz ont assez de moyens de ce faire en plusgrand
necessite. Si ay je entendu par ung autre qu'il a veu troys piec
d'artillerye audict Calais qui estoient venues de Boullongne que l'o
avoyt remontees la. Je ne puis penser aussy que si ce n'estoyt que pou
les remonter que l'on ne le feist aussi aysement audict Boullongne que
Calays car il seroyt plus ayse d'apporter de la les rouaiges et assutz qu
de remporter ledictes pieces. Il est aussi bruict parmy eulx qu'ilz o
eu une deffaicte du coste d'Escosse, mais je n'ay sceu scavoir que c'es

Sire, je viens de recevoir lettres du cappitaine Villefranche pa
lesquelles il me mande qu'il est arrive a Amblethueil le nombre de c
que vous verrez speciffie dedans les deux estatz que je vous envoye

Vostre treshumble et resobeissant subiect et serviteur

CHASTILLON

[1] Some confirmation of these fears is to be found in commissioners to the council, 3
Jan. 1550: 'We do lykewyse here bruted here that ther h[ath] now of verey late by
many conspiracies atte[mpted in] sundry parts of the realme' (Calig. E. iv, f. 204
'Paget letters' no. 47).

[2] A copy of this, entitled 'Ce sont les munitions quy ont este chargees dedans vingt
ung vaisseau quy partirent le xix[e] jour de ce moys de janvier pour aller a Ambletue
is in Villebon, no. 26.

4 *Gaspard de Coligny to the constable de Montemorency. Ambleteuse, 22 January 1550*

original: B.N., fr. 6616, ff. 144-5

Monseigneur, j'ay receu la lettre qu'il vous a pleu m'escripre du quinziesme de ce moys, a laquelle je ne vous ay faict plus tost responce, tant pour ce que par ma derniere depesche faicte depuis le reception de vostre lettre je vous ay amplement faict entendre toutes nouvelles que aussy parce qu'il n'est depuis rien survenu de nouveau. Et quant aux poinctz particuliers d'icelle, le premier desquelz faict mention de Guydotti,[1] je n'ay poinct eu de nouvelles de luy depuis qu'il est passe la mer. Si j'en entendz je le feray scavoir a messieurs de La Rochepot, Du Mortier et Bochetel affin qu'ilz s'achemynent vers le fort ainsy que m'escripvez.

Je suis tresaise, au demeurant, que ayez faict de ceste heure partir le commissaire Pommereul[2] pour adviser au remontaige des pieces d'artillerye de deca qui en ont besoing qu'il ayt charge aussy de faire mener, a la fonte de Paris, les pieces qui y sont effluentes pour en fayre faire d'autres et que ayez faict delivrer argent pour icelluy remontaige; mais que le commissaire Duno,[3] lequel vous dictes avoir advise d'envoyer en ceste place au lieu de Pietre,[3] soit arrive, je donneray conge audict Pietre pour s'en aller en sa maison comme il vous plaist me mander. Au regard des byscuitz dont Villegaignon[4] vous a escript, maisqu'il soit pareillement arrive par deca je luy en feray bailler de ceulx du fort, car aussi bien se gastent ilz desia. Et de ce qu'il en prandra j'en feray faire l'apretiation, laquelle je vous envoyeray. Villegaignon, comme j'ay peu veoyr par vostredicte lettre, vous a mande qu'il estoit prest a partir et que si l'on veult il se mectra en effort de combler de nouveau le port de Boullongne, esperant d'y faire en telle sorte que les Angloys ne le pourront descombler, en luy tenant seullement escorte une maree. Je ne puis veoyr en quelle facon il entend en sortir a son honneur, car je trouve ceste choze plus difficille que jamais que, s'il s'ayde en cela d'aultre choze que de ce que l'on a faict cydevant, il est impossible que cela reussisse comme il le dict.

---

[1] Antonio Guidotti was a Florentine merchant naturalized in England, cf. A. Ruddock, 'Antonio Guidotti', *Proc. Hants Field Club.* xv (1941) 34-42. His motives and background were attacked by Ellis ap Gruffydd, the Welsh soldier at Calais. Cf. M. Bryn Davies, in *Bull. Faculty of Arts of Fouad I University, Cairo*, xii (i) (May 1950), 75-6.

[2] Nicolas de Pommereux, commissaire ordinaire de l'artillerie *Catalogue des Actes de Henri II* (Académie des Sciences Morales et Politiques, 1979), I. 05.15⁴.

[3] Officers of the artillerie, unidentified.

[4] Nicolas Durand, sieur de Villegaignon, chevalier de Malte, vice-amiral de Bretaigne (1510-71). He brought Mary Stuart from Dumbarton and was preparing a fleet for Scotland at the time of the treaty. He planned to break into the harbour of Boulogne by using 'ramberges', a ploy which succeeded at Le Havre in 1562. Cf. Heulhard, *Villegaignon, roi d'Amerique*, (Paris, 1897) pp. 46-50.

Toutesfoys, j'esconteray ce qu'il me vouldra dyre la dessus et ne tiendra a ladicte escorte, ny aultre choze que je puisse faire, que tout ne s'execute comme il l'entend.

Je passay d'hyer par Estappes venant de Monstreul et parlay au cappitaine Robinet[1] lequel me deist avoir mis les deux hommes dont luy avez escript sur les deux gallaires que l'on y a laissees et qu'il donnera ordre qu'il n'y aura rien de gaste, vous pouvant asseurer audemeurant, Monseigneur, que je feray faire de si bonne heure provision de faulx et fausilles et en telle quantite que, si nous avons encores a demourer l'annee qui vient en ce pays, je n'auray poinct de besoing de demander du foing pour ceste place.

Monseigneur, le cappitaine Baron[2] m'a envoye le double d'une lettre que monsieur de La Rochepot luy escripte laquelle faict mention d'une autre que luy avez envoye contenant le mal contentement que le Roy et vous avez dudict cappitaine Baron pour n'avoir suivy le commandement a luy faicte par monseigneur d'Aumalle avant son partement de ce pays, qui estoit de ne faire tirer aux vaiseaulx qui entrent et sortent au port de Boullongne. Il m'a dict pour resolution que jamais ledict commandement ne luy fut faict, combien qu'il ayt faict tirer le moins qu'il luy a este possible pour n'avoir en sa place que troys ou quatre pieces dont on se puisse ayder pour tirer ausdictz vaisseaulx. Quant a moy, je ne veulx faillir a vous dyre ce que j'en sens c'est que, quelque choze que l'on vueille dyre en offence de la, si fort ces vaisseaulx qui s'esforcent de passer (ce que l'on a peu veoir et cognoistre par plusieurs foys), que l'admonition qui s'en va en cela profficte beaucoup pour le service du Roy, et a este l'occasion, saichant que sy on cessoit d'y tirer, pour ung vaisseau qu'il y entre il y en entreroyt troys, j'ay commande audict cappitaine Baron d'en user comme l'on avoit accoustume, attendant ce pourparle. Le reste sera pour vous dyre que le sieur de Beaudyne s'en va ce jourd'huy a Blacquenay et demain a Ardres, luy de retour en ce lieu je luy feray bailler memoyres bien amples pour la responce de la depesche qu'il a apporte.

Monseigneur, me recommandant treshumblement a vostre bonne grace etc.

[*P.S. holograph*] Monseigneur, voulant signer ceste lettre i'ay receu des lettres du Roy et de vous du xix^e de ce mois ausquelles ie vous fere cy apres responce.

---

[1] Possibly Robinet de Mailly.

[2] Unidentified. Probably captain of the fort Châtillon at the entrance to the harbour of Boulogne.

The constable to Bochetel and Du Mortier. 22 January 1550

draft: Villebon, no. 22

Iessieurs,[a] le Roy estime que vous estes de ceste heure aupres de mon
ere monsieur de La Rochepot et que vous luy avez[b] amplement
ommunicque les memoires et instructions qui vous ont este baillees et
arensemble regarde a ce que sera plus a propos de faire en la charge
ue vous avez. Toutesfoys, ne voullant pas ledict Seigneur que mon-
ict frere ne vous partiez d'Abbeville que premierement vous n'ayez
ouvelles que les depputez Angloys soyent deca la mer, il m'a com-
iande en escripre a mondict frere et a vous pour suyvre en icelle son
ntention et aussi a mon nepveu le sieur de Chastillon, vous faire savoir
:s nouvelles qu'il entendra, vous priant nous faire savoir des vostres
t dece que vous apprendrez de par dela. Pr.

A Messieurs Du Mortier, conseiller du Roy en son prive conseil, et
e Sassy, aussi conseiller dud. Seigneur et secretaire de ses finances.

The constable to Bochetel and Du Mortier. 23 January 1550

draft: Villebon, no. 21

Iessieurs, j'ay sceu par vostre lettre du xxi[e] de ce moys vostre arrivee
:dict jour aupres de mon frere monsieur de La Rochepot, que vous
'avez pas trouve de tout despesche de sa goutte, et suis tresaise que
ous y soyez de si bonne heure affin que vous avez plus de loysir de
ommunicquer et amplement composer parensemble sur les memoires
t instructions que vous ont estees baillees pour le faict de vostre
harge; et d'autant myeulx instruictz quant vous viendrez a vous
issembler avecques les depputez Angloys, restant pas toutesfoys
l'advis, que ja je vous ay escript, que vous partiez de la ou vous estes
ans avoir premierement nouvelles de tout venant deca la mer, dont
e vous puis advertir incontinant.[c] Pr.

La Rochepot to Lord Clinton. Abbeville, 24 January 1550

opy: Villebon, no. 20

Monsieur Clinton[1], j'ay receu a ce soir les lettres que m'escripvistes
iyer de Boullongne, par lesquelles me faictes entendre comme les
lepputez du Roy vostre maistre pour venir par deca estoient a Douvre

---

[a] je m'actends *deleted*
[b] parensemble *deleted*
[c] et pource qu'il n'est riens survenu depuis vostre partment que res[..] vous f. *deleted.*

[1] Edward Ffiennes, baron Clinton, governor of Boulogne 1546–50.

prestz a passer a Callaiz et qu'ilz y debvoient estre hyer ou aujour
'huy. Incontinant que je scauroy qu'ilz seront arrivez de deca, j
partiray de ceste ville, et les depputez du Roy mon maistre, pour alle
a Monstroeil attendant nouvelles du sieur Anthoine Guidotti, quy m'
promis me venir trouver en chemin deux ou troys jours au paravan
Esperant que ce sera bien tost ne vous en diray aultre chose, prya
Dieu, monsieur de Clinton, vous donner sa saincte grace. D'Abbevill
ce xxiiij jour de janvier 1549.

8 *La Rochepot to Antonio Guidotti. Abbeville, 25 January 1550*
  copy: Villebon, no. 19

Sieur Anthoine Guidotty, j'ay cejourd'huy xxv^e de ce moys receu un
lettre de vous escripte de Douvre du xxij^e par laquelle me faicte
entendre qu'avez demoure quatre jours plus que ne pensiez pour l
disposicion du mauvais temps et que ce jourd'huy doibvent arriver
Callaiz les depputez d'Angleterre.[1] Toutesfoys, vous ne me mande
poinct le lieu ou ilz se desliberent rendre pour nous joindre ensemble
ce que je vous prye voulloir faire au lieu de Monstroeil ou je prendra
demain chemain, attendant voz nouvelles. J'espere, suivant ce qu
m'avez promis, que me viendrez trouver. Qui sera fin, pryant Dieu
sieur Anthoine Guidotti, vous avoir en sa saincte garde. D'Abbevill
le xxvme jour de janvier *1549*.

9 *Gaspard de Coligny to Henri II. Ambleteuse, 26 January 1550*
  copy: B.N., fr. 6620 f.16[2]

Sire, j'ay receu la lettre qu'il vous a pleu m'escripre du xxij^e de c
moys faisant mention de l'honneste volunté du comte Reingrave quan
au fait de la levée que vous entendez faire et du delay de quinze o
vingt jours que n'estimez vous y estre prejudiciable pour avoir en mai
l'occasion de sonder plus profondement dedans ce temps ce que no
voisins ont sur le cueur. A quoy, je ne vous feray autre résponce, vou
ayant desja satisfait a cela, sinon que j'ay envoyé vos lettres audit cont
Reingrave avecques une autre que je luy ay escripte, portant asseur
ance du contentement qu'avez de luy. Et au regard des affaire
de nosdits voisins dont vous desirez entendre de plus en plus un
certaineté, je vous en manday hyer par le sieur de Beaudine, leque
sieur en retourne vers vous amplement instruit sur le contenu d

---

[1] The English deputies wrote to the council on 26th of their 'purpose of embarkin
that mornyng in a vessel of Rye to passe the sees' (council to the commissioners, 28 Ja
1550, Calig. E. iv, f. 204v) but had since written they were 'constrayned to return
backe agayn having passed half the sees'.

[2] Copy made in the 18th century from a document then at Villebon.

1emoyre qu'il a vous apporté, ce que j'en avais peu scavoir oultre les
precedentes depesches, que je vous en ay faictes, mesme de l'arrivée de
Guydotti, ce dont j'ay adverty messieurs de La Rochepot, du Mortier
t Bochetel, pour s'acheminer par dela, selon ce que l'on entendra cy
pres que les depputés d'Angleterre s'avancent pour y venir.

Sire, je supplye le Createur vous donner en parfaite santé très bonne
t très longue vie. D'Amblethueil le xxvj jour de janvier 1549.

Vostre très humble et très obeisssant subject et serviteur

CHASTILLON

0 *La Rochepot to the constable. Abbeville, 26 January 1550*

original: archives A. de Rosny, Boulogne (destroyed 1944)
printed: Rosny, 'Documents', no. 60

Monsieur, Je receuz arsoir bien tard une lettre demillord Clinton,
Gouuerneur de Boullongne, laquelle Je vous envoye affin que voiez
'il vous plaist ce qu'il me mande de leurs depputez. Je vous envoye
aussi la responce que Je luy ay sur ce faict. Qui me gardera vous en
aire aultre discours, sinon que Messieurs du Mortier, de Sacy et moy
1'auons poinct deliberé de partir de ceste ville, que premièrement le
sieur Anthoine Guydotti ne soit venu vers moy Ainsi qu'il m'a promis
aire pour regarder du lieu de nostre assemblée, qui sera fin.

Suppliant nostre siegneur, Monsieur, vous donner très bonne et
ongue vye. Dabbeville le xxvi jour de janvier 1549.

Vostre très humble et obéissant frere,

LA ROCHEPOT.

1 *Henri II to La Rochepot. 27 January 1550*

draft: Villebon, no. 18

Mon cousin, j'ay sceu par les lettres que avez dernierement excriptes
a mon cousin le Conestable[a] que les depputez Angloys estoyent sur le
passage deca la mer, dont j'ay este tresaise, et aussi que vous estyez
achemyne a Monstreuil pour estre plus pres, ne voullant plus toutesfoys que vous ne les sieurs du Mortier et de Sassy passiez oultre que
premierement vous ne sachiez qu'ilz soient arrivez a Boullongne; aussi
que j'ay donne charge a mondict cousin le Conestable le vous escripre
plus amplement de ma part et mon intention sur ce que aurez affaire
pour le lieu de l'assemblee et de la cessation d'armes. Qui me gardera
etc.

[a] le passage *deleted*

12 *The constable to La Rochepot. 27 January 1550*
    draft: Villebon, no. 17

Mon frere, depuis hier j'ay receu troys lettres de vous des xxiij et xxv
jours de ce present, et quant a la premiere deux pacquetz venuz d
nostre nepveu de Chastillon auquel faiz responce que je vous prye lu
faire tenir. Par les autres et celles de millord Clinton et du sieu
Anthoine Guydotty, sceu que les depputez Angloys estoient sur leu
passage deca la mer, ce que j'ay fait entendre au Roy, qui a trouve
bon que vous vous soyez achemyne, et les sieur Du Mortier et de Sassy
avecques vous, jusques a Monstreuil ou il veult que vous actendie
ledict Guydotty et ne passiez pas oultre que premierement vous n
sachiez asseurement l'arrivee desdictz depputez a Boullongne, ca
ledict seigneur continue tousiours en sa premiere deliberacion qu
l'assemblee se face aupres de Boullongne et non ailleurs pour les raison
et consideracions que avez entendues par la depesche desdictz sieur
Du Mortier et de Sassy comme lieu tresapropos et qui peult plu
favoriser nos affaires. Et si, pour myeulx et plus finallement conduyr
cest affaire, les Angloys vous recherchoient[a] d'une tresve et cessatior
d'armes pour quelques jours, vous la leur pourrez accorder par terre
seullement et non par mer, car nous n'actendons l'heure que[b] Ville
gagnon parte de Normandye avecques une bonne force qui est tout
preste, de sorte qu'il ne fault doubter qu'il soit le plus fort sur la mer
Par ainsi il fault bien garder de perdre ceste occasion[c] ne aussi d
retarder son entreprinse pour laquelle le Roy a desja fait grand
despence qui demoureroit inutille s'il avoit a[d] surgir longuement a
port sans rien faire, joinct que vous ne pourrez estre gueres de temp:
ensemble sans discouvrir une partie de ce qu'ilz avoient sur le cueur e
le fruict que s'en peult esperer, dont je vous prye ne faillir a nou
advertir d'heure a autre.

Au regard de l'arrest faict en Normandye sur les navires du cappitaine Salceddo, j'ay desja faict escripre en Normandye que ladict
deffence ne s'antendoit que pour les marchens qui tiroyent vins de c
royaulme pour les mener hors icelluy et en faire leur prouffict et croy
que, suivant cella, tout empeschement sera cesse. Toutesfoys, pou
plus garder seurette encores en fuz je faire mon recharge audict pay:
de Normandye que a Bordeaulx et Bretaigne et La Rochelle et y
envoye les lettres par la poste. Qui est tout ce que je vous diray pou

[a] encores touiours c'est de faire cesser les armes pour quelques jours *deleted*
[b] noz vaisseaulx *deleted*
[c] aussi que dedans peu de jours aprez que vous serez abouchez ensemble vous sentez
bien ce qu'ilz auront sur le cueur et sentez esperance de quelque f[. . .]ce, de sorte que
vous vous garderez bien *deleted*
[d] demourer en ung *deleted*

este heure sinon que, par la prochaine despesche, je vous envoyeray
'ordre sur le faict du gybier dernierement faicte par le Roy. Pr.

3 *La Rochepot to the English commissioners. Montreuil, 28 January 1550*[1]

copy: Villebon, no.16 (sent to French court)
copy (mutilated): Calig. E. iv, f. 205 (sent to English court)

Messieurs, pour respondre aux lettres que m'avez escriptes de Londres
u xx[e] de ce mois par le sieur Anthoine Guidotti, j'ay este tresaise de
ongnoistre la bonne voulunte en laquelle vous estes d'entendre a ung
grant bien que de la paix, vous asseurant bien que, de mon coste et
les aultres depputez qu'il a pleu au Roy envoyer pardeca pour cest
ffect, vous trouverez correspondance telle que, moyennant l'ayde de
Dieu, il ne s'en peult esperer que bonne et desiree yssue et ne tiendra
. nous qu'il n'en sorte ung si bon et heureux fruict que se sera le grant
bien et repos non seullement de noz maistres mais de leurs royaulmes
t subgectz et generallement de toute la Chrestiente. Et au regard,
messieurs, du lieu plus a propos et convenable pour la convention et
ssemblee qui se doibt faire entre nous, que jugez *a*estre le meilleur et
plus b.... allendroict de Ardres et Guysnes[2] pour les causes men-
tionnes en vosdictes lettres et autres que nous a dict de vostre part le
sieur Guydotti, je vous prye, messieurs, penser que de ma part je n'ay
n affection ung lieu plus que l'autre et en cella ne regarde a autre
chose que ala commodite de vous et de nous; et considerez, s'il vous
plaist, que entre Ardres et Guysnes il n'y a domicille ne hebergement
aucun et ne pourrons aller de l'un a l'autre sans perte de beaucoup de
emps, que se pourra plus utillement employer a l'effect de*a* nostre
negotiation et aussi sans grande incommodite de noz personnes, veu
'injure du temps et la saison ou nous sommes et mesmement
'indisposition ou je me retrouve de present. Et quant a l'honnestete
qu'il vous a pleu me faire offrir par ledict Guydotti de me voulloir
tout soullager que apres la premiere entreveu vous estes contens venir
. mon logis audict Ardre pour la traicter et convenir des choses pour
esquelles nous nous devons assembler, je vous en mercye, messieurs,
autant affectueusement qu'il m'est possible et fault pour cest honnes-
ete, dont il vous plaist user envers moy, que ouvertement je vous dye
que une des choses que en cella je craindroye le plus ce seroit, oultre
'incommodite qui est audict lieu, que par l'imprudence et legerete

---

a-a *passage in the Villebon copy but lost in the mutilated B.L. version*

[1] This letter was delivered by Guidotti to the English on their arrival at Calais and
sent by them to England. Cf. commissioners to the council, 30 Jan. 1550, Calig. E. iv,
f.203r, 'Paget letters' no. 47.

[2] Probably meant was the same site used for the negotiations of 1546, when a tent had
been used (in mid-summer).

qui se trouve le plus souvent parmy souldars, *il advint* quelqu
insolence et debat dont vous et nous serions en peine et nous pourro
tourner a desplaisir. Toutes lesquelles choses povons eviter entre Bou
longne et le fort, et choisir lieu neutre si prochain de noz retraictes e
si apropos que nostredict negociacion s'en pourra plustost et facille
ment terminer. Et affin de faire election dudict lieu, le sieur de Langey
s'en va en la compaignye dudict Guydotti pour y adviser, et ayar
surce entendu vostre responce, je y envoieray dresser ung logis d
boys, accompagne de chemynees pour nous deffendre du froit et l
rendre pour nostre commodite le plus propre et convenable que j
pourray, ainsi que du tout j'ay plus amplement divise avec ledic
Guydotti comme par luy vous entendrez.[2] Et d'aultant que, oultre c
que dessus, il m'a dict que trouvez bon qu'il se face une cessatio
d'armes d'une part et d'aultre pour huict ou dix jours, je vous advise
messieurs, que je la treuve raisonnable et l'accorderay de ma part bie
voulluntiers. Priant Dieu, messieurs, vous donner en sante bonne e
longue vye. Escript a Monstreuil ce *xxviij*[e][b] jour de janvier *1549.

L'entierement vostre bon amy,

LA ROCHEPOT[c]

14 *The constable to La Rochepot. 28 January 1550*
draft: Villebon, no. 15

Mon frere, j'ay receu vostre lettre du xxi[e] jour de ce moys avecques l
memoire que m'avez envoye des munitions mises dedans Ambleteu
depuis le xix[e] jour de cedict moys, que j'ay fait rendre au Roy,
semblablement le peu de moyen que vous avez eu de pourvoir a c
que je vous avoys escript de l'Escossoys qui avoit prins le vaissea
flament d'autant qu'il s'estoit ja retire et absente; aussi de l'autr
Escossoys qui est ala radde ayant faict autre prinse sur les Flamens.
Et a trouve ledict Seigneur tresbon que luy ayez fait les h[.....]chs

---

a–a, b–b, c–c words in the B.L. version but omitted in the Villebon version
[d] de ce il a este tresaise *deleted*
[e] *Illegible*

---

[1] Martin Du Bellay, sieur de Langey, younger brother of cardinal Du Bellay and a
this time La Rochepot's deputy as governor of Picardy.
[2] This house was built on a site by the Liane estuary known as 'Capécure' (cf. H. d
Rosny, *Histoire du Boulonnais* (Amiens, 1871), iii. 268). Clinton reported its constructio
early in February and was warned by the commissioners not to allow it to be used as
fortified position (commissioners to Clinton, 10 Feb. 1550, Calig. E. iv, f. 210r-v).
[1] For a similar case, cf. Villegaignon to the constable, 22 Mar. 1550, Villebon, lias
52 carton H: 'Ung corsaire escossoys vint ces jours passez prendre ung navire flame
en la rade de Dieppe que les navires que je laissay pour la conduicte des vins
Montpelle ont rescous sans rien des beins dud. navire. Il s'est trouve ung Escossoy
dedans qui y avoit este la mis pour la garde et conduicte . . .' [*extract*].

le se retirer que m'escripvez, affin que l'Empereur congnoisse que l'on
ne les veult point supporter ne favoriser es choses que les Escossoys ont
a desmesler avecques luy, comme ledict Seigneur luy a tousiours fait
entendre.

Au demeurant, nous avons sceu par vostredicte lettre l'arrivee
aupres de vous des sieurs Du Mortier et de Sassy, dont le Roy a este
resaise, affin que vous ayez temps de communicquer ensemble sur les
memoires et instructions que leur ont este baillees et que, estans les
depputez Angloys passez deca la mer, vous soyez d'autant plus prestz,
maiz comme ja je vous ay escript, il ne fault pas que vous partiez dela
que vous n'avez fermement les nouvelles de leur venue de ca la mer,
dont je vous prie m'advertyr si tost que vous en scaurez. Le Roy
envoye presentement Baptiste pour porter devers les collonelz des
lansquenetz aueqs leurs lettres de retenue. Par luy vous scaurez de nos
nouvelles. Qui me gardera vous faire plus plongue lettre. Pr.

15 *The constable to La Rochepot. 28 January 1550*
   draft: Villebon, no. 14

Mon frere, vostre lettre du xxvj^e de ce moys et le pacquet que vous
avez envoye de nostre nepveu de Chastillon sont de mesmes substance,
contenant en effet les propoz qu'il a euz avecques Anthoine Guidotti
et la responce qu'il luy a faicte pour ne changer point le lieu de
l'assemblee conformement a l'intention du Roy, de laquelle vous aurez
encores plusamplement informe quant a ce point par la depesche que
vous fut faicte hier, qui servira de responce a vostredicte lettre, ne
voyant pas qu'il soit besoing y adjouster aucune chose. Qui me gardera
vous faire plus longue lettre. Pr.

16 *Henri II to Gaspard to Coligny. 28 January 1550*
   draft: Villebon, no. 13

Mon cousin, par une des lettres que m'avez escriptes du xxiiij de ce
moys, j'ay sceu la dilligence que vous faictes de solliciter Seconde de
satisfaire et fournir a ce qu'il doit pour les advitaillementz et provisions
de mes places de dela, aussi l'ordre que vous avez donne pour faire
employer en mes vivres les deniers venuz de ceuz qui ont este venduz
dedans le Montlambert;[1] et comme vous estiez apres a retourner
quelque quantite de vins pour tenir prestz a mener a Ardres, ce que se
pourra facilement faire si vous faictes quelque abstinence de guerre
durant ce pourparle. Et me semble, mon cousin, que l'on ne scauroit

[1] Montlambert was known to the English as 'Bullemberg' or the 'Master of the
Horse's Camp', a few miles east of Boulogne. Fortified in the spring of 1546 in response
to French works at St. Etienne, it was captured in Sept. 1549. Cf. Shelby, *Rogers*, 73-4.

myelx ne plus saigement pourveoir aux choses dont vous avez charge que vous faictes. J'ay aussi sceu par ladicte lettre ce que vous avez entendu de voz voysins par le cappitaine Angloys qui s'est venu rendre a vous, dont je m'asseure que vous descouvriray [*sic*] aysement et bien tost la verite. Bien ay je sceu d'ailleurs ceste particullarite y contenue du conte d'Arondel et Chancellier d'Angleterre ostez du conseil maiz des autres choses j'en croyray ce que j'en verray.[1]

Par vostre autre lettre, j'ay sceu l'arrivee aupres de vous de Anthoine Guidotti et les propoz que avez euz ensemble, en quoy vous avez tresbien suivy mon intention, car, comme je vous escripviz apres hier, je n'entendz point que vostre assemblee soit ailleurs que aupres de Boullongne. Et quant au changement qu'ilz ont propose audict Guydotti,[2] ce n'est plus chose dont je me contante guerres, car je pense que vostre partie est assez forte pour soustenir et deffendre mon droit contre les*a* plus dignes personaiges qu'ilz scauroyent*b* envoyer par dela, joinctz les bonnes et amples instructions que j'ay faict bailler aux sieurs Du Mortier et de Sassy pour vous ayder a ceste fin. J'ay bien nottez les propoz que vous a ditz ledict Guidotti que ceulx du conseil d'Angleterre ne permetroient jamaiz de me rendre Boulongne sinon avecques l'honneur, ce que je trouve bien raisonnable. Aussi ne veulx je point toucher a son honneur et me suffist de povoir retourner ce qui est myen et que nous demourons bons amys, asseurant ceste amytie par les meilleurs et plus certains moyens dont on se pourra adviser, qui est la ou je tendz et le [language?] que vous leur pourrez tousiours tenir quant ilz vous en parleront. Et pour [ce] que je m'asseure que vous serez bien tost ensemble et peu de temps apres aurez ce qu'ilz ont sur le cueur, je remectz a vous en dire davantaige quant j'auray entendu ce que en aurez tous aprins. Qui sera cause que n'aurez plus longue lettre pour ceste heure. Priant Diue etc.

A monsieur, le sieur de Chastillon

17 *The constable to Gaspard de Coligny. 28 January 1550*

draft: Villebon, no. 12

Mon nepveu, le Roy vous faict ample responce aux deux lettres que luy avez escriptes du xxiiij de ce moys, a quoy je ne scauroys que

---

a meilleurs *deleted*
b choisir de *deleted*

---

[1] The council informed the commissioners on 1 Feb. that Wriothesley (whom the French presumably still mistook for the chancellor) had been placed under house arrest and Sir John and Sir Thomas Arundel sent to the Tower (Calig. E. iv, ff.206–7). Wriothesley and the earl of Arundel had been excluded from the council after 14 Jan. and formally dismissed on 2 Feb. Cf. D. Hoak, *The Privy Council in the Reign of Edward VI* (Cambridge, 1976), 59, 257. The speed of French information is remarkable here.

[2] Presumably a change in the personnel of the French commission.

ιdjouster, sinon quant aux dernieres troys mille livres ordonnes pour ες fortifficacions de dela, dont dictes n'avoir encores eu aucunes ιouvelles, j'en ay parle au tresorier de l'espargne,[1] qui m'a dit les ιvoir piece assignees et croy que de ceste heure les deniers en estre par lela. Je vous diray au surplus, mon nepveu, que vous ne scauriez ιnieulx faire de faire tenir preste la plusgrande quantite de vin pour Ιrdres que vous pourriez affin que, s'offrant ceste occasion de tresves, νous ne la perdiez point pour y en faire porter le plus que vous pourrez. Qui sera fin, priant Dieu, mon nepveu, vous donner ce que desirez.

18 *Henri II to Gaspard de Coligny. 30 January 1550*
draft: Villebon, no. 10

Mon cousin, par le sieur de Beaudisne j'ay entendu toutes les nouvelles lela et par vostre lettre du xxvj[e] sceu ce que y estoit depuis survenu et ιne contante grandement que toutes choses soient en si bon estat. Et pource que je m'actendz que bien tost vous et les depputez Angloys νous assemblerez et que de ceste assamblee deppenderont tous affaires le dela, je ne m'estiendray a vous en riens dire davantaige pour ceste heure. Pr.

19 *The constable to Gaspard de Coligny. 30 January 1550*
draft: Villebon, no. 4

Mon nepveu, j'ay sceu bien au long de voz nouvelles par le sieur de Beaudisne et comme toutes choses sont en tresbon estat par dela, dont ί'ay este tresaise, et vous prye continuer a y faire de bien en mieulx, ne νous donnant peine de ce qu l'on vous peult avoir rapporte de la compagnye du cappitaine Gordes,[2] car vostre maistre[a] a ceste fiance de vous que vous ne serez invaiz en lieu ou vous laissez passer ne selle faulte en son service. Et pour autant que toutes choses demourent en suspendz en fait de vostre negotiation, je remectray pour ceste heure a vous faire plus longue lettre. Pr.

20 *The constable to Bochetel and Du Mortier. 30 January 1550*
draft: Villebon, no. 5

Messieurs, j'ay fait veoir au Roy la lettre que m'avez escripte du xxvij[e] de ce moys, qui a este tresaise d'entendre les propos que avez tirez du

---

[a] est asseure *deleted*

---

[1] André Blondet.
[2] Possibly linked to the family of Bertrand de Simiane, baron de Gordes, lieutenant general en Dauphiné 1562–76 and a close associate of the Coligny family.

sieur Anthoine Guidotti, estimant, comme vous dictes[a] puis, que le
Angloys se veullent ainsi mouvoir de tenir parlement qu'ilz ont envye
de traicter dela redicion de Boullongne, ce que j'espere que vous aurez
dedans peu de jours des [maintenant?]. Et quant a ce qu'il vous a di
du Protecteur, nous avons sceu d'assez bon lieu que, devant que luy
faire aucune grace, ilz ont envoye son proces devers l'Empereur pour
avoir son advis sur ce que l'on doit faire de luy. Et est assez croyable
qu'ilz n'y resouldront riens que apres sa responce entendue, d'autant
qu'il est certain que sa ruyne, et la callamite ou il est, vient du moyen
dudict seigneur Empereur, qui ne l'a pas tant offence pour luy par
donner si aysement.[1] A ce que j'ay veu en vostredicte lettre, vous
n'estes pas pour vous assembler devant lundy prochain si esse que le
plustost sera le meilleur, affin que l'on ne perde point de temps, car
nous n'avons riens si cler.

Vous priant au demourant continuer a me tenir adverty d'heure a
autre de toutes choses.

21 *Henri II to La Rochepot. 30 January 1550*
draft: Villebon, no. 8

Mon cousin, j'ay receu vostre lettre par le sieur de Beaudisne, ensemble
les lettres que les depputez Angloys vous ont escriptes et la responce
que y avez faicte conforme a mon intention,[2] car je desire et veult,
suyvant ce que ja je vous ay escript, que vostre assemblee se face
aupres de Boullongne et non ailleurs. Et trouve bon que vous accordiez
abstinence de guerre pour huit ou dix jours seullement, pendant
laquelle il fault trouver moyen de pourveoir Ardres de vin et a ceste
fin vous prye en faire provision de la plus grande quantite que vous
pourrez pour les y envoyer si tost que ceste seurette y sera ouverte.
Qui est tout ce que je vous diray pour ceste heure, remectant le
demourant sur ce que vous escript monsieur le Conestable.

22 *The constable to La Rochepot. 31 January 1550*
draft: Villebon, no. 6

Mon frere, par vostre lettre du xxvij, apporte par le sieur de Beaudisne,
nous avons sceu les propoz que vous a tenuz Guidotti, desquelz je ne
faiz aucun estat et remectz a en croyre ce que sera veritable par le
discours de vostre negotiation, estant certain que vous ne serez gueres

---

[a] plus qu'ilz veullent *deleted*

[1] There is no trace in the emperor's correspondence with Scheyfve, ambassador in
England, of this move.
[2] For La Rochepot's letter, cf. no. **13**. The letter from the English has not been found.

ensemble que vous n'avez sonde le fondz de leurs intentions dont vous ne advertiray [*sic*] incontinant. Et le plustost que vous pourrez entrer en besogne sera le meilleur pour ne perdre point de temps, car le pis que nous puissions faire est de ne leur laisser point prendre allaine, comment ala verite ne fault il faire si on veoit qu'il n'y ayt esperance de faire quelque bon et utille accord. Vous verrez par la lettre que le Roy vous escript comme il continue tousiours en son oppinion que l'assemblee ne se face que aupres de Boullongne, a quoy vous tiendrez ferme suivant en cela le logis que avez bien commance; et aussi qu'il trouve bon que vous faciez abstinence de guerre durant laquelle il ne fault pas faillir en faire, comme aussi vous l'ay je ja escript par ma derniere despesche, de faire mectre dedans Ardre le plus de vins que vous pourrez et y pourveoir comme a chose que vous scavez estre tresnecessaire, assurant par la ladicte place et relevant [.....]*a* fuste ledict Seigneur de grande despence, comme vous l'entendez assez.*b*

Audemeurant, je feray demain veoir au conseil le marche que m'avez envoye dela gaige de l'artillerye et apres sera pourveu a vous envoyer adjoint pour ceste effect. Quant ala demye annee de vostre pension, je l'ay fait comme depar le Roy au tresorier de l'espargne, qui le fournist a ce que vous vouldrez. Et au regard des chartiers prisonniers a Callais, desquelz vous dictes que la rancon pouroict revenir a cent ou six vingtz escuz, je vous advise que le Roy trouve bon que vous la faciez payer, et en m'advertissant de ce qu'elle aura couste, j'en feray mectre les deniers es mains du tresorier de l'extraordinaire[1] pour vous en rembourser. Qui sera la fin, pr.

23. *Plan by captain Villefage[2] for the surprise capture of Boulogne.* [*c. late January early February 1550*][3]

registered copy: A.E.C.P., Angl. VIII, fr. 119v–120r

Ce sont les propos que le cappitaine Villefage a tenuz au Roy.

Premierement luy a discouru la congnoissance et grande experience

---

a *One word illegible*
b J'ay veu le marche *deleted*

---

[1] I.e. the trésorier de l'extraordinaire des guerres, Raoul Moreau.

[2] Probably the same as the capt. Villefranche who was Coligny's lieutenant in 1551 for the assembly of his men at Noyon (Coligny's to Guise, 4 July 1551, B.N., fr. 20461, f.265) and who had been selected by La Marck in 1549 to contact a spy who had a plan to capture Boulogne ('Memoire touchant la ville de Boulogne', B.L., Egerton MS 2, f.114r: 'homme de bien et fidel'). Cf. below, App. I, no. 3.

[3] The document is undated but must be late January or early February 1550, after the negotiations had started but before the truce. It must have been drawn up for Coligny's attention. The French had made a detailed analysis of the state of the Boulogne garrison in Sept.–Oct. 1549, cf. 'L'advis de la qualité de ceulx qui sont dedans Boullongne', B.N., fr.3127, ff.42–6.

qu'il dict avoir des Angloys , asseurant ledict Seigneur qu'il a moien de luy faire recouvrer ledict Boulongne.

Pour parvenir auquel effect, il dict qu'il y a dedans ledict Boulongne quarantedeux soldatz espagnolz logez pres la porte de Monstreul avecques deux desquelz il a intelligence et que ces deux la conduiron et disposeront des autres ainsi que bon leur semblera, luy ayant promis si tost qu'ilz verront une banniere rouge et jaulne, qui est le signal que ledict Villefage a pris avecques eulx, de venir a ladicte porte de Monstreul et la tuer la garde de ladicte porte et s'en saisir, la deffendant et gardant jusques a ce que les forces des Francoys y soient arrivees.

Il dict que ceste entreprise vauldra mieux a executer de jour que de nuict et que pour cest effect il fauldra que monsieur de Chastillon tienne deux ou troys mil hommes prestz au lieu plus a propos pour eulx venir rendre a ladicte porte si tost qu'ilz auront commence l'effect. Et pour en advertir prendra ung autre signal avecques ledict sieur de Chastillon.

Il dict davantaige qu'il a trouve moien de recouvrer ung moulle de clefz de ladicte porte et d'une barriere qui est devant, qui sont en nombre quatre, dont il s'asseure d'ouvrir ladicte porte toutes et quantesfois que l'on vouldra.

Qu'il s'en va presentement a Bruges parler a ung homme qu'il a laisse la lequel est le mediateur et le conducteur de ceste entreprise pour le depescher et envoyer dedans ledict Boulongne advertir ses gens et prendre avecques eulx une resolucion dont il luy viendra rendre responce en tel lieu qu'il luy assignera et de luy se retirera aupres de mondict sieur de Chastillon, auquel il dict avoir ja declare et faict entendre tout cest affaire pour la demourer en seurte entre les mains de ses cappitaines s'il ne conduict cest affaire ala fin dessusdict.

Et ne delibere pas que l'on entrepreigne de l'executer sinon apres la tresve que feront les depputez faillye.

Plus, dict que pour l'executer de nuict, si l'on trouve que ce soit le meilleur, il prendra avecques eulx ung autre signal.

24 *La Rochepot, Coligny, Du Mortier and Bochetel to Henri II. Montreuil, 1 February 1550*

registered copy: A.E.C.P., Angl. VIII, ff. 104v–105v

Sire, hier au soir bien tard retourna en ce lieu pardevers nous Anthoine Guidotti qui apporta a moy de La Rochepot une lectre que le comte de Betfort qui est Milor Priveseel, m'escripvoit, laquelle je vous envoye.[1] Et par icelle verrez comme ledict Priveseel et aultres depputez d'Angleterre persistent a voulloir tirer nostre negotiation en la ville d'Ardres ainsi que ledict Guidotti par sa creance nous a de leur part plus amplement declare. Et l'une des principalles causes et raisons qu'ilz mectent en avant, oultre qu'ilz maintiennent que les passees negotiations se sont ordinairement tenues entre Calais et Ardres, est qu'ilz ne seroient en seurete dedans la ville de Boulongne, inferant que, si ceulx qui sont dedans entendoient qu'on voulust traicter de la reddition d'icelle, ilz seroient desesperez, et mesmement Milort Clinthon, qui en est gouverneur, lequel pour avoir gros estat et appoinctement a cause dudict gouvernement et d'autrepart peu de bien en Angleterre avecques ce qu'il est grandement endebte, se tiendroit du tout perdu. Et eulx pour ceste cause craindroient estre soubz sa puissance et en danger, de sorte que plustost ilz choisiroient venir en nostre fort ou autre telle part que nous vouldrions. Qui est une couverture assez malfondee comme nous l'avons bien faict entendre audict Guidotti, car premierement ledict Clinthon n'est de nul coste si bien appuye qu'il voulust ny usast faire une telle faulte ne chose contre la volonte du Roy son maistre et de son conseil, d'autrepart qu'il y a plus de quinze jours qu'on scavoit certainement, tant parmy ledict Boulongne que aultres villes et fortz que le Roy d'Angleterre tient deca la mer, qu'on estoit apres a traicter sur le faict de la paix et reddition de Boulongne, et ledict Clinthon mesmes en avoit tenu propos a moy de Chastillon.[2] Neanmoins, Sire, ledict Guidotti a tousiours persiste aus-

[1] On this, cf. commissioners to council, 30 Jan. 1550, Calig. E. iv, ff. 203r–204r; 'Paget letters' no. 47. On their arrival at Calais on 30th, they received La Rochepot's letter and Russell answered it. A memorial was given to Guidotti explaining why the English would not accept the French proposal for the place of meeting (i.e. that Boulogne was inappropriate since the discussions would centre on its cession and English honour 'myght fo[rever be tarnis]hed yf we agre to mete in that place'). In reply to a request for guidance, the council left the decision to their discretion (letter of 1st, Calig. E. iv, ff. 206v–207r) but on 2nd had had further thoughts: 'we thinke yt not moche to be stycked at, whether [the] meetyng place be at their wyll or owres, so [as] through ceremonye or altercacion upon the metyng place the frute of your meting be not empeched' (Calig. E. iv, f. 207v; cf. also *A.P.C.*, ii. 379, 2 Feb. 1550, Warwick not present).

[2] On the negotiations of Nov. 1549, cf. council to Cobham, 24 Nov. 1549: 'By lettres from you, my lord Cobham, we have been lately advertised how Monsieur de Chastillon

dictz remonstrances disant qu'il ne voioit pas qu'ilz voulussent passer plus avant et que Milort Paget entre les autres luy avoit dict qu'ilz avoient commandement de ne faire aillieurs ladicte convention disant ledict Guydotti qu'il se tiendroyt bien malheureux aprez la peyne qu'il a prise de tant d'allees et venues, que pour si peu d'occasion cest affaire demourast, mesmement qu'il voyoit lesdictz depputez d'Angleterre en aussi bonne volonte qu'il est possible, entendre a ladicte reddition.

Mais, Sire, quelques remonstrances qu'il aict sceu dire ny alleguer, nous luy avons resolument respondu suivant ce que nous avez ordonne et encores dernierement escript, que nous ne pouvons a cela faire autre chose, ne eslire autre lieu que entre ledict Boulongne et nostre fort, qui est plus a leur adventage que de nous, ainsi que verrez par le double de la responce que nous avons faicte audict comte de Betfort que presentement vous envoyons. Et nous semble, Sire, que s'ilz ont envye de traicter et que la necessite les ameyne et contraigne a cela, qu'ilz ne s'arresteront a si peu de chose et aussi, s'ilz avoyent volonte de se prevalloir et faire leur prouffict de ceste negotiation, que ce ne sera leur honneur ny advantage d'estre passez de deca la mer et apres eulx en retourner sans communication ne autre chose faire. Et toutesfois, Sire, s'ilz se ahurtoient a ce que dessus, il vous plaira nous faire entendre vostre bon voulloir et intencion pour entierement l'en suivre sans y obmettre une seulle chose.

Sire, nous recommandons a vostre bonne grace tant et si treshumblement que faire pouvons nous prions le createur vous donner en parfaicte sante tresbonne et longue vie. Escript a Monstreul le premier jour de fevrier 1549.

25 *Henri II to La Rochepot, Coligny, Du Mortier and Bochetel. Fontainebleau, 5 February 1550*

registered copy: A.E.C.P., Angl. VIII, f.93r-v.

Messieurs, par vostre lectre du premier jour de ce moys, j'ay entendu comme les depputez Angloys persistent que vostre assemblee se face du coste d'Ardres, ce qui est contraire a mon intention, pour laquelle

---

did sende a jentylman on messaige unto him touching thinges (as he saide) tending to the treatye and composicion of matters between us and the French' (B.L., Harley MS 284, f.56). An agreement on prisoners was reached, cf. A.E.C.P., Angl. VIII, ff.92v-93r. François de Guise had considered Clinton favourable to cession (cf. his letter to cardinal de Guise, 2 Oct. 1549, B.N., fr. 20577, f.18).

vous faire plusamplement entendre et comme vous aurez a vous conduire en cela, j'envoye presentement pardevers vous le sieur de Bleneau,[1] present porteur, qui vous en advertira. Vous priant le croyer
de ce qu'il vous dira de ma part tout ainsi que vous feriez moy mesmes.
Priant Dieu, messieurs, vous avoir en sa garde. Escript a Fontainebleau le cinquiesme jour de fevrier 1549.

26 *La Rochepot, Coligny, Du Mortier et Bochetel to Henri II. Monteuil, 5
February 1550*

registered copy: A.E.C.P., Angl. VIII, ff.105v–106r

Sire, presentement est retourne la cappitain Valleron,[2] lequel nous
avons envoye avec Anthoine Guidotti pour le conduire et sans nous
apporter aucunes lectres nous a dict que, incontinent que ledict Guydotti fut arrive a Calais et qu'il est baille noz lectres aux depputez du
Roy d'Angleterre, ilz se retirerent en leur logis et dirent audict Valleron qu'il se retirast au sien et ne bougeast dela. Et demandant ledict
Valleron audict Guydotti s'il voulloit aucune chose nous escripre ou
faire entendre, il luy dict que lesdictz depputez estoient resoluz ne
passer poinct Ardres et que de luy il nous escriproit ung mot de lectre
apres leur en avoir demande licence. Et le matin, retournant ledict
Guydotti devers luy, luy declara que lesdictz depputez luy avoient
commande de ne rien escripre, toutesfoys qu'il le prioit nous dire
secretement de par luy qu'il estoit d'advis que nous demourassions
encores icy cinq ou six jours parce que lesdictz depputez estoient
deliberez faire le semblable a Calais et que le temps pourroit cependant
amener quelque autre chose.[3]

Sire, pour ne faillir a ensuivre ce qu'il vous a pleu nous ordonner, et
voyant que, avant que entrer en nostre negotiation, lesdictz depputez
d'Angleterre si veullent ja pour le commancement prevalloir et advantager du lieu de nostre assemblee, qui ne seroit perte de peu de

[1] Probably Edmé de Courtenay, sieur de Bléneau, qualified as 'gentilhomme de la
maison du Roy' on a mission to the financier Albisse del Bene in 1551 (B.N., fr.20455,
f. 107; Odet de Selve to Henri II, 27 May 1551, A.E.C.P., Venise III, f.140v). Also a
messenger between the court and La Rochepot in 1548 (Henri II to La Rochepot, 19
May 1548, B.N., fr.3120, f.57).

[2] Capt. Valleron was probably attached to Coligny's service by this time. In Oct.-
Nov. 1549, he had been involved in Coligny's abortive negotiations at Boulogne. (Cf.
Alvarotti to Ercole II of Ferrara, Modena A.S., Francia B26 fasc. 3 pp.31-2, 11 Oct.
1549.) He was, by 1551, a confidential agent in various missions (cf. Coligny to Guise,
4 July and 25 July, 1551, B.N., fr. 20461, ff.149v and 265v.

[3] For English anger at French 'wylfull bravery' in this, cf. commissioners to the
council, undated [c. 1-7 Feb. 1550], Calig. E. iv, f.208r-v, 'Paget letters' no. 48.

repputation pour vous actendu mesmement le contenu des instructions qu'il vous a pleu nous bailler, par lesquelles vous voullez que nous gardions vostre honneur et advantage le plus que nous pourrons, mesmes que nous avez expressement commande par voz dernieres lectres faire ceste convention aillieurs que entre Boulongne et le fort, nous avons delibere moy, de La Rochepot, Du Mortier et Bochetel, aller demain coucher a Rue et moy, de Chastillon, retourner a Ambletheuse esperant que ce jour'huy ou demain au matin avant nostre partement nous aurons responce de vous a ladicte derniere lectre que nous avons escripte si est ce que, ne l'ayant receue, nous ne lairrons a nous acheminer audict Rue et Abbeville.

Sire, nous recommandant treshumblement a vostre bonne grace, nous prierons le Createur vous donner en parfaicte sante tresbonne et treslongue vye. Escript a Monstroeul le cinquiesme jour de fevrier 1549.

27 *La Rochepot, Du Mortier and Bochetel to Henri II. Rue, 6 February 1550*
    registered copy: A.E.C.P., Angl. VIII, ff. 106v–107v

Sire, suivant la lectre que vous escripvismes hier, nous sommes ce jourd'huy apres disner partis de Monstroeul et venuz icy au giste, ou une heure apres nostre arrive, nous y est venu trouver Anthoine Guidotti, lequel estant arrive audict Monstreul deux heures apres nostredict partement et se trouvant bien estonne a l'occasion d'icelluy, a prye Monsieur de Chastillon de luy bailler ung gentilhomme pour le conduire pardevers nous. Et quelque las et travaille qu'il fust, l'envye qu'il a eue de nous retrouver ou la craincte de nous esloigner, luy ont faict prendre la poste. Et pour donner coulleur a ce qu'il nous avoit renvoye le jour d'hier le cappitaine Valleron sans nous apporter aucunes lectres des depputez d'Angleterre ne de luy, nous a dict qu'il estoit venu si apropos que, bien tost apres le partement de Calais dudict Valleron, le comte de Warinc qui pour luy avoit este adverty du differend auquel nous retrouvions touchant le lieu de nostre abouchement, avoit escript audictz depputez qu'ilz passassent oultre et nous accordassent le lieu par nous demande.[1] Vray est que, par les lectres que nous escripvent lesdictz depputez, ilz ne font mention de cela, mais comme venant d'eulx ilz passent condannation et nous accordent ledict lieu ainsi que verrez par leursdictes lectres que vous envoyons. Et vous plaira entendre, Sire, que discourans hier surce que ledict Valleron estoit retourne vers nous sans lectres et remorans que

---

[1] There is no trace of this letter from Warwick, though he had certainly just returned from work after a bout of stomach trouble (Warwick to the commissioners, 1 Feb. 1550, Calig. E. iv, f. 206r). In any case, the council had decided to give way on 2nd.

ledict Guydotti nous avoit auparavant dict qu'il avoyt envoye de luy mesme en Angleterre devers ledict comte de Warinc pour l'advertir de nostredict differend, nous [.....]easmes*a* qu'ilz jourroient toute telle farce qu'ilz ont faict et que soubz ce pretexte ilz feroient rabiller ceste faulte de nous avoir escript, qui nous feit prendre conseil de desloger audict Monstreul le plustost que nous pourrions, voiant que par la nous ne pouvions que favoriser vostre service et desfavoriser leurs desseings pource que, voullans par eulx ou rompre ou renouer cest abouchement, ce vous estoit tousiours advantaige que fussions partis les premiers.

Sire, vous verrez par la fin de leurdicte lectre comme ilz nous ont envoye le double de leur pouvoir signe de leurs mains et selle en placartz de leurs sceaux, nous requerans leur envoyer le double du nostre en semblable forme; ce que ne sommes deliberez de faire si autrement ne nous est par vous commande. Car l'on n'a accoustume de monstrer les pouvoirs sinon lors qu'on est assemble pour commencer a traicter et puis de chacun coste on reprend lesdictz pouvoirs pour, le traicte conclud, estre inserez en icelle. Pareillement, Sire, il vous plaira considerer que, par le double du pouvoir qu'ilz nous ont envoye, il n'y a aulcune clause du mariage et le nostre porte par expres, qui semble chose de si grand poix que quand il n'y auroit que ceste consideration nous ne le debvrions aucunement bailler. Et ce qui encores nous engendre souspecion qu'ilz tacheroient a s'en prevalloir c'est que ledict Guydotti faict grand instance de promptement le recouvrer pour des demain matin le leur envoyer, disant qu'il attendra bien apres le surplus de sa depesche. Et d'autant, Sire, que cest article de mariage est le plus grand et honnorable qui soit en nostre instruction et tel qu'il nous semble devoir estre plustost requis que offert, il vous plaira adviser s'il sera bon que envoyez ung autre pouvoir ou ladicte clause du mariage ne soit poinct apposee.[1]

Sire, la fin des propos dudict Guydotti a este de nous exhiber ung memoyre de la part desdictz depputez faisant mention des seuretez et autres choses qu'ilz demandent comme plus au long verrez par le double dudict memoyre en la marge duquel a este sur chacun article la responce faicte audict Guidotti et avec le double dudict memoyre vous envoyons pareillement le double de leurdict pouvoir.

Sire, nous recommandans a vostre bonne grace tant si treshumblement que faire pouvons, nous prions le Createur vous donner en perfecte sante tresbonne et treslongue vie. Escript a Ru le sixiesme fevrier 1549.

---

a Illegible

[1] Cf. no. 1n.*a* for the drafts of the various commissions.

[*P.S.*] Sire, en cloyant ceste depesche et relisant le pouvoir que lesdictz depputez d'Angleterre nous ont envoye, il nous est souvenu de l'aage et minorite du Roy d'Angleterre, lequel selon le testament de son pere est encores en tutelle et pensons, Sire, que toutes choses se font soubz l'auctorite de leur conseil affin qu'il vous plaise regarder la dessus et nous faire entendre s'il sera poinct requis avec ledict pouvoir du Roy d'Angleterre qu'ilz en ayent ung autre de son conseil pour faire toutes choses en plus grande seurete.

28 *Henri II to La Rochepot, Coligny, Du Mortier and Bochetel. Fontainebleau, 8 February 1550 (first dispatch)*

registered copy: A. E. C. P., Angl. VIII, ff. 93v–94r.

Messieurs, par vostre lectre du cinquiesme de ce moys, j'ay entendu la responce que le cappitaine Vallerin vous a rapporte des depputez Angloys qui se sont opiniastrez a ne passer poinct a Ardres et avez tresbien et saigement faict de vous estre ainsi departis que m'escripvez, estant cela conforme a mon intencion telle que vous l'aurez entendue a l'arrivee pardevers vous du sieur de Bleneau, car, quelque chose qu'il y aict, je n'ay pas delibere de changer ma premiere deliberacion ne que la convention se face aillieurs que entre Boulongne et le fort, ne voullant pas leur laisser avoir ceste barre sur moy que de cedder a ce commancement a leur volonte, cognoissant les gens a qui nous avons a faire et pour ceste cause ne me scauriez faire plus de service que de demourer fermes et resoluz quant a ce poinct s'ilz renvoyent devers vous. Et si a la reception de la presente ilz n'avoient renvoye devers vous et ne se soient accommodez de venir entre Boulongne et le fort, vous, mon cousin de La Roche, vous retirez a Abbeville, Chastillon a Ambletueil si n'y estes desia et vous, Du Mortier et de Sassy, vous en reviendrez devers moy sans plus perdre de temps par dela. Aussi, quant tout est dict, est il assez a juger qu'ilz ne cheminent pas de bon pied en cest affaire et qu'ilz desirent plus eulx prevalloir de ceste asemblee qu'ilz n'ont de volonte saincte et droicte au bien de la paix, quelque necessite qu'ilz ayent ainsi que chacun scet. Aumoien de quoy, le mieulx est de ne faire mise ne recepte de ladicte assemblee et pourveoir diligemment aux choses necessaires. Il ne fault jamais esperer d'eulx; a quoy je vous prye, vous mes cousins de La Rochepot et de Chastillon, donner tout l'ordre que vous pourrez et ne laisser perdre une seulle heure de debvoir et de diligence ace qui sera besoing de faire pour pourveoir mes places de dela de vivres et autres munitions y necessaires. Et si les Angloys se mectent en campagne, pourveoir a Dessvre, Samer[1] et autres lieu ou une surprise pourroit apporter

---

[1] Desvres and Samer, villages south-east of Boulogne and, as they were south of the Liane, on French territory after 1546. They constituted forward French positions.

quelque dommage, comme vous entendez assez qu'il appartient au bien de mon service.

Au demourant, j'ay sceu par ce que vous, mon cousin de La Rochepot, escripvez a mon cousin le Connestable la necessite de bledz que ont ceulx de Therouenne et veu par leur lectres l'occasion pourquoy et, pource que j'ay entendu qu'il y a grande quantite de vieil bledz dedans ma munition audict Therouenne, aussi que presentement les sieurs de Villebon[1] et d'Estourmel[2] doibvent renouveller ladicte munition, je suis content, mon cousin, que vous faciez secourir les habitans dudict Therouenne desdictz vieilz bledz et que l'on les mette en vente; toutesfoys, avecques telle consideracion que ladicte munition ne demeure pas despourveue. Priant Dieu, messieurs, vous avoir en sa saincte garde. Escript a Fontainebleau le viij^{me} jour de fevrier 1549.

29 Henri II to La Rochepot, Coligny, Du Mortier and Bochetel. Fontainebleau, 8 February 1550 (second dispatch)

registered copy: A.E.C.P., Angl. VIII, ff. 94r–96r

Messieurs, apres le departement de la depesche que je vous ay faicte responsive a la vostre du cinquiesme de ce moys est arrive Baptiste mon truchement, duquel j'ay receu vostre lectre du sixiesme de cedict moys et par icelle entendu le retour de Anthoine Guidotti pardevers vous jusques a Sainct Esprit de Rue, ou ja vous vous estiez acheminez pour vostre retour suivant mon intencion, avecques les lectres des depputez Angloys, aiant este tresaise pour la reputacion de mes affaires qu'il vous aict trouvez la, affin que eulx et tout le monde congnoissent que je ne les recherche pas et moins puissent faire leur proufict ne adventager les affaires de leur maistre de ceste assemblee, laquelle aussi ne se faict pas en intencion qu'ilz y gaignent riens.

Or, laissant en arriere les propos que ledict Guidotti vous a tenuz de ce que le conte de Warinc, adverty du differend qui estoit entre vous et eulx sur le lieu de vostre abouchement, leur a escript pour passer oultre, ce qui est peu vraysemblable d'autant que les lectres d'iceulx depputez n'en font aucune mention, je vous advise que, ayant bien considere le contenu en leursdictes lectres, qui tend principalement a retirer de vous le double de vostre pouvoir signe et selle pour l'envoyer en Angleterre et peult estre aussi a l'Empereur et le monstrer par tout pour donner faveur a leursdictes affaires, vous avez saigement

---

[1] Jean d'Estouteville, sieur de Villebon, governor of Thérouenne and later deputy-governor of Picardy (appointed May 1550).
[2] Jean d'Estourmel, général des finances de Picardie.

faict de n'y respondre riens, car je ne veulx ny entendz que vostredict pouvoir leur soit communicque sinon en vostre premiere assemblee et que, icelle communication faicte, vous le retiriez sans leur en laisser aulcun double. Car tout a temps sera il de leur bailler coppie apres la conclusion du traicte signe et areste pour estre inserer [*sic*] de mot a mot en icelle, qui est l'observance dont l'on a tousiours use en semblables affaires comme vous le pourrez faire entendre audict Guidotti en luy rendant ladicte coppie de leurdict pouvoir, que a ceste fin je vous renvoye, l'asseurant que n'en avez retenu aulcun double. Et quant ace que m'escripvez que leurdict pouvoir ne faict aulcune mention du mariage, ainsi que faict celluy que vous avez de moy, j'en ay pour ceste cause faict dresser deux, l'un general duquel vous vous ayderez en vostre generalle negociacion et l'autre special pour ledict mariage, lequel vous ne monstrerez sinon que lesdictz depputez Anglois mettent en avant icelluy mariage et qu'ilz le vous demandent, en vous monstrant aussi le leur special a mesme effect et non autrement. Et ne baillez semblablement aulcune coppie fors apres le traicte dudict mariage conclud, signe et arreste.[1]

Au regard dela difficulte de l'aage et minorite du Roy d'Angleterre dont m'escripvez, il n'est ja besoing, pour eviter ala longueur, que vous laissez pour cela de traicter avecques eulx ne que vous en mettiez rien en avant, d'aultant que, pour la seurette de leurs promesses, il me suffira de l'effect pour lequel je vous ay envoiez par dela, qui est la restitution actuelle de Boulongne, joinct que le pouvoir dudict Roy d'Angleterre porte que sesdictz depputez ont este depeschez par l'advis et consentment de son conseil. Aussi, venant a traicter avecques eulx, vous ferez mettre es lectres dudict traicte promesse de fournir la ratiffication d'icelluy traicte par sondict conseil et expedier en forme probante et autentique.

Au demourant, j'ay veu les articles que vous a presentez ledict Guidotti dela part desdictez depputez pour les seuretez et autres choses qu'ilz demandent et les responces que leur avez faictes sur iceulx, que je trouve tresbonnes et conformes a mon intencion. Et ne scauriez mieulx faire que de suivre ce bonne commancement sans estandre vostre saufconduict ne l'abstinence du guerre si vous en faictes que pour la terre tant seullement, sinon en l'article ou ilz requierent que leurs chevaucheurs, courriers, gentilzhommes et serviteurs qui yront et viendront soit a Calais ou a Angleterre pour porter lectres tant par mer que par terre, le puissent faire librement et sans danger, ce qui me semble leur debvoir estre accorde d'autant que cela deppend de leur negociacion et qu'il n'est possible qu'elle se parface sans ce qu'ilz ayent

---

[1] For the different versions of the commission, cf. no. 1.

besoing d'envoyer quelque foys en Angleterre pour resouldre les difficultez qui se pourront offrir, pourveu aussi que lesdictz messagers ne
conduisent et ameinent quant et eulx vivres, armes ne gens de guerre.
Qui est en substance tout ce que j'ay a vous dire surce que j'ay peu
recueillir de vostredicte depesche, sinon qu'il y a apparance qu'ilz sont
pour faire courir le plus de temps qu'ilz pourront avant que eulx
assembler, aumoien de quoy il est necessaire que faciez entendre audict
Guidotti que vous ne voulez poinct perdre temps la et qu'il donne
ordre de les faire venir a Boulongne le plustost qu'il pourra et si tost
que scaurez qu'ilz y seront ou bien aurez seur advis du jour qu'ilz y
debvront arriver, vous acheminerez pour aller aussi en mon fort et
non plustost, pour la entrer en besongne le plustost que faire se pourra,
m'advertissant d'heure et autre du progres de vostre negociacion. Et
pour cela ne laissez, vous mes cousins de La Roche et Chastillon, a
donner bon ordre par tout pour eviter toute surprise faisant toutes
choses prestes pour mener le plus de vins que vous pourrez dedans
Ardres durant ladicte abstinence de guerre, de sorte, que, quoy qu'il
couste, ceste commodite de l'en secourir ne se perde poinct. Priant
Dieu, messieurs, vous avoir en sa garde. Escript a Fontainebleau le
viij^{me} jour de fevrier 1549.

30 *La Rochepot, Du Mortier and Bochetel to Henri II. [Montreuil,] 9 February*
1550

registered copy: A.E.C.P., Angl. VIII, ff. 107v–108v

Sire, depuis la depesche que vous feismes de Rue le six^{me} de ce moys
par Baptiste, avons receu les lectres qu'il vous a pleu nous escripre par
le sieur de Bleneau et entendu de luy la creance que luy aviez donne. Et
louons Dieu, Sire, qu'il nous a faict ceste grace d'avoir en cella prevenu
et execute vostre volente, vous advisant que le landemain nous estans
de retour en ce lieu, Anthoine Guidotti nous pressa refformer les
responces que luy avoins [*sic*] baillees par escript sur le memoyre qu'il
avoyt apporte, duquel nous vous avons envoye le double, disant que
les depputez d'Angleterre ne se contenteroient de moindre delay que
d'un moys pour plusieurs raisons longues a alleguer. Et voyans qu'il
insistoit fort a cela, nous advisasmes ung expedient qui nous sembla
autant ou plus advantageux, luy accordant ledict moy comme lesdictz
quinze jours, c'estascavoir que, la ou nostre convention se romperoit
avant ledict moys, les seuretez qu'ilz nous demandent expireroient six
jours apres le despartement d'eulx et de nous. Et pource que vous
pourrez trouver ledict terme de six jours pour eulx retirer plus grand
que de raison, attendu le peu de chemin qu'il ya de Boullongne a

Calais, ledict Guydotti nous remonstra que, eulx arrivez a Boullongne, ilz avoient delibere renvoyer leurs chevaulx, charroys, bahutz et cariages audict Calais pource qu'ilz ne vouldroient user les fournitures des gens de guerre qui sont a Boulongne et aussi qu'il y avoit bien peu de fourrage et par ainsi leur fauldra bien ledict temps a les mander faire revenir et puis retourner. Parquoy, voyant que en cela il y avoyt quelque apparance et aussi que les tenons bridez de rompre et faire commancer ledict delay de six jours quand il nous plaira, il nous a semble que ne trouverez mauvais ledict delay d'un moys ainsi accorde que dict est. Et davantage, Sire, pour le desir que nous avons de avancer et diligenter ceste negociation suivant vostre volonte, pour eviter aux allees et venues d'une part et d'autre, oultre les responces audict memoyre nous avons dresse les minuttes tant de la seurte et saufconduict qu'ilz demandent, que des lectres de la trefve et abstinence de guerre qui sera commune entre nous, lesquelles ledict Guidotti envoya des hier par ung chevaulcheur qu'il avoyt et luy demoure icy pour recevo[ir] de nous ledictz saufcond\uict et abstinence de guerre expediez en forme si tant lesdictz depputez nous envoyent pareille abstinence de guerre conforme ala nostre.[1]

Sire, vous faisant ceste depesche nous avons receu voz lectres du huict[me] de ce moys, lesquelles en substance ne contiennent autre chose que ce qui vous a pleu nous faire entendre par ledict sieur de Bleneau. Priant Dieu, Sire, vous donner en parfaicte sante tresbonne et treslongue vye. Escript a [Montreuil] le neufiesme jour de fevrier 1549.[2]

31 *La Rochepot, Du Mortier and Bochetel to Henry II. [Montreuil,] 11 February 1550*

registered copy: A.E.C.P., Angl. VIII, ff.108v–110r

Sire, depuis vous avoir respondu ace qui vous a pleu nous escripre par le sieur de Bleneau et par voz lectres du viij[me] de ce moys, nous avons receu autres lectres de vous du mesme jour contenant l'arrivee pardevers vous de Baptiste vostre truchement avecques nostre despeche et quant et quant nous avons receu les deux pouvoirs que nous avez

---

[1] On 10 Feb. the English reported that they would, ere that, have been at Boulogne 'saving that, by sending to and fro for thagreyng upon the forme of our saulveconduct, some more tyme hath byn spent then, we wold have wished' (Calig. E. iv, f.210v, 'Paget letters' no. 51).

[2] There is a letter from La Rochepot to du Roeulx, governor of Artois, dated Montreuil, 8 Feb. complaining of the 'pilleries et coursses que les Anglois sauvaiges faisoient le long de ceste frontiere de Picardye' by the consent of the imperial authorities. Vienna, H—, H— u. St. A., Frankreich, Varia 7, nachtrag f. 11.

envoyez, desquelz nous nous ayderons suivant ce qu'il vous plaist nous commander le plus dextrement et apropos qu'il nous sera possible, vous suppliant treshumblement croyre que nous ne desirons rien tant que de suivre a ce que vous plaist nous commander et que nous entendons estre de vostre volonte. Toutesfoys, pource que par vosdictes lectres vous nous commandez ne bailler aulcune coppie de noz pouvoirs fors apres le traicte de mariage conclud signe et arreste, il vous plairra considerer, Sire, que c'est chose que nous ne pouvons bonnement entendre, pource que par necessite il fault exhiber les pouvoir [sic] et en bailler coppie apres que tous les articles sont concludz et arrestez, affin d'estre inserez aux traictez que l'on expedie en forme premier que de les signer et seller, car lesdictz traictez ne sont reduictz en forme suffisante que lesdictz pouvoirs ne soient inscriptz dedans et ainsi a l'on tousiours accoustume d'en user.

Sire, affin de vous tenir adverty de ce qui nous est advenu depuis nostre derniere depesche, hier au soir bien tard environ les dix heures du soir arriva Jartiere Herault d'Armes d'Angleterre qui nous apporta lectres des depputez d'Angleterre, prians par icelles moy de La Rochepot leur envoyer en forme la seurete qu'ilz ont demandee suivant la memoyre qui vous a este envoye. A quoy leur a este ce matin satisfaict. Et quant au reste de leur lectre, qui n'estoit que creance sur ledict herault, il nous a priez de leur part que moy, de La Rochepot, feisse pour quatre jours seullement une suspencion d'escarmousche, rencontres, traictes d'artillerye tant grosse que menue et de tous autres d'armes et d'hostilite entre les places sur lesquelles Milor Clinton a puisance, et celles que nous tenons qui regardent ledict Boulongne, a commancer du jour que lesdictz depputez arriveront audict Boulongne, disant que lors que nous et eulx serrons la arrivez nous conviendrons d'une autre suspension et abstinence de guerre qui seroit plus ample, a quoy moy, de La Rochepot, n'ay voulu faire aucune difficulte pour tousiours haster et avancer ceste negociation. Et pour cest effect sera demain envoye le sieur de Marivaulx[1] qui portera ladicte suspension de quatre jours[2] pour la delivrer apres qu'il en aura receu une pareille dudict Milort Clinthon qui est en tous lesdictz fortz de Boulongne lieutenant general du Roy d'Angleterre.

Sire, il vous aura pleu veoir par la derniere depesche que vous avons faicte comme nous avions envoye ausdictz depputez des minuttes tant du saufconduict que de l'abstinence de guerre qui doibt estre convenue entre nous et eulx, delaquelle abstinence ilz ne font, par les lectres que

---

[1] Jean de Lisle, sieur de Marivault was a member of La Rochepot's household and had been his trusted agent since at least 1536. He became Coligny's deputy as governor of the Ile-de-France in September 1553 (Compiège, Archives municipales, BB 22 f.19v).

[2] Cf. next item.

a apporte ledict Jartiere aucune mention, sinon ce que par sadicte creance il nous en a dict, dont de nostre part nous n'avons pas aussi voulu faire cas pour ne leur donner a cognoistre que ayons aucunement affaire de ladicte abstinence. Toutesfois, Sire, ymaginant et discourant la dessus pour quelle cause ilz ont prolonge l'expedition deladicte abstinence au temps que nous nous debvons assembler avec eulx, nous avons pense (comme de gens qui nous sont en toutes choses suspectz et qui cherchent leur advantage en toutes les manieres qu'ilz le peuvent avoir) qu'ilz vouldroient tascher de faire ladicte abstinence pour Boulongne et les forts qu'ilz ont a l'environ, avecques noz fortz qui regardent ledict Boulongne et Ambleteux seullement et en icelle ne comprendre Ardres, Guignes ne Calais, chose que n'avons delibere passer et avons bon et raissonnable argument de leur dire qu'il fault que ladicte abstinence soit generalle pour toutes les villes et fortz que eulx et nous avons de deca la mer d'un coste, que ceulx de Calais et d'Ardres qui auroient l'arme en la main feissent quelques courses et exploitz de guerre qui troublassent nostre negociation et qui fussent paradventure cause dela rompre et despartir. Et d'autant, Sire, que ne voyons que nostre abouchement se puisse faire plustost que samedy ou dimenche prochain vous pourrez avoir le loysir de nous faire encores entendre la dessus vostre bonne voulloir et plaisir.

Sire, nous recommandons a vostre bonne grace etc.

Il nous a semble, Sire, debvoir retenir le sieur de Bleneau jusques a nostre premier abouchement, car peult estre il pourra survenir telle chose qui sera bien requis vous estre representee de bouche et par homme de suffisance oultre ce que vous pourrions escripre. Escript a [Montreuil] le unziesme fevrier 1549.

32 i *French promulgation of truce for four days. 11 February 1550*
registered copy: A.E.C.P., Angl. VIII, ff.110v–111r

Nous, Francoys de Montmorency, chevalier de l'ordre du Roy, lieutenant general dudict seigneur etc., comme nous ayons este requis par Jartiere Herault d'Armes du Roy d'Angleterre de la part des depputez d'icelluy seigneur pour faire suspendre pour quatre jours toutes courses, escarmouches, traictz d'artillerye tant grosse que menue et tous autres exploictz de guerre et hostilite entre les places de Boulongne tant hault que basse, Tour d'Ordre, de Paradis[1] et autres lieux et endroictz estans au circuyt dudict Boulongne et las places du grand

---

[1] Paradis: the French name for the small fort between the Tour d'Ordre and the high town of Boulogne, called by the English 'the Young Man' and built between 1545 and 1548. Cf. Shelby, *Rogers*, 68–9.

ort, du fort de Chastillon, Jardin,[1] Montlambert et autres lieux regardans ledict Boulongne, a commencer au jour de l'arrivee desdictz
lepputez audict lieu de Boulongne, Nous, a ces causes, pour le desir
que nous avons de venir ala communication d'une bonne paix, avons
accorde et accordons ladicte suspension, promectant sur nostre foy et
honneur qu'il ne sera (es lieux dessusdictz qui sont soubz la puissance
et auctorite qu'il a pleu au Roy nous bailler) faict aucunes courses,
escarmouches, traictz d'artilleries tant grosse que menue ne autres
exploictz de guerre et hostillite durant lesdictz quatre jours commencans comme dessus, en nous fournissant de semblable seurete de la
part de Milor Clinthon, lieutenant general dudict Roy d'Angleterre
esdictz lieux. Donne etc. le unziesme jour de fevrier 1549.

32 ii *English promulgation of truce for four days. 12 February 1550*
   registered copy: A.E.C.P., Angl. VIII, f.111 r–v

Nous, Edward Ffiens, chevalier, baron de Clinthon et de Saye, seigneur de Sempringham, Aslaby, Sloir pruton, Birthropp, Lanington et
Neislan, gouverneur general de Boulongne sur la mer et marches
d'icelles, pour le propos de l'encontre des depputez tant du Roy nostre
sire que du Roy des Francoys, de faire suspend' pour quatre joures
[*sic*] tous courses, escarmouches, traictz d'artillerye tant grosse que
menue et tous autres exploictz de guerre et hostillite entre les places
de Boullongne tant haulte que basse, Tour d'Ordres, La Paradis, la
Dunette et autres lieux et endroictz estans au circuyt dudict Boulongne, et les places du grand fort, du fort de Chastillon, Jardin,
Montlambert et autres lieux regardans lesdictz fortz Francoys, a commencer au jour de l'arrivee desdictz depputez audict lieu du grand
fort. Nous, a ces causes, pour le desir que nous avons de venir ala
communication d'une bonne paix, avons accorde et accordons ladicte
suspension, promectans sur nostre foy et honneur qu'il ne sera, es lieux
dessusdictz qui sont soubz la puissance et auctorite qu'il a pleu nostredict sieur nous bailler, faict aulcunes courses, escarmouches, traict
d'artillerye tant grosse que menue, ne autres exploictz de guerre et
hostillite durant lesdictz quatre jours commencans comme dessus, en
nous fournissant de semblable seurete de la part de Monsieur de La
Rochepot, lietenant general du Roy des Francoys en l'absence de
Monseigneur le duc de Vendosmoys esdictz lieux. Donne a Boulongne
le douziesme jour de fevrier l'an mil cinq cens quaranteneuf. Ainsi
signe: E. Clinthon, et selle d'un placart de cire rouge.[2]

---

[1] This was a small fort attached to Mont Châtillon, both commanded by M. de Launay
in 1548 (cf. Henri II to La Rochepot, 27 July 1548, B.N., fr. 3035, f.100).
[2] Headed in another hand: 'Abstinence de guerre pour 4 iours de Milor Clinthon du
13 fevrier'.

33 *English deputies to the French deputies. Calais,* [? 12] *February 1550*[1]

original: archives A. de Rosny, Boulogne (destroyed 1944)
printed: Rosny, 'Documents', no.64

Messieurs Nous avons reçeu voz lettres avecques le sauf conduit que
vous Monsieur de la Rochepot avez faict expedier, vous aduertissantz
Messieurs que nous sômes deliberez (syl plaist a Dieu) Nous trouver a
boullogne samedy prochain au soir pour le plus tard.[2] Atant Messieurs
le createur vous ait en sa sainte et très digne garde. Escript à Callais le
xxe de febvrier 1549.

> Voz entierement bons Amis
>
> BEDFORD   WILLIAM PAGET
> WILLIAM PETRE   JEHAN NASONE [*sic*]

34 *Henry II to La Rochepot, Coligny, Du Mortier and Bochetel. Nemours, 1.
February 1550 (first dispatch)*

original: B.N., fr. 3125, f.15
registered copy: A.E.C.P., Angl. VIII, f.96r–v

Messieurs, depuis la depesche que je receuz de vous par Baptiste
faisant mention du retour de Guydotti, j'ay tousiours este actendant
scavoir quant vous seriez par vous assembler avecques les depputez
Angloys, dont a ce que j'ay veu par vostre lettre du ix[e]ce ce moys, il
n'estoit encores aucunes nouvelles. Bien ay[a] sceu par icelle l'instance
qu'il vous a faicte de refformer les responces par vous faictes sur les
articles apportez par ledict Guydotti pour le regard du delay d'un
moys et me semble que ce que vous y avez faict pour eulx est encores
moins que ce que leur aviez premierement accorde. Vous verrez
comme ilz s'en contenteront et aussi trouveront bonnes les minuttes
que vous leur avez envoyees, tant de l'abstinence de guerre que par le
saufconduict et selon cella jugerez s'ilz iront droict en besongne ou
s'ilz vouldront prolonger. Et du tout me donnerez incontinant advis,
lequel j'actendz dedans demain par Bleneau, puis que vous l'avez
retenu pour cella. N'ayant de quoy vous faire pluslongue lettre sinon
que je prie vous, mes cousins de La Roche et de Chastillon, donner
ordre pendant cestedicte abstinence de guerre de faire mener dedans

---

[a] *copy reads* ay je

---

[1] This is the letter that was sent to the court by the French deputies on 13 Feb. (cf
no.**38**). De Rosny clearly misread the date, which must be the 12th. The document was
originally at Villebon and acquired by de Rosny after the sale.

[2] Commisioners to the council, 12 Feb. 1550: 'upon Saturday at ny[ght we do] mynde
nevertheles to be at Bulloyn, trustin[g in the] meane tyme that some good help will
co[me out of] England' (Calig. E.iv, f.213r, 'Paget letters', no.53).

Ardres la plus grande quantite de vins que vous pourrez. Priant Dieu, messieurs, vous avoir en sa garde. Escript a Nemoux le xiij^me jour de fevrier 1549.

HENRY

De Laubespine

35 *Henri II to La Rochepot, Coligny, Du Mortier and Bochetel. Nemours, 13 February 1550 (second dispatch)*

original: B.N., fr. 3134, f.3
registered copy: A.E.C.P., Angl. VIII, ff.96v–97v
printed: Rosny, 'Documents', no.63

Messieurs, depuis mon autre lettre escripte et preste a partir est arrive le courrier que m'avez renvoyez, duquel j'ay receu la vostre de xj^e de ce moys, contenant la reception des pouvoirs que je vous ay envoyez. Et pource que vous dictes ne pouvoir bonnement entendre ce que je vous ay escript par ledict courrier de ne bailler aucune coppie de vosdictz pouvoirs sinon apres le traicte conclud, signe et arreste, il s'entend: sinon apres tous les articles que vous traicterez concludz, signez et arrestez, scaichant tresbien que pour mectre le traicte en forme, ou les traictez si vous faictes deux, il fault que les pouvoirs des ungs et des aultres y soient inserez, ce qui ne se peult faire sans en bailler coppie. Mais pource, comme vous scavez que c'est une nation qui dict et se desdict cent fois en une heure, il n'est ja besoing qu'ilz ayent riens desdictz traictez sinon quant tout ce que vous aurez negocie ensemble sera hors de doubte d'estre revocque par eulx, joinct que je suis adverty qu'ilz ne demandent riens tant que d'en avoir le double pour l'envoyer a l'Empereur et aussi en Angleterre pour s'en prevalloir envers leur peuple rebelle et que je ne leur veulx de riens faire faveur sinon d'autant que cella pourra servir au bien de mes affaires.

Au demourant, j'ay sceu par vostre lettre l'arrivee pardevers vous du herault Jartiere, venu pour recouvrer de vous la seurete des choses que aviez accordees aux depputez Angloys sur le memoire apporte par Guidotti. A quoy avez satisfaict et aussi de leur accorder la suspension d'armes de quatre jours pour les places qui regardent Boullongne et celles sur lesquelles Millord Clinton a puissance, qui a este tresbien faict pour avancer vostre negotiation. Mais venant a vous assembler et traictant de ladicte suspencion pour le temps de la negociation, il fault, messieurs, et je l'entendz ainsi, que ladicte abstinence et suspencion d'armes soit generalle pour toutes les places, villes et pays que eulx et moy avons deca la mer, leur remonstrant que, ayant deppute vous mes cousins qui estes les principaulx ministres des affaires de la guerre et pour la conservacion de mon pays de dela, pour traicter en ceste negociation, il ne seroit raisonnable que pendant que vous seriez la occupez ilz fassent entreprise d'un autre coste. Car c'est a vous deux a pourvoir a telles choses, ce que ne pourriez faire durant icelle negociation. Et tiendrez ferme quant a cella comme a chose qui leur est grandement dommaigeable et fort necessaire au bien de mon service, d'autant que par ce moyen vous en ferez plus facillement pourveoir Ardres de vins et des autres choses qui y sont necessaires et serez cause que les gens de guerre qu'ilz ont deca la mer acheveront de manger et ruyner la terre d'Oye, n'ayans moyen de s'estendre ne escarter. Et si vous voyez qu'ilz s'oppiniatrent a ne voulloir faire ladicte suspencion generalle, leur pourrez accorder qu'elle soit seullement pour le lieu seul ou sera vostre convention et pour les heures que vous parlamenterez ensemble et autant de temps qu'il fauldra a chacun a se retirer eulx a Boullongne et vous et mon fort. Par ainsi, ilz auront plus qu'ilz ne demandent et ne passerez pas oultre quant a cella, ayant este tresaise que vous ayez retenu le sieur Bleneau, affin que par luy vous me puissiez faire entendre ce que sera mis en avant a vostre premiere assemblee. Priant etc.

HENRY

De Laubespine.

36 *The constable to La Rochepot, Coligny, Du Mortier and Bochetel. Nemours, 13 February 1550*

registered copy: A.E.C.P., Angl. VIII, ff. 97v–98r.

Messieurs, dedans vostre pacquet apporte par le courier, il y en avoit ung que Guidotti escripvoit au sieur Du Peyron, adressant au sieur de Lezigny,[1] lequel j'ay ouvert et veu la lectre dudict Guidotti contenant plusieurs poinctz et entre autres l'advertit comme, estant venu devers vous avecques le double du pouvoir des depputez Anglois pour recouvrer aussi le double du vostre signe et selle de voz scealx ainsi que estoit le double du leur, vous luy monstrastes seullement vostredict pouvoir et ne luy en voulastes bailler coppie, dont il l'advertit (ainsi qu'il dict) soudainement les depputez Angloys et que la difficulte que vous en faisiez estoit d'autant que vostre pouvoir n'estoit pas conforme au leur, qui ne parloit que de la paix et pour le mariage et que tout soudain vous depeschastes icy pour faire refformer vostredict pouvoir, chose

---

[1] Antonio Gondi, sieur du Peyron (and, in the right of his wife Catherine de Pierrevive, sieur de Lezigny). He was Guidotti's uncle (cf. Alvarotti to Ercole II of Ferrara, 1[Mar. 1550, Modena, A.S., Francia, B 27 fasc.1). Cf. also J. Corbinelli, *Histoire généalogique de la maison de Gondi* (Paris, 1705), i. 239,344; M. J. Pommerol, *Albert de Gondi* (Geneva, 1953).

dont je n'ay voulu faillir a vous advertir, affin que pour l'advenir vous alliez retenuz envers luy le plus que vous pourrez. Et me semble qu'il eust este tresbon et a propos qu'il ne l'eust poinct veu, actendu que vous l'avez depuis faict refformer et que lesdictz depputez Angloys scavent ce qui estoit dedans le premier. Vous adviserez de couvrir cela en leur endroit le mieulx que vous pourrez. Je suis apres a faire prendre ung double de sadicte lectre plaine de grand langage pour vous envoyer, de laquelle vous pourrez paradventure retirer quelque fo..t et advertance pour le service du Roy. Et quoy qu'il y aict, n'en faictes aulcun semblant audict Guidotti; seullement faictes qu'il ne cognoisse ny entende riens de vous que ce que vous vouldrez estre commun a tout le monde. Priant Dieu, messieurs, vous donner tout ce que desirez. De Nemoux ce xiij^{me} jour de fevrier 1549.

37 *French to the English deputies. [c. 12/13 February 1550]*[1]
   registered copy: A.E.C.P. Angl. VIII, f.110v

Messieurs, ayant veu par voz lectres, que presentement avons receues, comme vous estes deliberez de vous trouver samedy prochain a Boulogne, nous vous advisons que ne fauldrons de nostre part nous mectre en chemin ledict jour pour nous rendre semblablement au fort, aydant le Createur, lequel nous supplions, messieurs, vous donner bonne et longue vye.

38 *La Rochepot, Du Mortier and Bochetel to Henri II. [Montreuil,] 13 February 1550*
   registered copy: A.E.C.P. Angl. VIII, f.100r

Sire, vous ayant devant hier bien amplement escript et faict responce a tout ce que vous a pleu nous faire scavoir, nous n'avons pour ceste heure autre chose a vous dire, fors que nous venons de recevoir une lectre des depputez d'Angleterre, que vous envoyons, par laquelle il vous plairra veoir comme ilz ont receu le saufconduict que moy, de La Rochepot, leur ay envoye et qu'ilz se deliberent estre samedy prochain a Boulongne. Et a ceste cause, Sire, nous avons pareillement resolu partir ledict jour de samedy pour aller disner a Estappes et la attendre certaines nouvelles de leur arriver audict Boulongne pour, selon icelles, nous y rendre ledict jour ou le dimenche au matin.

Sire, nous recommandons etc. Escript a [Montreuil] le trezesme jour de fevrier 1549.

[1] Headed, in a later hand, 'lettre de Milor Clinthon' but the content makes its origin and destination clear.

[*P.S.*] Sire, a l'endroict de ceste depesche le sieur de Marivaulx nous a envoye, de Milor Clinthon, l'abstinence de guerre pour quatre jours dont vous avons par nostre derniere depesche escript.

39 *The constable to La Rochepot, Coligny, Du Mortier and Bochetel. Ferrières, 15 February 1550*

registered copy: A.E.C.P., Angl. VIII, f.98r–v

Messieurs, il vous a este faict responce a vostre derniere depesche du unziesme de ce moys et n'est ceste lettre que pour vous envoyer le translat de la lettre que Guidotti escripvoit au sieur Du Peyron, ou vous trouverez plusieurs poinctz d'importance dont vous scaurez bien tirer ce que verrez servir en vostre negociacion. Vous advisant, au demourant, que nous avons eu nouvelles comme le huictiesme de ce moys le cardinal de Monte fut esleu pape, mais la facon comment et par quel moien nous ne l'avons poinct entendu, qui sera de brief et ainsi que j'espere et lors nous vous en ferons part.[1] Priant Dieu, messieurs, qu'il vous aict en sa garde. De Ferrieres ce quinzesme jour de fevrier.

[*P.S.*] Je viens a ceste heure d'avoir nouvelles de Flandres comme les Angloys cherchent argent de tous costez et n'y en peuvent trouver tant ilz ont mauvais credit; qu'il n'est poinct de nouvelles qu'il leur vienne gens de ce coste la et pour certain ilz sont forcez de prendre party et faire la paix, n'ayans nulle actente ne esperance en l'Empereur.[2]

40 *La Rochepot, Coligny, Du Mortier and Bochetel to Henri II.* [*Oultreau,*] *18 February 1550*

registered copy: A.E.C.P., Angl. VIII, ff. 111v–113r

Sire, dimenche apres disnee moy de La Rochepot, Du Mortier et Bochetel arrivasmes en ce lieu, ou le jour precedant moy de Chastillon estois arrive, parce que les depputez d'Angleterre debvoient pareillement ledict jour se rendre a Boulongne, comme ilz feirent. Et incon-

[1] Cf. also Philip Hoby to Cobham, governor of Calais, Brussels, 17 Feb. 1550: 'The Cardinall Monte is elected Bysshop of Rome who, although he be an Italian borne, is a Frencheman in hart for his lyfe an so earnest an ennemie to themperour and hi procedinges as it is thought he will be an other manner of let unto him then ever hi predecessour was', B.L., Harley MS 284, f.66.

[2] The correspondence of the English commissioners is full of anxiety about the lack o money and provisions for Boulogne and the Calais garrison. Cf. 'Paget letters', nos. 47 58 *passim*.

inant que moy de La Rochepot fuz arrive, j'envoyay ung gentil-homme devers lesdictz depputez pour leur faire entendre nostre rrivee et m'excuser de ce que le mesme jour qu'ilz vindrent a Bou-ongne je ne m'estois rendu en cedict lieu et a ceste excuse servit mon ndisposition, leur faisant au surplus entendre que s'ilz le trouvoient on nous nous assemblerons le landemain. Et combien qu'ilz eussent dict et accorde au gentilhomme qui alla vers eulx de ce faire, toutesfoys lz s'envoyerent depuis excuser pour la tourmente et mauvais temps qu'il feit tout le long du jour, en sorte que ladicte assemblee fut remise ce matin sur les huict heures. A laquelle heure, nous nous sommes rouvez tant d'une part que d'autre en la maison que moy de La Rochepot ay faict faire, qui s'est trouvee fort commode et a propos our le bien mauvais temps qu'il faict. Vous advisant, Sire, que ostredict assemblee n'a este que de deux bonnes heures ou environ ource que lesdictz depputez, voyant que la mer s'enfloit, nous ont requis pour ce jourd'huy se retirer et que autrement, pource qu'ilz stoient venuz a cheval, ilz seroient contrainctz y estre jusques six eures du soir, qui leur eust este fort incommode pour leur suicte et hevaulx qui estoient ala pluye et au descouvert. Surquoy, nous leur offrismes de leur donner la a disner pour employer la journee jusques ladicte heure de six heures, mais pour les causes que dessus ilz persisterent a nous prier d'eulx pouvoir retirer pour cedict jour, et que y apres pour plus utillement employer le temps ilz viendroient par atteaux et seroient la tant et si longuement que nous vouldrions. Et affin, Sire, que avons este ensemble c'est que moy de La Rochepot, apres les avoir congratulez de leur bien venue, leur ay sommairement remonstre l'esperance que nous debvons avoir d'une bonne yssue deladicte assemblee au repos d'eulx et de nous et generallement de oute la Chrestiente.

Et pource que le commancement de telles negociations est d'exhiber d'une part et d'autre noz commissions et pouvoirs, lesdictz pouvoirs ont este leuz [. . . . .]ᵃ le leur tout semblable et conforme au double que vous avons envoye et quant a nous, nous nous sommes aydez du dernier qu'il vous a pleu nous envoyer, auquel n'est contenu l'article du mariage et par lequel vous nous avez donne puissance de leur bailler saufconduit et abstinence. Apres la lecture duquel, ilz nous ont remonstre que nous avions pouvoir general en vertu duquel nous leur pouvons aussi bien bailler saufconduit par mer et par terre, ce qu'il desirent bien avoir pour estre leur retour en Angleterre plus aise et commode par la mer que par la terre, dont nous nous sommes desvel-lopez le mieulx que nous avons peu. Ce faict, ilz nous ont priez de faire une abstinence de guerre pour quinze jours, laquelle nous leur

ᵃ *One word illegible*

avons accordee, pour tous les pays que eulx et nous tenons de deca la mer et ont requis moy Bochetel de la dresser, ce qui a este faict et leur en a des ceste appres disner este envoye la minutte. Nous verrons s'ilz la trouveront bonne et s'ilz y vouldront adjouster ou diminuer et de tout vous tiendrons adverty. Ce faict, Sire, moy de La Rochepot leur ay dict que pour estre le sieur Du Mortier de vostre conseil privé dernierement venue, et ayant entendu de bouche plus au long vostre voulloir et intencion ilz les pouvoyt d'iceulx plus amplement informer a ceste cause, il a pris la parolle et vous pouvons asseurer, Sire, qu'il a touche toutes les ordres qu'il failloyt pour leur explicquer ce que nous jugeons estre de vostre intencion et qui les peult et doibt mouvoir a y condescendre. Et apres que ledict Du Mortier a faict fin, Milor Paget a prins la parolle, reprenant par quelque ordre aulcuns poinctz proposez par ledict Du Mortier. Mais pour conclusion, il s'est interromptu disant qu'il valloit mieulx qu'il resvast a y respondre ala premiere assemblee, actendu que c'estoit le commancement, d'entre aux faictz principaulx de nostre negotiation.[1]

Sire, pource que la premiere assemblee nous pourra apporter plus de lumiere en cest affaire, nous avons encores retenu le sieur de Bleneau, lequel nous esperons vous pouvoir demain renvoyer. Nous recommandons, Sire, a vostre bonne grace tant et si humblement que faire pouvons en priant le Createur vous donner en parfaicte sante treslongue et tresheureuse vye. Escript a [Oultreau] le dix huictiesme fevrier 1549.

41 *La Rochepot, Coligny, Du Mortier and Bochetel to Henri II.* [*Oultreau,*] *19 February 1550*

registered copy: A.E.C.P., Angl. VIII, ff.114v–117r

Sire, hier par les lectres que vous escripvismes, vous avez peu entendre tout ce qui a este faicte et negocie a nostre premiere assemblee et comme les depputez d'Angleterre avoient remis a respondre aujourd'huy ace qui leur avoyt este propose, suivant laquelle remise et deliberation nous nous sommes ceste apres disner assemblez environ une huere apres midy et avons este ensemble jusques entre cinq et six heures du soir, vous advisant, Sire, que Millor Paget n'a failly de reprendre la parolle et apres s'estre premierement excuse qu'il ne pouvoit si aisement explicquer en nostre langue comme il pouvoit bien faire en la sienne, a pris son fondement sur les secours, aydes et plaisirs que le feu Roy avoyt receuz du feu Roy leur maistre, affermant que

---

[1] For a longer account of these preliminary speeches, conveyed in a light favourable to the English, cf. commisioners to the Council, 20 Feb. 1550 (Calig. E. iv, f.214r–v; 'Paget Letters' no.54).

sdictz princes estoient autant naturellement et mutuellement aymez ue nul autres et qu'il pouvoit en son particulier tesmoigner que la uerre que sondict maistre avoit commencee contre ledict feu Roy voit este a son grand regret et desplaisir, mais que le reffuz qu'on lisoit de luy paier tant les pensions que le surplus des deux millions avoient contrainct et force d'entrer en la guerre, veu mesmes que dict feu Roy avoyt este par plusieurs et reiterees foys requis de les ayer et dont luy alleguoyt avoir faict partie desdictes poursuictes, et uant il n'y eust eu que deux ou troys annees deues cela se pouvoit ouvrir de quelque excuse, mais cesser le paiement par neuf ou dix nnees consecutives, cela ne se pouvoit autrement interpreter que ung vident contennement et denegation de paiement, concluant par ces ropos et autres semblables que pour venir a une bonne paix il estoit lus que raisonnable de venir a compte et payer ce qui leur estoit deu ant desdictz pensions que du reste desdictz deux millions, comme hose legitimement deue et recogneue par les cours souveraines de ce oyaume.

Surquoy leur a este respondu que le reste desdictz deux millions par ulx pretendu procedoit d'une accumulation de plusieurs parties es-ardees et mal veriffiees, lesquelles encores ne revenoient a beaucoup res a ladicte somme de deux milions, mais que par la nesessite du emps et aussi moiennant l'ayde mutuel que promectoit ledict Roy 'Angleterre ladicte somme luy fut promise paiable en vingt annees, es paiemens delaquelle ont este continuellement faictz et jusques a ce ue ledict Roy d'Angleterre n'a de sa part observe et entretenu ce u'il estoit tenu a faire, n'ayant fourny ledict ayde mutuel auquel il stoit oblige, combien que de ce il l'eust plusieurs foys requis, tant par u Monsieur de Tarbes lors ambassadeur en Angleterre, que par le u Roy mesmes et Monsieur le Connestable en la personne de evesque de Wincestre ambassadeur en France lors que l'Empereur escendit en Provence et le feu sieur de Naussau en Picardie. Et quant ux arrerages des pretendues pensions viagere et perpetuelle, ilz n'en ouvoient justement aucune chose pretendre a l'occasion de l'injuste nvasions que ledict feu Roy d'Angleterre avoit faict en ce royaulme s annees cinq cens quarante deux, quarantetroys et quarantequatre, ontrevenant a ses promesses contenues au traicte de l'alliance et ension perpetuelle, et sans ce que jamais lesdictz paiemens leur ayent ste absolument deniez.

La dessus ont lesdictz depputez propose qu'il ne se trouvera par le raicte desdictz deux millions que ledict feu Roy leur maistre fust ucunement tenu ny oblige a quelque ayde que ce soit, a quoy leur vons respondu que, de mesme jour et dacte, se trouvoient divers raictez entre lesquelz y en avoit ung qui portoit obligation dudict yde et, combien que ce fussent traictez differendz, neanmoins ac-

tendu que c'estoit entre mesmes personnes et de mesme dacte et jou:
ilz ne pouvoient ny debvoient estre censez ne repputez que pour un
seul traicte, considere mesmement que, pource que par le calcul ladic:
somme de deux milions ne se trouvoient entierement deue, fure:
adjoustez ces motz: et pour autres causes etc. Parquoy, failloit nece:
sairement conclurre que lesdictz causes se debvoient refferer audi:
traicte de l'aide. Sur laquelle responce lesdictz depputez ont en leu
langage quelques temps confere ensemble et l'un d'eulx qui se di:
premier secretaire a remonstre en latin:
que combien que ce fussent traictez entre mesmes parties et de mesm:
jour, toutesfoys ilz ne se pouvoient prendre pour ung mesme traict:
car ilz sont differendz et pour causes separees pour estre ledict traict:
de deux milions une obligation de debte et compte faict, arreste et jug:
comme dict est, auquel celluy de l'ayde n'a aulcune connexite pour:
que c'est ung traicte separe, par lequel entre les deux princes e:
promis mutuel ayde, du quoy chacun d'eulx peult pretendre autar:
davantage l'un que l'autre et quant ainsi seroit que ledict Ro:
d'Angleterre auroit defailly audict ayde, ne se pourroit pour ce:
denyer le paiement de ce qui reste desdictz deux millions. Bien eu:
peu le feu Roy reffuser de sa part sembable ayde au Roy d'Angleter:
s'il en eust este requis, mais nous avons tousiours soustenu que lesdic:
traictez ne se pouvoient tenir que pour ung et que le parfaict desdic:
deux millions ne se pouvoit interpreter avoir este promis a autre effe:
que pour ledict ayde. Lequel nous avoyt este denye comme dict est, e
pour n'avoir este fournye avons supporte longuement la guerr:
et en ceste longueur infinie despence avons encore supportez
l'occasion de l'injuste invasion que ledict Roy d'Angleterre avoyt fai:
en ce royaulme, lesquelles despences montent a beaucoup plus grand:
sommes que tout ce qu'ilz scauroient quereller ne demander. Dela, i:
sont tombez sur le dernier traicte, auquel nous avons respondu jouxt:
le contenu en noz instructions.[1]

Finablement, Sire, pour abreger mattiere et venir au poinct d:
vostre intencion, apres leur avoir remonstre ce qui nous a semble e
cela le plus apropos, leur avons propose les deux moyens contenuz e
vosdictz instructions: Scavoir est que, pour abollir toutes querelles e
demourer quictes de toutes choses envers eulx, nous rendant Bou:
longne et les fortz occupez sur nous et noz alliez, ilz advisassent
demander quelque somme honneste et raisonnable, ou bien que nou:
feissions estime dela valleur dudict Boullongne en l'estat qu'elle est d
present pour leur paier la somme qui seroit entre nous convenue, eul:

---

[1] The discussions up to this point are omitted from the report of the English envo:
on this meeting, 20 Feb. (Calig. E. iv, f.215r–v, 'Paget letters', no.54).

lemourans en leurs droictz et pretensions des sommes et pensions
lessusdictz et nous en noz deffences et exceptions.

Sur laquelle proposition ilz se sont retirez pour conferer ensemble et
apres nous ont dict que ce dernier moien de demourer en leurs preten-
ions n'estoit raisonnable et que c'estoit mettre fin en une guerre pour
en recommencer une autre. Et rompant ce propos nous ont dict en
oubzriant qu'il y avoit bien moien d'abreger toutes ces querelles et en
lemourer quictes sy nous leur voullons bailler la Royne d'Escosse
pour en faire le mariage avec leur Roy. Et en semblable contenance
eur en avons leve toute esperance pour estre voues a autre sainct
auquel nous avions plus de devotion que a leur maistre.[1]

Et sur cela se sont derechef retirez ensemble et tost apres nous ont
requis leur donner deux jours pour resouldre a nous faire responce,
pendant lequel temps prioient moy, de Chastillon, ou moy, Du Mortier,
voulloir passer l'eau pour les visiter et conferer particulierement
avecques Millor Paget sur tous lesdictz propos pour en venir par apres
a plus facile conclusion.[2] Surquoy leur avons respondu que nostre
pouvoir estoit a nous quatre conjoinctement et que nous ne nous
pouvions separer que par malladie ou autre legitime empeschement
et parce qu'ilz nous en voulussent excuser, joinct que trouvons la chose
raisonnable pour l'importance de l'affaire dont tous quatre estions
esgallement et ensemblement chargez. Et touchant ledict delay desdictz deux jours, nous leur avons (comme des hier) declare que nous
avons tresexpressement charge de vous d'abreger ceste negociation et
que a ceste cause nous les pryons de ne la tirer en longueur, mais au
plustard nous en respondre demain. A quoy ledict Paget, prenant la
parolle en facon assez aigre, a dicte que la grandeur de cest affaire
requeroit bien quelque temps pour y consulter et adviser et quand il
n'y auroit que le regard de leurs personnes et le travail qu'ilz ont
chacun jour de passer l'eaue, ilz meriteroient bien estre de plus soul-
agez que de cela, et que, tirant les choses en avant, ilz auroient encores
besoing d'avoir delay pour envoyer en Angleterre, combien qu'ilz
n'eussent moins de desir a l'abregement de ceste negociation que nous.
En fin, Sire, nous avons este contrainctz leur octroyer ledict delay

---

[1] The discussion on the proposition is rather fuller in the English version of 20 Feb.,
but badly mutilated (Calig. E. iv f.215r-v): '[The]y shewe them selfes so precise and so
imperious in their talkes and so [thir]sting still for an aunswere' that the commissioners
asked whether the Council wished to enlarge on its instructions. Guidotti was still
working behind the scenes for an Anglo-French marriage but the French had said
nothing of it (*ibid.* ff.215v–216r).

[2] On this, cf. Paget to Warwick, *c.*22 Feb. 1550: 'I suggested a private talke betwen
M[ortier or] Chatillon and me or summe [other of us] a part, thinking thereby to have
[practised] somewhat, but it would nat [be, they] wold in no wise talke a [parte with]
any of us' (Calig. E.iv, f.233r, collated with copy, B.L., Lansdowne MS 2, f.81).

jusques a vendredy une heure apres midy, aiant bien voulu, Sire, vou
faire entendre par le menu comme toutes choses sont passees et en que
estat elles sont, affin qu'il vous plaise nous faire tousiours entendre vo:
bon voulloir et intencion pour les suivre et diligemment y obeyr.

Au surplus, Sire, le sieur de Bleneau que vous renvoyons vou
pourra dire et declarer aucunes particularitez dont luy avons donn
charge, desquelles nous vous supplions le croyre comme noz propre
personnes.

Sire, nous recommandons a vostre bonne grace tant et si humble
ment que faire pouvons en priant le Createur etc. Escript a [Oultreau
le dixneufiesme jour fevrier m v^c quaranteneuf.

42 *French promulgation of truce for 15 days. 20 February 1550*
   registered copy: A.E.C.P., Angl. VIII, ff.113r–114v

Francois de Montmorency sieur de la Rochepot, chevallier de l'ordre
gouverneur de l'Isle de France et son lieutenant general es pays d
Picardye et Boullenoys, Gaspard de Coulligny sieur de Chastillon
aussi chevalier de l'ordre, collonel des gens de pied francoys et auss
lieutenant general d'icelluy seigneur audict pays de Boullenoys er
l'absence de monsieur de La Rochepot, Andre Guillard sieur Du
Mortier, chevallier, conseiller du Roy en son conseil prive et Guil
laume Bochetel sieur de Sassy, aussi conseiller dudict seigneur, secre
taire d'estat et de ses finances et greffier de son ordre, SCAVOIR FAISON
a tous qu'il appartiendra que, comme il aict pleu au Roy nous com
mettre et depputer pour traicter et cappituler et conclure une bonn
et sincere paix entre sa maieste et celle du Roy d'Angleterre son bo
frere et que pour cest effect ledict Roy d'Angleterre et ceulx de so
conseil aient pareillement deppute les comte de Betfort, chevalier d
son ordre, garde de son prive scel, Milort Paget sieur de Beaudesert
aussi chevalier de son ordre et conseiller de son prive conseil, monsieu
Guillaume Petre, chevalier, son premier secretaire et sire Jehan Maco
aussi chevalier et secretaire en la langue francoyse, lesquelz pou
l'effect que dessus sont venuz en la ville de Boulongne, entre lesquelle
places a estre entre nous et desdictz depputez convenu du lieu ou s
doibt faire nostre convention et assemblee. Et d'aultant que pou
traicter de ladicte paix il est bien requis et raisonnable qu'il y aict pou
quelques jours tresfves et abstinence de guerre entre les Angloys e
Francoys et autres qui de present sont au service desdictz deux prince
de deca la mer, a ce que ladicte convention se puisse faire en tout
tranquilite et seurte des personnes desdictz depputez. Nous, a ce
causes, avons cejourd'huy, suivant le pouvoir a nous baille par le Roy,
traicte et accorde, traictons et accordons avec lesdictz depputez dudict

Roy d'Angleterre bonne, seure et loyale tresfve pour le temps et terme
de quinze jours a commencer du jour et dacte de ces presentes, sauf
a la prolonger si besoing est et aussi, ou la negotiation d'eulx et de nous
se romperoit et departiroit avant ledict terme, ladicte abstinence de
guerre n'aura lieu que pour six jours seullement apres que nous serons
departis les ungs des autres. Durant laquelle tresfve, tant d'une part
que d'autre, sera faict esdictz pais de deca la mer tant de la subiection
du Roy que dudict Roy d'Angleterre, cessation et depost d'armes, de
courses, hostillitez, invasions, depopulations, vastitez, gastemens, ab-
duction et depredation de beufz, vaches, jumens, chevaulx et generallement de toutes manieres de bestes et biens quelzconques, prinses
de subiectz et soldatz, occupation et surprises de villes, fortz et chas-
teaulz et toutes autres mutuelles offencions. sy DONNONS en mandement a tous cappitaines, lieutenans, chefz et conducteurs de gens de
guerre, cappitaines de villes, chasteaulx et forteresses, cappitaines
aussi commissaires et officiers en l'artillerye et generallement a tous
gens de guerre et subiectz dudict sieur, que ceste presente tresfve et
abstinence du guerre ilz ayent a garder et faire garder inviolablement
sans l'enfraindre sur peyne de la hart. Et a ce que nul n'en puisse
pretendre cause d'ignorance, nous voullons qu'elle soit publiee a son
de trompe et cry publie, tant au fort que autres villes, places et fortz
de toute ceste frontiere, pourveu que le semblable se face de la part
desdictz Angloys et que telle et semblable tresfve et seurete se baille de
leur part par escript qui soit signe de leurs mains et selle de leurs
ceaulx. En tesmoing de ce nous avons signe ces presentes de noz mains
et a icelles faict mettre et apposer le sel de noz armes. Donne au fort
d'Oultreau le vingtiesme jour de fevrier l'an mil cinq cens quaranteneuf.

43 *Mémoire of what Bléneau is to say to the King in addition to the dispatch, 20
February 1550*[1]

registered copy: A.E.C.P., Angl. VIII, ff.117r–118r

Memoire de ce que dira le sieur de Bleneau oultre le contenu en la
lectre du Roy

Premierement, que les depputez Angloys nous ont faict instance de
leur bailler le double de nostre pouvoir en nous baillant le leur,
allegant qu'il estoit necessaire d'ainsi le faire pour la seurte de
l'abstinence de guerre qui d'une part et d'autre a este commencee,
dont chacun de nous a eu puissance du Roy son maistre de l'arester et
conclurre et laquelle puissance ne se peult monstrer que par le double
desdictz pouvoirs. A quoy nous a semble ne debvoir faire difficulte

---

[1] Dated 20 Jan. but this is a clear mistake for 20 Feb.

tant pour la raison que dessus que aussi a l'occasion de ce qu'il
auroient peu faire entendre que nous avions puissance du mariage pa
les propos que leur aura peu tenir Guydotti. Et l'on verra le contrair
par le double de nostredict pouvoir, duquel en oultre ilz ne se pourror
grandement advantager, car il ne scauroit estre plus simple qu'il est e
oultre il y a une clause qui porte que, en faisant ceste paix, ser
expressement convenu et accorde de la reddition de Boullongne qu
ne peult estre que a nostre advantage et si y a plus, car si nous voulor
advantager de leur pouvoir, nous le pouvons faire a beaucoup mei
leure cause veu que, par icelluy ilz demonstrent clairement leur ne
cessite, aiant pouvoir de traicter dela reddition dudict Boulongn
jusques a le nous donner.

Plus, dira ledict Bleneau que le sieur de Langey est party pour alle
mener les vins a Ardres.[1]

Aussi, que moy, de Chastillon, partz presentement pour aller
Monstreul pour l'effect que luy dira ledict sieur de Bleneau et l
retiendra quelque autre quantite de vins pour renforcer ledict Ardr
si possible est.

Oultre plus il dira tout ce qu'il a veu des facons de faire de nostr
assemblee et autres particularitez dont messeigneurs de La Roche e
de Chastillon luy ont donne charge.

44 *La Rochepot, Coligny, Du Mortier and Bochetel to Henri II.* [*Oultreau,*
21 February 1550

registered copy: A.E.C.P., Angl. VIII, fr.118r–119v

Sire, depuis la depesche du sieur de Bleneau nous nous sommes cest
apresdisner rassemblez au lieu acoustume avec les deppute
d'Angleterre et par la bouche de Milor Paget nous ont declare qu'il
ne voulloient ne pouvoient aucunement accepter l'un ne l'autre de
deux partis par nous mis en avant, car quant a se contenter d'un
somme pour rendre Boulongne et se departir de leurs pensions, debte
et toutes autres querelles, cela n'estoit raisonnable, qui ne leur offriro
pour faire nouveau traicte telles et semblables sommes qu'ilz preten
dent leur estre loyaulment deues et oultre cela continuation de leu
pension. Et quand au second party que ce seroit (comme nous vou
avons escript) finir une guerre pour en entrer en une autre. Mais qu
au lieu desdictz deux partis ilz nous en voulloient bien proposer deu
autres: le premier, ce a este l'acomplissement du dernier traicte, l'autr

---

[1] Cf. de Langey to Aumale, 3 Mar. 1550: '… j'ay envoie encores du vin a Ardres d
sorte que de tout le mois de May il n'en auroit fault …. nos voisins sont encore e
l'estat que vous ay escript par monsieur d'Andelot et encores pis' (B.N., fr.20456).

que pour la meilleure condition que par leur pouvoir ilz nous pouvoient offrir, c'estoit pour le desir qu'ilz avoient de venir promptement
a une bonne conclusion, qu'ilz se contenteroient des sommes qui
ustement et loyaulment leur estoient deues lors et autemps que les
dernieres guerres commancerent entre les feuz Roys, continuant aussi
adicte pension, de laquelle ilz quicteroient tous les arrerages et tous
autres fraiz et [...] penses dela guerre, a la charge qu'ilz pourroient
desmolir les fortiffications par eulx faictes, ou en faire ce que bon leur
embleroient ou bien que les remboursassions des sommes qu'elles leur
ont couste, se soubmectans encores leur fournissant comptant une
bonne partye desdictes sommes d'en atterminer le reste.[1]

Surquoy, leur avons resolument respondu qu'il n'estoit en nostre
puissance entrer en autres ouvertures que celles que leur avions faictes,
les coullourans et fortiffians tant sur les instructions qu'il vous a pleu
nous bailler, que par autres raisonnables considerations que nous
avons estime convenir a cest effect. Et en cest estat sommes quelques
temps demourez et jusques ace qu'ilz se sont levez. Et apres avoir
ensemble confere, nous ont dict que encores que les ouvertures par
eulx faictes leur semblassent bien raisonnables, toutesfoys, voyans que
n'y voullions entrer et que eulx ne pouvoient aussi passer oultre, il leur
sembloyt bien convenable que d'une part et d'autre nous advertissions
noz maistres de ce que dessus a ce que chacun d'eulx y voulust penser
pour condescendre a quelque bonne raison, nous remonstrans que
c'estoit l'office de ceulx qui sont depputez pour traicter de paix, et
qu'il fault que d'eulx mesmes ilz veillent et songent a accomoder les
choses. Nous leur avons a cela respondu que nous estions suffisamment
informez de vostre intencion et que ne leur pouvyons a cela satisfaire.
Et pour leur parler franchement que vostre deliberation estoit demourer descharge de toutes pensions, debtes et querelles quelzconques
pour les raisons que leur avons, suivant vosdictes instructions, alle-
guees, voullant bien toutesfoys, venant a quelque bon traicte, convenir
avecques eulx de quelque somme honneste soit pour l'un ou pour
l'autre desdictz deux partis que leur ont este proposez. Vous asseurant,
Sire, que, les propos par eulx entenduz, ilz sont tous demourez bien
fort esbahis, ainsi que avons peu juger par leurs contenances. Et
neanmoins, se sont de rechef levez et, apres avoir encores confere, nous
ont dict que, puis qu'ilz voioient que si acertainement nous entendions
vostre volonte et que ne voullions actendre autre mandement de vous

---

[1] The reporting of these exchanges is different in the English version. This has the
English putting forward two first proposals, which the French utterly refuse, and then,
after some brinkmanship 'to sucke out of them whether they wold discende to any other
overtures', two more are put forward, as described in the French version. After further
refusal, the fifth offer is made by the English and this, too, is refused (Calig. E.iv, f.216v,
'Paget letters' no.56, commissioners to the council, [21 Feb.]).

que de leur part ilz voulloient en advertir le Roy leur maistre et son conseil de nostre resolucion, affin d'entendre la dessus leur deliberation et ce qu'ilz auroient a faire, nous demandant pour cest effect delay d'envoyer devers ledict Roy leur maistre avecques une certification signee de nous pour la seurte de celluy qui portera leur depesche, affin qu'il ne soit arreste et que plustost il puisse retourner, laquelle chose Sire, il nous a semble ne leur pouvoir honnestement refuser. Et vous pouvons asseurer, selon que avons peu juger a leur facon de faire, qu'ilz se sont departis de nous bien mal contens et en collere comme gens qui n'ont pas trouve de deca conditions telles qu'ilz avoient espere et, comme se complaignans, nous ont dict que si Guydotti eust approche du langaige que leur avons tenu, ilz n'eussent pas pris la peyne de passer la mer.[1] Vous suppliant treshumblement, Sire, actendant le retour de leur chevaucheur, nous tenir advertis de ce que nous aurons tousiours a faire pour entierement y obeyr.

Sire, nous recommandons etc. Escript a [Oultreau] le vingungiesme fevrier 1549.

45 *Henri II to La Rochepot, Coligny, Du Mortier and Bochetel. Montargis, 22 February 1550*

registered copy: A.E.C.P., Angl. VIII, ff.98v–99r

Messieurs, par vostre lectre du dixhuictiesme de ce moys, que je receuz hier, j'ay sceu vostre abouchement avec les depputez Angloys et l'occasion pourquoy vous fustes si peu de temps ensemble, aiant trouve tresbon ce quy a ceste premiere assemblee leur a este par vous propose et mis en main pour leur faire entendre le poinct a quoy je tendz et le desir que j'ay de faire une bonne et ferme paix en recouvrant ce qui m'appartient, affin que a la prochaine assemblee ilz puissent venir d'autant plus prestz et que tant plus tost vous puissiez enfoncer mattiere pour faire durer ceste negociacion le moins qu'il sera possible. Vous advisant que je suis grandement aise de cest abstinence de guerre que avez faicte avecques eulx pour quinze jours, pendant lesquelz je prye vous, mes cousins, faire toute diligence pour envoyer vins a Ardre le plus qu'il sera possible et pourveoir Ambletheul et mes autres places de dela de ce dont ilz auront besoing, dont ladicte abstinence vous donne la commodite, et au demourant continuer avecques lesdictz depputez le bon train que vous y avez pris, qui est de ne leur laisser prendre aulcun adventage dont ilz se puissent prevalloir. Et pource que je m'attendz que, avant la reception dela presente, vous m'aurez

---

[1] The English version agrees that the English considered that Guidotti's initial negotiations had been deceptive (f.217r). For Paget's masterly summation of the English predicament at this point, cf. his letter to Warwick, *c.* 21 Feb. 1550, 'Paget letters' no.58.

depesche le sieur de Bleneau et par luy adverty bien au loing de ce qui sera passe entre vous ala secunde assemblee, je remectray a vous faire surce plus ample responce apres l'avoir ouy et veu ce qu'il apportera. Priant Dieu, messieurs, vous avoir en sa saincte garde. Escript a Montargis, le vingtdeuxiesme jour de fevrier 1549.

46 *Henri II to La Rochepot, Coligny, Du Mortier and Bochetel. Lorriz, 24 February 1550*

original: B.N., fr. 3134, ff.8–9
registered copy: A.E.C.P., Angl. VIII, ff.99r–100v

Messieurs, sans venir a vous replicquer a ce qui est passe entre vous et les depputez Angloys en vostre assemblee du xixme de ce moys, que j'ay bien au long entendu par le sieur de Bleneau, et la lettre que par luy m'avez escripte, je vous diray qu'il n'est possible de myeulx ne plus dextrement vous estre comportez en cest endroict que vous avez faict, y ayant suyvy de poinct en poinct mon intencion, rabattu ce que leur failloit rabattre et, au demourant, pour abreger l'affaire mis en avant en termes generaulx les deux moyens contenuz en voz instructions pour venir au poinct que je desire. Surquoy ilz ont prins a vous respondre deux jours apres, ou je viendray a tumber, estant le chevaulcheur que m'avez depesche apres ledict sieur de Bleneau arrive quant et luy, par lequel j'ay receu vostre autre lettre du xxj^e de cedict moys et par icelle entendu la responce que Paget, portant la parolle pour lesdictz Angloys, vous a faicte: qu'ilz ne voulloient, ne pouvoient accepter l'un ne l'autre desdictz deux moyens pour les causes contenues en vostredicte lettre, vous en proposant au lieu d'iceulx deux autres: le premier, l'accomplissement du dernier traicte et le second qu'ilz se contanteroyent des sommes qui justement leurs estoient deues lors que les derrenieres guerres commancerent entre feuz noz peres, avecques continuacion de la pension, dont ilz quicteront les arreraiges et tous les fraiz de la guerre, moyennant aussi qu'ilz puissent desmolir les fortifficacions qu'ilz ont faictes. A quoy vous avez tressaigement respondu, leur remonstrant que ne pouviez entrer en autres ouvertures que celles que leur aviez faictes, surquoy vous estes demourez fermes et avez tresbien faict, et aussy de leur montrer semblant que vous estiez suffisamment et entierement informez de mon intencion sans ce qu'il feust besoing que envoyssiez devers moy pour estre plus amplement advertiz surce que auriez a faire en ceste negociacion, leur ayant neantmoins accorde qu'ilz peussent envoyer devers leur maistre et son conseil pour les advertir de vostre resolucion la dessus.

Je veulx bien vous faire scavoir, messieurs, que, mectant en consideracion les grandes et haultes demandes qu'ilz font et aussi ce que vous, mon cousin de La Rochepot, avez par une lettre particuliere

escripte a mon cousin le Connestable sur cest affaire de la crainte que
vous avez que la somme, jusques a laquelle je vous ay donne charge
vous estandre, soit petite, c'estassavoir troys cens mille escuz en rendant Boullongne et les fortz par eulx occupez tant deca que en Escosse
avecques quictance de toutes debtes et pensions, et cent cinquante
mille escuz pour rendre ledict Boullongne et les fortz adjacens, demourans le Roy d'Angleterre et moy chacun en ses droictz et pretensions a cause des traictez v^{c}xxv et xxvij, je suis contant, affin que l'on
veoye qu'il ne tient pas a moy que la paix ne se face, si vous veriez
qu'ilz ne s'en contentassent et qu'il ne tint que a cent mille escuz
davantaige que les choses ne se parachevassent, que vous la leur
accordiez en l'un et l'autre desdictz deux cas, qui seront quatre cens
mille escuz pour le premier ou deux cens cinquante mille pour le
second, qui me semble somme notable et de laquelle ilz se devront
raisonnablement contanter s'ilz ont envye de demourer en paix. Mais
aussy esse ma derniere resolucion avecques laquelle je continue et
perseivre au contenu des instructions que je vous ay faict bailler
lesquelles, quant au surplus, vous suivrez et observirez de poinct en
poinct sans passer aucunement oultre. Et considerez que, venant eulx
a vous parler du mariage dudict Roy d'Angleterre et de ma fille,
comme il est a presupposer qu'ilz feront, lequel ilz gardent pour la
bonne bouche, et si, prenant entre vous et eulx quelque conclusion
moyennant les troys cens mille escuz que je vous ay permis leur
accorder, en contemplacion d'icelluy et davantaige cinquante mille
escuz de pension a la vye de ma fille, ayant lesdictz Angloys lesdictes
sommes pour l'un et l'autre party ilz ne se trouverront gueres loing de
leur compte. Vous verrez ce qu'ilz auront recueilly de la depesche
qu'ilz ont faicte en Angleterre et selon ce qu'ilz vous respondront vous
comporterez envers eulx ainsi qu'il est contenu cydessus, leur remonstrant la grande utillite qu'ilz recevront de ceste paix, estans relevez
d'une si grande despence que de la garde dudict Boullongne, qui
ruyne et consume leur royaume et qui les tient et tiendra en perpetuelle
guerre et tourment. A quoy ilz se peuvent asseurer qu'il n'y aura
jamais cesse tant que j'aye recouvert ce qu'ilz m'occupent injustement
et ne scay s'ilz me trouveront tousiours dispose a leur en faire si bon
party, continuant de vostre part a leur tenir le mesme langaige que
vous avez tousiours faict et en la dexterite dont vous avez use jusques
icy, de quoy je demoure grandement contant, m'advertissant d'heure
a autre du success que prandra vostredict negociacion pour sur icelle
vous faire aussi scavoir ce que aurez affaire. Priant Dieu, messieurs,
vous avoir en sa saincte garde. Escript a Lorriz le xxiiij jour de fevrier
1549.

HENRY

De Laubespine.

47 *Henri II to La Rochepot, Coligny, Du Mortier and Bochetel. Ferrières, 2 March 1550*

registered copy: A.E.C.P., Angl. VIII, ff. 100v–104r

Messieurs, j'ay entendu par vostre lectre du vingtsixieme du passe[1] la responce que vous ont faicte les depputez Angloys sur ce qui estoit passe entre vous et eulx a vostre precedente negociacion et comme ilz se sont reduictz a l'une des deux ouvertures que vous leur aviez faictes de ma part; c'estascavoir laquelle ilz disent avoir este trouvee par leur Roy et son conseil beaucoup plus raisonnable et moins hazardeuse que l'autre, pour plusieurs raisons qui ont este beaucoup mieulx consider-ees en Angleterre qu'elles n'avoient este par iceulx depputez. Et fina-blement vous ont accorde de me rendre Boulongne et tous les fortz qu'ilz ont alentour et pareillement trois paces [*sic*] qu'ilz ont en Escosse, scavoir est: Donglas, Bourtierac et Ladres, retenans a eulx Roxbourg et Aymond[2] qu'ilz disent estre de leurs anciennes limites et frontieres, en leur paiant la somme de quatre cens mil escuz et comprendre les Escossois au traicte en la forme du dernier traicte, qui est, ainsi qu'ilz asseurent, le dernier poinct de leur puissance. Ce que j'ay tresbien considere et les bonnes et honnestes remonstrances dont vous avez use pour les mouvoir de venir a moindres et plus leigeres demandes, ou je suis seur que n'avez riens obmis. Aumoien de quoy, encores que je congnoisse bien la grande necessite ou ilz sont, laquelle ne peult faire esperer d'avoir d'eulx beaucoup meilleur marche, sy suis je neanmoins contant que vous leur faictes entendre de ma part que j'ay este merveilleusement aise d'entendre qu'ilz ayent trouve mes

---

[1] This dispatch is missing from the register. There is no dispatch from the English commisioners after 21 Feb. The most informative document here is the instruction of Edward VI to the English commissioners of *c*. 23 Feb. (Calig. E.iv, ff.276–81, orig.;218r-v, copy). The first part, in reply to letters of 20 Feb., specifies that: 1. the right to the pension was not to be abandoned, 2. 2 million crowns were to be demanded (400,000 in hand and the rest over three years), 3. Roxburgh and Eyemouth were not to be abandoned. The second part, in reply to letters of 21 Feb., agrees to accept the second French offer and, as for money, 'they shall advaunce the same sum[me as] hiegh as they can bring the Fre[nch] deputez to graunte'. Alvarotti, the Ferrarese ambassador, reported the terms in detail from Montargis on 2 Mar. Aumale had told his secretary that the English had stated their final terms: the question of the pension would be left in suspense since they wished to be on good terms with France. As for the arrears, if these were reduced to 800,000 crowns, they would be content with an immediate payment of 400,000 'et delli altri quattro milla Sua Ex. non gli ne disse altro'. They would then return Boulogne and all the forts, terms which Henri II 'lha trovata la megliore del mondo, et cosi questa matina ha spedito detto Andelot al forte con commissione alli di Sùa Maesta che appontino et erano accordio'. (Modena, A.S., Francia, B 27 fasc. 1).

[2] The English were under instruction to hold on to all places in Scotland but, if necessary, to give up Broughty Craig, Lauder and Dunglass as long as Roxburgh and Eyemouth could be held (cf. instructions of Jan., Calig. E.iv, f.285r). This was re-emphasized in the instructions of *c*.23 Feb. (*ibid.*, f.278r).

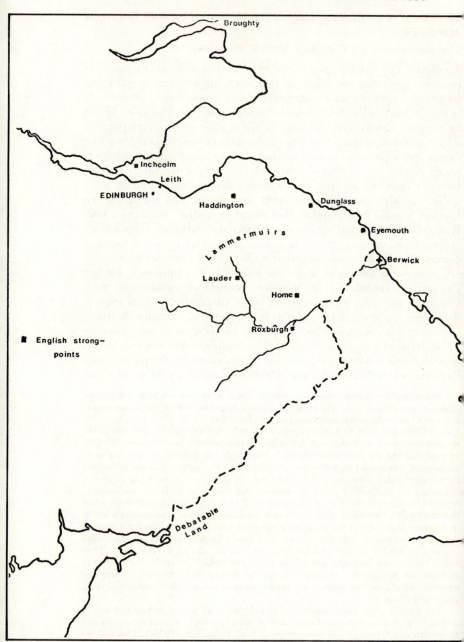

Map II The English position in Scotland, 1547–50.

ouvertures raisonnables comme procedans de prince qui desire la paix et le bien et repos d'eulx et de leur royaulme et de toute la Crestiente, de sorte que a la fin ilz soient condescenduz d'entendre a celle qu'ilz ont choisye, mais qu'il n'y auroit poinct de propos de demander si grande somme que desdictz iiij^{c}m escuz, de laquelle vous mettrez peyne de rabbatre ce que vous pourrez, leur remonstrant que toute la conte de Boulenoys acheptee a pris juste et commun ne vault pas ceste somme. Mais si vous ne pouvez mieulx pour achepter paix, accordez leur jusques ausdictz iiij^{c}m escuz, apres en toutefoys faict toutes les difficultez que vous pourrez et cherche tous moiens possibles pour en diminuer quelque partie, en me rendant par eulx ladicte ville de Boulongne et fortz d'alentour, les fortz et places par eulx prinses en Escosse depuis les dernieres guerres, en comprenant en ceste paix les Escossoys et le royaulme d'Escosse, demourants au surplus eulx en leurs droictz et pretencions et moy en mes deffences et exceptions, et que la dessus se face entre leur maistre et moy une bonne, ferme et perpetuelle paix, par laquelle nous demourions en repos, nous, noz royaulmes et subiectz, leur remonstrant que leurdict maistre tirera de cest accord et traicte de grandes utillitez dont eulx et ses autres ministres rapporteront fort grand honneur et recommandation de leurdict maistre quand il sera parvenu en aage de cognoissance, la premiere luy cessant la guerre tant du coste de France que d'Escosse il aura moien de reduire et contenir ses subiectz ala devotion et obeissance qu'ilz luy doibvent et composer au bien de sondict royaulme les divisions dont il est plain, procedans (comme il est croyable) des exactions, foulles et oppressions que la guerre les constraint y faire; l'autre, ilz tireront d'une ville seulle sans territoire et qui ne leur est que despence une bonne somme qu'ilz pourront approufficter pendant la minorite de leurdict Roy pour s'en ayder quand il sera en aage, et davantage, estant leurdict Roy pour s'en ayder quand il sera en aage, et davantage, estant leurdict Roy amy d'un tel prince que moy, il y en aura peu d'autres qui entrepreignent de la voulloir travailler ne molester sans une infinite d'autres commoditez que sondict royaulme et subiectz tireront de mondict royaulme et de mon amitye, que eulx mesmes entendent assez.

Quant aux fortz d'Escosse ou ilz font une exception, voullans retenir ceulx de Roxbourgh et Aymond, vous leur pourrez remonstrer la dessus qu'estimant ledict royaulme comme mien, il ne seroit raisonnable que je leur laissasse riens de ce qu'ilz ont prins depuis les dernieres guerres et que celluy de Bourtimerac qu'ilz offroient rendre ilz n'y ont plus riens, comme ilz scavent tresbien et a pires enseignes qu'ilz ne vouldroient, ainsi que vous avez veu par le double de la lectre d'Escosse que je vous ay dernierement envoyee. Aumoien de quoy, ne le pouvant rendre comme ilz offroient, vous avez juste raison de tendre a la diminution de la somme qu'ilz demandent, ou pour le moins qu'ilz rendent les deux qu'ilz voulloient comme dict est retenir, pour la reddition desquelz vous ferez tout ce que vous pourrez parce que, les ayans prins depuis les dernieres guerres, ilz ne peuvent par raison dire qu'ilz sont de leurs anciennes limittes. Et par ainsi, venans a traicter la dessus, d'autant que je ne suis pas asseure qu'ilz en soient ou non ne depuis quel temps elles ont este prinses, il fauldra que le traicte porte que lesdictes deux places de Roxbourg et Aymond me seroient rendues au cas qu'elles ayent este par eulx prinses depuis lesdictes dernieres guerres.

Et au regard de la comprehension des Escossoys,[1] je vous veulx recorder, messieurs, que la comprehension qui en fut faicte par le dernier traicte est si captieuse et si obscure que, a toutes les difficultez qui se sont offertes parcidevant, lesdictz Anglois ont tousiours trouve moien de coullourer leurs entreprises par les impetations qu'ilz ont faictes sur l'intelligence dudict traicte, car en premier lieu ledict traicte porte que, sans preiudice des traictez pretenduz par le feu Roy d'Angleterre et le feu Roy mon pere lesdictz Escossois sont comprins etc. Surquoy, lesdictz Angloys ont quelques foys dict que cela pour leur regard s'entendoit des traictez que eulx avoient avecques les Estatz d'Escosse, par lesquelz, entre aultres choses, le traicte de mariage du jeune Roy d'Angleterre et de ma fille la petite Royne d'Escosse avoit este accorde. Et autrefoys ont dict qu'il s'entendoit des traictez que eulx avoient avec l'Empereur, par lesquelz ledict Empereur et eulx ont tenuz lesdictz Escossois pour ennemys communs et ne les peuvent recevoir a traficquer en leurs pays sinon par saufconduictz particuliers. Oultre, porte ledict traicte que lesdictz Angloys ne pourront faire la guerre ausdictz Escossoys sinon qu'ilz en ayent donne nouvelle occasion, auquel cas ladicte comprehension s'entendra selon les termes du traicte faict a More etc. Tous lesquelz termes sont si generaulx, si obscure et subiectz a tant d'impetations que l'on n'en scauroit tirer aucune asseurance ne bonne construction. Et partant, est besoing que vous remonstriez ausdictz depputez Angloys que pour obvier a tous ces troubles je desire, suivant ce que eulx mesmes vous ont desia dict, que, les comprenans, ilz ne leur mouveront poinct la guerre, que l'article de la comprehension que vous en ferez en ce traicte porte pour moins en termes clers et entendibles que lesdictz Escossais sont comprins en ceste presente paix, contre lesquelz ledict

---

[1] The English instructions of Jan. had used the ploy that, as the Scots were at war with the emperor, their comprehension would have to include a clause requiring that the Scots' differences with the emperor would have to be arbitrated by the English (Calig. E.iv, f.285r). The instruction of c.23 Feb. repeats this point (ibid. f.277v). The crucial 'addicion' is damaged at this point but does seem to specify that any comprehension of the Scots should reserve the former treaties between Henry VIII and the Scots (ibid., f.280r).

Roy d'Angleterre ne pourra mouvoir la guerre ne faire aucune invasion audict pays d'Escosse par voye d'offension, et au cas qu'ilz fussent envahie en leurdict pays par icelluy Roy, les pourray secourir de toutes mes forces et puissances.

Vous aurez aussi souvenance, messieurs, si vous venez a tumber d'accord, de faire que vostre traicte porte que la somme qui leur sera par vous accordee ce a este pour et en contemplation des fortifficacions et meliorations qu'ilz ont faictes tant en ladicte ville que havre de Boulongne, fortz de la Tour d'Ordre et de Paradis[1] et fortz qu'ilz rendront en Escosse et aussi d'artillerie, pouldres et boulletz et autres munitions du guerre et de vivres esditz lieux, lesquelz j'entens estre compris en la restitution d'iceulx avecques clause expresse que, du jour de la conclusion d'icelluy traicte, ilz ne pourront transporter hors desdictes places aucunes desdictes munitions tant de guerre que de vivres. Et pour autant que j'entends que par ce mesme traicte soit arrestee la forme de la restitution desdictz lieux, de sorte qu'il n'y faille plus retourner, car le plustost que le pourray avoir Boullongne me semble le meilleur pour mon service. Vous leur accorderez que la moictye de la somme qui leur sera par vous promise sera asseuree par lectres de banque en forme de deppost pour estre fournye incontinent et promptement ladicte restitution faicte. Et au surplus, prendrez le plus long terme que vous pourrez dont toutesfois leur sera desapresent baille pareille seurte par lectres de banque, qui est, comme il me semble, le plus asseure moien de brief expedient. Toutesfoys, s'ilz en scavent quelque autre et ilz le vous veullent mettre en avant, je trouve bon que vous y entendiez pourveu qu'il y aict mesme et aussi seur effect. Vous advisant, messieurs, que a toutes adventures et pour gaigner temps, je fais presentement une depesche a Lyon pour scavoir comme lesdictes lectres de banque se pourront dresser seurement tant pour ledict Roy d'Angleterre que pour moy et aussi pour entendre si les banquiers audict Lion auront moien d'asseurer la somme par lectres de bancque dedans la ville de Londres ou es Pais Bas de l'Empereur et, la responce ouye, je la vous feray entendre. Ce pendant, vous scaurez desdictz depputez Angloys s'ilz se contenteront desdictes lectres de banque et si, en leur fournissant, ilz vouldront pas procedder incontinent ala reelle et actuelle delivrance de ladicte ville et fortz dessusdictes pour m'en advertir incontinent.

Voyla, messieurs, ce que je desire faire avecques lesdictz Angloys et comme je vouldroys que le traicte se passast avecques eulx, ou je ne trouve pas grande difficulte puis que m'eslargis jusques a la somme qu'ilz demandent. Toutesfoys, pource que je veulx bien que ce marche ne m'eschappe poinct puis que l'on en est quicte pour de l'argent, s'ilz s'oppiniastrent a ceste comprehension desdictz Escossois pour ne

[1] See above, note to no. **32 i.**

l'accorder sinon ainsi que par le dernier traicte, vous ferez a tout le moins qu'il y aict qu'ilz ne leur pourront faire la guerre sinon qu'ilz leur en eussent donne nouvelle et juste occasion et que je les pourray en tous cas deffendre de toutes mes forces comme royaulme qui est a ma protection et que j'estime comme mien, et aussi que, desdictz deux fortz qu'ilz veullent retenir audict pays d'Escosse, ilz me laissent celluy des deux que je vouldray choisir au lieu de celluy dudict Bourtimerac qu'ilz offrent comme dict est. Et quand il ne tiendroit que a cela que ne tombissions d'accord, plustost que rompre, apres avoir tenu bon jusques au bout pour la reddition desdictz deux fortz, vous le leur pourrez accorder ainsi qu'ilz la demandent. Et au regard des Isles d'Origny et Serq, s'ilz ne vous en parlent poinct, laissez cela ainsi qu'il est, car j'estime autant l'un que l'autre et ne vault ceste difficulte le debattre, car s'ilz gardent bien ledict Origny je feray le semblable dudict Serq.[1]

Au demourant, vous scavez l'adventage qu'ilz y a a mettre la main ala plume, aumoien de quoy faittes ce que vous pourrez pour dresser vous mesmes le traicte. Et si eulx le voulloient faire, ne laissez pour cela d'en faire ung de vostre coste affin de conferer apres article sur article au leur pour eviter toutes surprinses et captieusetez et ne tomber poinct es erreurs passees. Le demourant, je le remectz a voz discretions qui avez si bien faict jusques icy que j'en ay grand contentement et pource que je desire que l'execution du traicte que vous accorderez soit accomply au plustost que faire se pourra affin de recouvrer incontinent ma ville de Boulongne et fortz dessusdictz, vous leur accorderez fournir de ma part dedans deux moys suivant ledict traicte ou plus tost si faire se peult la seurete de leur paiement tel qui sera convenu entre vous. Priant Dieu, messieurs, vous avoir en sa saincte garde. Escript a Ferrieres le deuxiesme jour de mars 1549.

48 *Mémoire to Andelot[2] of what he is to say to the king on behalf of his deputies at the Oultreau fort. 6 March 1550*

> original: B.N., fr. 6616, ff.149–50
> registered copy: A.E.C.P., Angl. II, ff.288v–290r
> printed: Rosny, 'Documents', no.65

Memoire au sieur d'Andelot de ce qu'il aura a dire au Roy de la part de ses depputez estans au fort d'Oultreau.

Premierement luy dira que, apres avoir faict aux depputez

[1] The English government was at one with the French here in its desire not to allow the dispute over Alderney and Sark to disrupt negotiations (Calig. E.iv, f.283r, collated with a copy made by Burnet, *History of the Reformation*, ed. N. Pocock (Oxford, 1865), v. 302–4).

[2] François de Coligny, sieur d'Andelot, brother of Gaspard de Coligny and at this time a regular messenger between his brother and the court.

d'Angleterre les remonstances contenues en la lectre que ledict seigneur nous a dernierement escripte et toutes autres que avons estime a
ce pertinentes et convenables, neantmoins ilz ne se sont jamais voullu
departir de leur derniere resolution ne d'icelle rabatre aucune chose,
les ayans trouve a ceste derniere assemblee plus durs et entiers que
n'avions encores faict.

Parquoy et pour aucunes considerations que avons dictes audict
sieur d'Andelot et sur tout pour la craincte que avons eue que par
quelque inconvenient intervint rompture, estans toutes choses futures
en incertitude et dangier, pensant aussi la grandeur et consequence de
l'affaire, nous nous sommes finablement resoluz a prandre et accepter
leur offre.

Et sur cela, pour entrer en matiere et scavoir comme ilz entendoient
nous rendre Boullongne et les fortz dont il est question, nous leur avons
clairement declare que nous les voullions recouvrer au mesme estat et
fortiffication qu'ilz sont et avecques l'artillerie, pouldre, boulletz et
autres monicions de guerre qui de present sont esdictz lieux et aussi
des vivres qui se trouverront y estre lors que la delivrance s'en fera,
sans en faire aucune demolicion, renniement ne transport.

A quoy ilz ont respondu qu'ilz nous les rendroient au mesme estat
et fortiffication qu'ilz sont de present, mais quant a l'artillerie et
monicions du guerre qu'ilz ne le feroient pour rien de ce monde et
plustost prendroient la vye que d'y consentir et seroient plustost
d'advis rendre Boullongne simplement et sans argent, car, en rendant
ladicte artillerie et monicions de guerre, il sembleroit qu'ilz seroient
du tout abaissez et desconffiz.[1]

A cela, leur a este respondu que nous estions doncques bien loing
d'accorder pource que le Roy n'entendoit aucunement traicter sans
avoir lesdictes artillerie et monicions et estoient lesdictes monicions et
aussi les fortiffications des places la cause pour laquelle en fin ledict
seigneur se voulloit estendre jusques a la somme de quatre cens mille
escuz.

Et quant a ce qu'ilz alleguoient que ce leur seroit honte et reproche
de laisser et habandonner leur artillerie et que c'estoit chose contre
leur honneur et non accoustume d'estre faicte, nous allegant pour
exemple la reddition de la ville et chastel de Tournay, leur a este
respondu que le delaissement deladicte artillerie et monicions de
guerre n'estoit comme d'une ville estant par siege ou par force rendue
mais par traicte et accord de paix et amytie, par lequel se peult
honnorablement convenir de toutes choses et mesmement que la
grande somme dont il estoit question meritoit bien encores dadvan-

---

[1] The English instructions of 4 Mar. in no sense envisaged the handing over of artillery
and, in fact, expected the artillery to be withdrawn (Calig. E.iv, f.283r).

taige que cela, et qu'il estoit plus raisonnable l'employer a cest effect que en l'achapt et recouvrement de l'heritage qu'il nous appartenoit et que s'ilz ne voulloient y entendre il n'estoit plus besoing de perdre temps.

Lesdictz depputez a cella nous ont tous dict qu'ilz offreroient plus-tost leurs gorges au cousteau que de conseiller une si honteuse chose et neantmoins que, nous voyant aussi fermes et arrestez en cela, ilz ont dict que, pour la conservacion de l'honneur des deux costez, il seroit encores plus raisonnable de parler de rendre avecques Boullongne l'artillerie qui y fut trouvee ou au lieu d'icelle, s'il y en avoit desgaree ou rompue, autres pieces de pareil calibre et estimacion, combien que ce seroit chose dont ilz n'en feroient traicter que premier ilz n'en eussent escript et que cest article demouroit de par eulx non accorde ne reffuse.

Et voyant que lesdictz depputez se resouloient d'escripre et envoyer audict Roy leur maistre et a son conseil, nous leur avons dict et remonstre que, puis qu'ilz y voulloient envoyer, affin d'abreger et de ne faire plus autres voyages, il failloit tout d'une venue regarder et arrester et accorder les principaulx articles dont nous avions a traicter, ce qu'ilz ont trouve bon et nous ont prie en dresser quelque memoire a quoy nous avons promptement satisfaict, duquel ledict sieur d'Andelot en porte le coppie.

Et ne fauldra a remonstrer ledict sieur d'Andelot comme nous perseverons a demander et faire toute instance pour recouvrer avec-ques lesdictes places toute l'artillerie et autres monicions de guerre y estans et toutesfois dira que nous n'estimons poinct que lesdictz dep-putez se accordent jamais. Bien esperons que en fin ilz nous pourront accorder rendre l'artillerie qu'ilz trouverent audict Boullongne ou autres semblables pieces et en pareil nombre.

Item, nous renvoyera ledict s^r d'Andelot la resolucion qu'il plaira au Roy prandre, tant sur le present memoire que sur la coppie des articles qui luy ont este baillez affin de suivre la dessus le bon voulloir et intencion dudict seigneur.

Faict au fort d'Oultreau le vj^me jour de mars 1549

LA ROCHEPOT

CHASTILLON   A. GUILLART   BOCHETEL

Endorsed: Memoire apporte par monsieur d'Andelot du vij^e mars 1549

49 *La Rochepot to François de Guise (Aumale). Oultreau, 7 March 1550*

original: B.N., fr. 20537, f.3

Monseigneur, j'ay cejourd'huy receu la lettre qu'il vous a pleu m'escripre de Montargis le dernier jour du mois passe et ay este bien aise d'avoir entendu que vous vous portez mieulx que n'avez faict ses jours passez, dont je loue Dieu et luy supplye qu'il luy plaise augmenter vostre sancte de bien en mieulx, vous advisant, monseigneur, que n'avez serviteur qui la desire meilleure que moy ou qui de meilleur coeur se voulsist employer pour vous faire service. Au surplus, monseigneur, j'ay veu par vostredicte lettre comme le tresorier des advitaillement et repparacions de ce pays de Picardye[1] vous a dict et certiffye en la presence de messeigneurs du conseil qu'il y avoit plus de quinze jours qu'il y avoit pourveu a la partie de monsieur de Rasse,[2] de quoy n'ay encores rien entendu de son commis estant pardeca, lequel je feray venir vers moy pour scavoir dont en vient la faulte. Au demeurant, monseigneur, je ne vous escripray rien du faict de nostre assemblee et negociacion, par ce que verrez par la lettre commune que messeigneurs les deputtez et moy faisons au Roy comme toutes choses sont succedees jusques a present. Aussi, que monsieur d'Andelot, present porteur, vous en scaura nostre bon compte. J'espere que nous en eurons telle yssue que ledict Seigneur le desire.[3]

50 *Reply of Henri II to the memoire brought by Andelot. Fontainebleau, 9 March 1550*

original: B.N., fr. 3062, f.168
registered copy: A.E.C.P., Angl. II, ff.290r–292r

Le Roy, aiant par le sieur d'Andelot entendu ce qui est passe entre ses depputez et ceulx du Roy d'Angleterre a l'assemblee faicte entre eulx le sixiesme jour de ce present moys sur le faict de la negociation de la paix, dont ledict sieur d'Andelot luy a sceu rendre bon compte par le menu, suivant le memoire qui luy en avoit este par eulx baille, a advise le renvoyer devers eulx pour leur faire entendre qu'il a trouve tresbon qu'ilz ayent debatu ainsi exactement toutes choses, sachant que c'est le moien le plus expedient de les faire venir au poinct de la raison et que finablement, n'ayant peu mieulx faire, ilz leur ayent accorde les quartre cens mil escuz ainsi que leur avoit dernierement mande faire.

Semblablement, a trouve icelluy seigneur bon que sesdictz depputez

---

[1] Odet de Baillon in 1551 (B.N., Coll. de Picardie, 31,f.277).

[2] Louis de Saint-Simon, sieur de Râches (or Rasse), governor of Hesdin.

[3] Cf. also a letter of Coligny's to Aumale, Oultreau, 6 Mar. 1550, credence for sieur Paule (B.N., fr.20461,f.161).

aient baille par escript ausdictz depputez Anglois les principaulx articles sur lesquelz il fault traicter affin que, envoyant iceulx Anglois en Angleterre, ilz en peussent tout par ung moien avoir resolution de leur Roy et de son conseil pour tousiours gaigner temps et abreger ceste negociation, qui est la chose que le Roy desire le plus pour beaucoup de raisons qui ont este dictes de bouche audict sieur d'Andelot.

Et pour autant qu'il a semble audict seigneur par la responce que ont faicte lesdictz Anglois a sesdictz depputez quand ilz leur ont dict que le Roy voulloit avoir Boullongne et les fortz dont est question au mesme estat et fortiffication qu'ilz sont avecques l'artillerye, pouldres, boulletz et autres munitions de guerre qui de present sont esdictz lieux et aussi les vivres qui se trouveront y estre lors dela delivrance qui s'en fera, que iceulx Anglois s'accorderont difficillement a y laisser ladicte artillerie, dira a iceulx depputez qu'il sera content s'ilz ne peuvent mieulx faire que, quant et [sic] ledict Boulongne, lesdictz Angloys rendent seullement l'artillerye qui y fut trouvee lors et au temps dela prise d'icelle ville ou au lieu d'icelle, s'il y en avoit desgaree ou rompue, autres pieces de pareil calibre et estimacion, suivant l'ouverture que eulx mesmes en ont faicte. Et oultre ce, feront neanmoins sesdictz depputez instance que lesdictz Angloys y delaissent les pouldres, boulletz et autres munitions de guerre dela delivrance qui s'en fera en vertu du traicte de paix.

Toutesfoys, s'ilz s'obstinoient de ne rendre fors l'artillerye qui y fut trouvee lors de ladicte prinse ou pareil nombre comme dict est cydessus, ilz ne laissent pour cela de passer oultre. Ce pendant on scaura au vray des controlleur, tresorier et aultres officiers de l'artilerye combien il y en avoyt et en seront advertis lesdictz sieurs depputez.

Quant aux places de Roxbourg et Aymond que lesdictz Angloys veullent retenir en Escosse, pretendans qu'elles sont de leurs anciens lymittes et frontiere, leur dira que s'ilz ne peuvent a toutlemoins obtenir desdictz Angloys qu'elles soient razees, que pour cela ilz ne laissent aussi de traicter, ne voullant par icelluy seigneur que pour si peu de chose ung si bon oeuvre demeure imperfaict.[1]

Audemeurant, fera icelluy sieur d'Andelot entendre ausdictz sieurs depputez que le Roy a aussi trouve tresbon le surplus desdictz articles par eulx baillez ausdictz Angloys et desiroit bien qu'ilz se contentassent d'accepter les conditions du paiement desdictz quatre cens mil escuz ainsi que le contiennent lesdictz articles. Toutesfoys, pource que

---

[1] The English had been instructed on 4 Mar. that they should strive to retain Roxburgh and Eyemouth, even to the point of breaking off negotiations for a day, but should, if necessary, consent in the end to the dismantlement of all the forts, with a proviso against any refortification (Calig. E.iv, f.282r). A modified form of this proposal was agreed in the treaty.

l'on pourra tumber en differand d'une part et d'autre tant sur les termes dudict paiement que sur la seurete qu'il convient estre baillee a chacun des contractans pour l'accomplissement de ce qui aura este par eulx respectivement promis, veult bien qu'ilz sachent sur ce son intencion, qui est qu'il ne sera content quant ausdictz termes de paiement si lesdictz Angloys ne s'accordoient a ceulx qui leur ont este comme dict est proposez par lesdictz articles et qu'ilz voulsissent estre paiez a une seulle foys, que sesdictz depputez leur promectent et accordent le paiement entier desdictz quatre cens mil escuz a ung seul terme et paiement par le moien des bancquiers en la ville de Londres ou Callais, suivant le contenu esdictz articles et ce dedans ung moys a tous les bons poinctz et aisemens du Roy, lequel moys commencera du jour de la ratiffication du traicte.

S'il advient que lesdictz depputez Angloys mectent en avant que pour la seurete d'icelluy traicte il fault qu'ilz soient saisis de la certiffication du Roy mentionee en iceulx articles devant que delivrer ladicte ville de Boulongne et fortz et que, faisant autrement, il seroit en la puissance dudict seigneur les frustrer du paiement desdictz quatre cens mil escuz, leur reffusant bailler la susdicte certiffication, en ce cas ledict seigneur Roy entend que lesdictz depputez puissent adjouster ausdictz articles que, faisant deuement apparoir par les depputez Angloys comme ladicte ville et fortz de Boullenoys seront es mains et puissance du Roy, lesdictz bancquiers respondans et obligez puissent et soient tenuz fournir et bailler audict Roy d'Angleterre ou ses depputez les sommes de deniers telles et aux termes qu'il sera convenu par ledict traicte encores que icelluy Roy d'Angleterre ne fournist dela certification du Roy.

Pource que l'on n'est encores certain sy lesdictz Anglois accepteront et trouveront bonne l'ouverture quy leur a este faicte pour ledict paiement par le moien de bancquiers, a este dict de bouche audict sieur d'Andelot l'intencion du Roy sur les autres moiens tant des Venitiens que d'hostages dont l'on se remect a sa suffisance et des autres choses deppendans de ceste negociation, laquelle ledict seigneur Roy aura a singulier plaisir veoir sortir le plus prompt effect que faire se pourra et desireroit bien que sans plus renvoyer devers luy, il se peust prendre une bonne et finalle conclusion, s'asseurant tant dela prudence et discretion de sesdictz depputez instruictz de son intencion comme ilz sont, qu'ilz ne feront marche qui ne soit grandement a son advantage et qu'ilz ne mectent toutes les herbes de la sainct Jehan pour la seurete requise al'endroict de gens dont il ne veult prendre autre fiance que les effectz de ce qu'ilz promectent.

Faict a Fontainebleau le neufiesme jour de mars m v^c quaranteneuf[1]

[1] Guidotti had also sent a letter to Du Perron describing the state of negotiations which came into the hands of the Ferrarese ambassador, who adds: 'et su questo fu

51 *Memoire to Andelot of what he is to say to the king on behalf of his deputies at the Oultreau fort. 16 March 1550*

original: B.N., fr. 6611, ff.12–16
registered copy: A.E.C.P., Angl. II, ff.292r–294v, 366r

Memoire au sieur d'Andelot de ce qu'il aura a dire au Roy de par ses depputez au fort d'Oultreau.

Et premierement

Dira que le quatorziesme de ce present mays les deleguez d'une part et d'autre se trouverent au lieu accoustume ou ilz prisrent finalle conclusion sur tous les articles dont ilz avoient a traicter telle qu'on pourra veoir par le double du traicte qui a este baille audict sieur d'Andelot. Et n'a este besoing d'entrer en grand dispute de prendre la plume pour avoir l'advantage de dresser ledict traicte, car apres ladicte conclusion, les depputez d'Angleterre ont faict cest honneur ala compaignie de prier le sieur Du Mortier de rediger ledict traicte en latin, et n'ont jamais mis la main ala plume a quelque lectre, memoyre ne autre chose deppendant de ceste negociation. Toutesfoys, apres que ladicte traicte a este dresse et qu'il leur a este leu, y ayant este observe legallement et de bonne foy l'expression fidelle des choses comme elles avoient este convenues et accordees, ilz ont tasche d'y adjouster et changer plusieurs choses, a quoy on a resiste fors, en quelques motz assez barbares, lesquelz pour n'estre d'importance on a este content de laisser passer pour (en ce qu'ilz ont estime estre quelque chose et vous rien) aucunement leur complaire.

Quant au premier, second et tiers articles, ce sont choses communes et generalles tant en faveur d'un pays que autre et pour la liberte et seurete du trafic de marchandise telz qu'on a acoustume les mettre es autres traictez.

L'on estime que incontinant que les hostages se bailleront les Angloys prendront a grand plaisir de rendre Boullongne pour se rellever de frais.[a]

Le quatriesme faict mention de la redition de Boulongne, port et fortz de Boullenoys, prins, construictz et fortiffiez audict pais et comte depuis les dernieres guerres commencees entre le feu Roy et le feu Roy d'Angleterre, lesquelz le Roy d'Angleterre qui a present est tient et occupe audict pays, par lequel est convenu de rendre lesdictz lieux

---

[a] *Marginal note, evidently added before dispatch, as is indicated by its presence in the registered copy*

---

spedito Andelot per intendere la voluntà del Re, il quale, per quanto il S. Ludovico Biraga ha detto al secretario de Venetia, ha rimandato Andelot che parti hieri di sera con ordine che si contenta che la cose passa cosi' (Alvarotti to Ercole II, Fontainebleau, 10 Mar. 1550, Modena, A.S., Francia, B 27, fasc.1).

dedans six sepmaines a compter du jour du traicte en tel estat, fortiffication et melioration qu'ilz sont de present sans dol ne fraulde,
avecques toute l'artillerye, pouldres, boulletz, mortiers et autres
munitions de guerre qui estoient esdictz lieux lors qu'ilz vindrent
en la puissance dudict feu Roy d'Angleterre fors que, s'il s'en
trouve de perdues, gastees ou faictes inutilles, ledict Roy d'Angleterre
en rendera et restablira d'autres pareilles de semblable mattiere,
qualibre, bonte et nombre avecques toutes les munitions de vivres
qui seront trouvez esdictz lieux lors qu'ilz parviendront es mains du
Roy.

Le cinquiesme contient que, en deliverant ledict Boulongne et fortz
comme il est contenu au precedent article, en consideration desdictes
fortiffications meliorations et despences faictes par les Roys
d'Angleterre et pour le recouvrement de l'artillerie et munitions que
dessus, le Roy sera tenu paier au Roy d'Angleterre quatre cens mil
escuz au soleil, du poix, pris, bonte et estimation qu'ilz sont et ont de
present cours en France, paiables a Calais, scavoir est: deux cens mil
escuz incontinant apres ladicte delivrance de Boulongne etc., ou a
tout le moins dedans troys jours apres, et l'autre moictye de ladicte
somme dedans le jour de nostre Dame de la my aoust prochain au
mesme lieu de Calais.

Le sixiesme contient que, pour la seurete des deux princes, scavoir
est, quant ala part du Roy pour le recouvrement de Boulongne etc. et
pour le regard dudict Roy l'Angleterre pour la delivrance deladicte
somme, se bailleront six hostages de chacun coste dedans le jour de
Pasques qui seront denommez audict traicte.

Le sieur d'Andelot apportera la certitude du jour que les hostages
se debveront trouver a Ardres.[a]

Le septiesme contient que dedans ledict jour de Pasques lesdictz
Roys accorderont certain jour pour faire trouver d'une part et d'aultre
lesdictz hostages, scavoir est: ceulx dela part du Roy a Ardres et ceulx
de la part du Roy d'Angleterre a Guysnes. Et lesquelz hostages sur
lesdictz lieux conviendront ensemble a certain jour, heure et nombre
et pareille compagnie sur les limittes de chacun des deux costez, auquel
endroict les hostages baillez par le Roy s'en yront avecques la compagnye desdictz Angloys et les hostages Angloys avec la compagnye
desdictz Francoys.

Le huictiesme contient que, incontinant que ledict Roy
d'Angleterre aura rendu ledict Boulongne etc. le Roy sera tenu de
mettre en liberte lesdictz hostages Angloys.

Le neufiesme contient que, en paiant par le Roy la premiere moictye
de ladicte somme de iiij^cm escuz audict Calais, ledict Roy d'Angleterre

sera tenu mettre aussi en liberte troys desdictz six hostages Francoys telz qu'il plairra au Roy choisir.

Le dixiesme contient que ledict Roy d'Angleterre'sera aussi tenu de mettre en liberte les troys autres hostages Francoys en luy paiant l'autre derniere moictye desdictz iiij^{c}m escuz.

Le unziesme contient que les chasteaulx et fortresses de Donglas et Ladres en Escosse seront renduz ala Royne d'Escosse avecques l'artillerye et munitions de guerre y estans pour la tuition et deffence desdictz lieux excepte l'artillerye qui y a este retiree du lieu de Adington, la restitution desquelles places se fera le plustost que commodement faire se pourra et avant que ladicte derniere moictye desdictz iiij^{c}m escuz soit payee. En rendant lesquelz lieux, les Angloys y estans pourront seurement et librement se retirer en Angleterre avec leur bagage et ladicte artillerye dudict lieu d'Adington.

Le douziesme contient que si davanture lesdictz lieux du Donglas et Ladres n'estoient plus en la puissance du Roy d'Angleterre que, en ce cas, il sera quicte de la promesse qu'il a faict de les rendre, mais en recompense de ce sera tenu faire desmolir et raser les places de Roxbourg et Aymond dedans etc. Auquel cas, ne sera permis audict Roy d'Angleterre, au Roy ny a la Royne d'Escosse restaurer ou reediffier lesdictz lieux de Roxbourg et Aymond et aussi, au cas que ledict Roy d'Angleterre rende et restitue lesdictes places de Donglas et Ladres comme il est oblige, ce neanmoins il sera tenu de faire demolir et raser lesdictes places de Roxbourg et Aymond sy ladicte Royne d'Escosse veult et faict desmolir et abbatre lesdictz places de Donglas et Ladres. Et en ce cas, ne sera aussi permis ausdict Roy d'Angleterre, au Roy ny aladicte Royne d'Escosse, leurs hoirs et successeurs restaurer ou reediffier lesdictz lieux de Roxbourg et Aymond.

Le treiziesme contient la comprehension audict traicte de ladicte Royne et royaulme d'Escosse comme confederez du Roy, lesquelz ledict Roy d'Angleterre ne pourra invahir ne leur mouvoir guerre s'il ne luy en est donne par les Escossoys nouvelle et juste occasion. Et sera tenue ladicte Royne d'Escosse certiffier ledict Roy d'Angleterre dedans quarante jours dela dacte du traicte par ses lectres patentes soubz le grand sceau d'Escosse, comme elle aura pour agreable la presente comprehension et le surplus de ce qui est convenu audict traicte pour le regard d'elle et dudict royaulme d'Escosse. Toutes lesquelles choses et chacunes d'icelles sont convenues et accordees en ce present traicte soubz les reservations audict Roy d'Angleterre et ses successeurs de tous ses autres droictz, actions, demandes et pretensions par luy pretendues tant contre le Roy que contre ladicte Royne d'Escosse, reserve aussi au Roy et aladicte Royne et royaulme d'Escosse tous leurs droictz, pretensions, deffences et exceptions au contraire. Est aussi comprins audict traicte de paix de la part du Roy, Charles Cinquiesme

Empereur etc. et pour la part dudict Roy d'Angleterre y est aussi comprins ledict Empereur suivant la forme des precedans traictez.[1]

Le quatorziesme article contient que, si aucune chose estoit faicte ou attemptee contre les conventions de ce present traicte soit par terre ou eaue doulce par ung vassal subiect ou allie de l'un desdictz deux princes, ce neanmoins la presente paix et amytie demourera en sa force et vertu, et seront seullement pugniz les coulpables et non autres.

Le quinziesme contient que lesdictz Roys ratiffieront et confirmeront le present traicte dedans quarante jours de la dacte du traicte. Et pour cest effect bailleront leurs lectres de ratiffication et oultre jureront solonellement l'observation deladicte paix en la forme acoustume.

Les choses que dessus remonstrees par ledict sieur d'Andelot, il dira au Roy comme les depputez d'Angleterre ont mis en avant a ses depputez qu'il estoit convenable, pour l'entretenement deladicte paix, envoyer le plustost que faire se pourra ambassadeurs d'une part et d'autre. A quoy il plaira au Roy adviser de la sienne, parce que lesdictz depputez d'Angleterre ont ja escript au conseil du Roy leur maistre de pourveoir a cela.

Fera aussi entendre qu'il sera de besoing envoyer en Angleterre pour retirer la confirmation du Roy d'Angleterre et recevoir et accepter l'acte du serment qu'il fera. A quoy, il plairra pareillement audict sieur adviser.

Scaura aussi du Roy si, incontinent que ledict traicte sera signe et selle et delivre d'une part et d'autre, il entend pas qu'on face publier la paix en toute ceste frontiere.

Ledict sieur d'Andelot scaura aussi dudict seigneur ce qu'il luy plaist que sesdictz depputez facent incontinent apres l'expedition dudict traicte.

Item baillera au Roy le memoyre que les depputez d'Angleterre ont baille tant des hostages qu'ilz veullent bailler que de ceulx qu'ilz demandent. Surquoy il apportera la resolution du Roy parce qu'il fault qu'ilz soient denommez au traicte.

Faict au fort d'Oultreau le seiziesme jour de mars l'an mil cinq cens quaranteneuf.[2]

(signe) DE MONTMORANCY

DE COULLIGNY   GUILLART et BOCHETEL

---

[1] It will be seen here that the French had managed to insert the specific proviso against further English invasions of Scotland but had not managed to have their right to intervene written in. The English had succeeded in preserving their rights and claims in Scotland based on earlier treaties but the problem of the emperor's relationship with Scotland was, it seems, deliberately left vague.

[2] On the same day, Mason was sent over to England with an identical outline of terms. He was due back on the 23rd (Alvarotti to Ercole II, Melun, 21 Mar. 1550, Modens, A.S., Francia B 27, fasc.1.)

52 *Henri II to La Rochepot, Coligny, Du Mortier and Bochetel. Vallery, 19 March 1550*

original: B.N., fr. 3134, ff.5–6

Messieurs, hyer arriva en ce lieu pardevers moy le sieur d'Andelot avecques les lettres que m'avez escriptes du xvj^e de ce moys et les articles par vous arrestez avecques les depputez Angloys pour le faict de la paix d'entre le Roy d'Angleterre et moy, lesquelz, apres avoir bien veuz et entenduz et communiquez aux gens de mon conseil estans aupres de moy, j'ay trouvez si bons, si sainctz et tant adventaigeulx non seullement pour mon royaulme et subgectz mais aussi pour le regard d'Escosse que j'ay tresgrande et juste occasion de m'en contanter et de la dexterite, prudence et saige conduicte que vous avez employee en ceste negociacion puisque l'yssue en a este telle et si honnorable. Et loue Dieu de la grace qu'il luy a pleu me faire de m'avoir prepare ce repos a mon peuple avecques tel honneur et reputacion qui rendondera si luy plaist a sa louange et exaltation de son nom, le remerciant aussi de tresbon cueur de m'avoir donne de si bons et prevoyans ministres que vous avez este et que je vous ay cogneuz en tous voz depportementz de cestedicte negociacion, ce que je n'oublieray jamays.

Or, pour vous satisfaire aux poinctz dont vous desirez sur ce traicte scavoir mon intencion: je vous advise que je l'ay tresgreable et vous renvoye lesdictz articles signez de ma main, sur lesquelz je veulx et trouve bon que vous les passiez et arrestiez et signez ainsi. Et le faciez mectre en la forme qu'il doibt demourer pour estre apres confirme, ratiffie et jure par ledict Roy d'Angleterre et moy respectivement au temps et ainsi qu'il est contenu esdictz articles, m'asseurant aussi que la Royne d'Escosse, madame ma bonne seur, et le gouverneur et conseil de la ne l'auront moins gre que moy. Et pour avoir la certifficacion d'elle dont ledict traicte faict mention et resouldre sur la demolition des places de Ladres et Donglas, je depesche presentement ung gentilhomme pour aller en dilligence en Escosse,[1] lequel je feray passer devers vous, affin d'estre plusamplement instruict pour dela s'achemyner par le pais d'Angleterre jusques vers ladicte dame a ce qu'il soit tant plustost pardela sans se fyer en l'incertitude de la mer, ce que vous ferez entendre ausdictz depputez Angloys pour obtenir d'eulx seur acces et passaige pour ledict gentilhomme par ledict royaulme d'Angleterre. Vous les pourrez aussi advertir que je suis apres a choisir personnaige de la qualite requise a l'entretenement de l'amytie d'entre leur m^e et moy pour l'envoyer aupres de luy mon ambassadeur et la dessus mectrez peine de sentir d'eulx de quelle

---

[1] Probably the sieur de Fumel. Cf. the instructions to him of 30 Mar.

qualite sera le leur affin de m'en advertir incontinant. J'ay semblablement advise, messieurs, qu'estans ja portez sur le lieu comme vous estez, vous, mon cousin de la Rochepot, demouriez la au lieu apropoz a pourveoir aux choses necessaires et vous, mon cousin de Chastillon et sieurs Du Mortier et de Sassy, vous teniez prestz pour passer en Angleterre porter ma ratifficacion dudict traicte et recevoir celle dudict Roy d'Angleterre et l'acte de son serment ainsi qu'il est accoustume.[1] Et pour vostre passaige, vous ayderez des vaisseaulx dont a charge le chevalier de Villegaignon, auquel j'escriptz les preparer en toute dilligence et faire en cella ce qui luy sera ordonne par mesdictz cousins de La Rochepot et de Chastillon. Au moyen de quoy, vous scaurez desdictz depputez Angloys qui seront ceulx d'entre eulx qui devront venir devers moy pour ce mesme effect et dedans quel temps ilz devront partir pour faire le semblable de vostre couste, ainsi que vous serez prestz de faire si tost que ledict traicte sera comme dict est arreste et signe. Sur lequel, en m'en advertissant par ce porteur, je vous envoyeray en toute dilligence le pouvoir qui vous sera neccessaire, voullant et entendant que, icelluy traicte signe et delivre, vous, mon cousin de La Rochepot, faciez publier la paix par toute la frontiere par mer et par terre avecques la demonstracion de joye en tel cas accoustume et donnez ordre que toute hostillite cesse et que l'on commance a leur faire cognoistre par benings effectz que je n'ay poinct faict ceste paix que pour la tenir et faire observer avecques toute l'amytie dont je me pourray adviser, car par ce que j'ay entendu dudict sieur d'Andelot et au langaige qu'ilz tiennent il est impossible d'eulx comporter plus honnestement qu'ilz font en mon endroict, monstrans par la avoir envye que cestedict paix dure longuement, ce que je leur veulx bien rendre par reciproque demonstracion d'honnestete.

Au demourant, je trouve tresbonne l'ouverture qu'ilz vous ont faicte des ostaiges, qui est le plus court et aise chemyn, et encores meilleure la fiance qu'ilz veullent prandre de moy. Et pour ceste cause, voyant qu'ilz vont ainsi rondement en besongne, je ne leur veulx riens changer ny ne veulx disputer sur les ostaiges qu'ilz ont demandez, ny sur ceulx qu'ilz veullent bailler, car je m'en contante, sinon que, ou lieu de mon cousin le duc de Longueville,[2] j'envoyeray mon cousin le vidame de Chartres,[3] qui est tel et si riche seigneur en mon royaume que vous le leur pourrez dire. Et n'eust este qu'il ne seroit raisonnable que ledict

---

[1] Cf. commission of Henri II to Coligny, Du Mortier and Bochetel to receive Edward VI's oath and ratification, Paris 31 May 1550, Rymer, *Foedera*, xv, 220.

[2] François d'Orléans, duc de Longueville, Marie de Guise's son by her first marriage (d.1551).

[3] François de Vendôme (d.1560), related through his mother Hélène de Gouffier to the Montmorency, Coligny and Bourbon-Vendôme families.

duc de Longueville y allast pour estre filz de ladicte Royne d'Escosse, je les en eusse tresvoluntiers satisfaictz, dont vous les prierez de ma part se contanter et les asseurerez que dedans la veille de Pasques mes six ostaiges ne fauldront a se trouver a Ardres, a ce qu'ilz facent aussi venir les leur a Calais suivant ce que ladicte traicte porte, pour le plustost apres que faire se pourra effectuer le demourant. Car j'auray les deux cens mille escuz du premier payement si prestz que j'espere retirer bien tost apres troys de mesdictz ostaiges et donneray si bon ordre au residu qu'ilz auront occasion de croyre que je suis prince de parolle d'effect et de verite.

Au surplus, messieurs, pource qu'il est raisonnable que nous ayons souvenance des pauvres prisonniers qui ont este pris d'une part et d'autre durant ces guerres, aussi que c'est chose accoustume de traicter de leur delivrance, vous en parlerez ausdictz depputez et adviserez de faire avecques eulx et accorder que tous prisonniers soient delivrez en vertu de ce traicte sans rien payer, excepte ceulx qui avant la publicacion de ceste paix auroient ja accorde et convenu de leur rancon, laquelle en ce cas ilz seront tenuz payer, ou bien qu'ilz soient tous delivrez purement et simplement, ou autrement ainsi que vous pourrez pour le myeulx et le plus adventaigeulx pour le bien de mes pauvres subgectz, ayant esgard qu'ilz tiennent beaucoup de pauvres mariniers des miens qui n'ont aucun moyen d'eulx rachapter. Pour la fin, messieurs, je vous diray que vous avez si bien faict le commancement et le plus difficille, que je m'asseure que vous ne scauriez que tresbien parachever et que je demoure contant et satisfaict de vous comme ung m^e doibt estre de ses serviteurs qui ont beaucoup myeulx faict qu'il n'esperoit et aussi bien qu'il eust sceu desirer.[1] Priant Dieu, messieurs, qu'il vous ayt en sa garde. Escript a Vallery le xix^e jour de mars 1549.

HENRY

De Laubespine.

---

[1] Cf. Montmorency to Aumale, Monterreau, 18 Mar. 1550: '... une lettre de monsieur de Marillac qui ne contient autre chose que le inpirement des affaires des Anglois en Angleterre et comme ilz tumbent de jour a autre en plus grande necessite, si esse que jusques ceste heure il n'este encores riens venu de noz depputez deppuis l'arrivee par devers eulx de monsieur d'Andelot' (B.N., Clairambault 342, f.119); same to same, Vallery, 18 Mar. 1550, announcing d'Andelot's arrival with the peace terms (*Mémoires de Guise*, 27); the terms are 'sy honnorable et avantageuse pour nostre maistre et la Royne d'Escosse que l'on n'y sçauroit mieulx faire'.

3 *French versions of the treaty. 24 March 1550*

  A. The treaty itself
     original: P.R.O. E 30/1054
     printed: Rymer, *Foedera*, xv. 211-17
  B. Annexe accepting English statement of artillery found at Boulogne in
     1544, signed the same day by the French commissioners.
     original: P.R.O. E 30/1055
     printed: Rymer, *Foedera*, xv. 218

4 *La Rochepot to maieur and échevins of Amiens. Oultreau, 25 March 1550*

  copy: Amiens, Archives municipales, AA 12, f.230v

Messieurs les lieutenant, mayeur, prevost et eschevins, il a pleu a Dieu
le createur nous faire tant de bien et de grace que de mectre une
bonne, ferme et inviolable paix entre le roy et le roy d'Angleterre,
leurs royaulmes, pays, terres, seigneuryes et subgectz, laquelle a este
puis nagueres faicte, conclute, traictee et arrestee,[1] de quoy le debvons
nous louer et remercier et supplier quant et quant treshumblement
qu'il luy plaise par sa saincte grace et misericorde la vouloir maintenir
et conserver a tousiours pour le grant bien, repos et soulaigement que
ce sera pour toute la Republicque, dont vous ay bien voulu advertir
par la presente et envoyer ung memoire[2] selon lequel la ferez crier et
publier a Amyens en faisant faire les feuz de joye, tirer artillerye et
autres solempnites a ce requises et acoustumees. Et a Dieu, messieurs
les lieutenant, mayeur, prevost et eschevins, auquel je prye vous avoir
en sa saincte garde. Du Fort ce xxv^e jour de mars 1549.

    (et plus bas) L'entierement vostre et amy,
        LA ROCHEPOT

---

[1] A description of the signing ceremony is to be found in a letter of Antonio Guidotti
to Antonio Gondi, sieur du Perron, from the 'Gran Forte', dated 25 Mar. 1550: 'et per
essere mons. della Rochapot un poco malato delle sue gotte, questa pace se è conclusa et
sottoscritta in camera del detto signore, quale ne ha fatto dipoi gran chiera, et à questi
signori Deputati et se io vi dicessi la satisfattion di questi Anglesi sarrei troppo prolisso,
et cosi il contenuto d'una lettera che ha scritto ultimamente il Christianissimo Re a
questi suoi, gli ha ancora corroborati et satisfatti assai, havendo inteso la buona mente
et openione de Sua Maiestà Christianissima, et io ho caro 500 scudi che li Deputati
habbino letta detta lettera alli nostri, et à mia richiesta li detti Deputati dattomene copia,
quale mandero questa notte in Anghilterra a signor conte de Vuarvich che la legga al
nostro Re perche detta lettera affirma et fortifica il mio tanto alto dire che ho fatto co'l
consiglio d'Anghilterra per farli capaci che Sua Maiestà Christianissima è per essere non
tanto amico ma protettore di quel Re et regno.' (Modena, A.S., Francia B 27m fasc.1.
This is not signed but its origin is made clear by Alvarotti's despatch of 2 Apr., *ibid*
fasc.2)

[2] A proclamation in the same words as no.**56,ii**, though issued in La Rochepot's
name, AA 12, ff.230-1.

55 *Instructions for d'Andelot, sent to the emperor to announce the peace.* 27 *March 1550*

draft: Villebon, no. 1

Monsieur d'Andelot que le Roy envoye presentement devers l'Empereur luy faire entendre ce que s'ensuyt.

Pource que, ayant Dieu veult faire la paix entre le Roy d'Angleterre et luy, il n'a voullu faillir a luy en donner advis par gentilhomme prochain de sa personne, s[ommaire] de nouvelle qu'il s'asseure luy plaira grandement, estant leur amytie commune telle qu'elle est. Et luy en fera le discours par le menu tel qu'il le scayt, luy faisant bien entendre comme la Royne et royaulme d'Escosse y sont comprins et semblablement ledict seigneur Empereur.[a]

Luy dira comme le Roy a les desdies et promis par le traicte prestz et que le premier paiement s'en fera par le jour apres Pasques et l'autre si tost que les places d'Escosse auroint este restituees. Car, de la part du Roy, il a faict mectre toute la somme ensemble preste a bailler si tost que lesdictz Angloys avoint satisfaict de leur couste. Et la dessus mectre peine de sentir de luy de quel [.....][b] luy sera ladicte paix.

Luy dira aussi que le Roy a este tresaise d'entendre qu'il soit si bien de sa sante et qu'il a eu merveilleusement grant regret qu'il ayt este cydevant si fort tourmente de sa goutte. En quoy il desiroyt bien luy pouvoir faire donner quelque secours comme celluy qui a au coeur les choses qui luy ameyent plaisir et contantement, pour la nayfve amytie qu'il luy porte.

Aussi luy rendra compte des bonnes nouvelles du Roy et comme ses affaires se portent tresbien d'autres coustez, faisant son compte, puis qu'il est entre en ceste reconciliacion avecqs le Roy d'Angleterre, de joyr des fruictz de sa repoz le plus long temps qu'il pourra et de mectre peine de faire ses amys encore plus surs qu'ilz ne sont[c] par tous les gracieulx depportements et honnestes [donne]es d'amytie dont il se pourra adviser.

Luy dira semblablement le desir que le Roy a de savoir de ses bonnes nouvelles, dont il luy en rapportera des plus [.....][d] qu'il pourra et mesmement du temps de son partement pour Allemaigne.

Endorsed: A Monsieur d'Andelot du xxvi j[e] mars

[a] esperant le Roy que ceste paix *deleted*
[b] *one word illegible*
[c] et en acquerir de nouveaulx *deleted*
[d] *one word illegible*

6,i *Henri II to Paris municipality. Paris, 27 March 1550*

copy: A.N.

printed: Guerin, *Régistres*, iii. 201

De Par le Roy

Très chers et bien amez, il a pleu à Dieu nostre Createur par sa grace
e bonté faire et establir une bonne, ferme et perpetuelle paix entre le
Roy d'Angleterre et nous, noz royaulmes, pays et subgectz, laquelle
ous desirons et entendons estre de nostre part inviolablement gardée
t observée; et affin que aucun n'en puisse pretendre cause d'ignorance,
avons ja faict publier sur la frontiere de nostre pays de Picardie et
nandé faire le semblable ès autres endroitz de nostre royaulme, ainsi
que nous entendons estre faict en ceste nostre bonne ville et cité de
Paris.

A ceste cause, nous voullons et vous mandons que vous ayez à icelle
aire cryer et publier samedi prochain, à son de trompe et cry publique
n nostre-dicte ville, en la forme que nous vous l'envoyons presentement par escript, aux lieux et avec les solempnitez en tel cas acous-
umées, faisant faire le soir les feux et toutes autres demonstracions de
oye dont l'on se pourra adviser. Car tel est nostre plaisir. Donné a Paris
e xxviie jour de mars mil v^c xlix.

Signè: HENRY

Et au dessoubz: De L'Aubespine

6,ii *French publication of the peace. 29 March 1550*[1]

printed version: example in Vienna, H-, H- u.St.A. Frankreich, Varia 7
nachtrag, ff.28-30

Publication de la Paix, entre Treshaultz, tresexcellens, & trespuissans Princes
e Roy nostre souuerain Seigneur Henry second de ce nom, & le Roy
d'Angleterre.

DE PAR LE ROY

On faict assauoir à tous qu'il appartiendra, que à la louenge de Dieu
nostre createur, & de sa glorieuse mere, bonne ferme, inuiolable,
sincere, & certaine paix, amitié, confederation, ligue & vnion perpetuelle, a esté faicte, conclute, traictée & arrestée Entre treshaultz, tresexcellens, & trespuissans Princes le Roy nostre souuerain Seigneur, & le
Roy d'Angleterre, leurs hoirs, & succeseurs, Ensemble leurs Royaulmes, pays, terres, seigneuries et subiectz: Par laquelle tous leurs-

---

[1] An exact copy of this proclamation was sent by La Rochepot to Amiens with his
etter of 25 Mar. (no.**54**) and published there on 28 Mar. (Amiens, Archives munici-
ales, AA 12, ff.230v-231r). It was headed: 'De par monseigneur de La Rochepot' etc.
For the text and description of its publication at Paris, cf. Guerin, *Régistres*, iii. 201-2.

dictz subiects, de quelque estat, dignité, qualité, ou condition qu'ilz soyent, peuuent seurement & librement tant par mer, par terre, que eaues doulces, aller, venir, frequenter, marchander & trafficquer, en tous lieux & endroictz d'une part & d'autre, sans qu'il leur soit faict, mis ou donné aucun trouble, destourbier ny empeschement quelconque: mais ioyr paisiblement, comme bons & vrais amis alliez & confederez les vns auecques les autres, du fruict de ceste bonne, sainte, & heureuse paix: laquelle Dieu par sa saincte grace & misericorde vueille maintenir, conseruer & perpetuer à tousiours, Amen.

Ainsi signé   de l'Aubespine.

PUBLIE à Paris par les Heraulx d'armes du Roy, vestuz de leurs cottes d'armes, auec les greffiers, archiers, arbalestriers & autres officiers de la ville en grant nombre, le samedy xxix. iour de Mars, Mil D.XLIX. auant Pasques. Ainsi signé Normandie, Guienne, Bourgongne, Bretaigne, Piedmont.

57 *Instructions au sieur de Fumel allant en Escosse. 30 March 1550*

> draft: B.N., n.a.fr.23148 (formerly at Villebon, then the Susan Bliss Collection)
> printed: G. Dickinson, 'Instructions to the French Ambassador 30 March 1550', *Scottish Hist. Rev.*, xxvi (1947), 154–67[1]

Long and detailed instructions for the announcement of the treaty terms in Scotland and the request for ratification. Summary:

The king has combatted English attempts to subjugate Scotland since his accession and finally declared open war to divert them. They are reduced to such necessity that they asked several times for peace and, finally, sent envoys to negotiate between Boulogne and Oultreau. There they proposed to surrender Boulogne and their pensions in return for the young queen of Scots, but were turned down. Finally, a treaty was concluded as seen in the enclosed articles.

The treaty states that the Scottish queen is to send the king of England certification under the great seal of her acceptance of the terms of Scotland's comprehension in the treaty. Fumel is sent to request this, pointing out the advantages of the treaty. Once drawn up, a gentleman is to take it to the English court.

According to the treaty, the English are to surrender Dunglass and Lauder and retain Roxburgh and Eyemouth on condition that, if Dunglas and Lauder fall before publication or the Scots wish to

---

[1] Accompanied by other dispatches of the same date: from Saint-André and Aumale to the Regent Marie, *Balcarres Papers*, ed. M. Wood (Scottish History Soc., 1925), ii, nos. 55 and 56; from Henry II, *Miscellany of the Maitland Club*, i(2), ed. J. Denniston and A. Macdonald (Edinburgh, 1834), 233.

demolish them, then they must demolish Roxburgh and Eyemouth. The king requires the queen's decision on this but thinks that demolition of all four forts would be most advantageous since Dunglass and Lauder can always be rebuilt and form a barrier against invasion.

If the governor and Lords are to be involved in decisions, Fumel is to talk to them following the advice of the queen, de Termes and d'Oysel.

The queen, governor and lords are to be told that the king's motive in making peace was his desire to alleviate the devastation of Scotland. For this reason alone he had agreed to pay the English 400,000 écus from his own revenues. He could have easily taken Boulogne by force. All this is to show his love and regard for Scotland.

An envoy of the French mission is to be sent back to report when the Scottish envoy goes to London.

Fumel is to remonstrate against Scottish depredations at sea upon the emperor's subjects. The queen and governor do not need another enemy. Such attacks should stop.

In view of Cardinal Carpi's poor duty as protector of Scottish interests at Rome, the king has replaced him by Cardinal Trany.

Good news of the young queen of Scots and of the royal children.

The king's displeasure at the governor's attempt to negotiate directly with the emperor. As protector of Scotland, the king's ambassador should discuss peace terms.

The king's contentment at the governor's recent service in recapturing forts from the English. He has sent to Rome for legatine powers for the governor's brother, the archbishop of Saint Andrews.

The king has proposed to the English that all prisoners not ransomed before the treaty should be released. The Scots are to decide whether the same will apply there.

As peace now reigns, the king wishes to reduce expenditure. De Termes and d'Oysel are to decide how many men to retain for the security of Scotland and whether the lansquenets can be sent to Denmark; also whether the light horse can be withdrawn and the gens d'armes remain. Fumel is to draw up an *état* in order to report to the king.

Fumel is to bring back a thorough report on the financial resources of the Scottish government and on measures concerning justice and police necessary for holding the country in obedience.

Fumel is to communicate the king's contentment to his captains in Scotland and his decision to recall and reward them.

The queen is to order Monluc and Fourquevaux, who have been sent to Ireland, to return without completing their mission and to send a letter countermanding the sieur de Salvaizon's enterprise.

Fumel is to return as soon as possible well instructed in all matters.

58 *Commission by Henri II to Coligny, Guillart and Bochetel to receive Edward VI's oath to the treaty. Paris, 31 March 1550*

   original: P.R.O. E 30/1056
   printed: Rymer, *Foedera*, xv, 220

59 *De L'Aubespine to Aumale. Paris, 11 April 1550*

   original: B.N., fr.20511, f.56

... Jusques a hier soir nous n'avons riens peu savoir de noz hostaiges, et par ceste despesche trouvons que la delivrance de Boullongne et r[...]llee*a* pour quelques jours plus que nous ne pensions. Si esse que on n'y veoyt riens que puisse anciene souspecon que l'efféct de tout ce qui est promis ne se suive. Ceulx qui sont depputez pour venir prandre la ratifficacion du traicte sont messiurs de Colban, debitis de Callaiz, et les deux secretaires qui estoient depputez au traictez, savoir est: messieurs de Pietre et Massonne. Et ledict Massonne demoura icy ambassadeur; et doyvent partir de Londres le xxij de ce moys. En ce temps, les messieurs du Mortier et de Sassy partiront aussi de la court pour aller prandre monsieur de Chastillon et passer dela la mer. A ce que je puis entendre, le roy delibera recevoir lesdictz depputez a Amyens. ...

60 *Claude de Lorraine, marquis de Mayenne, to Aumale. Calais, 11 April 1550*

   copy: B.N., fr.20577
   printed: *Mémoires de Guise*, 29

Monsieur mon frere, je n'ay voulu faillir vous escrire, estant arrivé en ceste ville de Calais, où l'on nous a faict fort bon acceuil et festoyé aussy bien qu'il est possible, et monstrent ceux de ce lieu avoir grand aise et plaisir de ceste paix. Les milordz Aidinton et Gaban[1] sont icy, lesquels nous ont proposé de passer la mer pour donner nostre foy, ce que nous n'avons voulu faire, parce que par les capitulations de la paix, trois des ostages de France ne doibvent passer ceste ville, et de ceux d'Angleterre Abbeville. Ilz ont envoyé par devers le roy d'Angleterre pour sçavoir sa délibération; cependant nous advons adverty le Roy de tout cecy. Incontinant que j'auray ma liberté, je demanderay au roy d'Angleterre mon congé pour aller en Escosse, en poste, veoir la Royne,[2] affin qu'après ce voyage je vous puisse aller trouver à

---

a Illegible

[1] The earl of Huntingdon and lord Cobham, with Sir John Wallop, English commissioners to receive the hostages.

[2] Mayenne wrote from Edinburgh on 18 May describing his reception in England, cf *Mémoires de Guise*, 39.

oinville: car je vous puis asseurer que le plus grand plaisir que j'ay est 'estre près de mon père et vous. L'on nous a faict entendre que le roy 'Angleterre a bonne envie de nous veoir pour montrer ses chasses u'il a desja faict apprester, et qu'il a délibéré nous faire bonne chère. 'estime au demeurant, Monsieur mon frère, que la pauvreté et cherté es vivres en ce pays a donné grande occassion de faire la paix, ainsy ue je puis cognoistre. J'espère de bref vous dire amplement toutes ouvelles deça, qui me gardera vous faire plus longue lettre.

1,i *Constable to Aumale. Paris, 14 April 1550*

printed: *Mémoires de Guise*, 31

... nous n'avons autre chose pour le présent, sinon que les ostages 'Angleterre ont faict suplier le Roy de vouloir trouver bon qu'ils luy iennent faire la révérence, ce que le dit seigneur leur a volontiers ccordé, et mandé aux siens qui sont à Calais, qu'ils aillent jusques à ondres faire le semblable au roy d'Angleterre, où ils demeureront peu: ar les deux cens mil escus du premier payement sont ja à Montreuil[1] et es Anglois font la plus grande dilligence qu'ils peuvent de retirer ce u'ils ont dedans Boulogne,[2] tant par mer que par charrois, jusques à alais, pour nous rendre la dite ville plustost que le traité ne porte, affin e se relever d'autant de despence; vous advisant, Monsieur, que le Roy va demain à Saint-Germain, où le viendront trouver les dis stages. ...

1, ii *Cosme Clausse to Aumale. Paris, 14 April 1550*

original: B.N, fr.20543, f.112

Monseigneur, monseigneur le conestable vous envoye les doubles de e qui est cejourd'huy venu tant de Rome que de Venise; et vous dvertit comme les hostaiges d'Angleterre viennent veoir le roy et eulx dudict seigneur vont aussi vers le roy d'Angleterre jusques a ondres. Les ij[c] m escuz sont ja a Monstroeul et sont les Angloix apres retirer ce qu'ilz ont dedans Boullonge. Et avant qu'en partir, veullent

---

[1] The rapidity with which the large sum of 200,000 livres was assembled for the first ayment is an interesting phenomenon. The main method used was, in effect, forced oans. On 31 Mar. the crown conceded the auction of duties on salt and wine in Paris, sed to raise an income of 7,500 livres p.a. necessary to service a loan for the 90,000 ivres demanded by the crown from Paris towards the English payment. This was egistered by the Parlement of Paris on 2 Apr. A.N., K 957, no.23[i−2], cf. Guerin, *Régistres*, iii. 197, n.1.

[2] There was a large stock of artillery and shot in Boulogne (for a list of 1547-8, cf. .R. Kenyon, 'Ordnance ánd the king's fortifications in 1547-48', *Archaeologia*, cvii 1982), 194-7. Considerably less was left behind in Apr. 1550, cf, the annexe to the reaty, no. **53, B.**

partir, veullent faire paier leurs gens de guerre qui sont dedans, qui retarde quelques jours la restitucion de ladicte ville, laquelle toutesfois doibt estre faict plustost que ne porte le traicte, car lesdictz Angloix desirent se relever d'autant de despence.

62 *Henri II, letters patent commissioning La Rochepot and Coligny to receive the hostages and Boulogne into their hands.* [*c. early April 1550*]

collated copies: Calig. E.iv, ff.251-2 and 253-4 (both mutilated but together produce an almost complete text)

[Henry par la grace de Dieu Roy de France etc. A tous ceulx que ces lettres verront, salut. Comme en le traicte de paix recemment conclu entre nostre bon frere] et cousin le Roy d'Angleterre et nous, il soit entre aultres choses dict [que nostre bon] frere nous restituera et mectra en noz [mains nostre ville] de Boullongne et aultres fortz de Boullenoys [pour] la somme de quatre cens mille escus que [nous devons] bailler dedens le temps et pour les causes qt audict traicte, et que pour la seurette des choses promises d'une part et d'aultre nous baillerons respectivement l'un a l'autre chacun six hostaiges, pour a quoy satisfaire ayons ja faict ac[.....] vers la ville d'Ardres ceulx que nous envoyons de nostre part, estimans que nostredict bon frere se mectra en semblable debvoir et soit a ceste cause requis commectre quelques bons, grans et notables personnaiges a nous seurs et feables pour recepvoir en nostre nom ladicte ville de Boullongne avec les fortz dessusdits et semblablement lesdits hostaiges,

SCAVOIR FAISONS que nous, saichans par voicye et [.....] l'experience, les grandz sens, fidelite et integrite que sont es personnes de noz treschers et amez cousins les sieurs de La Rochepot, chevalier de nostre ordre, gouverneur de l'Isle de France et nostre lieutenant general en Picardye, et de Chastillon [.....] [cheval]ier de nostre ordre, nostre lieutenant general en Boullen[noys] en l'absence de nostredict cousin le sieur de La Rochepot et collonel des gens de pied francoys, et que nous ne pourrions donner ceste charge a gens quy s'en puissent mieulx acquiter au bien de nostre service pour la natu[relle] et grand affection que nous scavons qu'ilz y portent.

Pour ces causes et aultres bonnes et grandes consideracons a ce nous mouvans, nosdits cousins ensemblement et l'un d'eulx en l'absence ou empeschement de l'autre, avons commis, ordonnez et depputtez, commectons, ordonnons et depputtons et leur avons donne et donnons plein pouvoir, puissance, auctorite, commission et mandement especial par ces presentes de recepvoir, de par nous et en nostre nom, les six personnaiges denommez oudict [.....] et lesquelz icelluy Roy d'Angleterre ou ses depputtez ont p[.....] de par luy mectre et envoyer en nostre puissance pour hostaiges et seurette de l'accomplissement des choses a quoy par icelluy traicte il est et oblige, et semblablement de [recepvoir] de par nous et en nostre obeissance ladicte ville de Boullongne, fortz de Boullenoys, avec l'artillerye et munitions contenues audict traicte, le tout par la forme et ainsi que plusamplement il est porte par icelluy et de la reception qu'ilz feront des choses dessusdictes bailler telles lettres de recognoi[ssance] soubz leurs seignes et seaulx que [......] sera; promectant en bonne fo[y.....] de Roy avoir pour agreable, ferme [......] tout ce que par nosdits cousins ensem[blement] ou l'un d'eulx en l'absence ou empeschement de l'autre aura este faict et execute en cest endroict, encores qu'il y eust chose quy requist mandement plus especi[al] qu'il n'est contenu en ces presentes, lesquelles en ces [.....] nous avons signees de nostre main, et a icel[luy] mectre nostre seel, l'an de grace mil cinq cens quarante neuf, avant pasques et de nostre regne le [troisiesme.]

signe: HENRY. et sur le reply de la lettre est escript: Par le Roy, Delaubespine et sellee a double queue de cire jaulne.

Ceste presente coppye a este collationnee a l'original, tesmoing noz seignes manuelz cy mis le xxv^e jour d'avril mil v^c cinquante.[1]

F. DE MONTMORENCY
COLLIGNY.

63 *La Rochepot and Coligny, letters acknowledging receipt of Boulogne.* 25 *April 1550*

original: P.R.O., E 30/1060
printed: Rymer, *Foedera*, xv. 228-9

64, i *Henri II to Paris municipality. Saint-Germain, 26 April 1550*

copy: A.N.
printed: Guerin, *Régistres*, iii, 210

De Par le Roy

Trés chers et bien amez, ayant presentement eu nouvelles comme hier matin nostre ville de Boullongne et fortz de Boullenoys furent renduz en noz mains, nous n'avons voullu obmectre à vous en advertir incontinant, vous priant en rendre graces à Dieu et vous trouver à la procession que nous escripvons à l'evesque de Paris en faire demain, pour l'en remercier. Donné à Sainct Germain en Laye, le xxvje jour d'Avril mv^cL.

Signé: HENRY
De L'Aubespine

[1] For La Rochepot's and Coligny's act accepting Boulogne, cf. Rymer, *Foedera* xv. 228-9, no.**63**. Cf. also Henri II to La Marck, 26 Apr. 1550, B.N. fr.20441 f.79.

64, ii *Constable to Aumale (now duc de Guise)*. *Saint-Germain, 26 April 1550*
    printed: *Mémoires de Guise*, 38

Monsieur, je vous advise, pour toutes les meilleures nouvelles que vous
sçauriez avoir, que le Roy et toute la compagnie font très bonne chère,
et que ce matin il a eu nouvelles comme hier, environ les six heures,
que les Anglois mirent mon frère et mon nepveu dans Boulongne et
remirent entre leurs mains les autres forts qu'ils tenoient suivant le
traicté. Ils ont laissé dans ledit Boulogne bien trois centz muidz de grains
(mesure de Paris), quantité de vin, munitions, poudres et boulletz plus
qu'ils n'y en trouvèrent, et l'artillerie promise par ledit traicté; n'estant
possible s'y estre conduitz plus honnestement qu'ils ont faict, ny avec
plus grande démonstration de faire durer ceste amitié; mesdits frère et
nepveux mandent qu'il est impossible, sans voir, croire les belles
fortiffications que lesdits Anglois ont faict esdit lieux; de sorte qu'on
ne doit poinct plaindre l'argent que l'on leur a donné. Le roy faict son
compte partir d'icy mardy prochain, pour aller coucher à Escouan, et
jeudy à Chantilly, où il pourra séjourner un jour; de la il s'acheminera
vers Amiens où il recevra les commissaires Anglois qui viennent pour la
ratiffication du traicté, et les nostres passeront cependant delà la mer
pour aller faire le semblable en Angleterre, de sorte que mon nepveu
puisse estre de retour audit Boulogne quant le dit seigneur y arrivera,
espérant que entre cy et là, et le plustost que vous pourez, vous nous
viendrez trouver, qui luy sera le plus grand plaisir que vous sçauriez
faire pour l'envie qu'il a de vous veoir . . . .

65 *Instruments of ratification of the treaty by Henry II. Amiens, 8 May 1550*
    A. *Letters of ratification*
        original: P.R.O. E 30/1058
        printed: Rymer, *Foedera*, xv. 230–2
    B. *Oath*
        original: P.R.O. E 30/1057
    C. *Attestation of the oath by de L'Aubespine and du Thier*
        original: P.R.O. E 30/1059
        printed: Rymer, *Foedera*, xv. 232–3

66 *Henri II to Marillac, ambassador to the Emperor.*[1] *[Amiens, c. 8/9 May
1550]*

    registered copy: A.E.C.P., Angl. II, f.374v (extract)

Monsieur de Marillac, les depputez du Roy d'Angleterre[2] arriveren▪

---

[1] This is a 16th-century copy taken from a volume of Marillac's register, now missing
which ran from Nov. 1549 to July 1550. From this, the writer says 'i'en ay coppie i▪
pieces.' The earlier part of Marillac's register is in B.N., fr.3098 and 3099.

[2] The English deputies were Lord Cobham, William Petre and John Mason, the ne▪
ambassador to France. For their commission, cf. B.L., Harley MS 284, ff.76–7.

mercredy et jeudy, a l'issue de la Messe, je tiray et ratiffiay le
:te de paix faict et passe entre le Roy d'Angleterre et moy, lequel,
que je congnois par ces deportementz et aux honnestes propos qui
sont tenuz par les ministres, a envye de faire durer et perpetuer
cte paix. Car il est impossible de se comporter plus gracieusement
onnestement en mon endroict qu'ilz font avecques toute la plus
ide demonstration d'amitie, fiance et asseurance en toutes choses
l est possible. Demain ilz partiront d'icy pour s'en retourner a
ais et lundy je me chemineray pour continuer mon voyage de
longne d'ou je depescheray mon cousin le sieur de Chastillon[1] et
ieurs Du Mortier et de Sassy pour passer la mer pour aller prendre
rment et semblable ratification dudict Roy d'Angleterre affin que
:es choses soient effectuees et reduictes en l'estat que l'on les peult
rer, pour les estimer s[...][a] Ce que vous pourrez faire entendre par
. ou et ainsi que vous verrez qu'il sera apropos.[2]

Mémoire drawn up by Coligny, Du Mortier, Bochetel and Chémault. London,
1ay 1550

gistered copy: A.E.C.P., Angl. II, ff. 366r–368v

vingtneufiesme jour de May m v[c] cinquante, nous de Chastillon,
Mortier, et Sassy, depputez du Roy pour la reception du serment
Roy d'Angleterre et recouvrement de la ratification du traicte
nierement faict,[3] avec le sieur de Chemault,[4] ambassadeur dudict
neur pardevers le Roy d'Angleterre, nous trouvasmes au conseil
elluy Roy d'Angleterre et par moy, de Chastillon, furent proposez
quatre poinctz qui s'ensuivent.

llegible

---

lenri II made his entry into Boulogne on 15 May and despatched Coligny and the
r envoys on 19th.
The King's ratification and oath were formalized at Amiens on Thursday, 8 May.
Rymer, *Foedera*, xv. 230–233. Cf. also Henri II to d'Urfé, ambassader in Rome,
ens, 9 May 1550, R. Gaucheron, *Autographes de la collection Rothschild*, (Paris, 1924)
l pp.106–7.
The French mission arrived in London on 21 May, cf. council to Mason, 2 June
), P.R.O., S.P. 68/9, pp. 1–4. The ratification took place on 28 May and the meeting
ribed in this document probably followed. For Edward VI's ratification, cf. A.N.,
3 no. 12 bis (on display in Musée des Archives).
lean Pot, sieur de Chémault, a relative of the constable (through his marriage to a
umières). He held the office of prévôt de l'ordre du Roy and was a member of the king's
sehold (B.N., Clairambault 813). He had already been employed on several diplo-
ic missions but never as resident ambassador. After spending much of 1548 in Italy,
·as sent to the emperor in Aug. 1549 in order to explain the attack on Boulogne (for
nstructions, Montreuil, 18 Aug. 1549, cf. B.N., fr. 3099, pp. 118–20).

Premierement, qu'il pleust au Roy d'Angleterre et a mesdictz sieur de son conseil, suivant ce qui a este convenu et accorde, faire mettre a plaine et entiere liberte tous les prisonniers francoys qui resten encores detenuz au pays d'Angleterre, comme il a este de la part du Roy.

Secundement, que toutes prinses qui ont este faictes par mer depui la conclusion du traicte tant sur les Francois que sur les Escossoi soient rendues et restablies, comme il est raisonnable.

Tiercement, pource que on a entendu que, lors que la ville de Boulongne fut prinse par le feu Roy d'Angleterre, il y avoit ung coffre en la maison deladicte ville dedans lequel estoient les privileges, fran chises et octroyes concedez aux habitans d'icelle ville et autres papier, servans a leur communaulte, lesquelz avoient este mis entre les main de quelques personnages demourans pour ceste heure a Calais, qu'il pleust audict Roy d'Angleterre et a mesdictz sieurs de son conseil le, faire rendre a ladicte ville, d'autant que c'estoient chose qui ne pouvoi de rien servir a ceulx qui les avoient, et pouvoient beaucoup profficte, ladicte ville.[1]

Quartement, fut propose par moy, de Chastillon, que messieur dudict conseil, et particulierement ceulx qui avoient assiste au traicte avecques nous, pouvoient estre recordz de ce qui fut arreste touchan Donglas, Ladre, Roxbourg et Aymond et comme lesdictz Donglas e Ladre nous debvoient estre renduz et toutesfoys, s'ilz avoient este prin par noz gens avant la conclusion du traicte et ilz ne les peussent rendre qu'ilz ne lairroient d'en demourer quictes mais en recompense d'iceulx ilz randeroient Roxbourg et Aymond. Et davantage, au cas qu'ilz nous les rendissent et nous voulsissions les razer, ilz seroient tenuz razer pareillement lesdictes places de Roxbourg et Aymond, ne pour-roient jamais estre reediffiees ne restaurees par eulx ne par nous. Or, puis que ainsi estoit qu'ilz ne nous avoient rendu que Donglas et que Ladre avoit este pris par noz gens, il estoit bien raisonnable qu'ilz razzassent ledict Roxbourg et Aymond et nous seullement ledict Don-glas, demourant ledict Ladre en son entier comme place par nous conquise.[2]

Apres lesdictz remonstrances faictes, ceulx du conseil du Roy d'Angleterre se leverent et se retirerent en une autre chambre sans voulloir que partissions du conseil. Et, apres avoir quelque temps

---

[1] The loss of the archives was a great problem for the restored municipality of Boulogne in that records of its tax privileges were difficult to obtain. The échevinage took steps, on 16 Jan. and 31 Aug. 1551, to recover copies from the court (Boulogne, archives municipales, 1013 ff. 8v and 12r). For an account of how the English soldiers burned the archives in 1544, cf. A. de Rosny, 'Enquête faicte en 1578', *Mémoires de la Société Académique de Boulogne-sur-Mer*, xxvii (1912), 363–4.

[2] Cf. also the comments in Montmorency to the Regent Marie, Boulogne, 20 May 1550, *Balcarres Papers*, ed. M. Wood (Scottish History Soc., 1925), ii, no. 51.

confere ensemble, retournerent en leurs places et le duc de Sommerset, qui presidoit, nous dict qu'ilz avoient advise a nous respondre et que luy avoit donne la charge au doyen Woton,[1] qui pour ceste heure est l'un de leurs deux premiers secretaires, nous faire ladicte responce, qui fut, quant au premier poinct de la delivrance des prisonniers, qu'elle se feroit entierement et qu'il n'y auroit poinct de faulte, esperans que nous ferions aussi le semblable. Et, quant aux prinses faictes depuis la conclusion du traicte, que semblablement elles seroient restablies et restituees, faisans pareillement le semblable de nostre part. Et au regard des privileges, octroys et papiers de la ville de Boulongne, qu'ilz avoient peur que a grand peyne on les aict peu garder et conserver pour estre chose dont soldatz font peu de cas et a quoy ilz n'ont regard. Toutesfoys, qu'ilz feroient toute diligence de les faire chercher tant a Calais que autres lieux et tout ce qui s'en trouvera ne fauldra d'estre rendu a ladicte ville. Et entant que touchoit ce que moy, de Chastillon, avoys propose touchant Donglas, Ladre, Roxbourg et Aymond, qu'il failloit entendre qu'ilz pensoient loyaulement avoir satisfaict a la restitution des deux places de Donglas et Ladres suivant le contenu du traicte, car ledict Ladre n'avoit du tout prins [sic] par force ne composition de noz gens, mais rendu par ceulx qui estoient dedans vingt jours apres la conclusion du traicte et apres avoir este advertis que aussi bien le failloit rendre en vertu dudict traicte et que ainsi soit, il se verra par la composition qui en fut faicte comme la delivrance de l'artillerye qui estoit dedans ladicte place fut remise d'estre faicte selon qu'il estoit convenu par ledict traicte. Et neanmoins, soustenoient que par icelluy traicte n'estoient tenuz desmolir lesdictes places de Roxbourg et Aymond que apres la declaration de la Royne d'Escosse de voulloir desmolir et desmolissant par effect lesdictes places de Donglas et Ladres. Et a la fin desdictz responces proposa ledict doyen Woton que le Roy d'Angleterre et tous messieurs de son conseil avoient si grand desir et affection a l'entier accomplissement du traicte et la continuation et l'entretenement de ceste bonne amytie qu'ilz veullent faire toutes choses qui pourront aider et servir a cest effect et a retrancher tout ce qu'ilz congnoistront qui pourra empescher ou alterer ladicte amitye. Et, pour ceste cause, leur sembloyt qu'il seroyt bien raisonnable, s'il plaisoit au Roy, qu'il fust advise quelque bon moyen pour sommairement vuyder les prinses qui se feroient sur mer d'une part et d'autre et que la cognoissance de cest affaire se mist entre mains de quelques gens de bien en petit nombre residans pres la personne du Roy pour avoir plus prompte expedition.

Ce faict, nous nous levasmes et, apres avoir ensemble confere, moy,

---

[1] Nicholas Wotton had been ambassador in France, 1546–9, and had taken the post of king's secretary after the coup against Somerset.

de Chastillon, priay ledict Du Mortier faire quelque replicque selon l'advis qui en fut prins, qui fut en substance tel: Messieurs, le tesmoignage que vous nous donnez de la bonne volonte du Roy et de vous nous faict certainement esperer que ceste bonne amytie durera et sera inviolablement observee d'une part et d'autre. Et tout ainsi que nous promectez l'execution des prisonniers et des prinses, nous vous pouvons asseurer du semblable de la part du Roy nostre maistre et ne faisons doubte que de bonne foy vous rendrez aussi les papiers que pourrez trouver servans a ces pauvres habitans de Boulongne. Et en ce que vous proposez pour le bien mutuel des subiectz touchant les prinses, a ce que la dessus leur soit promptement pourveu plus par equite que par longue formalite de justice, c'est chose qui nous semble si raisonnable que ne faisons doubte, apres en avoir adverty le Roy, que de tresbon cueur il ne se accomode a cela. Et touchant la demolition de Ladre, vous entendez que par le traicte il nous demeure en liberte de la pouvoir restablir et pareillement Donglas et pour ceste raison convivsmes de prohiber seullement le restablissement de Roxbourg et Aymond. Or, puis que ainsi est que le pouvons restablir et que, avant que les Escossois ayent este advertis de la conclusion du traicte, il est parvenu en leurs mains par composition, il ne vous peult estre de consequence ne prouffict de le faire razer, veu mesmement le peu d'argent qu'il pourra couster a la Royne d'Escosse a le reediffier et qu'il est apparant qu'il ne peult avoir este rendu en vertu dudict traicte. Et oultre ceste raison, il nous semble que, actendu n'en pouvez tirer autre prouffict que de nous incommoder de quelque petite somme qu'il pourra couster a le rebastir, vous nous pouvez facillement (comme amys) en cela gratifier.

Mais, pour toute responce, ilz nous dirent qu'ilz suivroient tousiours ce qui estoit convenu par ledict traicte. Et, depuys que nous fusmes levez, le sieur de Paget nous a dict qu'il nous prioit bien fort ne poursuivre ceste dispute de Ladre, actendu qu'ilz estimoient que cela touchoit leur honneur et que n'y avions pas grand interest puis que le pouvons rebastir.

68 *Mémoire of what captain Valleron is to say to the queen of Scotland on Coligny's behalf.* [*c. late May 1550*]
    registered copy: A.E.C.P., Angl. II, ff, 370v–371v

Memoire de ce que le cappitaine Valleron a de dire a la Royne d'Escosse de la part du sieur de Chastillon.
Et premierement, que le sieur de Fumel est icy arrive, lequel luy a monstre le memoyre qu'il a repporte d'Escosse. Et devant sa venue ledict sieur de Chastillon avec les sieurs Du Mortier et de Sassy avoient faict toutes les remonstrances honnestes qu'ilz avoient peu au conseil

du Roy d'Angleterre pour essayer de faire en sorte que, puys qu'ainsi estoit que les Anglois n'avoient eu moyen que de remectre entre les mains de ladicte dame et des Escossoys la place de Donglas, ilz demolissent semblablement celles de Roxbourg et Aymond sans toucher a Ladre, veu qu'elle avoit este rendue par force et non comme Donglas, ce qui n'a este possible de obtenir autrement que, ainsi qu'il est plus amplement contenu au memoyre qui a este baille audict Valleron de la proposition qui en a este faicte audict conseil et la responce. Ce qui veritablement ne se peult aussi entendre par le traicte, car il est conjoinctement parle, quant il est question de la demolition des places de Roxbourg et Aymond, que ce sera pourveu qu'il en dict autant este faict de Ladre et Donglas ou que, n'estant plus lesdictes places de Ladre et Donglas entre les mains des Angloys, en ce cas pour recompense ilz estoient tenuz de demolyre Roxbourg et Aymond, non pas que par cella ilz fussent en riens obligez que, la ou il y auroit l'une desdictes places de Ladre et Donglas prises, faire rien davantage.

Et pource que ledict sieur de Fumel a faict entendre que Milor Boost, ayant charge a la frontiere d'Angleterre du coste d'Escosse, luy avoit dict qu'il n'avoit autre commission du Roy son maistre et de son conseil que de remettre ladicte place de Donglas entre les mains de ladicte dame, sans toucher en rien a la demolition desdictes places de Roxbourg et Aymond, lesdictz sieurs de Chastillon, Du Mortier et de Sassy en ont parle a ceulx dudict conseil, qui ont faict responce que ledict Milor Boost avoyt bien peu tenir ce langage, mais qu'il avoyt este donne ordre depuis ce temps la, de sorte qu'il avoyt maintenant expres mandement que, si tost que lesdictes places de Ladre et Donglas seroient desmolies, qu'il feist le semblable de celles de Roxbourg et Aymond.

Ledict Valleron dira aussi que le Roy seroit bien d'advis que le plustost qu'il sera possible lesdictes places de Ladres et Donglas soient demolyes, affin que les Angloys en facent autant de Roxbourg et Aymond, ce qu'il trouvera advantageulx, d'autant que ladicte dame pourra reediffier ses places quand bon luy semblera et les Angloys non. Toutesfoys, quoy qu'il y aict, ledict seigneur trouveroyt bon que l'on se contentast pour cest heure de la desmolition desdictes places sans innover aucune chose, soit de reediffier ou autrement.[1]

Ledict Valleron dira encores ladicte dame que le Roy sera fort aise,

---

[1] Dunglass was in Scottish hands by 13 May, when d'Oysel wrote to Marie de Guise from the fort. Cf. *Balcarres Papers*, ii, no. 48. Roxburgh and Eyemouth were not in fact handed over until the treaty of Norham in June 1551 (cf. English instructions, Apr. 1551, *Cal. of State Papers . . . Scotland and Mary Queen of Scots*, i, no. 371 and Rymer, *Foedera* xv, 265).

quand l'occasion se presentera bonne, de la pouvoir veoir et que, pour cest effect, si elle se veult servir de ses gallaires qu'il a de deca, qu'elle le luy mande et le temps qu'elle les vouldra avoir, affin de les luy envoyer.[1]

[1] On the queen-dowager's visit to France, Sept. 1550 to Oct. 1551, cf. R. Marshall, *Mary of Guise* (1977), 183–95.

APPENDICES

I DOCUMENTS RELATED TO ANGLO-FRENCH NEGOTIATIONS INCLUDED IN THE 1550 REGISTER[1]

1 *Mémoire to Coligny on negotiations concerning the frontier with the English.* [*c. April–May 1547*][2]

registered copy: A.E.C.P., Angl. VIII, ff. 91–2

Premierement est a notter que, par ledict traicte de paix faict et passe avec ledict feu roy d'Angleterre le septiesme jour de juing v^c quarantesix, est entre autres choses dict que la riviere passant soubz le pont de bricque jusques a con chef et source sera limite de ce que doibt tenir le roy d'Angleterre jusques a la delivrance de Boulogne qui doibt estre faicte apres huict ans resoluz et acomplis a compter de la dacte du traicte.

Soit aussi notte que ladicte riviere s'appelle Liane dont le chef et source est aussi appelle Liane, prochain d'un lieu pareillement appelle Lyane et consequemment ledict lieu et source doibt faire la fin et limitte de ce qui doibt demourer audict roy d'Angleterre durant lesdict huict ans. Ce neanmoins, le baron de La Garde et l'ambassadeur de Selve le unziesme du moys de mars dernier passe ont accorde que la source du ruisseau, lequel pres le village de Quesque entre dedans ladicte riviere de Liane, sera repputee estre le chef d'icelle riviere tellement que tous les villages, chasteaulx et terres du comte du Boullenoys estans pardela ladicte riviere de Lyane et la source dudict ruisseau demoureroient par ledict accord audict roy d'Angleterre, chose grandement prejudiciable et contre la teneur dudict traicte de paix, car en ce faisant il auroit beaucoup plus de pays qu'il ne doibt avoir.

Lequel accord ainsi faict par lesdictz baron de la Garde et ambassadeur le feu roy n'auroit voulu ratiffier apres avoir entendu le grand interest et prejudice qu'il avoyt en cela.

[1] The nature of these documents is discussed in the introduction. Nos. **1, 3** and **4** are all connected with Coligny and no. **3** was probably a copy sent to him. The first three concern negotiations for the clarification of the 1546 treaty and other matters arising from the refusal of Henri II to ratify the abortive treaty negotiated by baron de La Garde on 11 Mar. 1547 (F. Léonard, *Receuil des Traitez de Paix* (Paris, 1693), ii. 465–8).

[2] Coligny at this time was inspecting the frontier. On 11 June he reported on a visitation of the sources of the Liane river, B.N., fr. 6637, ff. 293–4.

Plus c'est porte par ledict accord que le roy d'Angleterre pourra fortiffier Boulemberg, Blacknes et le port d'Ambleteux.

Et toutesfoys, au regard de Blacknes on tient que au temps dudict traicte il n'estoit encores commence a fortiffier et consequemment ledict roy d'Angleterre depuis ledict traicte n'auroit peu commencer ladicte fortifficacion dont toutesfoys la verite se pourra mieulx scavoir sur les lieux par monsieur le mareschal du Biez et autres.

Et oultre est aussi porte par ledict accord que le roy ne pourra fortiffier le Portet ne la poincte, ny parachever aucunes fortifficacions encores qu'elles fussent commencees. Luy est seullement permis fortiffier le mont Sainct Estienne, combien que par ledict traicte de paix luy fust permis generallement parachever toutes fortifficacions. Le feu roy n'a voulu ratiffier ledict accord comme contraire audict traicte de paix.

Soyt aussi notte que, combien que par ledict accord soyt dict que l'un et l'autre des roys pourra amender et accommoder les portz qu'ilz ont respectivement en la comte de Boulenoys pour plus aisement et facillement y faire entrer demourer et yssir les navires, sans toutesfoys y faire aucune fortifficacion, le roy d'Angleterre faict faire journellement au port de Boulogne certains ouvrages qui se demonstrent clairement estre vray de fortifficacions et non pas seullement aysances et amendemens.

Plus soit notte que par le traicte de paix n'est aucune chose delaissee aux Angloys fors ce qui est des appartenances de la comte de Boullenoys assise dedans leurs limites. Ce neanmoins, par le sudict accord, la tour ou clocher appelle Bourcin, qui indubitablement est de la comte de Guynes et non de la comte de Boulenoys leur a este delaissee jusques a ce que le differend de la tour ait este juge par des commissaires qui seront depputez de la part des deux princes, qui est a dire en bon francoys que ladicte tour leur demoura a tousiours. Car on entend bien que les commissaires du roy d'Angleterre ne condanneront pas leur maistre.

Pour toutes les raisons et causes susdictes, le feu roy n'a voulu ratiffier ledict accord et moins le veult faire le roy qui est a present, qui n'a jamais baille aulcun pouvoir audict baron de La Garde et de Selve.[1] Et partant, si les Angloys se veullent prevalloir ou mettre en avant les choses cydessus declarees contenues audict accord non ratiffie et que le roy n'entend aussi ratiffier, mais bien veult entretenir de poinct en poinct ledict traicte de paix qui a este ratiffie par le roy son feu pere, pourveu aussi que ledict roy d'Angleterre le entretienne de

---

[1] The refusal of Henri II to ratify the treaty took place some time after 19 Apr. (when Wotton, the English ambassador, was told by the conseil privé that inquiries were being made—B.N., fr. 18153, f. 3) and 9 June, date of the next document.

sa part, et fera tousiours entendre ledict seigneur de Chastillon qu'il a commandement expres du roy de ne riens innover ne entreprendre au preiudice dudict traicte, mais aussi de n'endurer qu'il soit par lesdictz Angloys innove ne entreprins aucune chose de leur coste.

2 *Henri II to Odet de Selve. 9 June 1547*[1]

registered copy: A.E.C.P., Angl. II, ff. 368v–370v

Monsieur de Selve, hier matin arriva pardevers moy le sieur de Velleville[2] qui m'a amplement adverty de toutes choses concernans la charge que je luy avoys baillee au voiage qu'il a dernierement faict en Angleterre, et entre autres m'a recite comme l'ambassadeur du roy d'Angleterre residant pardevers moy avoyt charge de me faire responce sur aulcuns poinctz que ledict Velleville avoit proposez de ma part a monsieur le protecteur et au conseil du roy d'Angleterre et mesmement sur le faict des fortifficacions et des Escossois, vous advisant que le jour mesme ledict ambassadeur eut audience de moy et me feit entendre lesdictz responces sur lesquelles je n'ay voulu entrer en dispute avecques luy, mais je le remis aux gens de mon conseil prive; et affin que vous entendiez particulierement tant lesdictz responces que ce qui luy fut dict par les gens de mondict conseil, je vous advise, quant ausdictes fortifficacions et mesmement de troys places dont ledict Vieilleville avoyt faict remonstrance: cestascavoir de Boullemberg, de Blakne et du port, ledict ambassadeur asseura que lesdictz Boullemberg et Blakne estoient commencez avant la conclusion du traicte. Quant audict port, que ce qui y avoit este faict n'estoit fortiffication mais seullement amelioration pour la commodite d'icelluy port. A quoy luy fust respondu qu'il n'y avoit aulcune doubte que ce ne fust evidente fortiffication, comme il a clairement este cogneu par tous ceulx qui ont este sur le lieu et parce estoit requis selon le traicte que cela fust repare. Et au regard des deux autres places, on n'en voulloit asseurer la fortiffication commencee depuis le traicte que premierement de n'en fusse plus certainement adverty. Apres cela, il vint au faict des Escossoys voullant maintenir qu'on ne les debvoit tenir pour comprins au traicte actendu qu'il y avoit une restrinction sans preiudice des autres traictez etc. et que eulx avoient traicte avecques l'empereur par lequel ilz ne pouvoient comprendre lesdictz

---

[1] The only surviving dispatch addressed to de Selve during his embassy in England, 1546–9. The document was probably sent to Coligny for reference in some dealings with the English on the frontier.

[2] François de Scépeaux, sieur de Vielleville, special envoy to England in May 1547 to reassure the English that Henri II would observe the 1546 treaty but to call for the demolition of recent fortifications. Cf. D. L. Potter, 'Diplomacy in the mid-16th century' (Cambridge Ph.D. thesis, 1973), 165–7.

Escossoys tant qu'ilz fussent en guerre avecques ledict empereur. Surquoy, luy a este respondu que cela s'entendoit des traictez que eulx et moy avions avecques lesdictz Escossoys; mais quand encores ainsi seroit qu'il s'entendist du traicte dudict empereur, il y avoit une autre clause apposee en nostre traicte qui portoit que pour cela ilz ne pourroient entrer en guerre avec lesdictz Escossoys. La dessus il est venu a faire ce que les Angloys ont ordinairement et coustume, qui est de se plaindre les premiers quand ilz ont offence les Escossoys. A quoy luy a este respondu comme il appartenoit. Finablement, il est venu a demander le terme de la pension et aussi le sel ou l'argent. A cela, luy a este declare de par moy que mon intention et volente estoit d'entretenir et observer entierement le traicte de paix et accomplir toutes choses a quoy j'estoys tenu sy sincerement qu'ilz n'y trouveroient une seulle faulte, mais aussi que le raison estoit que de leur coste ilz feissent le semblable et que chacun de sa part observast ce qu'il debvoit observer ainsi que la bonne foy et l'accomplissement du traicte le requeroit et qu'ilz ne doibvent trouver estrange sy j'avoys differe le paiement desdictes pensions voiant que de leur coste ilz ne accomplissoient ce qu'ilz debvoient en reffusant le comprehension des Escossoys et faisant lesdictes fortiffications qui notoirement estoient contraventions audict traicte et par la donnoient a congnoistre qu'ilz n'avoient pas grande volonte de rendre Boulongne mesmement qu'ilz ne taschoient que de s'acroistre, augmenter et fortiffier de tous costez. Oultreplus, ilz scavoient qu'il y avoient [sic] deux autres poinctz au traicte qu'il estoit besoing de vuyder et liquider, cestascavoir: la partie des vᶜm escuz et la forme de la delivrance et restitution du Boulongne. Car d'attendre a vuyder lesdictz deux poinctz a la fin du terme, ce seroit evidente occasion de rompture et dissolution du traicte; et lors qu'on penseroit estre a bout de toutes choses et apres avoir continuellement paye les pensions, ilz ne trouveroient jamais bonne la forme de la delivrance de Boulongne s'ilz ne voulloient, ny ne vuyderoient ladicte partie de vᶜm escuz, car ilz prendroient telz juges qui ne conclurroient jamais a la raison. Et de faict, des le vivant du feu roy d'Angleterre, ses depputez declarerent a ceulx que le feu roy mon pere avoit envoye a Ardres pour vuyder la partie des vᶜm escuz qu'ilz n'estoient pas deliberez d'accorder jamais d'aulcuns personnages pour decider dudict differend sinon qu'ilz en fussent autant asseurez comme d'eulx mesmes et que partant on ne prinst poinct de peyne d'en venir plus avant. Par quoy estoit plus que requis et necessaire de arrester et vuyder cela pour lever toutes difficultez de donner a congnoistre que chacun de nous veult aller sincerement et de bonne foy a l'observation et acomplissement du traicte. Voyla, monsieur de Selve, le sommaire des propos que ceulx de mondict conseil ont eux avecques ledict ambassadeur d'Angleterre, dont j'ay bien voulu vous donner advis non pour en entrer en aulcun propos ne dispute avecques eulx, car je desire que les choses qui en deppenderont se conduisent de deca, mais pour vous tenir du tout adverty. Ledict ambassadeur feit aussi plaincte des villages de Brunemberg, Bournonville et Fiennes, disant qu'on ne les laissoit joyr et qu'ilz estoient du coste de leur limite. A quoy, leur a este dict qu'on s'en informeroit et que s'il estoit trouve qu'ilz fussent dedans leurs limites specifiees et declarees par le traicte de paix, qu'ilz leur seroient delivrez. Sy aussi ilz estoient dedans les nostres, il failloit qu'ilz nous demourassent. Mais entendez que je ne suis delibere prendre la source de la riviere ou ilz pretendent, car il n'est raisonnable, mais au lieu d'ou elle commence de prendre son nom, qui est le village de Lyanne ou ladicte source de Lyanne est notoirement assise et consequemment est le vray et indubitable bout dudict limite. Car entendez que les traictez faictz depuis celluy dela paix, je ne suis delibere les entretenir et aussi ilz n'ont este confirmez ne ratiffiez par le feu roy.

Monsieur de Selve, l'ambassadeur d'Escosse qui est icy a alentour de moy me poursuyt journellement de faire joyr la petite royne sa maistresse de l'effect de la comprehension du traicte ou bien me declarer pour eulx et les assister et deffendre s'ilz sont envahys par les Angloys suivant les anciennes alliances que j'ay avecques eulx, vous priant a ceste cause, monsieur de Selve, faire envers monsieur le protecteur la plus grande instance que pourrez a ce que ladicte comprehension aict lieu, suivant le contenu audict traicte pour obvier aux inconveniens qui s'en peuvent ensuivre, vous advisant que ledict ambassadeur d'Escosse a offert a moy et aux gens de mon conseil que si les Angloys acceptent ladicte comprehension les Escossois satisferont entierement a tous les tortz, griefz et dommages qui leur auront este faictz par leurs subiectz, faisant lesdictz Angloys envers eulx le semblable de leur part; et a declare qu'il n'est delibere de partir de ma court jusques a ce que cela soit entierement acomply. Et pour monstrer que les Angloys ne doyvent differer d'accepter ladicte comprehension soubz couleur des traictez qu'ilz ont avecques l'empereur, je vous envoye le double d'une lettre que j'ay aujourd'huy receue de mon ambassadeur estant devers la royne de Hongrye pour [*sic*] ou vous verrez qu'ilz tenoient en Flandres les Escossois pour leurs amys aussitost qu'ilz sceurent la conclusion du traicte faict avecques le feu roy mon pere et le feu roy d'Angleterre.

3 *Opinion of Andelot addressed to Coligny concerning an enterprise on Boulogne. 28 March 1548*[1]

registered copy: A.E.C.P., Angl. VIII, ff. 120-1

Premierement, je suis d'advis qu'il y ait troys ou quatre en qui l'on puisse declarer ce qu'il y a faire ce jour la, sans toutesfoys leur en rien declarer jusques au matin que l'entreprise s'executera. Chacun de ces troys ou quatre fauldra qu'il aict six hommes avec luy tous gentilz compagnons et bien asseurez. Et ne leur declarera l'on rien sinon que ceulx qui les meneront leur feront promectre de les suivre et faire ainsi comme eulx. Il les fauldra tous armer de jacques secretement.

Il fauldra que ceux cy voysent le matin de la meilleure heure qu'ilz pourront a la basse Boullongne affin que cela ne puisse mettre les Angloys en souspecon et fauldra qu'ilz s'arrestent et qu'ilz soient aux plus prochaines maisons de la haulte Boullongne qu'ilz pourront affin qu'ilz soient plus pres du cappitaine Favas. Et ne fauldra pas qu'ilz se tiennent tous ensemble, mais escartez les ungs des autres, qui en une taverne, qui chez ung marchant et selon les lieux qu'ilz verront que plus commodes. Il fauldra qu'ilz facent bon guet affin que quand le cappitaine Favas sera passe ilz le suivent ung peu de loing et a la fille. Vilaynes et Desar me sembleroient bons pour cest effect.

Le cappitaine Favas partira du fort avecques quatorze ou quinze personnes et aura avecques luy quatre ou cinq manteaulx rouges pour estre mieulx veu. Il yra jusques a la garde et portera une lectre pour presenter a maistre Bregis et ne fault pas qu'il commence a faire execution qu'il ne voye ung qui viendra derriere luy avecques six hommes, lequel comme il sera arrive a luy, courra droict a la porte pour tuer les portiers et se saisir dela porte et le cappitaine Favas fera son execution de ceulx de la garde de dehors. Et suis d'advis qu'il se tienne en executant au devant de la porte s'il est possible et que, s'il voyt qu'il soyt plus fort qu'eulx, qu'il ne s'amuse plus a executer et qu'il se retire a la porte et la ferme sur luy, la ou il l'aurra trois ou quatre hommes qui auront le mot du guet. Et luy, avecques tout ce qu'il aura avec luy, ira a la premiere pour y combattre et la garde en m'attendant. Il fauldra que deux de ceulx qui iront tuer les portiers portent les bastons pour mettre au lieu par ou c'est que la [harse?] tombe.

---

[1] This is not the only evidence of this particular abortive enterprise against Boulogne. (Other such plans are indicated by documents in B.N., fr. 3127, dating from 1548-9, copies in B.L., Egerton MS 2, ff. 107-11.) In Apr. 1548, two spies sent out to Normandy and Brittany reported that near Abbeville they met a Frenchman who 'declared howe he was one of the nomber that was appointed to surprise Bolloyne but they were frustrate of their purpose because they came to late by halfe an houre of that tyme that was prescribed them, which thing he lamented sayinge that the towne shoulde by one of the captaines that is it in it [*sic*.]' (B.L., Harley MS 353, f. 43r).

Je seray avecques quarante hommes a cheval ou environ en mon ambusche et auray vingt harquebuziers a cheval que le cappitaine Beuil menera.

Le cappitaine Guard sera avecques moy et aura cent corceletz et cent harquebouziers choisis dedans toutes les bendes, qui partira de l'ambusche aussi tost que moy. Il fauldra envoyer le soir devant l'execution de l'entreprinse aux maisons qui sont pres de mon ambusche affin de saisir tous ceulx qui seront dedans et ne les laisser poinct sortir. Et fauldra faire courir le bruict que les Angloys veulent faire une entreprise sur nous.

Le cappitaine Belguin sera avecques ma bande le plus pres du petit ravelin qu'il pourra, pourveu qu'il soit a couvert, lequel, comme il me verra partir de mon ambusche, partira et viendra apres moy le plus diligemment qu'il pourra.

La cappitaine Villefranche avec tout le reste des cappitaines qui sont dedans le fort, seront dehors au couvert du fort qui se mettra au cul du cappitaine Belguin et amenera tous ses gens sans se desbander et sans aussi tenir forme de bataillon, mais le plus en gens de guerre que faire se pourra.

Il y aura quatre gentilzhommes a cheval qui seront avecques moy, lesquelz auront chacun une banderolle blanche a leur morrion que j'envoyeray deca et dela; et a ceulx la fauldra que tous les cappitaines obeissent.

Le matin dont l'execution de l'entreprise se fera, le jour il fauldra mettre des sentinelles de tous costez pour empescher qu'il ne voise personne a Boulongne sinon ceulx qui diront ung mot. Et ce jour ne fauldra laisser sortir personne du fort mais bien laisser entrer qui vouldra et pour ce il fauldra avoir bonne garde a la porte.

Ce que dessus est mon oppinion et comme il me semble que l'execution se doibt faire, sur laquelle je vous prye en dire vostre advis et ce que j'auray obmis le mettre par escript a celle fin que, quand je seray la, nous ne perdons poinct de temps pour en debattre. Faict a Chastillon ce vingthuictiesme de mars 1547.

[*P.S.*] Il fauldra aussi [.......]*a* toute nostre artillerye aux lieux necessaires.

4 *Agreement between Coligny and Clinton on ransoms.* [*c. winter 1549*]
   registered copy: A.E.C.P., Angl. VIII, ff. 92v–93r

Premierement
Que la ou adviendroit que lesdictz sieurs de Clinton et de Chastillon seroient prins prisonniers a la guerre, seront quictes de leur rancon

---

a Illegible

pour mil escuz sol. de France ou bien en autres especes de monnoye d'Angleterre revenant a la juste valleur d'iceulx.

Item le cappitain de gensd'armes, lieutenant, enseigne, guydon, hommes d'armes et archers seront quictes en payant la soulde qu'ilz recoyvent par chacun moys de leur roy.

Item le cappitain des chevaulx leigers, lieutenant, enseigne ou simple cheval leiger paieront semblablement la soulde d'un moys qu'ilz recoyvent de leur roy.

Item le capittaine, lieutenant, enseigne, officer de bande et tous les soldatz generallement de gens de pied paieront au cas pareil la soulde qui leur est baillee pour ung moys de leur roy.

Item que la ou il y aura ung prisonnier de la qualite susdicte, qu'il sera renvoye sur sa foy vingt et quatre heures apres avec ung trompette, tabourin ou simple lettre desdictz sieurs. Si cas est, s'il est Angloys, dudict seigneur de Chastillon, s'il est francoys, dudict milor Clynton. Et seront creuz l'un et l'autre desdictz sieurs, en mandant quel degre et soulde de ceulx devantdictz auront lesdictz prisonniers.

Item que devant que lesdictz prisonniers se despartent de leurs maistres, ilz accordent avec eulx du jour qu'ilz debvront payer leur rancon. En deffault de paiement d'icelle seront tenuz de s'en retourner et rendre a leursdictz maistres.

Item que tous les articles susdicyz seront signez de la main desdictz sieurs de Clynton et Chastillon et cachetez de leurs sceaulx, promectant ung chacun d'eulx en bonne foy de garder et faire garder et observer tout ce que dessus.

II THE START OF THE NEGOTIATIONS, NOVEMBER 1549

Memorial of Antonio Guidotti to Henri II. 9 November 1549

copy: Calig. E.iii, ff.69–70 (English translation) (mutilated)

[. . . . .] by the cons [. . . . .] cownsell thowgh I can shew [no commission] saving only a passeporte subg [. . . . .] whereby may appere that my errand [is by command] of the king of Englande.

Theffect and cawse of my coming is [to speak] unto your Majeste and to bring to passe that [your Majeste send] ij or iij ientlemen of experience instructed [sufficiently] towarde Ardres, to meete there with [the commissaries that] be sent to Guisnes for that purp[ose . . . .] by the king of Englande with full appoyntement towching Boull[ogne and] other matters of difference whiche shall now[e come] thither and thereof I bynde myne honesty to [. . . . .] And in cace your Majeste shall agree upon thes m[eetings, shall] I passe ageyne strayght wayes into Englande [. . . . .] and will cawse that

sayde gentlemen to coom to [Guisnes] me selff allso in theyr company
out of hand [......] And your Majeste being so content, I woll
reporte [the same] to agree with your commissaries upon an indifferent
[place.] And forasmuch as your Majeste is utterly resolved [to have
Boulogne] ageyne or ells to entre no communication [I may say] unto
your Majeste that yow shall have your [desires, saving the] capitulacon
that your Majeste fynde the meane to [satisfy] the king of Englande of
all suche somes of [money as he] pretendeth your Majeste to be
bownde to pay to him. And for that the some is great they ar content
[....] unto your Majeste to receyve the thirdde parte thereof [or at]
leaste the iiijth parte att the deliverye of Bouloyne the
[....................

*   *   *

........] this in [........] unto your Majeste that in [.....] unite
with the king of Englande and to g[ive ....] the lady Elisabeth your
Majestes eldest daw[ghter being....] yeres olde with a convenient
dote.

I am very sure that his Majeste will marry [the said lady accord-
ingly.] And towching this article, there will [be much to] say and to
replye, whereof the commissaries on [both side]s when they shall
meete may talke att good leyser [the....]g being of muche wayght
and the ref[...] to be considred [accord]ingly; wherein is to be
thowght upon that hereby sholde [now] be assured the peax, the
union and the tranquillite of [the tw]oo realmes for twoo liefes besydes
the taking [away] all practises, devises and talkes of suche as cowd [go
abow]t to holde the sayde two realmes in contynuall wa[rre. Where-
fore] I do declare unto your Christian Majeste that the motion [for
the] mariage is by the consent and ordre of the forsayde [kinges privy]
cownsell.

[And] in cace your Majeste myndeth to make sure and perp[etuall
peace] never to breake att any tyme betwene the twoo real[mes this]
must be the meane: the king of Englande to quitt a[ll that] he pretendeth your Majeste doth ow hym, and the pension [with all] the
arrerages thereof; to yelde uppe the title [of kinges high]nes of
Fraunce, to restore Boulloyne and Boull[onoys wi]th the fortes and
strengthes within the same. These [thinges] being doon, itt is to be
undoughtedly believed that nev[er can] there ryse any mattre of
discorde betwene yow.

The meane to opteyne these thinges att the king of [Englandes]
hand is [a]to marry your dawghter with hym and[a] to d[eliver] the quene
of Skottes in to Englonde to be his wief.

*   *   *

[a][a] *passage deleted*

[............] that they wil [............]st of the sayde quene of [Skottes.] And all beit I have not commission [from the kinges] cownsell, yet have I nott made declar[ation for this] purpose to your Majeste therin att all [....... of] myne owne imagination, butt upon a goodd [........] Majeste shall in the treating of the matter [........] Itt may then please your Majeste to resolve up[on these] poyntes and to geve thereupon instructions [accordingly.] And for my parte, I woll advertise the hon[orable cownsell] of all such thinges as I have declared unt[o you that] they may be thowrowghly infourmed of the h[...... and] appoynte theyre commissaries instructed acco[rdingly.]

And farther I shall be content att your Majestes [instruction] to wright unto the cownsell all suche thing[es as have passed] betwene your Majeste and me and to tarry mes[sengers] till the answer coom or elles to go in parsone [the better] to devise and worcke with the sayde cownsell [as your] Majeste shall commande me, so faire is my face [set] for the benefyte of the ij realmes. To the w[hich, God] sende peax and to your Majeste long lief in [health and prosperite.] From Paris, the 9th of novembre 1549.

Your most Christian M[ajestes humble] and obedient servant,
ANTONIO G[UIDOTTI][1]

[*Endorsed:*] [Minut]e of my[ster Guydottes] d[isco]urse hadde first to the f[rench] king by mowth and after deliverd unto the same by writing. 1549

III FRENCH NEGOTIATIONS WITH THE IRISH PRINCES, 1549–50[2]

1 *Henri II to Con O'Neill, earl of Tyrone. Compiègne, 11 October 1549*
copy: B.L., Stowe MS 154, f.1

Princeps excellentissime consanguinee charissime, Intelleximus a Georgio Pares que cumque ipse vostro nomine nobis dixit et apperuit; et quia ea vobiscum amplius communicari et certam aliquid super eis

---

[1] Although damage to this document means that its ascription to Guidotti is conjectural, enough remains of the signature, along with the content, to make the indentification certain. Cf. Potter, 'Treaty', 57.

[2] For the general context of these documents, cf. D. L. Potter, 'French intrigue in Ireland during the reign of Henri II, 1547–1559', *International History Rev.*, v (May 1983).

resolvi desideramus mittimus ad vos aliquot nobiles nostros cum his litteris quibus rogamus eam fidem habeatis de iis rebus quas nostro nomine vobis sunt exposituri quam nobis ipsis, Deus optimus Maximus precantes princeps excellentissime et consanguinée charissime, ut vos salvos incolumesque conserve.

2 *Manus O'Donnell to Henri II, Donegal, 23 February 1550*[1]
  copy: B.N., fr.10751, pp.8–10

Serenissime et Tres-chrestien roy,
il me desplaist extremement que l'indisposition de ma personne m'oste le moyen d'aller recevoir les seigneurs voz ambassadeurs, au lieu où ils sont arrivez. J'ay neantmoins resceu les lettres de vostre Majesté, par le seigneur du Bosc; a laquelle ie rends tres-grandes et tres-humbles graces, de m'avoir daigné declarer plustost qu'à tout autre, la bonne volonté qu'elle porte au royaume de Hirlande, et de m'envoyer tels personnages, lesquels, à le verité, ont tres-sagement faict de ne venir point tout d'un train, et de prime face, vers moy: car leur venuë eut donné occasion aux Anglois, noz ennemis, de croistre les forces qu'ils ont encore assez petites, en ce royaume et de se preparer pour faire resistance a vostre armée; et a l'avanture de faire la guerre contre moy, et contre les autres princes noz amis comme ainsi il estoit a craindre qu'en allant, ou venant ne leur fussent dressees des ambusches, ainsi que, les sachant si avant au païs nous l'avions entendu, non sans grande crainte de leurs personnes estant adverti de bon lieu qu'on a desia faict sçavoir leur descente aux Anglois. Parquoy i'ay prié le seigneur du Bosc qui m'est ami de long temps de les aller faire partir incontinant, et retirer au plustost en Escosse; quoy faisant ils eschappent le danger, où ils se sont mis, et afin aussi d'estre d'autant plustost vers vostre Majesté laquelle nous prions humblement, ainsi que nous avons plus ample-ment donné charge au seigneur du Bosc et escript a voz ambassadeurs qu'elle veuille certainement croyre comment devant Jesus Christ, et vous Sire, ie promets que tant que vivray en ce monde, moy, et le tres illustre seigneur Oneil, conte de Therone avec touts les princes et seigneurs de Hirlande, et sans eux ensemblement et separement nous rendrons a vostre Majesté tres-fidelle service et obeissance, pour nous, et noz successeurs; et a vous et a voz ministres serons nous mesmes les nostres et touts noz biens, iusqu'a ce qu'il soit accompli que qui est et sera roy de France celluy soit tousiours roy d'Hirlande, toutes fois quant a ce qui touche aux autres princes Hirlandois vers lequels, par nostre advis et conseil, le sieur George Parez a esté envoyé, nous sommes asseurez qu'il n'en y a aucun qui ne desire tres-fort d'obeir a vostre

---

[1] 18th-century copy of a translation from Latin, originally part of the Fourquevaux archive.

Majesté et ou quelqu'un seroit d'autre volonté, nous, Dieu aidant, et avec vostre puissance, subiugerons et soubmettrons tout soubs vostre empire.

Cependant nous au nom de vostre Majesté promettons a touts les princes Hirois (suivant ce que nous ont escripte et promis voz ambassadeurs) que vostre Majesté nous traictera touts benignement et chrestiennement; ne permettra que rien soit diminué de la saincte religion, n'ostera rien du droit et libertés des nobles, conservera le clergé et personnes ecclesiatiques et les sainctes eglises en leurs privileges, et franchises. Vostre Majesté donc ne veuille differer davantage, ainsi diligement envoye son armée par deçà avec laquelle nous ioindrons toutes noz forces, et tout ce que nous, et noz amis pourrons faire, le tout se faira selon vostre ordonnance, et commandement. Suppliant derechef humblement vostre Majesté qu'elle ne veuille guiere attendre de ioindre a sa Tres-Chrestiene couronne ceste autre couronne, laquelle n'est point a mespriser. Dieu doint a vostre Majesté perpetuelle victoire contre voz ennemis, et icelle conserve tres-longuement, en sa bonne volonté qu'il luy plaict me porter et a toute Hirlande. Ce qui reste a dire de nostre intention vostre Majesté l'entendera de voz nobles ambassadeurs, lesquels ont tres sagement declaré vostre volonté, et a nous et aux autres princes. Escript a nostre chasteau de Donnigal le vint troisiesme jour de fevrier 1550.

> Vostre tres fidelle serviteur,
>
> ODONEAL.

3 *Constable to de Fourquevaux.*[1] *Paris, 30 March 1550*

original: N.L.S., MS 2991, f.29

Monsieur de Fourquevaulx, le roy envoie presentement pardela le sieur de Fumel present porteur pour l'occasion que vous entrendrez, qui vous dira aussi le contantement qu'il a de vous et de service que luy avez faicte pardela. Presentement, nous avons sceu que le sieur de Montluc est arrive a Brest par lequel nous actendons a savoir ce que vous aurez fait par ensemble au voyaige d'Irlande, chose qu'il ne sera besoing pour suivre estans en paix aveqs les Anglois comme nous sommes. Qui sera la fin, priant Dieu, monsieur de Fourquevaulx, vous donner ce que desirez. De Paris, le xxx^e jour de mars 1549.

> le tout antyerement vostre,
>
> MONTMORENCY.

[1] Raymond de Beccarie de Pavie, baron de Fourquevaux, French captain of Hume castle in Scotland and envoy, with Jean de Monluc, to northern Ireland in late 1549. Cf. *Mission de Beccarie de Pavie. Baron de Fourquevaux, en Ecosse 1549*, ed. G. Dickinson (Oxford, 1949).

4 *Henri II to Fourquevaux. Saint-Germain, 24 April 1550*
    original: N.L.S., MS 2991. f.43

Monsieur de Fourquevaulx, le sieur de Montluc m'a tresbien fait entendre a son retour le bon et grant devoir que vous avez fait pardela, tant en la place de Humes que au voiage d'Irlande, dont j'ay bien grant contantement; de sorte que je le vous feray congnoistre par effect, ainsi que vous dira plusamplement de ma part le sieur de Bresze present porteur, auquel je vous prie adjouster foy et le croire de tout ce qu'il vous dira de ma part tout ainsi que vous feriez moy mesmes. Priant Dieu, monsieur de Fourquevaulx, vous avoir en sa garde. Escript a Saint Germain en Laye le xxiiij^e jour d'avril 1550.

HENRY
De L'Aubespine

5 *Henri II to Fourquevaux. Boulogne, 20 May 1550*
    original: N.L.S., MS 2991. f.46

Monsieur de Fourquevaulx, j'ay receu les lettres que m'avez escriptes par le sieur de Morette et de luy entendu le bon et grant devoir que vous faictes pardela es choses qui touchent mon service, dont j'ay entier contantement. Et pour autant que, estans les choses en la transquilite qu'elles sont pardela, je desire bien me servir de vous en meilleur endroit que a la garde du chasteau que je vous avoye baillee, je vous prie, monsieur de Fourquevaulx, vous retirer pardevers moy le plustost que vous pourrez et estre asseure que vous serez le tresbien venu. Priant Dieu, monsieur de Fourquevaulx, vous avoir en sa garde. Escript a Boullongne le xx^e jour de May 1550.

HENRY
De L'Aubespine

6 *An Irishman to Henri II. Edinburgh, 6 May 1550*[1]
    copy in cipher: Vienna H—, H— u. St. A., Frankreich, Varia, fasz. 7, ff.14–15

Sire, suivant ce qu'il vous pleut me commander a Sainct Germain et que je vous promis l'annee passee, me suis continuellement arreste en ce royaulme d'Escosse jusques a present avec esperance tousiours que les affaires desquelles je vous tenoys propos prendroient aucune fin; qu'ilz n'ont fait, jacoit que la paix qu'il vous a pleu faire avec le roy

---

[1] This document is headed 'Copie de certaines lectres d'ung Hyrlandois au roy de France' and is entirely in cipher except for the final commendation. This is a transcript of the contemporary decipher. It may be surmised that it was written by one of the exiles (possibly Macwilliam) then in Scotland and that it fell into the hands of Renard, then imperial ambassador in France.

d'Angleterre soit non seulement a vous honorable, mais tresutile et prouffitable tant aux royaulmes de France, d'Engleterre et d'Escosse, comme a toute l'universelle Chrestiente, de quoy ung chascun Chrestien doibt louher Dieu. Et pour austant, Sire, que je congnoys que nostre povre royaulme d'Yrlande, pour le recours que nous avons procure avoir aupres de vous, comme a celluy qui par ses singuliers bonte et promesse ne merite seulement reger ung royaulme de France mais aussi tout le monde universel, sera grandement moleste du roy d'Angleterre et luy conviendra endurer beaucoup de mal, et que moy et Comor Oconnor fils du sieur Occonnor et Georges Parys present porteur pouvions demeurer perpetuellement bannys et privez de noz seigneuries et possessions, mesmes delibere avec l'advis de plusieurs seigneurs mes amyz vous escripre de nostre povre royaulme d'Yrlande, et avec ce pour trouver moyen par lequel moy et mesdicts compaignons puissions nous lever de vil et retourner jouyr du peu de bien qu'il a pleu a Dieu nous donner, vous supplier treshumblement, Sire, ou nom de tous les seigneurs et peuple dudict royaulme d'Yrlande, que en usant tousiours envers iceulx de vostre singuliere bonte, il vous plaise adviser quelque bon moyen par lequel ledict royaulme soit comprins au traicte de la paix, de sorte qu'il ne soit aucunement moleste dudict roy d'Angleterre ny des siens, et aussy que moy et les dessusnommes mes compaignons puissions retourner en nostre royaulme avec commission et puissance de joyr de noz biens et facultez. Et en cas sera que ce que dessus ne se puisse faire pour supplier treshumblement que, aiant regard a la povrete en laquelle moy et mesdictz compaignons sumes reduictz par la grande devotion que nous avons en vous, il vous plaise nous donner quelque honneste moyen de vivre icy ou en France selon qu'il vous plaira; et vouloir croire ledict Georges Paris present porteur de ce qu'il vous fera entendre.

Sire, apres m'estre recommande treshumblement a vostre bonne grace, je prieray Nostre Seigneur vous donner en parfaicte sante tresbonne vie et longue. Escript a Lislebourg ce vi^e de may 1550.

IV LIST OF EXTANT CORRESPONDENCE OF THE ENGLISH COMMISSIONERS AND RELATED MATERIALS IN ENGLISH ARCHIVES

1 'Instructions drawen and not sent touching communication with France.' [? Dec. 1549]

draft: P.R.O., SP 68/5, pp. 15–28
mentioned: *C.S.P.F. 1547–53*, no. 211

2 Commission of Edward VI to Bedford, Paget, Petre and Mason. Westminster, 21 Jan. 1550

original: A.N., J 652(1)
copy: Calig. E. iv, ff.248–50 (dated 1 January)
printed: Rymer, *Foedera*, xv. 216–17

3 Instructions to the commisioners. [?20 Jan. 1550]

original: Calig. E.iv, ff.201–3 (mutilated)
contemporary copy: Calig. E.iv, ff.284–6
printed: Burnet, *History of the Reformation* (ed. Pocock, Oxford, 1865) v. 298–301

4 Warwick to lord Cobham, deputy of Calais. London, 22 Jan. 1550

original: B.L., Harley MS 284, f.59

5 Council to the commissioners. 28 Jan. 1550

copy: Calig. E.iv, ff. 204v–205r (mutilated)

6 Commissioners to the council. Calais, 30 Jan. 1550

copy: Calig. E.iv, ff. 203r–204r (mutilated)
printed: 'Paget letters', no. 47

7 Council to the commissioners. Westminster, 2 Feb. 1550

copy: Calig. E.iv, f. 207v

8 Commissioners to the Council. [c.1–7 Feb. 1550]

copy: Calig. E.iv, f. 208 (mutilated)
printed: 'Paget letters', no. 48

9 Council to the commissioners. Westminster, 1 Feb. 1550

copy: Calig. E.iv, ff. 206v–207r (mutilated)

10 Warwick to the commissioners. London, 1 Feb. 1550

copy: Calig. E.iv, f. 206r (mutilated)

11 Council to the commissioners. Westminster, 7 Feb. 1550

copy: Calig. E.iv, f. 209r–v (mutilated)

12 Commissioners to the council. [Calais,] 8 Feb. 1550

copy: Calig. E.iv, ff. 209v–210r
printed: 'Paget letters', no. 49

13 Commissioners to lord Clinton. [Calais,] 8 Feb. 1550

copy: Calig. E.iv, f. 210r–v (mutilated)
printed: 'Paget letters', no. 50

14 Commissioners to the council. [Calais,] 10 Feb. 1550

copy: Calig. E.iv, ff. 210v-211v (mutilated)
printed: 'Paget letters', no. 51

15 Commissioners to Sir Anthony Aucher. Calais, 11 Feb. 1550

copy: Calig. E.iv, f. 211v
printed: 'Paget letters', no. 52

16 Commissioners to the council. [Calais, 11 Feb. 1550]

copy: Calig. E.iv, f. 212r-v (mutilated)
printed: 'Paget letters', no. 53 (joined to next item)

17 Commissioners to the council. Calais, 12 Feb. 1550

copy: Calig. E.iv. f. 213r (mutilated)
printed: 'Paget letters', no. 53 (joined with preceding item)

18 Council to the commissioners. Saint James', 18 Feb. 1550

copy: Calig. E.iv, f. 213 (mutilated)

19 [Commissioners to the earl of Huntingdon. *c.* 19 Feb. 1550]

copy: Calig. E.iv f. 214r (mutilated)

20 Commissioners to the council. [Boulogne,] 20 Feb. 1550

copy: Calig. E.iv ff. 214r-216r (mutilated)
printed: 'Paget letters', no. 54

21 Commissioners to the council. [*c.* 21 Feb. 1550]

copy: Calig. E.iv, ff. 216v-218r (mutilated)
printed 'Paget letters', no. 56

22 William Paget to Warwick. Boulogne, 22 Feb. 1550

copies: Calig. E.iv, ff. 232r-237r (mutilated); Lansdowne MS 2, ff. 81-4
printed: J. Strype, *Ecclesiastical Memorials* (Oxford, 1822), ii (2). 437-42

23 'Articles thought mete by the kinges Majeste' to be sent to the commissioners for peace in reply to their letters of 20 Feb. [23 Feb.]

original: Calig. E.iv, ff. 276-81 (with addition)
copy: Calig. E. iv, f. 218 (shorter version)

24 Instructions of Edward VI in reply to commissioners' letters of 27 February. 4 Mar. 1550

original: Calig. E. iv, ff. 282-3 (mutilated)
printed: Burnet, *History of the Reformation*, v. 302-4

25 Paget and Bedford to Cobham. Boulogne, 10 Mar. 1550

original: A.N., J 651^B, no. 15
printed: 'Paget letters', no. 57

26 Paget to Warwick. Boulogne, 15 Mar. 1550

draft: Llanfairpwll, Anglesey MSS, box ii, f.6
printed: 'Paget letters', no. 58

27 Safeconduct issued by commissioners to French fishermen during
the negotiations. undated

copy: Anglesey MSS, box 2, f.9

28 English copy of the treaty. 24 Mar. 1550

original: A.N., J 651^B, no. 15
printed: F. Léonard, *Receuil des Traitez de Paix* (Paris, 1693), ii. 471–
7

29 Council to Cobham. Westminster, 2 Apr. 1550

original: B.L., Harley MS 284, f.80

30 Paulet to Cobham. 5 Apr. 1550

original: B.L., Harley MS 284, f.83

31 Council to Cobham. Greenwich, 16 Apr. 1550

original: B.L., Harley 284, f.88

32 Commission to Huntingdon, Cobham and Wallop to receive the
French hostages. [early Apr. 1550]

draft: P.R.O., SP 68/5, pp. 51–3
mentioned: *C.S.P.F. 1547–53*, no. 213

33 Commission to Cobham, Petre and Mason to receive Henri II's
oath. [Apr. 1550]

copy: B.L., Harley MS 284, f.76

34 Council to Cobham, Petre and Mason. Greenwich, 2 May 1550

original: B.L., Harley MS 284, f.92

35 Letters of confirmation by Edward VI of the treaty

original: A.N., J 652 no. 1

36 Edward VI's oath to observe the treaty. 28 May 1550

original: A.N., J 923 no. 12

37 List of Coligny's ceremonial embassy. Late May 1550

original: P.R.O., SP 68/5, pp. 55-6
mentioned: *C.S.P.F. 1547-53*, no. 214

38 Accounts of Sir Maurice Dennys for the sum of 400,000 crowns received from France in Apr. and Aug. 1550

original: P.R.O., SP 68/15, ff.217-30

III

THE *VITA MARIAE ANGLIAE REGINAE* OF ROBERT WINGFIELD OF BRANTHAM

edited and translated by
DIARMAID MACCULLOCH

CONTENTS

INTRODUCTION

The manuscript

The account of Queen Mary I's *coup d'état* and first regnal year here printed forms British Library Additional MS 48093, part of the collection known as the Yelverton Manuscripts. The nucleus of this collection was formed by the Elizabethan clerk to the privy council, Robert Beale, who despite his strong Puritanism does not seem to have disdained to collect manuscripts from both ends of the religious spectrum as long as they related to the events of the English Reformation. Beside the *Vita Mariae*, another manuscript of the collection (no. 72, now B.L. Add. MS 48066) contains a miscellany of conservative writings including Nicholas Harpsfield's long treatise against Henry VIII's divorce written at practically the same time as the *Vita* and Harpsfield's *Life of Sir Thomas More*, together with the *Life of Cardinal Wolsey* by George Cavendish, who like Robert Wingfield was a Suffolk gentleman. How Beale acquired the Wingfield manuscript (if, indeed, it did form part of his collections) is not clear, although he was himself a native of Woodbridge, only a few miles from the Wingfield family home at Ipswich.[1] From Beale the manuscripts passed to the lawyer Sir Henry Yelverton (1566–1629), who was Beale's son-in-law and who augmented the collection, giving it its present name. The manuscripts passed through the families of Yelverton and Calthorpe as lords Grey of Ruthin, viscounts Longueville and earls of Sussex, and from the seventeenth earl of Sussex in 1795 to Sir Henry Gough Calthorpe, later Lord Calthorpe.[2] The collection, minus various missing volumes, was acquired by the British Library in 1953 from the Trustees of Brigadier R. H. Anstruther-Gough-Calthorpe.

The *Vita Mariae* is a volume bound in vellum with the remains of ribbons to tie it shut; it measures 14.5cm × 19cm and consists of sixty-nine unnumbered folios, the first five and the last seventeen of which are blank. On the cover 'Vita Mariae Angliae Regine' is written in ink, and on the flyleaf is the inscription 'MSS Yelvert.N.102'. Unlike most of Beale's volumes, it does not look like a copy specially made for his use but would seem to be a presentation copy commissioned from a professional clerk: it is written in a very formal clerk-hand, with the prefatory letter to Sir Edward Waldegrave and all the proper names in italic. The clerk copied rather blindly from the text given him, and

---

[1] Metcalfe, 184. Unless otherwise stated, all subsequent details of marriage alliances are derived from Metcalfe.

[2] Letters pasted on the flyleaf of B.L., Add. MS 48195.

several of his mistakes and omissions were never corrected despite the warning provided by the errors of an earlier version of the text produced by a copyist, which the author had been forced to recall in shame.

It is likely that this manuscript is the final copy which the author gave to the dedicatee, Sir Edward Waldegrave, after he had revised and extended the text. Although the dedication is dated 20 May 1554 and towards the end of the work the author tells us that he took his narrative down to 5 May 1554, that is, the end of Mary's second parliament, there are at least two incidents in the text of a later date, the public penance of Elizabeth Croft (15 July) and the suicide of James Hales (4 August), both of which seem to have been inserted to round off earlier stories; one part of the text, the mention of the Continental travels of Anthony Cooke, William Cecil and John Cheke, may indicate a still later date for the final shaping of the work, somewhere at the very end of 1554 (see note 90 to the text).

The text itself is in a decent humanist Latin with a tendency to delight in obscurities, classical proverbs and Latin archaisms: there are not many survivals from medieval Latin, although Wingfield does have a rather medieval tendency to form nouns from verbs, such as 'vendicatio'. Only occasionally do the changing times force the author to use such modernisms as 'sclopeta' or 'lichnum' (e.g. f.24v). There are very few annotations on the manuscript. A few of the clerk's slips of the pen and some verb moods have been corrected, probably by Wingfield himself or the recipient; at one or two places a hand probably of the early seventeenth century has corrected surnames of peers. This hand seems still to have had East Anglian interests, for it also adds in the Christian name of Thomas Steynings of Earl Soham (f.18r) and supplies the name of Sir William Petre's Essex home at Ingatestone (f.29v).

The author

Robert Wingfield of Brantham was the son and heir of Sir Humphrey Wingfield, who was one of the twelve sons of Sir John Wingfield of Letheringham, head of one of the most ancient of the knightly families of Tudor Suffolk. Humphrey's was a talented as well as a numerous and a well-born generation, for two of his brothers, Richard and Robert, rose high in the service of Henry VIII particularly in diplomacy, while Humphrey himself carved out a distinguished career at home.[1] He took to the law and was prominent enough to have been included on more than one commission of gaol delivery in his native Suffolk before Thomas Wolsey rose to eminence.[2] The cardinal held

[1] *D.N.B.*, *s.v.* Wingfield, Humphrey, Richard and Robert.
[2] *C.P.R.,Hen. VII*, ii. 305,559.

him in high esteem,[1] but he was never merely a Wolsey man; in 1516 his cousin Charles Brandon, newly-created duke of Suffolk, was soliciting Wolsey to honour his promise to have Humphrey appointed *custos rotulorum* for the county.[2] On 5 February 1526 he was among the legal members of the king's council.[3]

By the end of the 1520s Humphrey was too prominent to be injured by Wolsey's fall, and indeed he was one of the commissioners who held inquisitions on Wolsey's former Suffolk lands.[4] On 4 February 1533 he was elected Speaker of the Reformation Parliament in succession to Thomas Audley, no doubt as a nominee of the group round the king; he was knighted in 1538. His prominence in East Anglian affairs continued until his death in 1545, when he was buried in his parish church at Brantham. His son Robert, with his keen interest in history, was probably responsible for the 'table' recording Sir Humphrey's career which hung in the church until the Civil War.[5]

Robert's mother, Anne Wiseman, the daughter of an old De la Pole associate, Simon Wiseman,[6] had first married Gregory Edgar, another wealthy lawyer and a serjeant-at-law, and it was through her that Sir Humphrey had acquired the manor of Brantham Hall in the Stour valley, on the Suffolk side of the water across from Essex, and some four miles from Ipswich.[7] Sir Humphrey had much to do with Ipswich, being appointed as one of the counsel for the town as early as 1507 and serving as its M.P. in 1523;[8] he acquired certain monastic property there[9] and built the splendid house which was to serve as Queen Mary's lodging in Ipswich in the time of his son. The young Robert must therefore have grown up moving between his father's country retreat at Brantham and the busy port, where he had many relatives both on his mother's and his father's side.

Robert was born about 1513[10] and probably acquired the bulk of his schooling in his father's household, which was considered one of the models of progressive education in its day. Sir Humphrey educated other men's children besides his own; our picture of his household is derived from one of his more illustrious protegés, Roger Ascham, who

[1] P.R.O., SP 1/41/97-8 (*L.P.*, iv (2), no.2989).
[2] P.R.O., SP 1/13/251 (*L.P.*, ii (1), no.2170).
[3] *L.P.*, iv(2), App. no.67.
[4] *L.P.*, iv (2), no.6516.
[5] Gibbon, 158-9, from information clearly derived from William Blois (I owe this reference to Dr J.M. Blatchly).
[6] *L.P.*, i, no.2055(95).
[7] Gibbon, 158-9; PCC 20 Holgrave.
[8] Bacon, 178,197.
[9] *L.P.*, xii (1), no.1330(30); xiii (1), no.1520, p.580.
[10] He was recorded as aged 38 in a deposition of 1551: P.R.O., REQ 3/36, unnumbered material, John Peryn *v.* Robert Broke.

was two years younger than Robert Wingfield and appears to have maintained a lifelong friendship with him. In his treatise on archery, *Toxophilus*, Ascham praised the way in which academic study and physical training were combined at Brantham. For Sir Humphrey's sake, said Ascham, 'I owe my service to all other of the name and noble house of Wingfield, both in word and deed'—a service on which Robert Wingfield was to rely too much when he wanted Ascham to check the original text of the *Vita Mariae*.[1]

Unfortunately, Ascham's references to his time in the Wingfield household do not include any names of his former fellow-pupils, but we know that among them was John Christopherson, the Marian bishop of Chichester; Christopherson receives equal praise with Ascham for his literary skills in the preface to Wingfield's work. The evidence for Christopherson's time at Brantham is somewhat bizarre; in 1535 he was acquitted of the murder of another member of Sir Humphrey's household, a chaplain named John le Sterlynge. Christopherson's account of the affair, which was accepted by the coroner's inquest at Brantham and by the justices of oyer and terminer, including Sir Humphrey himself, at Ipswich, was as follows: on 22 October 1535 he came into le Sterlynge's bedchamber in Brantham. They were old friends, and as was his habit, Christopherson was warming himself at the fire in the chamber; suddenly without cause or warning, le Sterlynge attacked him and wounded him in the face. As Christopherson tried to escape, le Sterlynge drew his dagger and hurled it at him; in self-defence Christopherson took his own knife, and the blow that he struck killed his friend instantly. Whatever the obscure passions lurking behind this tale, the episode does not seem to have affected Christopherson's subsequent career.[2]

The pupils probably learnt Latin and Greek from a priest named Robert Bond, probably the Cambridge graduate of that name, and rector successively of the Suffolk parishes of Ipswich St Helen, Carlton and Martlesham; in the same year that he was presented to Martlesham, 1532, he was made a royal chaplain, but on Sir Humphrey's request he was permitted to remain in the Wingfield household.[3] There can be little doubt that this was the man responsible for forming Robert Wingfield's thoroughly classical if rather pompous Latin prose style.

Details of Robert's life are scanty, and it is difficult to escape the

[1] *The Whole Works of Roger Ascham*, ed. [J.A.] Giles (4 vols. Oxford, 1864–5), ii. 135. *D.N.B.*, *s.v.* Ascham, Roger, mistakenly says that Ascham was educated in the household of Sir Anthony Wingfield. In his will (PCC 23 Alen), Sir Humphrey Wingfield referred to the 'Chamber' sometyme called the scoole howse with the litle chambr annexed to the same' at his Ipswich house.

[2] P.R.O., KB 9/534, mm.5–8.

[3] L. V. Ryan, *Roger Ascham* (Stanford, 1963), 12; *P.S.I.A.*, xxii (1934), 39.

conclusion that he must have been a disappointment to his father. There is no evidence that he ever played any official part in county affairs, although his father's prestige would normally have been sufficient to have secured him a place on the much enlarged post-Reformation commission of the peace for a few years at least. He first appeared on the historical scene in 1545, when in company with his cousin John Brewse, he visited the Protestant martyr Kerby, then imprisoned at Ipswich, and courteously but in vain attempted to persuade him to recant his religious opinions; already, therefore, Wingfield had become set in the religious conservatism that characterizes the *Vita*.[1]

At some stage he married the daughter of Sir John Pargiter, lord mayor of London for 1529–30, clearly a good match arranged by his father. Like most gentlemen he became involved in various legal disputes, most notably with the group of men who ran the affairs of the weak and irresponsible fifteenth earl of Oxford; this was the group whose discomfiture in Mary's coup he was to describe with such glee.[2] Another dispute with the heirs of one John Mannyng of Tattingstone near Brantham caused him to be denounced to the leaders of the great rebel camp near Ipswich in the upheavals of 1549,[3] and it is notable that the only good word that he had for the duke of Northumberland, otherwise to be hated for his schemes against the beloved Princess Mary, was the part that Northumberland had played in suppressing the 1549 rebels (f.8r).

Wingfield's hour came with the arrival of Mary in East Anglia to set up her standard against Northumberland. From being the obscure son of a noteworthy father, from being an undistinguished member of the following of the east Suffolk peer Lord Wentworth, he was suddenly catapulted to local celebrity as the queen's host at Ipswich on her triumphal progress to London; on 1 November 1553 he was granted a life annuity of twenty pounds in consideration of his service during the coup.[4] Small wonder that he chose to commemorate his moment of glory with an account of Mary's success.

Sadly, his glory was not to be sustained. It was perhaps symptomatic of the man that the most tedious and overwritten part of his narrative of the coup was the major event that he had actually witnessed himself, the great muster of Mary's newly-trained troops at Framlingham castle. Apart from his pension, his own account suggests that the Marian government gave him some minor royal office which occasionally brought him to Court, but he still seems to have failed to gain

[1] Foxe, v. 530.
[2] P.R.O., C 1/1186/68.
[3] P.R.O., C 1/1279/76. On the Ipswich camp, see MacCulloch, 'Kett'.
[4] *C.P.R.*, *P. and M.*, iii, 85.

the ultimate accolade in Tudor local politics, membership of the justices' Bench; soon, too, his beloved queen was to die, a disappointed and embittered woman. Wingfield's fervent prayers for the success of the Spanish marriage and for the future of the Catholic faith were in vain. He can only have survived for a few years after the accession of Elizabeth and the reintroduction of the Reformed faith that he detested so much.

A chancery case of the early 1560's suggests that he was in financial difficulties and to raise money sold Brantham to a local gentleman named Robert Bogas as an unreasonably low figure; another case describes the complications over his sale of the manors of Overhall and Netherhall in the neighbouring parish of Stutton, ironically involving William Cardinall, the up-and-coming gentleman who had bought out the neighbouring great estates of the bankrupt earl of Oxford at East Bergholt.[1] Robert's son Humphrey and his grandsons Humphrey and Thomas all went up to Cambridge[2] and his grandsons made respectable marriages to two daughters of Sir John Brewse of Little Wenham, but the fortunes of this branch of the Wingfield family were destined never to fulfil the early promise of Sir Humphrey's career. Wingfield House left the family's possession in 1619.[3] The antiquary William Blois saw the graves of Robert Wingfield and of his eldest son Humphrey in Brantham church at the time of the Civil War, but all trace of them has now gone.[4]

Wingfield was not the only religious conservative to turn his hand to literary composition in the Stour valley in the decade after Mary's accession. Further upstream Roger Martin, head of a family of wealthy clothiers turned gentlemen at Long Melford, produced a nostalgic description of the furnishings and ceremonial of the great parish church there as he remembered them, a sort of smaller-scale *Rites of Durham*, in the bare days of the Elizabethan Reformation;[5] a couple of miles further on up the river, George Cavendish wrote an account of the splendour and fall of his former master Cardinal Wolsey, while in retirement at his home at Glemsford. Wingfield and Cavendish must have known each other quite well, particularly considering the value that Wolsey placed on Sir Humphrey Wingfield's counsel; perhaps Cavendish was in the model household at Brantham, although he was about a decade older than Robert. It is possible that Robert's work inspired Cavendish to write down his memories, for

---

[1] P.R.O., C 3/20/12, C 3/41/21.
[2] Venn, iv. 438.
[3] *P.S.I.A.*, vii (1889), 68.
[4] Blois MS, Suffolk Record Office (Ipswich), GC 17/755, p.166.
[5] W. Parker, *History of Long Melford* (privately printed, 1873), 70f.

while the *Vita Mariae* was written in 1554, Cavendish's work can be dated as having been finalized in 1557.[1]

The content of the manuscript

The unique interest of the *Vita Mariae* is the fact that it gives an East Anglian view of what was primarily an East Anglian event, Mary's bloodless *coup* against the established government in Westminster. The significance of Mary's victory has seldom been sufficiently emphasized: it was the only time during the Tudor period when the provinces rose in rebellion against the central administration and won. Moreover, the victory was centred on an area of England where that same central government had successfully neutralized a very serious popular rising only some four years before.[2]

One feature of the coup which comes out from all the accounts of it and which so puzzled the various ambassadors in London, used as they were to the more aristocratic character of Continental civil strife, was the groundswell of popular support which carried Mary to victory. Wingfield repeatedly emphasises this: it was the ordinary people who first flocked to Mary at Kenninghall (f. 14v), it was the ordinary folk who demonstrated their discontent when conservative and Protestant gentry alike agreed to proclaim Jane at Ipswich (f.16v), it was the ordinary sailors who mutinied against their officers in the squadron sent to cut off Mary from the Continent (f.19r) and it was the common servants of the earl of Oxford who told him that he had to abandon Queen Jane and who threw the gentry who supported Northumberland into gaol (f.24r). The contemporary *Chronicle of Queen Jane and Queen Mary*, which tells the same tale from a Londoner's point of view, likewise conveys the terror which this popular intervention in politics caused to the better sort: quite apart from the mutiny of the sailors, 'worde of a greater mischief was brought to the Tower—the noblemen's tenauntes refused to serve their lordes agaynst quene Mary.'[3] The events of July 1553 can be seen to be a considerable extent as the people's revenge on the aristocracy for the events of summer 1549.

However, this is not the whole story of Mary's coup; without the help of the gentry and nobility, particularly those of East Anglia, her popular support would probably have been useless. Wingfield was no panegyrist of the poor; his experience of 1549 had taught him to hate and fear popular uprisings as it had done the rest of the gentry: the lists of names which form such a valuable part of his account are

---

[1] *D.N.B.*, *s.v.* Cavendish, George.
[2] MacCulloch, 'Kett'.
[3] *Q. Jane and Q. Mary*, 9.

celebrations of the loyalty and legitimism of his friends and acquaintances among the landed classes of East Anglia. As one of the great Wingfield clan, Robert was particularly well-placed to gain information on the exact sequence of events following Mary's flight to Kenninghall; apart from anything else, his dedicatee Waldegrave had been part of the princess's household. Of the various gentry who awaited Mary's first arrival at Framlingham, Alexander Newton of Braiseworth was Wingfield's brother-in-law, while the second wave of arrivals at Framlingham included Sir John Brewse, two of whose daughters married grandsons of Robert. His cousins, uncles and aunts through the marriage of his father's numerous brothers included Veres, Wentworths, Nunns and Waldegraves, besides his cousins Robert, Anthony and Henry of the senior branch of the Wingfield family at Letheringham:[1] all these names figure among the lists of those who flocked in to support Mary. Given Wingfield's place in the thick of the familial network of east Suffolk which centred on Lord Wentworth and the Wingfields,[2] it is only natural to suppose that he derived his inside information on the last days of Edward VI from John Gosnold, the east Suffolk man who was deeply involved in those events at Court. Other local men would have helped; he probably heard Philip Williams's story of Richard Broke's mutinous squadron from the Ipswich innkeeper's own lips.

When one looks at Wingfield's first substantial list, that of Mary's household before her coup, her reasons for choosing East Anglia for her stand against Northumberland become clear. Of twenty-nine names, no less than eleven can be identified with reasonable certainty as coming from Suffolk, Norfolk or Essex; they included the three first named in the list, Robert Rochester, Henry Jerningham and Edward Waldegrave, and numbered one man, Ralph Chamberlain, who was still an active justice of the peace in the Liberty of St Edmund (the modern west Suffolk) despite his membership of Mary's entourage.[3] No doubt these gentlemen had been making contingency plans in their own countries and among their friends; was it merely coincidence that the earl of Bath and the dowager Lady Burgh were on hand to welcome Mary as she travelled from Cambridge to Kenninghall? Moreover, the first gentlemen to join Mary at Kenninghall—Bedingfield, Shelton and Southwell—were from the same group of conservative East Anglian magnates as the men in Mary's household. Bedingfield and Southwell were destined to rise high in Mary's confidence

[1] See *P.S.I.A.*, vii (1889), 57–67, for a convenient summary of Wingfield pedigrees.
[2] See MacCulloch thesis, chs. 4 and 7.
[3] His attendance at Bury Quarter Sessions is recorded for 1551 in the estreats of fines in the exchequer, P.R.O., E 137/42/4, and he probably attended in subsequent years for which estreats do not survive.

during her brief reign. The next batch of arrivals at Kenninghall were of the same character; they included such future stalwarts of local and national Marian administration as the lawyers Richard Morgan and Clement Higham and Sir William Drury of Hawstead (Suffolk).

Mary was assured of a popular following, although the motives for that following, as already indicated, would not have been particularly welcome to her supporters among the better sort; now her conservative followers had succeeded in securing her freedom of movement and rallying to her at Kenninghall. The second and vital stage of the *coup* was to wage a campaign for the minds of the uncommitted and Protestant sympathisers among the gentry, who had to be convinced by Mary's supporters that she was a serious candidate for the throne. For some days this war of nerves hung in the balance, with Northumberland's son, the future earl of Leicester, doing his best to stop vital figures of East Anglian politics like the earl of Sussex from departing from their accustomed deference to the lead given by Westminster. From Wingfield's account one may reasonably draw the conclusion that if anyone could have saved Northumberland's cause in East Anglia, it was Lord Robert Dudley, and Mary's subsequent pardon to him while his elder brother was executed becomes all the more surprising.

However, the force of Lord Robert's personality was only directly felt in Norfolk, and it was in Suffolk that two vital defections took place which swayed the gentry county community from its bemused support of Jane round to legitimism: those of the sheriff, Sir Thomas Cornwallis, and of Thomas, Lord Wentworth. It is a measure of the coercive power of the centre on the localities which the early Tudors had created that such a lifelong religious conservative as Cornwallis could have been persuaded to proclaim Jane in the first place. Hardly surprisingly, a peer of Protestant sympathies like Wentworth[1] held out for Northumberland's regime for a few days longer than Cornwallis, but in the end he too succumbed to the advice of friends and relatives on Mary's side. The whole process was quite literally a family affair; after internal discussion among the leaders of the county community, their two natural figureheads chose to rescind their first decision to support Jane taken at Ipswich, admittedly in the light of the fact that there was serious unrest in London, but before any decisive external event like the mutiny of Richard Broke's squadron on the Orwell or the miniature *coup* in the household of the earl of Oxford had taken place. It was a momentous choice; together with the rising simultaneously masterminded by Edmund Peckham and Edward Hastings in the upper Thames valley, it was the last time that

---

[1] W. L. Rutton, *Three Branches of the Family of Wentworth* (1891), 46.

a county community of southern England, a local ruling establishment, would so unambiguously set itself up against Westminster until
1640.

Why did they do it? There can be no doubt that at this second stage
of Mary's *coup* religion was not the motive. The best witness to that is
Wingfield himself, who in view of his comments on religion in the
second half of the work would have been the first to stress the promo-
tion of Catholic orthodoxy if he could have done; yet from his account
of the death of Edward VI down to Northumberland's imprisonment
in the Tower of London, for some sixteen folios of the text covering
the entire East Anglian *coup*, there is scarcely a mention even of God.
Suddenly after that, religion becomes more and more prominent.
Whatever the common people's motives for supporting Mary—and
hatred of Northumberland and the gentry world which he had de-
fended was probably the most powerful among them—the gentry
outside the ranks of the conservative organizers of the East Anglian
coup seem to have been motivated primarily by legitimism. Wingfield
positively suggests that once Mary was safely in London she performed
an abrupt volte-face, having up to then emphasised her legal rights
and diplomatically concealed her religious intentions: 'Now, since
nothing could possibly be dearer or more praiseworthy to ordinary
folk than the name of Queen Mary, the queen suddenly turned her
whole attention to religion and godliness . . .' This is very reminiscent
of Foxe's aggrieved description of Mary's East Anglian *coup*, in which
he says that the Suffolk men supported her on the understanding that
she would not alter the religion of Edward VI, an understanding
which she betrayed after her success, berating them in typical Tudor
fashion for desiring to rule their head, 'being but members'.[1] It is not
improbable that Foxe is here representing the authentic account of
such Protestants among Lord Wentworth's followers as Robert Wingfield of Letheringham and Edmund Withipoll of Ipswich, or other
Protestants at Framlingham like Owen Hopton.[2]

No other commentator can rival Wingfield's detailed account of
events in East Anglia during the coup, and the only source whose
narrative bears much resemblance to his is a rather unexpected one:
the account of Mary's accession dated at London on 1 September
1553 but printed in Spanish at Medina del Campo on 23 March 1554.
This was written by Antonio de Guaras, a Spanish merchant and
agent in London, and presumably produced in Spain to cash in on
the interest caused by the arrival of the English embassy to Philip.
Guaras mentions several details otherwise only known from Wingfield:
Mary's flight using the excuse of illness among her household servants,

---

[1] Foxe, vi. 387.
[2] Cf. MacCulloch thesis, 59, 65-6, 315.

the fact that her household numbered fifty or sixty, the imprisonment of Hungate her emissary to the Council, the great Framlingham muster and the incident of the queen's horse being too skittish to ride on that occasion. Clearly Guaras derived his information from someone involved in the East Anglian *coup*, and possibly from Wingfield himself.[1]

What were Wingfield's sources for events outside East Anglia? He reports two royal speeches, one of Edward VI and one of Mary, and neither can be dismissed as mere Ciceronian rhetorical exercises; on another occasion he rejects the chance of reporting Mary's speech in the London Guildhall during Wyatt's rebellion 'to avoid depending on the ears of other people' (f.38r). Although John Gosnold can be postulated as the likely source for Edward's speech, no such obvious candidate can be suggested for the report of Mary's answer to the Speaker in November 1553, beyond the supposition that it was a loyalist Catholic, perhaps a Suffolk man, who was a friend of Wingfield. As far as London news went, Wingfield was himself an occasional visitor to London and the Court, as he mentions in connection with the revision of his work after discovering its initial errors. In any case, he had relatives in London: his brother-in-law George Pargiter died and was buried at London less than a fortnight after the suppression of Wyatt's rebellion.[2] Moreover Wingfield's son or grandson Thomas is said to have been cosmopolitan enough to have studied in foreign universities as well as Cambridge during the 1550's and 1560's.[3]

Politics and the Vita Mariae

If Mary had lived as long as her younger sister it is quite likely that her regime would have regained much of its initial popularity as Catholicism revitalized itself and administration recovered from the mid-century crisis, but at the time of her death in 1558 it is difficult to regard Mary's reign as anything but a betrayal of its early promise. The *Vita Mariae* was written at the end of the period in which it was still easy to be optimistic about Mary's plans for the restoration of Catholicism, and this alone, quite apart from the abrupt change in official sympathies on Elizabeth's accession, may account for the work's remaining in the obscurity of manuscript, besides the fact that fewer and fewer historical works were appearing in Latin as the century went on. However, some of the attitudes that Wingfield displays in his treatise highlight the difficulties which faced the Marian

---

[1] Antonio de Guaras, *Relacion muy verdadera de Antonio de Guaras; criado de la ... reyna de Inglaterra; al ... Duque de Albuquerque ...*, (Medina del Campo, 1554): translated and edited by Richard Garnett (1892).

[2] *Machyn's Diary*, 56.

[3] Venn, iv. 438.

regime in its struggle to reverse the Reformation. First, there is the complete absence in all his denunciations of the 'men of the new religion' and his commendations of the orthodox faith of any mention of the pope; clearly the name of the Roman see held few emotional resonances for Wingfield, any more than it did for the majority of religious conservatives on Mary's accession.

Although Mary would do her best to make it impossible for conservatives to ignore the Vicar of Christ in this way, at least Wingfield's stance solved one problem which was particularly difficult for Mary's supporters: what attitude should they adopt to the memory of Henry VIII and the Reformation that he had created? As far as we know, Wingfield's father Sir Humphrey had been perfectly happy to preside over the later stages of the legislation which created the Henrician Reformation, and his stridently conservative son was careful to distinguish between the earlier stages of the Reformation and the work of the Edwardian Reformers which had resulted in the abandoning of such traditional ceremonies as the requiem Mass (f.30v) and in 'the appalling injury of the Christian religion' (f. 34v).

The conventional Tudor interpretation of history as peddled by Hall and Holinshed and dramatized in Shakespeare's history plays is fully present in Wingfield: Richard III is the ultimate tyrant, Henry VII the paragon of wisdom and wealth. Henry VIII is 'the prince unequalled in splendour and good fortune' (f.12v), the sovereign of 'splendour, generosity and formidable reputation' (f.40v); after all, who could quarrel with these descriptions of Henry, whatever the commentator's view of his religion? Wingfield, like so many other people, seems to have been too dazzled by Henry's formidable personality to assess the contradictions and futility of his long-term policy. Further delicacy was required to deal with the young Edward VI: the only way for Wingfield to reconcile his very flattering obituary notice with Edward's initiative against his sisters and with his own loathing for the Edwardian Reformation was to emphasize Northumberland's cunning in duping the King.

In view of Wingfield's dedication of his work to Sir Edward Waldegrave, one of the most surprising features of his work is his enthusiasm for the Spanish match. Waldegrave, along with his father-in-law Rochester, was one of the leading members of the party of Catholic patriots headed by Bishop Gardiner which bitterly opposed the plans to marry the queen to Philip of Spain and did its best to advance the claims of Edward Courtenay, the young earl of Devon.[1] Despite this, Wingfield's praise of Philip and of the Emperor Charles V's manœuvres to secure the marriage with Mary is almost embarrassingly

---

[1] See E.H. Harbison, *Rival Ambassadors at the Court of Queen Mary* (Princeton, 1940).

lavish, and although he does point out Courtenay's descent from Edward IV when recording his release from the Tower, he is scrupulously correct in his subsequent condemnation of the ingratitude which Courtenay showed the queen in becoming involved in the plots behind Wyatt's rebellion. Perhaps this is an indication of the extent to which the Catholic opposition to the Spanish marriage had accepted the *fait accompli* after parliament had ratified the marriage treaty and Philip was on his way to England. The important role played by opposition to the marriage in Wyatt's rebellion probably encouraged Catholic loyalists to forget their previous objections.

One of Henry VIII's most remarkable achievements during his lifetime had been to retard the progress of religious polarization among the political nation in the face of the upheavals in the Church that he himself had caused. On his death, however, the rapid acceleration of religous change followed by an even more rapid religious reaction made it impossible for deepseated political differences to be disregarded any longer. One can actually see this at work in the course of Wingfield's manuscript, in his attitude to the Princess Elizabeth: from making polite remarks about her beauty and good disposition when she joined her sister in the first progress to London and in the triumphal procession of 30 September 1553, he has to record in the supplement to his original composition that Elizabeth had been involved in the conspiracies against the Queen. Moreover, he displays an occasional ambiguity in his comments on Northumberland's fellow-conspirators and even on the rebel Wyatt which reveals a struggle between fair-mindedness and political conviction. Thus he comments on the duke of Suffolk's nobility, ancestry and popularity (f.8v), on the 'great promise' of Thomas Palmer and Henry Sidney and the scholarship of Thomas Mildmay (f.22v); he points out that old Sir Thomas Heneage had done good service to Henry VIII despite his ambiguous role in Mary's *coup* (f.28v) and mentions Wyatt's charm which won him so many friends during his occupation of Southwark.

However, a more poignant personal rift for Wingfield must have been in the humanist circle of which he was a minor member and which owed at least some of its existence to his father's household school back in the comparatively halcyon 1520s. We can gain some picture of that circle from the correspondents of Roger Ascham as recorded in his printed works; it included John Christopherson, William Cecil and John Cheke, all men who like Ascham had gone up to that centre of early Tudor humanist studies, St John's College, Cambridge. Christopherson and Ascham are mentioned as friends in Wingfield's composition, with particular emphasis on their learning; Cecil and Cheke also appeared in Wingfield's narrative, but they were tainted by their association with the hated Northumberland. Moreover while Ascham steered an uneasy course through Mary's reign thanks to his previous association with Protestant reformers, Christopherson was to become one of Mary's bishops and an author of Marian government propaganda. It is perhaps not surprising that Ascham was careless when he checked Wingfield's Latin text, for its content cannot have been altogether to his taste, particularly the tart remarks about such friends as Cecil and Nicholas Bacon and their links with Northumberland's plot (f.28v). The republic of letters was more and more difficult to maintain intact as religious divisions crystallized.

Editorial procedure and acknowledgements

In preparing the text I have followed the 'Report on editing historical documents', *Bulletin of the Institute of Historical Research* i (1923), pp.6–25: original spelling has been preserved and errors of consequence recorded in a footnote. Abbreviations have been extended. Capitalization and punctuation have been modernized. I, J, i and j have all been rendered as I and i; indications of a diphthong with 'e' have been extended as 'ae' or 'oe' where appropriate. A blank space for one word is indicated by [*blank*].

I am grateful to the Trustees of the British Library for allowing this manuscript to be printed and to Professor G.R. Elton, Professor D.M. Loades and Mr C.R. Whittaker for their help and advice with various aspects of the text. I also much appreciated the help of Mr Martin Stebbing and Mr Christopher Coleman with particular problems.

ROBERTI WINGFELDI BRANTHAMI
DE REBUS GESTIS MARIAE ANGLORUM REGINAE
COMMENTARIOLUS

[*f.7r*] Clarissimo viro Ed: Waldgravio, regiae maiestatis consiliario, et regalis vestiarii custodi, praecipuo, Robertus Wingfeldus Branthamus

Quanquam me huic oneri, Maecenas optime, condendae scilicet historiae, meis infirmis humeris Aetna graviori, non possum non profiteri imparem: tamen ego non male ominans, ex*ᵃ* ingenui lectoris candore, haec paucula apud te (ne arrogantiae crimen forte subirem, quod me medium divae Mariae rebus gestis clarissimis interposuerim) in temeritatis meae purgationem praefari non verebor. Cum ab ipsa prima sanctissimae reginae competitione, vel aspiratione suum ad haereditarium regnum, sponte me in eius celsitudinis famulatum concessissem; anxie et sollicite adnotare coepi, quae a prima vendicatione regni acciderunt ad hunc usque diem memorabiliora fere omnia. Et quoniam illa cum miraculosa, tum egregia erant, ne tantae piissimae principis gestae res bene multos laterent, eas hoc commentariolo complecti, apud me decrevi. Verum non animo, ut ingenue fatear, eo, ut novae historiae author haberer, sed verius ut Christofersono, vel Ascamo, aut alicui alio politioris litteraturae mystae, unde historiam contexerent, argumentum porrigerem. Hos igitur meos labores qualescunque tuam censuram, vel iudicium subituros tibi dico, tui ut nominis authoritate suffulti, promptius aucupari possint. Nunc ne te gravioribus negotiis occupatum, meis nugiolis detineam diutius, epistolam claudo, interim precans tibi tuisque perpetuam faelicitatem, et longanimitatem. Londini vicessimo mensis Maii, anno primo Mariae reginae.

Tuus si suus fieri possit
Robertus Wingfeldus.

[*f.8r*] Rex Edwardus eius nominis sextus annum suae aetatis agens decimum quintum, regni vero septimum, longo, et lento morbo pene exhaustus, omnibus hercule (quibus suae maiestatis regiae visendae copia dabatur) signa manifesta, et parum muta suae mortis propediem, et quasi in foribus (quod aiunt) futurae ex primo aspectu praebebat. Cuius rei optime gnarus, et apprime sciens fuit Iohannes Dudleius, vel ut alii volunt, Suttonus, rerum gestarum fama clarus, Northumbriae dux, sed factiosus ex factioso patre prognatus; qui post insignem victoriam adversus agrestes in Norvicensi agro, per maleferiatos contra nobilitatem concitatos, et regis, et regni gubernaculum

<hr>

ᵃ & *MS*

nimis procaciter ambiens (demandantibus sibi tantum munus heroibus) est et illud infaeliciter sortitus. Sed huic suo indigno facinori infanti regi in primis funesto, et ipso Northumbro exitiali, postea gravissimas, sed dignas dederunt poenas optimates, prout in suo perapposito loco apertius sequens indicabit pagina.

Alte itaque callida sua in mente volvens prefatus dux, quanta, et nefanda, ne dicam intollerabilia post Somersetensem ducem Edwardum Semarum sublatum perpetraverat, agitatus conscientia pessime sui conscia (ne forte post regis mortem reipublicae male administratae in sua gubernatione rationem reddere cogeretur) inauditum, et periculi plenum stratagema adversus sanctissimam principem Mariam proximam, veram, et haud ambiguam regni haeredem, utpote ex Catharina prima, pudicissima, et longe nobilissima omnium uxorum Henrici octavi natam, machinatus est. Et quia oculatissimus ipse prospiciebat regis mortem opinione sua celerius irrepere, Henricum Graium [*f.8v*] Suffolchiae ducem, procerem antiqua nobilitate illustrem, et popularem, sed parum cautum, suis technis artificiose aggredi tentat: huic heroi montes (ut aiunt) aureos pollicitus, modo secum miscere sanguinem non dedignaretur. Petebat enim ante omnia idque ex regis iussi (ut ipse affirmabat) Ianam eius natu filiarum maximam ex Francisca uxore, una heredum Mariae Galliarum reginae, et Caroli Brandoni domi, et foras ducis clari, Guildfordo Dudleo uni filiorum locari.

Suffolchus, ut ingenue fatear, hominis sevam naturam magis quam par erat, formidabat, duplici precipue nomine: primum quod foenum gestare (sicut aiunt) in cornu crederetur: tum quod apud regem Phoenix[1] esse videretur, nullique in authoritate secundus. Sperans igitur ex his nuptiolis, timidus et credulus dux aucupium vix sperandum summae opulentiae et maioris dignitatis suae domui futurum:[a] facile Northumbri inservit votis, uxore Francischa multum reluctante. Sed parum potens erat faeminea reluctatio adversus tales, et tantos pugiles. Quid plura? Splendidissimae tandem nuptiae fiunt in aedibus episcopi Durrhamiae satis amplis, Thamisis ad ripam positis, presente Gallico oratore, preter maiorem partem procerum Angliae, illas sua presentia honestantem: quorum nomina lubens, ac libens taciturnitate transeo; ne eos in Northumbrum adeo officiosos tanto dedecore perquam loquax persequar.

Peractis nuptiis ambo duces cum Penbrucensi comite (qui ipsissimo tempore alteram Suffolchi filiarum suo primogenito domino de Herberte copulaverat) regem apud manerio suum de Grenewiche valetudine laborantem deplorata adeunt, docentque de nuptiis inter hos proceres tanto plausu celebratis. Rex interim probe doctus a suis

---

[a] futuram *MS*

cubiculariis [*f.9r*] quos Northumber maxime cautus in principis interiorem cameram maxime intruserat (longe fidelioribus pro eis opera quasi dedita extrusis) gratulari est visus maximopere.

Hoc videns pro votis evenire veterator ille nimis, verbo qui satis scite (quemadmodum de Philippo Macedone testatar Demosthenes) cognoscebat uti foro, arduora fallaci in pectore moliens, regi capulo quam proximo nihil dubitat multis verborum phaleris, et illecebris persuadere, ut patriae commodis, Deique verbo consultus (quorum sub nomine, et praetextu falsissima quaeque infanti regi suggerere solebat) suam posteriorem voluntatem, novissimumque testamentum redigi in tabulas, pronounciarique [*sic*] curaret evestigio, presente presertim suo domestico senatu, et in illud consentiente nobilitate ratam habituro.

Misellus rex ad calamitatem natus, et ab utroque gubernatore abusui, et spoliis propinandus; primum ab suo percharo avunculo Somersetensi duce, deinde quasi ex aula in popinam demigrans, ab Northumbro, adversus quem hiscere non audens, sed suis votis adquiescens, mox viros iuris-peritissimos ad se vocari iussit, qui suam vel potius Northumbri voluntatem exarent, et graphice iuxta formam patrii iuris depingerent. Northumber interea parum oscitans, verum suis sedulo invigilans rebus, valdeque anxius, ut dominandi habenas male-partas e manibus amitteret, vel forte repetundarum laesaeve maiestatis insimularetur, equis velisque iuris-peritos doctissimos convocari ad hanc regiam voluntatem fecit exarandam. In quibus fuere ex leguleis, qui vocabantur (ut memorabiliores in medio adferam) Chomleius princeps iusticiarius Anglie: Montacutus primus iusticiarius communis loci: Bromleus, et Hales ambo iusticiarii, hic communis loci, ille regis subsellii: Stanfordus [*f. 9v*] et Dierus advocati, vel (ut usitatiore nomine dicam) servientes ad legem, eruditione, et doctrina probati; cum aliis eiusdem collegii viris non contemnendis.[2] Post hos Iohannes Bakerus vir gravis, et iuris-consultissimus, Iohannes Gosvoldus regiarum causarum procurator quem alias solicitatorem vocant, homo integerrimus, et ad humanitatem, promerendumque hominum favorem natus: Lucas, et Cokkus utrique domestici iudices regiae aulae:[3] et alii viri gravitate et eruditione insignes, quorum nomina ne longus habear in presentiarum supprimo.

Hi omnes dicto audientes presto adsunt, quos Rex moribundus his fere verbis affatur.

Apud me equidem pensitans (viri gravissimi dilectissimique) humanae vitae lubricitatem, et meam infirmitatem magis, magisque ingravescentem,[*a*] ne mors male-visa me improvidum, imparatumque offendat, vos hodie accersiri curavi: non solum ut me vestris consilio,

---

[*a*] ut *erased*

et opera adiuvetis, in condendo hoc novissimo meo testamento, verum ut vobis fidis et reliqueis principibus (astabat enim Northumber et reliqui coniurati) secreta animi mei de hoc regno stabiliendo, et quantum in me est, confirmando, post meam mortem insinuarem, et quasi animo apertiori panderem: illud quam flagrantius cupiens, ne me mortuo intestini belli occasio (velut ansa porrecta) nostrae dulcissimae patriae offeratur. Quamobrem ut paucis absolvam quia mihi persuasissimum est sororem Mariam ingentes turbas excitaturam, postquam ego ex hac vita demigravero, nullum non lapidem moturam (ut in adagio habetur) ad adipiscendum huius maxime florentis in tota Europa insulae regimen: eam cum sorore Elizabeth decretum est abdicare, [f. 10r] et exhaereditare, tanquam nothas, et ex illegittimis thoris procreatas: soror namque Maria ex Catharina Hispaniarum regis filia genita est: quae quoniam priusquam patri meo iusto conglutinaretur matrimonio, Arthuro patris maiori natu fratri desponsata esset, solo nomine hoc a patre nostro repudiebatur. Elizabetha quidem altera soror, Annam Boloniam sortiebatur matrem: quae vero faemina quia se petulantius cum aliquot miscuerat aulicis, quam reverentia consortis tam potentis regis postularet, a patre non solum meo demissa est, verum (quo testatior esset eius culpa) et capite poenas luebat. Indigne igitur ambae nostra censura iudicabuntur, quae inter haeredes patris nostri charissimi regis numerari debent.

Ne igitur tanto dedecore hoc amplissimum regnum afficiatur, decretum est, non absque assensu nostrorum magnatum, haeredem instituere Ianam nostram consanguineam charissimam, ex amita nostra regina Maria bene ductata[a] ex thoro posteriori Ludovici Gallorum regis, postea nupta Carolo Brandono Suffolchiae principi, viro longe fortissimo, neptim: puellam profecto et genere, et forma praestantem: quae pauculos ante dies Guildefordo Dudleo, uni filiorum nostri gubernatoris, ducis Northumbriae, ni fallar ad laudem nato, nubebat, ex nostro consensu: a quo amplissima (si diis placet) expectare potestis.

Si enim Maria soror nostra regnum possideret (quod omen malum optimus, maximus avertat Deus) actum esset de religione, cuius a nobis pulcherrimum est iactum fundamentum, non sine vestro adminiculo, et consensu. Ergo ad hoc adeo magnum, et propinquum malum depellendum, adminiculares vestras manus quam celerime adhibitate, ut me adhuc vescente aura, hec ultima nostra voluntas vestro marte (quod avide multum cupio) ad [f. 10v] unguem formata, cum nostra divulgatione, illam maxime confirmatura, in vulgus palam edatur.[4]

Hec fere, et non absimilia, perinde absurda, ac vana Northumbri ex suggestu, et aliorum ex coniuratis (qui debita quasi opera circa principem collati erant, ad eius dementandum puerile caput huius-

---

[a] doctata *MS*

modi deliriis) in proprii generis, et regni perpetuam ignominiam, non multum ante mortem ingruentem protulit minus felix princeps. Attoniti legulei super verba regis capularis (qui nulla humana vi vitare, vel hominis consilio effugere mortem potens erat) maesti quamvis, sed pavidi magis, quemadmodum lupum auribus tenentes, inducias in pauculos dies ad consulendos suos libros, quod non parvi momenti res erat, petunt. Et quia postulata eorum aequitatis plena videbantur, induciae conceduntur. Interim causidici prefati imperata persecuturi, saepe coeunt de re extra omnem aleam ambiguitatis posita, suam pronunciaturi sententiam.

Post consultationem utcunque inter illos habitam (vicente postremo timore officium) omnes praeter Iacobum Hales, et Iohannem Gosvoldum, pedibus manibusque (ut parum festinare viderentur) in Northumbri sententiam eunt. Solus Hales, veluti athleta intrepidus, pro manu caput obtulit, citius quam eorum subscribere sententiae cogeretur. Gosvoldus vero subscripsit manum regiae voluntati et promulgationem pro commenticia regina Iana descripsit: sed mirum dictu quantum mox eum peniteret commissi, palam eo momento exclamare non dubitantem, formidantemve, se ob id factum maximum proditorem, post regis mortem in Mariam principem proculdubio futurum. Quorum vocibus excitatus Northumber mirum in modum, parum abfuit quin eos vitae periculum [f. 11r] subire fecisset, nisi regis praesentia aliquantulum hominem impudentem cohibuisset. Enimvero paulisper defervescente ira, sese colligens, ne res male inchoata successu careret; sed si fieri possibile sit, omnibus ut plausibilior esset hic eius impudentissimus ausus: hos leguleios relinquens quasi stupidos, Montacutum nomine, et authoritate[a] apud plebem, necnon apud nobilitatem maxime pollentem (prae cuius iudicio alios leguleios flocci penderet omnes) orat, ambit, iustat, idque acerrime, multa grandia pollicens, et aliquando minatur teterrime, ut in placendo regis animo viam aliquam aperiret, qua confirmaretur[b] regnum praefatae Ianae, et genti Dudleorum.

Avarus iudex inter spem, et metum, non minus perculsus, quam nauclerus inter Scyllam, et Charybdem iactatus, ut parum constans, speque promissorum allectus, turpiter manus dat, bona fide protestans se viam reseraturum, excogitaturumque qua regni hereditas in Ianae et Guildfordi progeniem transferatur, modo veniam sub regis magno diplomate impetraret: quod tanquam tutissimum viaticum, vel propugnaculum adversus omnes insultus haberet, si quid durius de rege aversis auspiciis accideret. Maxime gestiebat Northumber cum reliqueis, qui huic factioni mordicus haerebant, quod hominem adeo

---

[a] athoritate *MS*
[b] confirmetur *MS*

gravem, doctum, et tanta authoritate valentem in suas traxerit partes: cui aedipol, ut mos geratur, impetratur facile sub magno sigillo veniam.

Impetrata venia hercule sui delicti, parum pium hoc erat Montacuti consilium, ut quam festinanter omnibus posthabitis generale consilium, quod nos vetusto more parliamenti vocamus cogeretur: illudque de abdicatione sororum proficeretur ex parliamenti decreto, [*f. 11v*] quod gentilicium prohiberet: hoc per Jovem consilium coniuratis plausibile, sed authori flebile, iuxta illud proverbiale eloquium: malum consilium consultori pessimum. Montacutus enim ob id illud iniquum factum, non solum forensi, et iudiciale authoritate exuebatur, sed etiam graviter bonis et praediis mulctatur iustissime. Sed unde digressi redeat demum oratio.

Ex Montacuti itaque sententia parliamentum in Septembrem indicitur: et quo illud latius innotescat, veredarii per omnem regis ditionem quaque versum, ex veteri instituto emittantur: qui magnates ubi gentium omnes, equites per provincias (uti eorum brevia perspicue demonstrant) gladiis cinctos binos, ac per civitates, et antiquiora oppida burgenses praemoneant ad diem constitutum comparituros. Verum secundum illud decantatissimum adagium: multum interest inter os, et offam: dum enim talia moliuntur nobiles, verius inobiles, contra suam dominam, indubiam, fratris regnique heredem,[a] ecce tibi altithronus ille, cui nihil in terris est absconditum, miseratus sortis pientissimae famulae suae Mariae, ab suis prope omnibus desertae, quibus minime conveniebat suam deserere principem; per Atropon (nunc poetice loquor) filum vitae sanctissimi regis, ne dicam martyris, occabat, priusquam scelerati homines eam proficere abdicationem potuerunt.[5]

Sed non expectans revera rex piissimus parliamentum, diem obiit suum, sexto Iulii apud manerium suum de Grenewitche, decurrentibus autem ab huius principis die natalicio annis quindecim, et mensibus sex, et aliquot septimanis. Statura quidem, corporis fuit hic magna, et optima indole princeps, pro puerili aetate medio[*f.12r*]cri, sed forma elegantissima, ore verecundo, et adeo suavi, ut intuentium oculos miro amore, et incredibili sui desiderio principis tenuerit. Ad hanc insuper corporis pulcritudinem, animi dotes multo pulcriores accesserunt, et eximiores, ut non a nobis Anglis immerito incusanda sint fata iniqua, et admodum invida, quae tantae[b] spei principem futurum morte immatura sustulerint. Tertius et ultimus hic Tyderiorum fuit qui regnarunt post Richardum tertium Plantagenetarum regem postremum, Tyrannide adeo famosa in proprium genus, ut

---

[a] haeredem *MS*
[b] tanti *MS*

Ottomanicam truculentiam non solum aequare, verum et superare videretur. Et quia facile video vix aptiorem in toto hoc commentariolo locum mihi occursurum, ad tam praeclaram familiarum stirpem explanandam, harum genelogiam utramque hic ponere lubet.

Tyderiarum genus antiquissimum quantum ego ex lectione historiarum colligere possum, nulli in tota Europa secundum, originem ab Cadwalladro ultimo Britannorum rege ante Saxones huius Insulae dominos factos ducit. Cuius progenies multa post saecula, quasi postliminio longo (Deo forsan ita volente) in Henrico septimo maiorum decus quam felicissime recuperaverit.

Hic Henricus matrem consecutus est Margaritam Plantagenetam,[a] Somersetensis ducis non solum unicam filiam, et heredem: verum et reliquam sobolem Lancastriae domus relictam, quae in sancto rege Henrico sexto Plantageneta deficit: uxorem autem duxit Elizabeth ex Eboracensi familia, videlicet filiam maiorem natu Edwardi quarti Plantagenetae regis magnificentissimi, cuius in opes et regnum post Richardum [f. 12v] tertium uno demum proelio vita pariter et regno exutum, heres, et rex successit sapientissimus: ob summam prudentiam Solomon cognominatus. Ex hac faemina electissima genuit Henricum octavum, veram Edwardi quarti imaginem sui avi, principem magnificentia, tum felicitate incomparabilem: in quo sopitae vel verius sepultae erant duae potissimae factiones Plantagenetarum, ex Lancastria et Eboracensi familiis exilientes filiis quondam Edwardi tertii, qui aeterno (sic profecto dicendum) proelio dimicantes inter se, a caedibus prius non destiterunt, quam masculinam sobolem omnem ad internecionem usque deleverunt. Ne profecto piaculum committere viderer, in transeundo sicco (ut aiunt) pede hunc gentem Plantagenetarum regalissimam, tantis tropheis exultantem, tam magnis, et crebris triumphis superbientem, et spoliis inumeris ab hoste opimis captis luxurientem (ut Plantagenetarum nomen nationibus finitimis non minus fieret formidabile, videlicet Scotis, Gallis, et Flandrensibus, necnon Hispanis, et Hibernis: quam Scipionum genus olim Aphricanis) illius genesim hic locare placuit.

Primus gentis huius qui hoc regnum haereditario iure sibi vendicavit, fuit Henricus secundus, ex Mathilde imperatrice nepte Gulielmi conquestoris, et Galfrido Plantageneta Andegaviae comite amplissimo genitus; ab Henrico hoc imperatricis filio pronepote praefati Gulielmi cognominati conquestoris, usque ad Richardum tertium per tercentum annos longa filiorum et nepotum serie, in hoc nomine gentilicio Plantagenetarum summa cum faelicitate mansit imperium. Ab hoc tandem Plantagenetae nomine in Tyderiorum gentis translatum est regnum, quemadmodum a me [f. 13r] fusius supra demonstratur.

---

[a] Beaufort *written above in a later hand*

Iam satis late spaciati sumus inglutinandis praeclaris his familiis ducibus Plantagenetarum, et Tyderiorum; quare ad divam Mariam ambarum prolem, e vivis sublato Edwardo sexto, iure quam optimo reginam vertatur calamus.

Haec sanctissima faemina, et princeps, de qua orsus (precor feliciter) hanc historiam, per eos dies in Hunsdeno suo agebat, sagacissime odorata, hanc in suam perniciem nobilium conspirationem, doctaque clancularie a suis fidissimis, quanto in periculo frater versaretur suae vitae, sibi consulere quam prudentissime cepit. Ut quam festinanter igitur e faucibus inimicorum liberaretur, a praefato Hunsdeno itinere*a* movebat clandestino; causata mutandae sedis occasionem, quod Rowlandus Scurlochus suus medicus, homo Hibernus, ad liberalitatem natus, et in amicos propensus, peste graviter laborare est visus.[6] Inde difficili et laborioso itinere (praecipitante sera nocte) ad aedes Iohannis Huddlestoni, equitis, in Cantabrigiano agro positas,[7] pervenit, pernoctavitque. Postero die properans in Norfolchiam domicilium dominae de Boroughe petit, feminae medius fidius laudatissimae propter officium adeo officiose in suam principem praestitum.[8] Ubi loci per auri-fabrum suum civem Londoniensem, recens Londino reversum certior fiebat de morte regis: sed plenam nuncio fidem vix adhibens illud divulgari non passa est minime credula princeps.[9] Parum idcirco ibi morata (tantula ne mora sibi fraudi sit) domum suum de Keningalle, aliquando ab Thoma Norfolchiae duce (eodem tempore in arce Londoniensi*b* captivo) aedificatam propere adiit. Ad quem locum advolavit Iohannes Hughes artis medice professor,[10] vir gravis, [*f. 13v*] et fide dignus, qui non dubiam regis mortem principi Mariae significavit: cui fides (ut par erat) est mox adhibita. Secum iam probe pensitans prudentissima domina, quanto in periculo suae res versarentur nihil consternata animo, propter suorum paucitatem, sed in solo Deo collocans proram (quod aiunt) et puppem suae salutis, committensque vela ventis, regnum avitum, et paternum, sibi debitum tam haereditario iure, quam patris ex testamento vendicare in primis statuit.

Communicato prius hac de tanta causa cum suis consilio, totum famulatum in unum fecit congregari, omnibusque significavit mortem sui fratris Edwardi sexti; et qui ius regni Angliae, divino, et humano iure sibi post mortem fratris summa Dei providentia erat delatum, se ab fidissimis suis famulis, velut suae fortunae sociis, oppido esse cupidam initium regnandi auspicari. Quibus suae dominae vocibus excitati, aeque ex nobilitate, ac inferioribus famulis omnes, acclamationibus faustis, et ingenti plausu suam charissimam Principem Mariam Angliae reginam salutant, denunciantque. Ast Herculeus hic ausus,

---

a itenere *MS*
b Londiensi *MS*

potius quam faemineus est putandus, et censendus; cum imparatissima ad bellum princeps adeo potentem hostem, et paratissimum, omnibusque instructissimum, quae ad finiendum, trahendumque bellum pertinent, in hoc suo iure haereditario competendo, et vendicando lacessere auderet, tam pusilla manu stipata.

Et quoniam tam bene meritorum de patria, et principe clementissima, indignum puto nomina obscurari ingrato silentio, nobilitatem omnem recensere pretium operae ducebam. Quorum primus in hoc catalogo ponendus occurrit Robertus Rocheste[*f. 14r*]rus domus suae praefectus, vir constantia, fide, gravitate, et consilio paucos pares habens. Henricus Iarninghamus, vir strenuus, nobilis, et modestus.[11] Edwardus Waldegravus, praeter nobilitatem, quae in eo non vulgaris est, modestia, et comitate praecipuus. Thomas Whartonus, reguli de Wharton filius maior natu, ad laudem, ut videtur natus. Richardus Frestonus probus vir, et in famulando valde exercitatus. Rodolphus Chamberlanus promptus in periculis, et pervetusta nobilitate clarus. Robertús Sturlaeus, non obscura familia. Pekamus patris morum probitate non absimilis.[12] Bornus, reginae a manu:[13] omnes hii praeter Thomam Whartonum, et Sturleum, illo ordine ante insignitos,[14] a regina post adeptam victoriam, equestri dignitate donati sunt. Post hos Iohannes Sulliardus probitate morum, corporis proceritate, et genere conspicuus.[15] Thomas Hondgatus aetate quanquam vergente ad senectutem, tamen obsequio, et diligentia secundus nulli.[16] Georgius Iarninghamus, nepos Henrici praefati ex Iohanne Iarninghamo, equite, fratri maiori.[17] Tirellus, et Ligonus ambo viri sese in suo officio officiose gerentes.[18] Edwardus Nevillus nobiliori prosapia, et notiori quam ut me egeat praecone. Poleus, et Mansfeldus genere satis clari.[19] Hemsleus, et Herlus sui obsequii haud immemores.[20] Leugarus aeque propter fidem, et constantiam laudandus. Grenus indole, et genere spectabilis adolescens.[21] Baconus, et Colierus uterque eorum quae ad domum alendam, sustinendamve pertinent, egregii dispensatores.[22] Dodus vir festivus, et probus, vinariae tabernae praepositus.[23] Libbus, Paschallus, et alter Poleus moribus satis probatis. Smithus, et Whightus viri frugales.[24] Reliqui vero domestici famuli, quanquam ordine inferiori aestimabuntur: tamen superioribus fide, animositate, et constantia nihil cedebant. Cuius piissimae principis [*f. 14v*] utriusque ordinis famuli, sexagenarium vix superantes, nihil tamen animis remitentes, quia paucitate nimia laborabant: freti praesertim athletis duobus invictissimis, qui vincere bene norint, cedere nesciunt, videlicet virtute, et iustitia, certis futurae victoriae comitibus, immaturam pro sua regina subire mortem non dubitarunt.

Sed longiuscule vagatus historiam amissam repeto. Dum regina in suis apud Keningalle aedibus tanta animositate Regnum peteret, aleam mortis tentatura; si necessitas ita tulerit: quia tentando (ut aiunt) ad Troiam pervenere Graeci: fama incredibili velocitate, tam de morte regis, quam de sua competitione regni per Norfolchiam, et Suffolchiam sparsa, vagataque (mirum dictu) quanta sit agrestium per binas provincias concitatio: qui ad suam veram reginam quotidie confluebant: ei opes, operam, et vitam, opibus, et opera chariorem multo, impensuri in hac iustissima causa.

Hac deditione populari miropere delectata, et in spem meliorem erecta: tentare voluit sanctissima faemina, si nobiles sua nobilitate sibi ignobilitatem parturientes, ad sanitatem perducere illo modo possit. Inque illud tota innixa, incumbensque, Hungatum fidum suum famulum ad Northumbrum, et reliquos ex coniuratione legat: ut valde commenticia Iana regina renunciata tandem etsi sero, se suam indubiam dominam cognoscerent, amplecterenturque. Hungatus haud detrectans suae principis obire legationem, ad hanc provinciam quamvis periculi plenam, sumendam avide se offert. Moxque Londinum propere profectus, Northumbro, et reliquis magnatibus intrepide mandata reginae exponit simulque ..... [sic] literas tradit. Quem hominem bene sibi agnitum, his propemodum verbis [f. 15r] alloquitur Northumber: tuam hercule doleo vicem Hungate, quod annis gravis, te adeo temere in hanc legationem conieceris: amotoque homine, in arcem Londoniensem detrudi iussit, assentiente senatu.[25]

Nunc Northumbrum parantem cum suis similibus, ex hoc albo, adversus suam principem exercitum, et Mariam redeat calamus suo functurus officio. Adhuc manente apud Keningalle regina, ex eius, et sui familiaris senatus sententia, quaque versum celeres cursores emittuntur, qui nobiles in circumiacente vicinos agro, suam suae principi obedientiam praestituros, alliciant. Primitiae ex nobilitate, qui suae obedientiae memor, ad reginam suppetias advolaverat allaturus, fuit Henricus Beddingfieldus eques, domo satis antiqua, et clara: quam multo clariorem fecit eius adeo maturus, et opportunus adventus, cum duobus fratribus, viris impigris, et bene animatis. Iohannes Sheltonus eques prosapia veteri, et illustri, in reginam animo adeo propenso, et ardenti, ut maximam laudem mereri in hac expeditione fuerit visus.

Ille interim Huddlestonus, apud quem pernoctasse principem Mariam recens Hunsdeno elapsam, supra memoravi, revertens ad reginam forte incidit fortuna in Henricum Ratcliffum unum filiorum Henrici Sussexiae comitis, quem a patre ad senatum Londini versantem, missum cum literis intercipit: secumque ad reginam perduxit. Hoc successu admodum gavisa est regina: tum praecipue propter Huddlestonum reversum, quem faciebat plurimum, [f. 15v] tum propter literas interceptas quibus hostium consilia detegerentur: et maxime quia sperabat per Henricum filium in suas partes patrem facilius trahi potuisse: cuius animum paulo ante per Thomam Whartonum suum famulum, comitis qui sororem in uxorem habuit, tentaverat: qui tunc reginae partes se paratissimum sequi profitebatur nisi falso ei esset persuasum a domino Roberto tertio Northumbro filio regem adhuc vivere. Inter haec praefatus Whartonus in revertendo ad reginam, aegre elapsus est incolumis: insidiantibus ei famulis ipsius domini Roberti. De captivitate quidem Henrici filii factus certior comes, propediem ad reginam venit quamplurimis se purgans, quod credulus nimis fidebat Roberto Northumbri filio de morte regis. Postremo de morte principis, iam plene persuasus per eius amplitudinem, suam fidem suae principi obligatissimam reddit, verbis conceptis se in posterum eius causam asserturum. Ita comes obligata fido, tandem dimittitur ad constitutum reversurus cum magna manu militum diem.[26]

Aura nunc incipiente aflare secunda iusto divae Mariae ausui, Ricardus Suthwellus eques pecunia, commeatu, et milite instructissimus ad eam veniebat, deditionem quam submissime potuit reginae facturus, crebroque inter orandum commemorans Henrici octavi plurima beneficia in se collata. Et quo misericordi reginae gratior esset eius submissio, non contemnendam pecuniae [*f. 16r*] summam in belli sumptus irrogare dicebatur. Huius opulentissimi totius Norfolchiae equitis adventu, per idem temporis nihil opportunius, optatiusve accidere potuit. Supplementum enim militum, comeatus copiam, et praeter divitias, belli (ut appellant) nervos, semetipsum videlicet hominem consilii plenum, et longa experientia doctum, afferebat: qui rebus afflictis mederi, et adversis ire obviam potuit.[27]

Eodem fere tempore ex longioribus locis obsequii gratia ad reginam advolaverunt Iohannes Mordantus eques, filius[a] maximus reguli de Mordant: Thomas[28] Morganus serviens ad legem, nunc Montacuti successor in iudiciali sede, Reginae deditissimus: Gulielmus Drurus eques gravitate et prudentia praeditus:[29] Iohannes Highamus legis peritia, et genere spectabilis:[30] Petrus Redus aliquot equitibus Norfolchianis praepositus: Iohannes Chempius, et Robertus Flintus ambo viri paratissimi, et alii praestantissimi iuvenes, quorum nominibus hos meos labores haud defraudassem, si ea essent mihi comperta.

Tantis quotidianis tam superioris, quam inferioris ordinis hominum accessionibus mirum in modum confirmata et aucta reginae potentia: cum familiari agitatum est senatu, ex principis mandato, quid potissimum fieret de commutanda sede: prospiciebat namque prudentissima regina, has aedes longe infirmiores esse, quam ut hoste ingruentem propellere valerent: et auctiores quam ut suum comitatum aut famulatum apte recipere possint. Quamobrem post opportunam consultationem, magna prudentia elegerunt Framlinghamiam totius Suffolchiae munitissimam arcem, veterem sedem inclitorum ducum Norfolchiae, in quo loco reliqua subsidia expectarent: et cum hoste

---

[a] fili- *MS*

acerrimo de regni iure (si necessitas posceret) [*f. 16v*] fortissime, et intrepide dimicarent. Approbata autem eorum sententia, sublatis castris ad Framlinghamam versus felicissimis auspiciis (peditatu lento gradu sequente) profectionem parat.

Hic digredi placet, paucula inserendo de Suffolchianis negotiis: ut quoquo modo Thomam Cornewalles equitem, iuvenem ore facundo, et nobilitate conspicuum, huius anni tribunum, vel ut vocant vicecomitem provinciarum Norfolchiae, et Suffolchiae ad reginam in via ducenti a Keningallicis aedibus ad praefatum castrum, suam obedientiam eius celsitudini perducam, exhibiturum. Cuius adventum ut meo more dilucidius ordine demonstrem, altius mihi incipiendum est.

Praefatus Cornwalles paulo ante accepit ab Northumbro literas, quibus monebatur ut absque mora mortem confestim regis publicaret, et novellam reginam Ianam denunciaret per suas provincias. Ille huic precepto non audens obstrepere, convocari*a* festinanter nobilitatem Suffolchiae in unum fecit: cuius facile princeps fuit Thomas Wentworthus regulus de Wentworth, et alii viri graves, et nobiles: qui omnes Gipsvici oppidi coeuntes, et serio de re periculi plena consultantes: postremo Ianam proclamari, et denunciari faciunt, non absque murmure non levi, et indignatione vulgi magna, illo existente undecimo Iulii: eodem die ad praefatum oppidum venit Poleus unus fidorum famulorum principis Mariae, qui suam dominam rege defuncto conclamari fecit Angliae haereditariam reginam, iubente in primis illud domina. Post hanc conclamationem adeo [*f. 17r*] audacter per eum aeditam in Gipsvichiano foro (quod ibi celebre est) propere ex oppido se proripuit, fuga sibi cavens ne in horum congregationem pro Iana ex primoribus manus incideret. Hac vero posteriore divulgatione pro Maria habita, bene prospiciebat Thomas Cornewalles se iam in bivio (ut dicitur) versari, magno cum suo vitae periculo: sed cui se potissimum factioni adiungeret, ignarus esset: praesertim quia ex novissima proclamatione*b* satis occulate videret, omnium animos pro Maria aperte stare. Denuo ex adversa parte, aequa quasi lance pensans, quam tuta praesidia, quantus apparatus bellicus, et (quod maxime esset formidabile) bellica tormenta, totius regni Gaza, praeter nobilitatem (quae tanquam ex diametro contra Mariam, pro Iana stare videbatur) sibi suis fortunis, et praesidiis quae ei utcunque ampla pro dignitate evenerunt, consulens: Londinum a primoribus regni petiturus consilium se confert.

Huic illuc properanti inopinato casu fit obvius Iohannes Colbeus sibi satis notus, in aedibus regulorum de Wentworth patris, et filii, Londino tunc recentissime (ut ita loquar) reversus.[31] Cum quo multos

a covocari *MS*
b proclamamatione *MS*

sermones conferens de his praecipuè rebus, quae tunc Londini erant in
gerendo, ab praefato Colbeo examussim didicit, Londinienses pessime
esse animatos in Northumbrum: et summates regni propter Mariam
abdicatam: omniaque ibidem ad vim spectare, et seditionem: hiis ab
amico optima praelatis, ex incitamento praenominati Colbei semetipsum quam sapienter colligens, suae prioris culpae magna poenitentia
ductus, cum ipso Colbeo Gipsvicum retrocedit, palinodiam libentissime cantaturus, scilicet pro ficticia Iana regina, Mariam, veram et
certissimam promulgare, non absque magna congratulatione omnis
promiscuae multitudinis, regni haeredem. Eo ipso die [*f. 17v*] existente
duodecimo Iulii regina mutans sedem (ut superius in hac digressione
a me dictum prius est) Framlinghamiam pergit: cuius celsitudine in
via supranominatus Thomas Cornewalles, se maxima cum humilitate
prostrat: partim delicti veniam deprecaturus (cui in deprecanda culpa
non modicum adminiculum attulit Henricus Iarninghamus uxoris
avunculus) partim obedientiam debitam tribunorum vetusto more,
nomine provinciarum Norfolchiae, et Suffolchiae gestans manu vir-
gulam albam, praestiturus. Primo regina hominem, ut tardiusculum,
contumacem, et sui obsequii minus memorem, quam par erat, quanquam saepius per literas invitatum, verbis graviter castigare est visa:
sed mox misericors princeps videns eum incredibili dolore commissi
perculsum, non solum misericordiam petenti est impartita, verum et
unum ex familiari senatu constituit; quo honore adhuc fungitur in
nominis sui decus.[32]

Ita recepto in gratiam vicecomite Framlinghamiam arcem contendit, circiter octavam horam vesperarum illius diei: ubi sublimitatis
suae adventum praestolabantur in damario arci subiacente, quamplu-
rimi ex nobilioribus, et satrapis qui circumiacentem agrum incolebant:
praeter multitudinem agrestium. Ex his placet digniores commemo-
rare: ex quibus primus Nicholaus Harus eques gravitate morum incomparabili et scientia patrii iuris non exigua: Edmundus Roussus
eques homo paratus: Owinus Hoptonus, Arthuri Hoptoni aliquando
equitis celeberrimi filius natu maximus, Iohannes Tirellus, Thomas
Tirelli equitis [*f. 18r*] defuncti filius postea regina eques factus,[a] Stan-
inghus[33] maritus comitissae de Surrea, privignae ducis Norfolchiae,
vir humanissimus: Franciscus Genneus, Allexander Neutonus, Edwardus Glenhamus, Edmundus Monus, cuiusdem tributi (quod
quinta decima nuncupatur) quaestor adoptatus, cuius maiorem partem collegerat, vivente adhuc Edwardo rege, eius collectione locuple-
tatus, ad reginam acceptior venit:[34] aliique multi viri insignes, qui
reginae et eius causae favebant impense.

Ad hanc arcem iuxta fidem ante sancitam Henricus Ratcliffus
comes Sussexiae, familia valde honorata, ipse vir audacissimus, et

[a] Thomas *inserted in a later hand*

promptissimus in periculis, opem laturus cum magna tam equestri quam pedestri cohorte. Hunc secutus est Iohannes Burcherus Bathoniae comes, et ipse nobilissimo genere ortus, reginae maxime addictus cum magna manu militum. Hic heros fidelissimus longe ante reginam conveniebat Hunsdeno in Norfolchiam contendentem: cuius amplitudini animum absque fuco expandebat omnem.[35]

Fere hoc tempore advolarunt ad reginam suppetias allaturi, Guilelmus Drurus eques (quem obsequii causa supra proditum est eam salutasse apud Kenegallicas aedes) Robertus Drurus filius, adolescens indole bona: Iohannes Brussus cum Egidio fratre: Guilelmus Fosterus lege patria doctus: Rukwodus:[36] Antonius Roussus, et alii non minori laude digni; adeo ut eius exercitus esse iam ceperit formidabilis.

[*f. 18v*] Dum tantos et tam multus promiscuae multitudinis concursus ad reginam fieret, bona princeps maxime cupida in suas partes allicere Thomam Wentworth dominum de Wentworth, procerem florentissimum: cum eo de hac re agitaturos, ex nobilitate duos famulos Iohannem Tirellum, praedicto regulo arcto sanguinis gradu iunctum, et Edwardum Glenhamum supra memoratos:[37] qui eum reginae verbis monerent, ut sibi suisque consulturas, reginae partes non deserat, in suae domus perpetuam labem. Quibus vero viris post aliquantulum animi agitationem (quid sibi potissimum faciendum) quam prudentissime respondit: quanquam fidem Ianae obligasset per iuris-iurandi religionem, tamen quia intima conscientia sua assidue clamaret, summum ius regni pro Maria stare, se facile religione hac excussa, et neglecta, ad suam veram principem omni cum celeritate advolaturum: praefati nuncii accepta fide dicti reguli ut hanc sponsionem servaret, leti Gipsvicum oppidum revertuntur ibi pernoctaturi.

Huius diei[38] nocte circa concubia, bene satis comitatus venit Henricus Iarninghamus (speculaturus, exploraturusque quo in statu essent singula) ad diversorium Philippi Guilelmi hominis Galli, plenitudine in periculis, summa, et audacia adeo insigni, ut inimici fateri cogantur eum pugilem in certamine invictum:[39] qui reginae adeo tenaciter addicebatur, ut addictior vix ullus esse potuerit: hominem hunc sibi satis cognitum accersit, ab eo nova non solum, verum et quo in periculo res [*f. 19r*] oppidanae constitutae erant, sciscitturus. Illo ipso tempore idem Phillippus (qui suos hospites vulgari humanitate excipere solebat) fortuna valde propicia potabat cum nauta quodam homine parum muto: abs quo discebat inter confabulandum, regis Edwardi sexti defuncti classem quinque navium, milite, et tormentis instructissimam vi tempestatis actam, in tutissimam portum de Orwell mirabile casu, vel potius divino afflatu, applicuisse: eorumque nautas animis concitatissimis existentibus, in praefectos nimis animose insurrexisse propter principem Mariam abdicatam, et praefectos invitos hunc (reluctantibus nautis) tenuisse portum.

Cum Philippus hec nova avide hausisset ex nautico ore: quia ea latiora, et optatiora essent, quam occultari sub modio (ut Evangelicè loquar) deberent: Iarninghamum vocatus visit, hoc laeto nuncio tanto hospiti gratificaturus. Iarninghamus vir minime credulus, primum vix hospiti fide adhibita, hiis novis multum non est visus exhilerari; Philippus paululum erubefactus fidem ei detractam Iarninghamo significavit hominem novorum authorem inter suae domus parietes versari, qui ei totam rem a vertice (ut dicitur) ad calcem libenter sit paratus referre. Tunc hominem coram se sisti iubet Iarninghamus ut veritatem olfaceret. Nauta vocatus apparet et rem suo ut erat gesta ordine, profert, confirmatque. Hoc laeto nuncio aliquantisper confirmatus, erectusque Iarninghamus, hominem haud indonatum dimittit humanissime. Post nautam verò dimissum, multa cum hospite scitu haud indigna contulit, tam Gipsvici oppidi confirmandi studio, totius Suffolchiae opulentissimi, quam Northumbri de adventu quem Londino egressum audierat, et magnis itineribus properare Cantabrigiam, ibidem collecturus maiorem subsidiarii militis manum ex agro Lincolniensi, et [*f. 19v*] aliis longinquioribus locis. Hos sermones habuit hac tempestiva*a* nocte cum Philippo Iarninghamus: et dum ita confabularentur, ab eo facile doctus erat, hospites habuisse Tirellum, et Glenhamum novissime reversos ex aedibus domini de Wentworthe post expositum huic regulo reginae mandatum. Hoc nuncio non parum gestiens hospiti mandat hos reginae famulos valde mane esse excitandos, ut se Langariam commitentur ad ripam, visuri classem appulsam.

Postero die multo mane Iarninghamus cum praenominatis Tirello et Glenhamo, ad visendas naves amne et vento (ut aiunt) secundis in hunc delatas portum obequitat. Cum ad praedictum portum pervenissent Richardum Bruchum huius classis praefectum, virum impigrum, et rei nauticae peritum ad se vocari iubet, et vocatum Framlinghamiam ad arcem perducit, reginae allaturus hunc felicem, et insperatum adventum.[40] Iam quintodecimas agebatur dies Iulii quo haec gesta erant: postridie (cuius ne fidem fefellisse videretur) accessit ornatissimo amictus paludamento Thomas Wentworth regulus cum non contemnenda militum chohorte, praeter aliquot nobiles ex provincia qui frequentes eum comitabantur. Quorum memorabiliores qui aliquod militum supplementum huic pio bello inserviendum ducebant huic commentario inserendos volui. Richardus Candishus eques veteranus in rebus bellicis exercitatus, cum duobus filiis: Henricus Doylus eques cum duobus pariter filiis: Robertus Wingfeldus, Antonii Wingfeldi equitis garterii ordinis filius defuncti, cum duobus fratribus Antonio, et Henrico. Leonellus Talmachus genere, et opibus affluens;

a tempesta *MS*

Edmundus Withepaulus homo industrius. Iohannes Southwellus, et Franciscus Nonus, ambo legulei: [*f. 20r*] Robertus Wingfeldus Branthamus. Iohannes Colbeus rei bellicae gnarus, cum duobus fratribus: Ieningus militandi peritus, cum aliis non paucis viris impigris qui mihi in praesentiarum minime occurrunt.⁴¹ Hac cum florenti manu tam equitum, gravis, et levis armaturae, quam peditum, veniebat heros valde conspicuus, et forma, et habitu. Suus proculdubio adventus reginae exercitui animum crescere mirum in modum fecit: et hosti timorem non modicum attulit.

Postridie praefatus regulus comes marescallus pro tempore nominatus est: qui honor secundus in exercitu post generalem Sussexiae comitem fuit: eques marescallus (sic enim vocant) constitutus Henricus erat Beddingfeldus ordinis equestris: submarescallus autem factus est Edmundus Roussus eques. Iam forma exercitus inprimis esse coepit: adeo ut miles novus, quem tyronem vocant veteres, se in ordinem digerrere, et militari peritia imbui disceret.

Cum fama pro certo gliscere cepisset, Buriam versus pagum, aliquando divi Edmundi conditorio spectabilem, Cantabrigiâ movisse exercitum Northumbriae ducem: timor tantus omnium tam nobilium, quam ignobilium animos invaserat vicinum Buriae agrum incolentium, ut arreptis repentino impetu armis, qui ea ferre potuerunt, ad reginam Mariam festinantissime concurrerent. Horum quidem praecipui ductores fuere Guilhelmus Waldgravus, eques, homo admodum popularis: cuius nominis tanta erat apud plebem charitas ut longe plures ex agrestibus excitare potens fuerit, quam nobilium quis alius et praeter hanc popularitatem, veteris nobilitatis stirpe nulli supranominatorum secundus. Ambrosius Iarminus post a [*f. 20v*] regina gradu equestri remuneratus, cum duobus fratribus. Edmundus Wrightus mira dexteritate in famulando,⁴² cum non parva manu multitudinis properrime venerunt. Et (ut verissime decam) quo propior fuit ducis adventus, eo multo maior ad nos concursus hominum, et nostris in castris commeatus copia affluentior esse coeperat, inferentibus quotidie rusticanis.

Dum haec fiunt fit certior regina per veredarios qui sursum, deorsum cursitarunt, Buckingchamenses, Oxonienses, Berchirienses, et Northamptonienses in armis esse, et pro Maria stare. Sed ut hanc concitationem, mea consuetudine, dilucidiorem reddam, altius repetanda est.

Franciscus Huntingdoniae comes, cognomento Hastingus stirpe antiqua, et admodum nobili cretus, sed leviusculus, et in eadem navi (ut loquitur paraemia) navigans cum aliis coniuratis, Edwardum Hastingum fratrem forte conveniens, frater fratri aperit consilia Northumbri, de eripiendis vita pariter Mariae principi nunquam satis laudatae . . . . .⁴³ bonam fortassis concupiens spem, se facile potuisse fratrem

in hoc sociale bellum attrahere. Edwardus rem probe omnem patefac-
tam a fratre dissimulans, eo demum satis humaniter dimittebatur.
Interim praefatus Edwardus occulte suo in animo conservans omnia,
properanter pergit ad Edmundum Pekham equitem consilio pollentem, et apud regem Henricum octavum aliquando magni precii: huic
homini detegit consilia comitis. Pekhamus rei atrocitate perculsus
prima (ut aiunt) facie importunissimum facinus [*f. 21r*] detestatur: et
quia Hastingum hominem minime fucosum cognorat, cum eo deli-
berat quam sagacissime, ut iunctis viribus regis mortem, et Mariam
regni haeredem uno quasi momento denuncient; tentantes si (quemadmodum clavum clavo detrudere solebant fabri) ita seditiosos per
seditionem profligare possibile sit.

Hoc hercule consilium vehementer audax et animosum, non care-
bat eventu felici, et optimo, ut non omnino falsa videretur proverbialis
illa sententia vetus: fortuna audaces iuvat. Publicata edepol Maria
non dubia Angliae regina, incredibile est praedicari, quantus fuerit
repente concursus et nobilium et agrestium ex praefatis provinciis:
quorum ductorum nomina obscurari nolim.

Horum praecipuus post Hastingum et Pekhamum supranomin-
atos (qui concitationis huius authores erant, ut Northumbro faces-
cerent aliquid negotium) regulus Windesorus cum Edmundo, et
Thoma fratribus. Hunc aequabant animis, et viribus praestantissimi
equites Thomas Treshamus eques audacia, et genere praestans:
Iohannes Gulielmus thesaurarius curiae, quam vocant augment-
ationis: Iohannes Briggius eques cum Thoma fratre, ambo
veterani, rebusque bellicis clari:[44] Robertus Drurus eques reginae
indulgentissimus, aliique plures viri strenui, quorum me nomina
fugiunt.

Hoc nuncio magis exhilerata, quam confirmata regina, nuncios pro
sua liberalitate donatos dimittit, ut reversi suis significarent, eorum
conatus, et obsequia suae principi animis adeo promptis, et propensis
impensa eius celsitudini fuisse gratissima: [*f. 21v*] seque in praesentiarum firmis satis copiis munitam, et spem certam victoriae (Deo volente) futurae in animo concepisse suo: propiorem enim esse hostem,
quam ut his subsidiis vel suppetiis uti possit. Circa idem fere temporis
per exploratores reginae, et senatui allatum erat, hostem dimicando
studio, castris sublatis, ex Cantabrigia Buriam contendisse: quod vero
oppidum intercapedine 24 mille passuum ab Framlinghamia arce
distat. Quo nomine regina vigilantius solito, et celerius imminenti
consulens periculo, ne hostis callidus militem imparatum, vel oscitantem offendat, fecit convocari senatum, et ex eius sententia per aenea-
torem gravissimo edicto promulgari iubet, ut moderatores campi,
Henricus Sussexiae comes reginae locum tenens, ei (ut dicitur) os et
mentum, Thomas Wentworthus regulus, dominus marescallus, Hen-

ricus Beddingfeldus eques marescallus,[a] Edmundus Roussus submarescallus, Thomas Brendus vir paratissimus et militari eloquentia
praeditus, in animandoque milite mirus artifex, Iohannes duo Colbeus, et Ieningus diligentius solito suos in armis habere exercitum
recensere, eum in acies distribuere, ordinem servare, hostem expectare, et campum non deserere, nisi prius veniam obtenta omni nisu
conentur. Mox praefati viri iuxta reginae mandatum non segniter
suam navantes operam, imperitam, et inconditam multitudinem, in
militem peritum, et morigerum, et imperata obeuntem, hostem avide
expectantem evadere sua diligentia brevi spatio fecerunt.

Nunc paululum relinquenda est diva Maria cum suo fidelissimo
exercitu, intrepide hostem aperiens: et ad Northumbrum dirigere
calamum mea multum refert. [f. 22r] Ex literis reginae per Hungatum
(ut praefatum est) senatui datis, facile cernens Northumber nihil
reginae Mariae antiquius magisque esse in animo, quam ius avitum,
et haereditarium recuperare, cum senatu agitat, quem potissimum
ducem eligerent, qui cum exercitu proficiscatur ad Mariam reprimen-
dam; primo nobiles nescii quid agerent, steterunt haesitabundi: sed
post maturam veruntamen consultationem elegerunt Suffolchum iuv-
enculae reginae patrem, in se hanc provinciam Mariae subiugandae
sumat. Dux aegre ferens tantae molis negotium sibi demandatum, ex
pio et salutari Franciscae uxoris consilio oblatum recusat, causatus
nescio quam syncopem animi, vel (secundum alios) vertiginem capitis.
Suffolchum, ut hanc expeditionem obeat, plurimum adiuvabat filia,
ficticia Regina, quae maxima cum audacia loquebatur, suae maiestatis se praesidium tutius habere non posse, quam patrem amantissi-
mum.[45] Northumber bene oculatus facillime ex reginae ficticiae vocibus deprehendit nihil Suffolcho ab hac expeditione alienius: se ne forte
tergiversando imminenti periculo non iretur tempore obviam, magna
animositate se offert ducem exercitus futurum remque omnem per se
confecturum.

Maxime ovabant optimates adeo magnanimem nacti ducem, liben-
tissimis ideo animis scelestissimo homini minus scelestissimum demandant, annente Ianâ. Ille ex diplomate reginae commenticiae capitaneus
generalis factus, totis viribus in hoc bellum incumbens, exercitum
florentissimum parat: cuius maior ex nobilitate essent conflata pars.
[f. 22v] Ex quibus primarii viri, Guilhelmus Apparus, marchio Nor-
thamptoniensis: Franciscus Hastingus, Huntingdoniae comes; Iohannes, Warwicensis comes, ipsius Northumbriae filius natu maximus,
Henricus Grayus, stirpe veteri, et nobili oriundus Wiltoniae, dominus,
bellica laude eximius et promptus in periculis: domini duo Ambrosius,
et Henricus Northumbri filii: Iohannes Gatus, vicecamerarius, cum

---

[a] Thomas Brendus *erased*

Henrico fratre: Iacobus Croftus bellica virtute nulli priorum cedens: Thomas Palmerus: Henricus Sidneus, utroque parente haud obscure natus, et magnae spei adolescens, nisi imprudens se in hanc societatem praecipitasset: Franciscus Iobsonus, hic Northumbri sororem, ille filiam in uxores habuere: Iohannes Clarus, et alii viri non contemnendi ordine equestri nobilitati: Thomas Mildmaius auditoria arte insignis, exercitus Thesaurarius: aliique innumeri ex ipsa nobilitate conflati praeter plures ex famulatu optimatum selestos, qui huic bello inservirent. Et ut formidabilior esset ducis profectio omnibus, tormenta bellica multa arce Londiniensi extraxit, tam maiora (quae bombardae appellantur) quam minora, quae campestrium nomine censentur. Quo quidem adeo magno apparatu superbiens, et tam fida sodalitate sibi per iusiurandi religionem, et alia innumera beneficia obligatissima circumvallatus, facile flocci penderet faemineos conatus.

Hac fiducia elatus movebat Londino duodecimo Iulii,[46] praemisso peditatu, quorum paucitate laborabat: ipse subsequens cum florentissimo equitatu Cantabrigiam contendit. In itinere aedes Huddlestoni (quem superius memoravi reginam tanto hospicio excepisse) misere laceravit. Cuius facinoris [f. 23r] indignitate vicinam coloniam sibi infestissimam reddidit. Sed nihil non audacissimus ille audens, iter inceptum ad Cantabrigiam proficere conatur. Ad quod oppidum pervenit circa decimum quartum Iulii, ibi praestolans subsidiarii militis maiorem manum.

Ad hunc locum vel paulo ante suppetias laturus venit, Edwardus,[a] Clintoniae regulus cum maxima instructissimaque militum cohorte: cuius adventu plurimum laetatus est (quamquam quae noluit ante fama hauserat) de defectione Buckinghamiensium, Oxoniensium, Berchiriensium, et Northamtoniensium, tamen acerbam rem conquoquens omnem, maximum praebere animum voluit, et videri ad victoriam properare. At veteratissimus ille longiorem trahebat moram apud academiam, fatalem sui propinqui exitii locum, quam militaris ratio postularet: quia mora sibi fuit damno (deficientibus indies ab eo) reginae e contra erat maximo emolumento, confluentibus in horas singulas auxiliaribus.

Propediem enim ad Buriam proficiscenti pro certo allatum erat per Henricum Gatum, Iohannis fratrem nuperrimè elapsum carcere, cum Thoma Goldingo comitissae fratre ipsum Oxoniensem eius partes deseruisse opera in primis famulorum plebeiorum. Hanc Oxoniensis ad Mariam profectionem alii Iohanni Wentworth, equiti, comitis consanguineo, viro nobili prosapia, et moribus gravissimis tribuunt: alii (quibus magis accedo) aliunde huius comitis defectionem tradunt ortam. Igitur tragaedia ab ipsis primordiis repetam, sic se habet.

ᵃ vel Henricus Fines *erased*

Clemens Tusserus leguleius, vir hercule animosus satis,[47] per idem temporis captivus servabatur apud Heddingham castellum, aedes quidem perpulcras comitis positas super oppidum, in pede collis, ab ipso castro nomen adeptum, non ulla de cause nisi quia propalam [*f. 23v*] vulgasset Mariam unicam et veram regni heredem. Hic vir reginae Mariae adeo erat addictus, ut voluntariam appetere mortem maluerit, quam factioni alteri se adiungere. Et quia homo erat (sicut ait comicus) omnium horarum, magna cum humanitate a plebeis praesertim famulis tractabatur; quibus pro virili parte persuasit vehementer, ad comitem suis acriter incitandum verbis, omni conatu Mariae causam fovere, et amplecti. Hiis et similiter verbis usus est homo audens, addito (ut aiunt) currenti calcare, vel oleo camino: suapte enim satis reginae Mariae favebant isti famuli plebei ut inferius dicetur.

Per eos dies venere ab Northumbro ad comitem Henricus Gatus, et Robertus Staffordus, hic propter audaciam, et militarem peritiam destinatus fuit praefectus cohorti Oxoniensi. Praefati hii viri, iuxta suum mandatum, vias omnes tentant, nihil inexcogitatum relinquentes, ad alliciendum Oxoniensem in suas partes. Quod quidem videns Tusserus, famulos denuo est hortatus acriter, ut dominum incitent, et urgeant reginae Mariae parere. Illi viriliter, et non segniter ex praefati Tusseri incitamento suum praestantes officium, sese conglobant in aula castelli huius hominum satis capaci, voce sonora clamantes, eos non aliam reginam cognoscere, praeter Mariam Henrici octavi maximam natu filiam: cuius partes si suus sequi velit dominus, se paratissimos in hac iustissima causa vitae dispendium facere: et ex adversa parte, si suus dominus huic causae (qua nulla iustior esse potest), non animum applicaverit: sese statim, obiectis famularibus tunicis, ad Mariam principem abituros minantur.

Eorum vocibus comes [*f. 24r*] maxime (sicut dicebat) instigatus, plebeis famulis praebet assensum, eorum opem implorans adversum nobiles, qui eum summo studio remorari nitebantur. Centum habuit illo tempore comes famulos plebeios, proceritate corporis, et viribus conspicuos, qui celeriter suo domino opem ferentes, adoriuntur nobilitatem, et eorum praecipuos in carcerem cito coniiciunt, illud comite iubente. Incarceratorum nomina haec fere erant Robertus Staffordus, Henricus Gatus, Thomas Goldingus equites, Thomas Teius, Thomas Almotus, Henricus Goldingus, Thomae frater, Iohannes Turnerus.[48] Hiis vero gestis comes cum Tussero, recens ab eo libertate donato, et reliquo famulatu Framlinghamiam versus se accingit: cuius ab Northumbro defectio, alteri factioni magnam attulit desperationem. Et haec huius tragediae catastrophe.

Iam vero ad campestrem gubernationem me mens invitat animus. Posteaquam (quemadmodum supra praefatus sum) dicti gubernatores magna cum sudore tyrones militiae expertes militari doctrina imbuissent: reginae significabant eorum in armis promptitudinem, et ad confligendum alacritatem. Eorum vocibus vehementer letata regina, diem dixit, qua castellum exitura sit, ad visendum, et lustrandum suum exercitum, beandumque sua praesentia militem, adeo de se bene meritum. Hac de causa ex principis mandato per aheneatorem lustrandi exercitus dies assignatur vicesimus Iulii.

Ad quem diem omnes ordines militum in idoneum locum per praefatos viros ad hanc functionem destinatos, discendere edicuntur: vexilla expanduntur: militaria signa mox eriguntur: quisquis paratissimum se accingit, tanquam cum hoste congressurus. Tela parat pedes: hasta vibrat eques: sagittarius arcum tendit: pharetram in [f. 24v] procinctu habet: sclopetarius sclopetam pulvere implet, pilam plumbeam intrudit, et lichnum ignis fomitem accendit: acies instruuntur: quisquis ordinem servat ne latum quidem digitum ab loco sibi assignato discedens: unusquisque maxime sui memor officii, morigerum se suo capitaneo vel prefecto praebet. Tempore pomeridiano pugna in duas acies distributa erat, primae praeponitur Thomas Wentworthus regulus dominus marescallus: secundam duxit Henricus Ratcliffus Sussexiae comes summus omnium capitaneus.

Ad quam visendam pugnam in hunc ordinem redactam, ab arce Framlinghamia proficiscitur diva Maria circiter horam quartam illius diei Iovi dicatae: lustratura, et visura hunc tam illustrissimum, quam fidelissimum exercitum. Cui cum appropinquaret eius sublimitas, quia equus albo colore, in quem insidebat, ferocior factus, ex insolito aspectu tanti exercitus, quadrato agmine locati, quam auderet faemina verecundia super eum sedere, praecepit suis peditibus, viris impigris officiosas suas manus porrigere in subveniendae principi suae donec discensam pararet. Cuius clementissimae suae dominae vocibus obsecundantes deposuerunt reginam in terram. Equo discensa bona princeps, in primis per edictum cavebat, ne miles sclopetarius sclopetam solvat, vel sagittarius sagittam emittat, donec sua celsitudo agmen visitaret. Qua proclamatione divulgata, tanta erat apud omnes suae principis reverentia, ut nullus sclopetarius sclopetam, vel sagittarius sagittam emitteret vel solveret post illud edictum. Sed hii milites prostrantes semetipsos in terram, maxima qua potuerunt, submissione suae adeo dilectae dominae adventum [f. 25r] praestolabantur: venientemque tanta veneratione adorabant, ut mihi in non levem veniret dubitationem, an Deum de coelo descendentem maiori adoratione persequi potuerint.

Pedes vero facta eius amplitudo incredibili humanitate, et adeo mira, vixque dicenda affabilitate ambas acies circuens suos alloquebatur, pro sua in suam principem observantia, ut omnium animos quam obligatissimos redderet. Post hanc acierum visitationem, regina

vix equum ascensa, subito[a] non modica equitum phalanx sese effun-
debat: quae tanto tonitru terram in transeundo verberabat, calcab-
atque late per agrum vagata ut hostem hostis persequi videretur.

Quo quidem spectaculo admodum delectata est princeps dum re-
migraret ad arcem, post tres horas, quibus castellum exierat. Rever-
sam quidem in castellum nova letissima, ac vix speranda salutarunt:
videlicet Northumbrum spe victoriae lapsum, ex crebra suorum defectione decimo nono Iulii profectionem fugae similem a Buria circa
mediam noctem cepisse, luminibus accensis: verum ut laetiora laetis
accumularentur, ipsissimo die lustrationis exercitus venerunt Arundellus comes, et regulus Pagettus, homo industrius, et peregrinarum
linguarum praecipue callens, refferentes Mariam reginam regni haereditariam a toto senatu, praetore et tribunis, omnique reliqua turba
Londoniensi proclamatam.

Vicesimo ipso die venerunt ab Northumbrico exercitu transfugae
duo, quorum prior Iohannes Clarus eques, pone eum Clintoniae
regulus: post hos Iacobus Croftus, et alii viri non contemnendi.

At mihi adeo multum inter fugitivos versanti, prope obrepsit oblivio
duorum heroum, qui eo ipso die venerunt ad reginam suppetias affer-
ntes: quorum prior Iohannes Vereus Oxoniae comes cum maxima
manu hominum quos raptim eo memoratae defectionis suae a duce
[f. 25v] momento colligere potuit: quem paulo post est secutus Ri-
hardus Richeus regulus satis bene comitatus. Iam ad transfugas
denuo vertatur sermo. Huc fuga lapsus advolavit Henricus Graius
Viltoniae regulus, militiae flos, sui delicti adeo poenitens, ut non
nmerito a propitia regina veniam commissi sit consecutus: et alii
lures ex dediticiorum numero, quorum nomina quis mulctario in
bro vel finario (ut vocant) reperire potest, promptius quam com-
nentario in hoc.

Dum haec Framlinghamiam fiunt, Northumber male a suis accep-
us, Cantabrigiam fatalem suae captivitatis locum repetiit. Ibi veter-
tor ille maxime cupiens inservire tempori, et una ex fidelia (quod
iunt) parietes dealbare duos, quoniam leonina pellis nihil sibi pro-
esset, vulpina astute assumpta, propere se in forum proripit, et inter-
iit cum comitibus Huntingdoniae, et Warwici, Iohanne Gato, et
liis, proclamationi recens a proceribus ad eum allatae, qui divulgata
im caeteris iactavit, quasi gratulabundus, pileum, vel galerum: mox
cessit ad aedes Iohannis Cheki, equitis, praepositi regio collegio.

Interea academici et oppidani coeunt in consilio, et post consulta-
onem deliberant ducem cum reliquis coniuratis adoriri, reginaeque
potestatem redigere: ut pulcro hoc facinore, priorem culpam (quam
excipiendo hostem tanto apparatu admiserunt) sarcirent, et penitus
lerent. Placeret cum hoc consilium omnibus: praetor cum non parva

[a] subi- *MS*

manu, et oppidanorum, et academiorum stipatus circumsistit aedes ducis, omnique in parte observat, ne quis exeat vel evadat.

Obsessis undique aedibus, pauci eorum selecti [*f. 26r*] ascendunt ad ducem eumque monent, ut se dedat reginae: Northumber pessima conscientia gravatus, et videns rem eo esse deductam, ut nulla humani vi eorum effugere manus possit, se dedit praetori, reliqua expectaturus ex arbitrio pientissimae reginae. Appraehendunt Warwicensem, et Huntingtonum comites, qui in eo discrimine vitae siti non ea animi aequitate in eorum potestatem veniebant, qua Northumber. Et alii multi ex eadem farina qui contra principem coniurarunt, apprehendebantur: quorum praecipui in hoc albo ponendi Iohannes Gatus, cum Henrico fratre. Andreas Dudleus, eques Northumbri frater: qui per eos dies opera ducis (sicut emanaverat fama) unicam filiam Henrici Cliffordi Cumbriae comitis, neptim Mariae Galliarum reginae, et Caroli Brandoni Suffolchiae ducis ambiebat. Sed has nuptias futuras diremit haec parum praefato Andreae oportuna coniuratio. Richardus Sakvillus augmentationum cancellarius, Robertus Staffordus, Franciscus Iobsonus equites, et plures alii tum dignitate tum loco memorabiles.

Hac appraehensione per Cantabrigianos tanta animositate habita, nihil illis prius erat, quam per celerem cursorem maxima cum velocitate reginam certiorem reddere de rebus ab se gestis. Regina accepto hoc gratissimo nuncio, mox per familiaris Senatus sententiam, ex omni equitatu electissimi segregantur viri, qui hostem cum reliquis captivis tuto comitatu Londinum perducerent.

Quorum primarii ductores, quibus Regina hoc munus demandavit, fuere Henricus Fitzalanus Arundellii Comes, quem Northumber multis calamitatibus affecereat, semper cum heroe hoc primario comite [*f. 26v*] Regni apertas inimicitias exercens, Henricus Graius Wiltoniae baro, et Henricus Iarninghamus, quem iam vicecamerarium, et satellitum (qui excubias agere, et corpus principis custodire solent) capitaneum destinarat. Hii viri singulari virtute praediti, ad Cantabrigiam se quam citissime parant. Ad quem locum ubi pervenissent, pauculos sermones cum Cantabrigianis contulerunt, de his praesertim, quae ad suam legationem attinere videbantur ostensa illis reginae commissione, cuius authoritate freti, fultique ex principis mandato profecti essent, ad recipiendos in suam tutelam et gubernationem Northumbrum, et reliquos captivos in sua custodia manentes: collaudatis maxime Cantabrigianis, sui quod officii memores, tam strenue suae principi suam navassent operam; quod fidem et diligentiam adeo officiose praestare voluerunt. Quamobrem selectis tam ex academia, quam ex opido viris gravioribus aliquot, mox ducem visere pergunt.

Vestibulum domus ingressi Arundellus, Graius et Iarninghamus, cum praestantioribus ex suo comitatu ascendunt ad ducem. Ursus viso cornipede equo (quem Londino profectus arcta custodia reliquerat) veritus ex quodam vaticinio alapam minime levem eius calce sibi impingendam, animo valde fracto existens, procubuit ad eius genua, mandatum, et placitam reginae expectaturus.[49]

Hac vero reginae authoritate satis muniti praefati viri, ad hoc oppidum se contulerunt, inde ex principis mandato ducem abducturi in eum locum sontem, in quem teterrimus ille insontes multos coniecerat: ut ex hoc omnibus colligere liceat, quod nihil praeter mortem (quae certissima est) [*f. 27r*] certius accidere potest homini[a] malefico, quam iusta vindicta Dei, iuxta illud Evangelicum: eadem mensura, qua aliis metimini, remetientur vobis.[50]

Composita pro votis Cantabrigiana sua legatione, sese et suum comitatum properrime accingunt ad itinerandum cum duce, et reliquis captivis profecturi Londinum. Quo quidem cum pervenissent, vix dici potest, quanta, et quam copiosa turba vicos compleverit ad conspiciendos captivos, adeo ut equitare per plateas illis difficile fuerit. A ianua enim, quae episcopalis nuncupatur, ad arcem Londoniensem, satis habuere praefati nobiles cum suis comitibus, Northumbrum servare ab iniuria vulgi. Inter enim praefatum ianuam, et Londoniensem arcem forte duci fit obviam ipsissimus ille, cuius ambas auriculas amputari fecerat, non aliam ob causam, nisi quod nimis animose Mariae reginae applauserit, refutato Ianae nomine.[51] Iste indigne ferens hanc aurium foedam mutilationem, insultat in ducem, acriter opprobriis, et conviciis lacessens, insectatusque acerrime, manu gladium tractans, quasi minabundus, et ad vindictam pronior. Hoc apertis oculis videns Northumber, ad Arundellum se vertit, et his (sicut affirmant) verbis eum, alloquitur: ferendusne ille impudentissimus, me etiam post non ferenda maledicta percutere? Cui Arundellus dixit: bono animo esto, quanquam hominum linguas a conviciando cohibere non possum: manus tamen a laedendo cohibebo.

Repressoque paululum furore populi, demum ad destinatum locum, videlicet turrim adducebatur dux cum reliquis captivis. Ibi loci captivorum operiebantur adventum Iohannes Gage eques garterii ordinis, supremum in haec arce magistratum gerens (quem [*f. 27v*] constabulatum vocant) vir provectae aetate, sed magna fide, longoque usu. Iohannes Brugius eques arcis praefectus (quem usitato vocabulo locumtenentem appellitant) quibus tradiderunt, viri praefati ducem, et alios, iuxta mandatum principis, et tenorem suae commissionis. Hoc quidem facto ad proceres Londini agentes revertuntur: quibus reginae placitum exprimunt, et horum aliquos incarcerant, aliosque propriis laribus committunt, donec cum regina in gratiam redeant.

Iam animo sedet meo duci, et reliquis captivis valedicere: et ad

---

[a] honini *MS*

Framlinghamiam properare. Regina voti compos (debellato ferocis-
simo hoste absque cruore, pugnave) ante omnia cum sacellanis suis
agere cepit, ut deo optimo, maximo huius victoriae authori unico
gratias agerent: ad eumque preces funderent. Cuius celsitudini gerentes morem,[a] supplices in primis templum petunt, et mortalium
gratias immortali Deo agunt, pro tanta adepta victoria. Periculosis-
simo hoc, et gravissimo bello Maria regina defuncto, nihil suae sublimitati antiquius fuerat quam regnum factionibus purgatum habere:
reipublicae prospicere et a pietate misericordia,[b] et iusticia initium
regnandi tanquam bonis (ut aiunt) avibus auspicari.

Insuper remunerato omni exercitu, exauthoratoque milite, Londinum versus ad suscipiendas regni habenas, Framlinghamia arce
movens vicesimum quartum Iulii ad Guipsvicum oppidum proficiscitur regina. Circa hoc tempus custodia liberati venere ad reginam,
duo florentes equites, non parvi usus, qui non solum carceres, verum
alia plura indigna propter fidem, et constantiam erga principem suam
sunt perpessi, Antonius Brounus, illius Antonii filius, qui olim magis-
terio equitum summa cum laude funge[f. 28r]batur apud reges Henricum octavum, et Edwardum sextum et Franciscus Inglefeldus, In-
glefeldi iusticiarii filius quorum adventus principi erat gratissimus.

Regina Gipsuici in his aedibus commorata est, quas olim Humfridus
Wingfeldus eques pro opibus, et dignitate utcunque amplis aedificav-
erat, eo opinor animo, ut amplissimae totius Europae reginae primi-
tialis praesentia post adeptam victoriam, aliquando Roberto Wing-
feldo eius filio perpetuo esset ornamento.[52] Ad planiciem huic oppido
imminentem fiunt obvii principis maiestati, tribuni (quos ballivos
vocant) cum senioribus et pube oppidana: qui pro antiqua consuetudine suam celsitudinem undecim libris aurei munum donarunt: quam
summulam pro sua incomparabili humanitate non absque maxima
gratiarum actione accepit. Mox suae sublimitate recens oppidum
ingressae, exhibuerunt formosuli pueri aliquot cor auratum, cui titulus
inscriptus erat, cor populi. Quo fausto, et laeto omine miropere delectata, illud exile munusculum obviis (quod aiunt) ulnis amplexa est
humanissima regina. In hoc imitata (ut mihi videtur) exemplum Caii
Caesaris, qui olim conditum ab hospite oleum, pro viridi appositum
largius appetisse dicitur, caeteris aspernantibus, ne forsan ingrato
animo accepisse videretur.

Postea vero tramite recto ad dictas Roberti Wingfeldi aedes pervenit, die Lunae sole inclinato. Hic dum eius amplitudo moratur,
partim animi oblectandi gratia, partim respirandi desyderio a tantis
laboribus (quibus durante civili discordia non modo nimis onerata

[a] moram *MS*
[b] miserecordia *MS*

erat sed pene obruta) supplex ad eam venit, culpam deprecatura, Elizabeth Howarde ducissa Richemun[*f. 28v*]die hoc nomen adepta ex nuptiis Henrici (Gallice cognominati Fitz-du-roy), nothi Henrici octavi regis et Elizabeth Blunt, quia reginae animum sibi iratum fecerat ex litteris, ad senatum temere datis, quibus nimis honorifice, et parum reverenter reginam appellaret. Primo itaque die quo venerat, minime est admissa: postero autem admittebatur, sed an reginam est allocuta mihi non est compertum. Ad hoc oppidum longinquiore itinere, reginae victoriam congratulaturus, veniebat Thomas Hennageus, aliquando vetus et fidus famulus potentissimi regis Henrici octavi; omniumque eius interioris camerae cubicularius praecipuus: quem regina incredibili prosequebatur humanitate, quamquam parum candide in hoc Northumbrico tumultu, se pro regina gereret. Sed ex benignitate principis factus voti compos, proprios repedavit lares et pauculos post dies hoc repentino gaudio (tanquam paralysi correptus) diem obiit suum: vir propter fidem et diligentiam erga reginae patrem non parum laudandus.

Illius Hennagii adventus pernecessarius fuit Gulielmo Willougbeo eius praevigno, regulo de Willoughbeo, qui non minus temere, quam imprudenter Northumbricae se adiunxerat factioni. Insuper huc adventabant Guilhelmus Cecillius eques, dudum unius manuariorum Edwardi sexti, et Nicholaus Baconus curiae quam vocant pupillorum atturnatus, qui duas sorores perquam doctas, filias vero Antonii Coke equitis, uxores habebant, et istos non alienos ab hac factiosa coniuratione, maxime iuvabat in imploranda pro eis misericordia, ipsius Baconi uxor, quae aliquando Mariae reginae erat pedissequa.[53]

[*f. 29r*] Gipsuico profecta vicessimo sexto Iulii, Colcestriae ad oppidum sero multum venit: quo in oppido hospitam habuit Mirellam Christmas, olim famulam aulicam, sanctissimae, castissimaeque reginae Catherinae Mariae reginae matris, faeminam (ut ex animo proferam) virtute, genere, et modestia similem vix habentem.[54] Inter Colcestriam, et Gipsuicum obvius fiebat reginae Henricus Nevillus de Burgovenna regulus princeps baro Angliae, qui excitata Cantianorum manu non exigua, reginae partes est tutatus constantissime, quamquam ipse iuvenili ardore agitatus constantiam vix assequitur. Sed aetas fortior hunc heroem genere praestantissimum in virum constantem, et maiorum similium evadere efficiat.

Ex Colcestria nihil devians ad pulcras aedes, quas pater eximius princeps maxime in aedificationem pronus, et propensus (quemadmodum eius testantur egregia monumenta) in eo loco posuit, Gallico vocabulo Bealieu apellatus:[55] pergit regina per plusculos dies multis de causis mansura. Huc Henricus Manerus comes Rutlandiae captivus adducebatur: eo quod tenaciter nimis adherere Northumbro videretur. Reversi ex sua legatione (quibus imposita provincia erat dedu-

cendi ducis cum reliquis coniuratis ex Cantabrigia in Londoniensem
arcem) reginae significabant omnia, ut erat gesta de captivis, quorum
famosiores in turrim detrudebantur: alii ex principis placito propriis
laribus commitebantur, levissimo genere captivitatis afficiendi.

Commorante adhuc regina in pulcris suis aedibus, supplex ad eius
celsitudinem venit Francisca ducissa Suffolchiae, pro infaelicissimo
suo marito: de quo (proh pudor) plura in suo magis apposito loco sunt
dicenda, [*f. 29v*] a clementissima principe impetratura liberam custodiam:*a* quam suae consanguiniae amore, et precibus victa, pro sua
non satis laudata misericordia ultro concessit. Iam adeo magnus concursus tam nobilium quam ignobilium esse coepit, ut diversari in
vicinis oppidis, vel pagis per tres mille passus minime alicui viatori
liceret. Quamobrem regina mutans sedem ultimo Iulii, aedes*b* Guil-
helmi Petri equitis, regibus Henrico, et Edwardo a secreta manu
advenit, et ibidem pernoctavit.[56] Altera die sua celsitudo leviter iti-
nerans ad Pergo proficiscitur: a Pergo ad Havaringum migrabat: ubi
mercatores Anglici, qui questus causa maria tranant, peregrinasque
terras petunt, praecipue inferiorem Germaniam, Caesaris ditionem in
suum maxime commodum: hii reginae certam auri summulam in suae
obedientiae testimonium, obtulerunt. Cuius sublimitatis comitatui
pridie se adiunxerat Elizabeth eius soror, formae decora, et eleganti,
moribusque tantae pulcritudini accommodatis: quae ad reginam tam
gratulationis, quam obedientiae (uti par erat) gratia veniebat. Ad hoc
domicilium venerunt ex nobilitate, et senatu, qui pro regina utcunque
stare videbantur: in quibus digniores erant et authoritate et dignitate
Guilhelmus Paulettus marchio Wintoniae, magnus thesaurarius Angliae: Iohannes Russellus Bedfordiae comes, custos secreti sigilli: Franciscus Talbottus Salopiae comes, antiquae nobilitatis heros, et inter
suos authoritatis: Henricus Herbertus*c* Worcestriae, Guilhelmus Herbertus Penbruchiae comites, et nonnulli alii viri memorabiles.

Iam vero eius comitatus multo maximus esse coepit. Exceptus est
reginae adventus ab omnibus ordinibus, nobilitate, aeque ac ig-
nobi[*f. 30r*]litate, incredibili honore, et ineffabili amore. Tum primum
nihil relinquebatur, vel omittebatur quod ad ornatum portarum,
itinerum, locorumque omnium in via, qua regina esset profectura,
quod excogitari potuit ad huius victoriae gratulationem. Cum liberis
omnis multitudo obviam precedebat, omnibus in locis congratula-
tiones fiebant, ut exoptatissimi, laetissimique triumphi laetitia facile
perspici liceret. Tanta erat magnificentia apparatus apud opulent-
iores, cupiditas apud humiliores sui propensi animi erga principem.

---

a costodiam *MS*
b *Marked with asterisk and* Ingerston *inserted in the margin*
c *Crossed out and* Somerset *substituted in a later hand*

Ita regina omnium votis acceptissima cum sorore Elizabeth, praece-
dentibus summatibus regni, praetore, et senatu urbano: sequentibus
autem matronis aulicis, maximo apparatu ad arcem Londoniensem
totius regni munitissimam progrediebatur decimo Augusti. Equo regina descensa in praetergradiendo ad penitralius cubiculum, colloca-
tos loco opportuno offendit aliquos captivos, quos implorantes suam
misericordiam, pro sua non comparanda pietate, libertate non solum
donavit verum et pristinis dignitatibus, et fortunis restituit: quorum
catalogum ponere, hic locus aptissimus me movet.

Primarius eorum fuit Thomas Howardus Norfolchiae dux, Mow-
braiorum, et Bigotorum familiis ortus clarissimis, senex plane capularis: ducissa Somersetensis: Edward Corteneus, marchionis Exces-
triae filius unicus, cuius avia una filiarum, et haeredum regis Edwardi
quarti erat: episcopi dimissi, Cutbertus Tonstallus, Dunolmensis; vir
claris natalibus, doctrina non vulgari, et vitae caestimonia conspicuus:
Stephanus Gardenerus Wintoniae, vir acutissimo ingenio, eruditione
non credenda; primum ab Somersettensi incarceratus deinde ab Northumbro episcopatu, et fortunis spoliatus, privatusque, a regina autem
archescriba Anglie ob [*f. 30v*] singularem prudentiam factus: Daius
Cicestrensis, maxima scientia, et moribus placidis: Hethus Worces-
trensis vir modestus, eximia eruditione praeditus: Bonarus Londoniensis iuris utriusque peritus.

Hoc adeo insigne misericordiae exemplar, non parum devinxerat
subditorum animos. Iam cum nihil apud plebem Mariae reginae
nomine charius, vel plausibilius unquam esse potuit, regina ad religionem, et pietatem subito totum applicans animum (quarum virtutum
verum gustum ab sua prope infantia sub pientissimae principis suae
matris tutela imbiberat) eo ipso die, quo Edwardi fratris corpus in-
humabatur, vel terra natum, terrae tradebatur, sacellum arcis pedes
ingressa, exequias fratri fecit fieri, introducta missa pro defunctis,
quadrennio ante per regem omissa, vel (ut ita dicam) prorsus abdi-
cata. Hic medius fidius reginae sanctissimae repentinus ausus multo-
rum dierum angorem tulit sectarii enim, vel potius novi collegii homines, pessimo animo ferentes suam sectariam religionem pessum iri,
iacturamve gravem passuram: omnen funem nectere, et nullam viam
intentatam relinquere movebantur, ut pios reginae (ita extra omnem
fucum sunt dicendi) conatus irritos faciant. Sequente vero dominica
unus sacellanorum praefati Bonari praesulis Londoniensis pulpitum
ascendit Paulinum concionaturus ad populum more antiquo et usitato. Hic inter concionandum ad populum fortuito satis vehementer
invehebatur in sectarios istos qui iura divina, et humana miscere ad
perniciem animarum[a] satagerent: superinducta religione libertinaria

---

[a] avorum *MS*

(quam astute Evangelicae libertatis [*f. 31r*] titulo honestarunt) hoc demum modo plebiculum nimis avidum libertatis facilius in partes allecturi suas: concionatoris hec verba aculeata aegre ferens unus astantium novi collegii mysta tumultum in populi faciendi, excitandique percupidus, extraxit pugiunculum, eumque magno impetu in concionatorem[a] proiecit. Quo pessime ausu territus concionator, suggestum deserit fuga salutem sibi quaeritans.[57]

Ilius [*sic*] rei indignatione graviter perculsa regina actutum praecepit Georgio Barns equiti illius anni civitatis moderatori, alias maiori, reliquoque senatui, gravi ut quaestione habita de audaci hoc facinore, impudentissimi hominis temeritatem afficeret poenis tanto facinori dignis. Praetor festinanter suae principis prosecutus mandata, hominem diligenti scrutatione cognitum appraehendi facit, appraehensum incarcerat diutius, donec delicti poenitens post longam incarcerationem dimissus erat.[58]

Interea princeps sede mutata, navigiolo vehebatur ad Richmondiam, aedes magnificas satis Thamisis ad ripam ab avo locatas Henrico septimo ubi amplitudo sua probe videns, et contemplans aegras hominum mentes repentina ex religionis mutatione: ad levandam duntaxat [*sic*] eorum aegritudinem, non modo dixit coronationi futurae diem, verum et parliamento quod omnem tolleret (si fieri possit) discordiam. Saepe demum parliamenti futuri placati longo et magno desyderio eius detinebantur: illo fidentes omnem fore sublatam contentionem.

Sed hic nimis praeposterè intrudenda est Flandrica legatio, quae a me prius est praetermissa letargice. Versante regina Londoniensi in arce, nihil suae amplitudini consultius fuit, quam Caesari consobrino suo omni cum velocitate de nacta victoria adversus tyrannum significare. Ad hanc legationem gratulatoriam obeundam delegit regina Thomam Chenaeum garterii ordinis equitem, regum Henrici octavi [*f. 31v*] et Edwardi sexti domus aulicae thesaurarium, et quinque portum custodem: virum eximium, non minore audacia, quam genere inclitum. Hunc pari celeritate (post suae legationis functionem) repedantem sequuti sunt Caroli caesaris oratores. Hic spatiari, vel digredi licet verbi praesertim gratia.

Carolus Habsburgius, vel Habspurgensis (utrumque in eius genealogia reperio) illustrissimo Austiaco stemmate coruscans, huius nominis quintus Romanorum, et Germanorum imperator faelicissimus, lynceis tanquam occulis perspiciens, consanguineae suae Mariae coelibatum tandem ut maiorum vestigiis insistens suorum, illud praestaret filio Philippo Lusitana uxore viduo, quod Fredericus tertius eius proavus olim Maximiliano in comparando sibi Burgundico ducatu, et Maxi-

[a] concianotorem *MS*

milianus in adiacendo Austriacae domui Hispannias Philippo caesaris
filio praestiterunt: per oratores cum regina egit quam prudentissime,
ut dignaretur eius celsitudo per coniugale foedus in optatos amplexus
Philippum filium aetate, et regno florentem principem, dotis nomine
quam magnificentissime[a] offerens (ut eo demum modo tenellum animum reginae ad amorem alliceret) totam Burgundiam cum inferiori
Germania. At nacti harum sub involucro nuptiarum occasionem rebellandi homines religiosuli, causati in primis Hispanorum rigidos
mores et libidinem in mulierculas non ferendam, aliquo pessimo tumultu (lena quasi Hispanica cooperti) pessimam suam religionem
ruinae proximam suffulcire totis viribus tentant. Sed de his infra
fusius, satis ducens in praesentiarum Flandricam legationem tetigisse,
et eius petitionem, nunc reliqua persequor. Libertate donatis (quemadmodum superius ostendi) viris integerrimis, pro eis dimissis captivitatis tradebantur archiepiscopi duo, Cantuarensis et Ebora
[f. 32r]censis quorum Cantuarensis laesae maiestatis insimulatus[b]
coram iudice cum insisteretur in atrio Londoniensi animo maximo
consternatus (postquam audierat Stamfordum causidicum reginae de
proditione ei obiicientem) palam est crimen confessus.[59] Eboracensis
autem non est productus, quaestione de eo adhuc nimis habita. Non-
nullique episcopi praeter sacrificos, doctrina et dignitate utcunque
praeditos, carcere includebantur, dignitatibus mulctati: partim quod
male sentiebant de religione, contrahentes nuptiolas formosis cum
puellis libidinis exercendae gratia: et partim quod Northumbro et eius
causae faverent. Aliquot etiam ex nobilitate qui parum candide tum
de religione opinabantur, et imprudentius inconsultiusque in Northumbricam se factionem praecipitassent, admodum suaviter fortunis,
et praediis iuste emungebantur ut suo denique malo principi negocium
facessere in posterum discant: et cum piscatore (sicut habet adagium)
icti sero sapiant. Interea humanissima princeps in impertienda misericordia maxime (ut ita dicam) prodiga, ex tanta caterva pessimorum
hominum (qui acerba morte plecti debuissent) tres solummodo capitali
poena afficit: Northumbrum, seminarium omnium malorum: Iohannem Gatum, et Thomam Palmerum equites; in hoc maxime superans
maiorum suorum laudes.

Iam prope aderat Septembris exitus, quando exoptatissimus, et
laetissimus coronationis dies, primus scilicet Octobris; huic triumpho
futuro dicatus, vel verius sacratus celebraretur: in quo quidem digne
explicando, utinam mihi in promptu esset Ciceromana eloquentia:
quam cum optando minime assequi possim, ea etsi maxime necessaria
destitutus, verissime tamen (ut spero) simplici oratione complecti

[a] magnifcentissime *MS*
[b] insumulatus *MS*

intrepide pergam: qui iuxta illud vulgatissimum: imperitia confiden-
tium, eruditio verò timorem parit. Per imperitiam ergo audaculus
factus institutam historiam aggredior.

[*f. 32v*] Per illos dies princeps occulata satis, probe videns nobilitatis
bonam partem (urgentibus praecipuè Northumbri tyrannide ac foeda
avaritia) in coniurationem hanc se praecipitem temerariè dedisse, (ne
hic ordo in summam totius regni labefactationem iret pessum si iusta
fieret animadversio in eorum facinora) non minori prudentia, quam
misericordia*a* huic ordini prospiciens mulctuariam instituit legem, qua
per crumenam plecterentur, quo testatior esset eorum culpa, et forsan
nimia licentia (ut scribit Comicus) deteriores facti, attributi erant viri
gravitate, et prudentia celebres, qui habita quaestione de laesa maies-
tate sontibus mulctam indicerent, qua eorum fortunis in fiscum relatis
vacuum reginae aerarium utcunque impleret.

Dum regina suis commodis sedulo coepit inservire, instabat coronationis splendidissimum spectaculum in primum Octobris indictum.
Quamobrem ex Richmundia sede mutata, domicilium in damario
situm palatio prope contiguum pervenit eius sublimitas: ab hinc vero
ad arcem Londini proficiscebatur, comitante magna caterva nobilium
aulicorum. Penultimo Septembris veteri*b* ex instituto, et antiquo more
fecit regina balnearios (quemadmodum vocant) equites, eiusque ordini cerimonias antiquitus congruas, a fratre quidem rege Edwardo in
sua coronatione omissas, introduxit, vel potius dignissimè restituit. Hic
ordo quamvis garteria dignitate inferior, antiquitate tamen longè
praestat. Equites vero hoc illustri ordine donatos (quoniam eorum
nomina ab principe apparitorum, alias heraldorum, viro longe hu-
manissimo accepi)[60] laboris pretium ducebam hoc recitare in loco.
[*f. 33r*] Horum primus et princeps Edwardus Courtneus Devoniae
comes: Henricus Howardus Surriae comitis filius in sui avi ducis
Norfolchiae ducatum (vitam praestiterint si fata adolescentulo) suc-
cessurus:[61] dominus Herbertus filius maximus natu Penbruchensis
comitis: regulus Burgovenue: regulus de Barcleo: regulus Lumleus:
regulus Montioyus: Henricus Fines*c* Clintoniae reguli filius: Guilhelmus Pagettus: Hugo Richeus: Henricus Paulettus: Henricus Parkerus:
Robertus Rochesterus: Henricus Iarninghamus: Guilielmus Dorme-
rus: omnes hii illo ordine honestati, et insigniti erant in praefata arce.[62]

Postero autem die existente ultimo Septembris, tiaram indutam
splendidissimam currum ascendit regina in hunc usum destinatum,
pone diversis in curribus, vel lecticis sequebantur ornatissima prin-
cipes Elizabetha reginae soror pulcra et haud quotidiana forma: Anna

---

a misericordia *MS*
b vetreri *MS*
c *Crossed out and* Henricus Clinton *substituted above and in the margin*

Clevoniae princeps, aliquando regi Henrico vix bene iuncta matrimonio, quae quanqum (nescio ob quam causam) ab regno thalamo separaretur: dotem veruntamen non contemnendam regis ex munificentia consecuta est. Et aliarum primariarum feminarum, matronarum et nobilium aulicarum grex, non ante visis est inumerosior: quae suam reginam maxime inclitam, iuxta antiquum morem, ad Westmonasterii splendidum*a* palatium conitatae fuerint.

Primo autem Octobris ipsissimo die coronationis, ab eodem commitatu, quo pridie, vestem talarem, et coccineam induto (iuxta vetus*b* omnium coronationum institutum) deducebatur celeberrima regina in ecclesiam vetusto regum Angliae conditorio, funere nobilitatum. Eiusque sublimitati pro foribus monasterii fit [*f. 33v*] obviam totus clerus ex episcopis, aliisque eximiis viris conflatus, pretiosis chlamidibus, religiosoque habitu ornatis, cum antesignanis crucibus, certissimis nostrae religionis trophaeis procedens. Ab hoc sacro antistitum, et sacerdotum coetu, maxima cum magnificentia reginae sanctitas in ecclesiam ducta Westmonasterii, ad princeps altare templi divo Petro primario apostolorum antiquitus dicatum, maiorum more et ungebatur et coronabatur ab Stephano Wintoniensi praesule, qui pro Cantuariensi archiepiscopo tunc incarcerato eo honore functus erat. Hic praesul*c* per Iovem dignissimus; parem in Anglia non habens regno cum propter eximiam, et vix comparandam eruditionem, qua omnes Anglos (egregie illud testantibus inimicis etiam invitis) facile superat: tum ob summam et indefessam constantiam adversus impios conatus et insultus Somerseti, et Northumbri ducum, qui veram religionem funditus evertissent nisi divinitus ad moderandus regni habenas esset vocata diva Maria.
benas esset vocata diva Maria.

Post divina obsequia digne absoluta, caeterasque peractas caeremonias solitis coronationibus usitatas, silicam basilicam, vel potius aulam litigatoriam Westmonasterii satis amplam, et spaciosam gradiens super tapetes in terram stratos, preciosissimo diademate auro redimita, sceptrumque una manu, altera orbem ex puro auro conflatum gerens regalique amicta chlamyde faeliciter ingreditur maxime honorata orbis terrarum regina. Ubi loci in interius cubiculum secessit ad refocillandos artus defessos, [*f. 34 r*] moxque progrediens ad convivium, in maiorum solio locata, oppiparo ferculo veteri regum reginarumque ritu, et more obsonabatur, famulantibus primariis faeminis, et sedulo suum praestantibus officium regni primoribus, qui vero gnaviter obsequia ministrabant sua secundum tenores patrimoniis, in illud obsequium per Angliae reges ab antiquo tempore impositos

a splendidam *MS*
b vaetus *MS*
c paesul *MS*

quorum paucos innumeros inter recensere placet: Thomas Norfolchiae dux mariscallatum perpetuum et haeriditarium suae familiae decus: Arundelliae comes a maioribus exercitatam abaci aureorum poculorum, et aliorum pretiosorum vasorum custodiam curamve. Salopiensis comes, et Dunelmensis episcopus ad sustentanda regis, vel reginae fatigata brachia, in sceptro et orbe portandis obsequiosa officia (hic sibi et successoribus, ille sibi et haeredibus) iure quam optimo vendicant. Pugillatum, vel monomachiae certamen efflagitabat in provocando alium competitorem ad pugnam [*blank*] (tenorem ecastor quanquam recentiorem aliis, utpote natum in exordio Henrici quarti, qui per vim Richardum secundum regno deturbavit) tamen honorificentissimum, et celeberrimum. Hos pauculos ex plurimis tenoribus, qui ad singulas principum coronationes pertinent, memorabiliores recitare cordi mihi fuit.

Convivio finito regina lintre remis agitata ad palatinas suas aedes profecta est. Quatridianum postea opus impendebat bona princeps ad remunerando benemeritos ordine equestri, nonnullosque honoribus afficiendo, et blandè appellando. Huius triumphi finem excipiebat initium primi parliamenti Mariae reginae, cuius authoritate tolleretur religionis discordia. [*f. 34v*] Optima princeps tota inclinata (ut religio vera antiquum suum decus recuperaret) non solum superioris, et inferioris domus senatoribus in parliamento liberas disputationes, verum et aliis sciolis omnibus de ea argutissime disceptare in Paulina ecclesia concessit: ut quae pars doctrina, et veritate magis polleret ei palma concederetur, et omnes qui in eorum sententiam pedibus irent. Sed parum hae disputationes (verius rixationes) levabant aegras hominum mentes: sed exasperabant animos minus placidos, spectantes semper ad maledicentiam.

Igitur inter pauculos dies, quibus disputatiunculae constitutae erant, ex principis mandato dirimebantur: hoc solo ex illis emolumento orto quod facile,[a] et dilucide viderent prudentiores sectariam istam religionem magis cavillationibus, et iactantia verborum valere, quam solidis argumentis.[63]

Durante adhuc parliamenti consultatione gravi, cum de religione acriter, et satis vehementer est disceptatum (Deo demum ita volente) valde consultum erat religioni denuo missae sacrificio admisso cum reliquis caeremoniis, quae regnante Henrico octavo erant in usu: et antiquabantur Edwardi sexti decreta, quae regnante infante, in Christianae religionis mirificam labefactationem (opera aliquot hominum nimis candide sententiam de orthodoxa fide) erant tunc approbata. Aliaque plura huius concilii erant statuta per authoritatem (quae cum reginae ex mandato rite observetur, et prelo impressa passim versentur in manibus hominum) irritus mihi visus est labor ea hic repetere.

[a] ficile *MS*

Paululum antequam parliamenti haec generalis consultatio terminaretur, quidam rumusculus[a] incerto [*f. 35r*] authore excitatus est, quod regina amorem domesticum nauseans, peregrino magis delectaretur. Qua quidem de causu ex selectis senatoribus aliquot cum dictatore Ricardo[64] Polardo equite, aliquando Gualliae provinciae iuridico, viro ad iustitiam et pietatem (ni fallar) nato, nomine inferioris domus legati erant ad reginam: ut cedere liceret suae amplitudinis animo, maritum ex sua gente eligere ad procreandum prolem.

Quorum postulatis cordata princeps, hiis fere verbis (iuxta auditiunculam, qua aspersus eram) cordatam istiusmodi responsionem fecit: cum vestra postulata (amicissimi mei) alte meo in pectore pensitem, volvamque: vos imprimis in hoc laudo, quoniam me ad coniugium invitetis (ad quod me natum et spero et credo) sed quod mihi vestro ex arbitrio assignare conamini coniugalis thori socium, in illo non laudo. Nam ego liberrima (si quis, vel quae ex populo regni nostri liber, vel libera) iam votis iure quam optimo impero: meique iuris, eiusque aetatis existo, ut mihi possim amatorem dispicere[b] idoneum, quo nostro casto amori indulgebit et huius regni nostri commodo et emolumento prospicere potens sit: non patiar igitur me ea libertate privari, qua vos liberique vestri in nostro hodie fruimini regno, approbante illud iure divino, et humano. Definite igitur frustra mihi in posterum ex vestro animo maritum designare; at potius mihi illud liberum sit, dignum thori me consortem eligere: qui non solum me mutuo amore prosequatur: verum et hostem ingruentem procul arcere patria proprio possit marte.[65]

Hiis fere verbis utebatur bona princeps, quibus postremo senatorum postulatis satisfacere possit. Responsio haec principis, etsi prudens, et aequa omnibus sano existentibus iudicio videretur: attamen aliis [*f. 35v*] non item, praesertim hiis, qui novo (ut meo more dicam) initiati erant collegio: ex quo asylo prodierunt aliquot pernitiosa capita, parliamenti burgenses electi, rixam a lasso (quod aiunt) quaerentes: qui se prodierunt apertius, quam ut potuerint motus animi (ne forte rumpantur illia Codro[66] sicut scribit Virgilius) cohibere: sed irruperunt in verba iactabunda, vix abstinentes a conviciis. At lenissima princeps flocci-pendens eorum conatus malo propinquo statim non iit obviam; immemor fortassis huius in Helena Ovidiana carminis: 'Flamma recens parvâ sparsa resedit aqua'.[67]

Hac enim levitas bonam principem de vita periclitari[c] postea fecit: quemadmodum a me inferius dicetur.

Iam appropinquabat domini dies natalicius, apud nostrates celebris: cum regina legaret in Flandriam Thomam Thurlbeum Norvi-

---

[a] munusculus *MS*
[b] despicere *MS*
[c] periclitare *MS*

censem episcopum, virum ornatissimum, mox (regina annuente)
Eliensi sacerdotio, opimiori multo potiturum: et Iohannem Masonum
virum gravem, et consultum: qui cum caesare de regus gravissimis
agitarent: vicissim caesar suos oratores in Angliam mittit. Princeps
illius legationis fuit Egmondiae comes aliique viri praestantissimi: qui
cum regina de nuptiis filii Philippi Hispaniensis principis transigerent.
Viri illi adeo gnaviter suum munus legatorium obibant, ut regina
percupide Hispaniensem amorem amplecti ovaret: quasi medio suae
iuventutis cursu reperiens, tantae patellae dignissimum cooperculum.
Dum optima princeps suae posteritati, regnique commodis studens,
cum diis laneos habere (sicut habet paraemia) pedes inciperet, fidem
coniugalem spopondit. Et quia princeps haec honorificentissima minime voluerit celari sponsalia, per [f. 36r] Wintoniensem Angliae cancellarium fecit illa pronunciari in suo regno, ut omnes nuptiis magni-
ficentissimis (post victoriam Normannorum) sua cum principe
applauderent.

Sed o Deum immortalem secus eveniebat, quam bona regina exis-
timaverat: ex hiis enim futuris nuptiis adepti occasionem rebellandi
homines vesani, nimis animosi suae sectae mordicus addicti, tumultum
magnum excitant: et eius initium apud Maydestonum oppidum in
agro Cantiario satis populosum faciunt, duce Thoma Wiatto equite,
iuvene in omne facinus prono, et in armis exercitato. At quo popular-
ior esset eius factio, primum praedicat Wiatus solo se amore patriae
affectum arma sumpsisse: non ut reginae noceret: sed ut nuptiis his
impedimento foret: ne Hispani homines[a] superbi, et super fidem libi-
dinosi, gentem Anglicanam in turpem servitutem (quam morte maius,
et peius abhorrent) redigerent.

Hac divulgatione habita, vix credibile est (quamquam seviret hib-
erna tempestas) quantus hominum concursus ad hunc male animatum
erga principem, unicam patriae patronam, et sacram (ut ita dicam)
anchoram, fieret brevi admodum spatio. Hoc quidem populari favore,
nobiliumque crebra accessione elatus, ulterius progredi parum for-
midat, militarem in progrediendo interim servans disciplinam, in hoc
praecipue aucupans famam vulgi ut suum militare nomen, quod sub
Henrico octavo et Edwardo sexto regibus, praeclarum sibi sua indus-
tria in Gallicis tumultibus comparaverat, inflatius praedicaretur. Huic
famae enixus, et bonae spei plenus ad Rocestriam pervenit, indies ad
eum ex omni omnium genere confluentibus, qui suppetias ferrent.
Apud hoc oppidum commorari libuit capitaneo parum [f. 36v] faelici,
ventum interea seminanti, ut turbinem (sicut est in proverbio) tandem
meteret. Dum hic moraretur Wiatus, nihil illi prius erat quam Suffolchum (cum quo de proditione ante clandestina consilium caeperat)
de hac populi concitatione certiorem reddere: ut quando ipse Canti-

[a] homisnes MS

anos concitasset: dux propere ad Leicestriam ad condendum copiam aliquam militum et festinaret sibi se coniungere. Suffolchus propter acceptum beneficium, et misericordiam a principe post Northumbricam concitationem, sibi impertitam ingratus: cum duobus fratribus (urgente fato) ad Leicestriam celeri cursu volat verius quam equitat, quemadmodum cervus (ut aiunt) in sagittam properans.

Regina per eos dies Londini agebat, cum de hac nova coniuratione audiret. Igitur re ad senatum delata, Thomas Norfolchiae dux senex decrepitus ad hos rebelles reprimendos capitaneus eligitur. Cui attribuitur Henricus Iarninghamus capitaneus satellitum, qui custodiunt corpus principis, vir acer in armis, cum aliis viris impigris, et bellicosis. Dux Norfolchiae cum hac collecticia manu militum, quorum quadringenti ex civitate Londini conflati erant, praefectis super eos constitutis Wilhelmo[68] Bretto, homine procera statura et rei bellicae gnaro: Briano Fitzwilliam vix puerum exuto, aliisque viris minime fidis, ad Rocestriam pergit (collatis in fronte Londoniensibus) qui omnes turpiter suam deseruerunt principem quamvis stipendio prae manibus ex reginae liberalitate soluto. [f. 37r] Hos defectionis authores pone secutus est Iarninghamus reginae satellitum magna caterva stipatus: qui animo valde turbatus propter suorum defectionem, evaginato gladio suos acriter incitat ad pugnam. Illi verecunde recusantes pugnare, orant eum (quoniam inclinata erat victoria) ne sua audacia militem a regina adeo dilectum in apertum vitae discrimen ducat. Iarninghamus fatigatus suorum precibus (etsi dolens multoque pudore suffusus ob rem male gestam) ne diceretur in posterum suos spontaneum subire mortem coegisse, sibi, suisque fuga consulebat. Norfolchus cum se ab omnibus suis desertum videret (quod huic veterano dedecus nunquam antea acciderat) postergato super eum fido, et robusto famulo, qui vacillans et infirmum corpus sustentaret, cum reliquis fugam capessit.[a]

Huius adversae pugnae famae sparsim increbrescens (qua nihil velocius) illius factionis authores multo animosiores reddebat, nostrae partis animos consternavit. Regina aliquantulum hoc infaelici belli eventu perculsa: non tamen adeo erat animo fracto, ut succumberet, vel formidaret scelestissimos in suam celsitudinem coniuratos: sed prae se ferens (tametsi faemina) maiorum in adversis animum intrepidum, exercitum ex fortioribus reparare omni nisu molitur.

Sed ne Suffolchus gravius quid in suam maiestatem apud Leicestriae incolas machinaretur, Huntingtoniae comitem provinciae eiusdem indigenam (cuius genus cum docestrensi Graiorum familia inimicitias gerebat perpetuas) post ducem mittit, cum denuciatione, qua eum proditorem proclamaret: eo saltem modo hominem in se

---

[a] capescit MS

male subornatum a concitando populo retardare. Nec fefellit prudentissimam[a] principem [*f. 37v*] opportunum illud consilium. Huntingtonus enim partim prioris culpae delendae causae, quam in Northumbrica conspiratione commiserat, partim ut Hastingorum antiquae familiae iniurias a maioribus ducis illatas ulcisceretur: hanc provinciam in se libentissime sumit.

Interim Wiattus post fugam ducis Norfolchiae (ne parva mora sibi, suisque damno sit, Rocestria cum exercitu movit ad Datfordiam [*sic*]. Postero die sublatis castris ad nigrum cespitem metebat, planiciem vastam, latrociniis multis frequentum, et nobilem. Ubi pervenere ad eum duo praestantes equites Edwardus Hastingus magister equitum, et Thomas Cornewalles, ambo reginae a consiliis ad eum legati, una manu panem (sicut antiquitus dicitur) altera lapidem ostentantes: et varia proposita pacis conditione, ad concordiam incitabant: ne humus Anglica Anglico cruore madefieret. Wiattus a suo malo genio ductus (quasi iam penes eum esset victoria) conditiones oblatas penitus respuit, praefatis viris ulterius insinuans, se non ab armis prius discessurum, quam suo arbitrio reginae, et arcis custodia comittatur, permittaturve. Et quia haec responsio et inhonestior, et maioris superbiae erat, quam ut recipi possit, pace abiecta (etsi pleni dolaris) castris discedunt, reginae hanc nimis superbam exposituri responsiunculam.

Regina videns spem omnem pacis sublatam, in bellum tota incumbit, et ne imparata ab hoste offendatur, civitati Londoniensi vaccillanti praeposuit Gulielmum Howardum ducis Norfolchi germanum, virum fidelem, [*f. 38r*] et audacem:[69] suo autem exercitui eius celsitudo locum tenentem dedit Penbruchensem comitem insigni audacia, et animo excelso heroem. Et quia pro certo audierat Londonienses pessima animatos Wiatto furore favere (eorum dementiae, ut iretur obviam mature) significavit[b] praetori, quem maiorem vocant, suam celsitudinem adeorum atrium pomeridiano tempore migraturam pridie Purificationis,[70] ibi paucula verba ad populum facturum, in insinuando aperiendoque suum absque fuco animum. Regina palatio digressa, ad forum iudiciale civitatis praecedente suo senatu, sequente vero matronarum grege plateas obequitans mira affabilitate et comitate non vulgari plebem allocuta in transeundo, vultum interim praebens hilarem, tantae principi dignum venit. Equo descensa praetorium ingreditur, et luculentam suos ad cives habuit orationem, cui tanta vis eloquentiae affuerat, ut ferocientes[c] Londoniensium animos propter Hispanienses nuptias, suo dulci, et suavi eloquio placidissimos redderet bona princeps, et non comparando oratrix. Sed quia eius

[a] prudentissam *MS*
[b] significa- *MS*
[c] faerocientes *MS*

conciunculae non interfuerim, ne ex aliorum auribus pendens, eo deteriorem efficerem vel mea barbarie obfuscarem, tetigisse mihi erit satis. Illud tamen veraciter affirmare audeo, cives omnes hac reginae oratione acriter incitatos, sui officii memores magis, postea sedulo, et gnaviter omnia quae ad civitatis propugnaculum, vel hostem propellendum attinerent diligenter parasse.

Postridie Wiattus suum praecedens exercitum Soutwarcum, vicum suburbanum ponti coniunctum, [f. 38v] occupat: ianuamque pontis clausam reperiens, pulsabat fores, ut pactam fidem cum civibus servasse diceretur. Sed Londonienses fortiter sese parantes, ad civitatis custodiam, nihil eius verba, aut minas sunt morati. Durante civili discordia, et praesertim dum hoc in suburbano vico Wiattus ageret omnes homines mira humanitate, et tanta comitate complexus fuerat, ut ea insidiosa quamquam, plurimos sibi amicos compararet. A tercio Februarii mensis, usque ad diem sextum, commoratus est Wiattus in hoc suburbio: cum interim regina quam prudenter omnia navigiola occludi fecit ne forte in ulteriorem ripam Wiattani transveherentur ad concitandos Londonienses parum stabiles. Wiattus male augurans, quod cives nullam ad suos defectionem molirentur, emisso tormento, migrationem adornat Februarii sexto, celeritate usus, ut piam reginam inopinatam et oscitantem opprimeret, et pontem oppidi[a] Kingstoni praeoccuparet ad militem transvehendum in civitatem, unicum suum refugium, quemadmodum falso de ea autumabat; Sed quia astutus miles in celeritate maximam posuerat spem, militem inani spe allectum se sequi iubet, ut quamvis sero, dignum suis laboribus premium perciperet. Wiattus fortuna tunc (ut dicitur) amica fretus non solum pontem tabulatione nudatum reparavit verum et praeter omnem spem castrametatur ad Branfordum pagum. Cuis vero impetus fama per veredarios celeres, allata ad reginam, credendum vix est, quartus, et quam repentinus timor reginam pervaserat adeo ut per totam noctem (qua nostrates genio, et crapulae indulgere solebant) [f. 39r] nulla quies, vel pacis spes dabatur.[b] Regina maiorum similima, metuenda verius quam meticulosa (quia veritas secum faciebat) Penbruchensem comitem vehementer admonet suum militem primi mane educere, in acies partire, et hosti occurrere: Clintoniaeque regulo equestris certaminis ductori praecepit equitum phalangem in hostem emittere, Wiatti ut militem extra ordinem, et itinerando fatigatum adoriatur.

Wiattus mane valde suum militem exuscitat, et ad profectionem expeditum facit, sperans audaci impetu in civitatem irrumpere (de cuius benevolentia adhuc spem non abiecerat) aut reginam expugnare sibi fore possibile. Cum in educendo milite tantus, et tam multus erat,

[a] opidi *MS*
[b] *Altered in another hand to* daretur

ecce tibi rota vehiculi maioris tormenti oneri impar rumpebatur: quod
hercule infortunium suam retardans maxime profectionem, nostris
saluti, et bono, Wiattanis vero exitio fuit: per aliquot horas moram
trahens in eo reficienda, spacium nobis militem in ordinem redigendi
dedit.

Rota refecta evestigio exercitum movit ad divi Iacobi campum
versus: ubi loci facile prospecto reginae exercitu in ordinem redacto,
emisit ad terrorem bombardam, eo (uti coniecturando assequi possim)
consilio ut suos ordine militari pro loci arctitudine servato per murum
praefati divi Iacobi ad civitatem, vel reginam duceret. Magna igitur
cum audacia illic progredi cum suis dum tentaret Clintoniae regulus
equestris certaminis ductor (cum prudens, ac sciens passus fuisset
Wiattum et quadringentos ex suis absque pugna transire) in reliquos
Wiattanos magno impetu ruit; quem cum illi inermes, et itinerando
defessi egre sustinuerint, facile [f. 39v] ab equitatu adorti profligati
erant. Wiattus videns probe hunc impetum in suos ab equitibus factum, quamvis de victoria desperaret, tamen cum reliquis sui exercitus,
suos animose progredi iubet, non cessantes in transeundo invocare
reginae Mariae nomen, et in peregrinos homines debacchari, presertim Hispanos, et eiulare penes Wiattum victoriam esse. Illi ducis sui
impigre vocem imitantes, huiusmodi vociferatione, et clangore (ut
militum reginae animos deprimerent) ad Charingiae obeliscum, vel
crucem pervenerunt, ubi acris fiebat velitatio. Locabatur vero ibidem
tam nobilium, quam plebeiorum militum magna, sed incondita multitudo, ad tutandum hunc locum, qui omnes existimantes ex hoc falso
Wiattanorum clamore, reginam a suis esse desertam, et proditionem
in exercitu fieri, turpiter fugam capescunt, alii ad civitatem, alii ad
reginam cursitantes. Ex hac fugientium turba rumor certus ad regina
pientissimae aures emanavit, de turpi suorum fuga, et Wiatti victoria:
quorum nuncio parum laeto ne tantulum quidem turba [blank] tantum abfuit ut sua celsitudo animo despondi voluisset, sed palam
diceret, se apud Deum optimum, et maximum tandem victoriae spem
collocasse futurae quam in sua iustissima regni competitione conce-
perat apud Framlinghamiam: et huius rumusculi falsi authores aiebat
esse desertores campi in sui nominis non levem ignominiam. Sed haec
pientissimae reginae de alea belli vaticinatio, [f. 40r] nihil veritate
cedebat Sibyllinis foliis quibus apud Romanos nullum oraculum certius.

Mox namque Wiattus ne latum quidem digitum ab recto tramite,
qui ducit ad civitatem, devians, cursum tenet, donec ad campanae
signum hospitale[71] veniret, ubi siti et labore pressus, se paululum
refocillabat, donec speculator suus rediret, ei renunciaturus de civium
in se animis. Tandem reversus ille Mercurius sibi renunciat cives sui
officii erga principem memores, eum pro hoste habituros. Quo

iniucundo nuncio plane animo consternatus, cum suis retrocessit ad
ianuam (quae templaria dicitur) cuius pro foribus venit in potestatem
Mauricii Barklei, viri strenuitate et nobilitate apprime spectabilis. Ab
hoc vero Barkleo, ducebatur Wiattus ad arcem (quam turrim appellant) locum suo sceleri, et id genus hominibus scelestissimis dignum,
et perquam opportunum.

Hac inopinata victoria cum regina potiretur, ante omnia eius laudem, et gloriam deo attribuere curat. In hac pugna desiderati erant
ex nostris quadraginti, ex altera parte quidem caesi, et capitali affecti,
circiter quadringentos: praeter captos innumeros, ut quamvis sero
nimis, vesani illi cum Phrigibus saperent. Hac in pugna laude maxima
prosequendi erant comes Penbruchensis campi (ut vocant) generalis:
Henricus Stanleus Derbiensis comes, nobilitate praecipua inter nobiles
ex maxima apud populum popularitate: Clintoniae regulus equestri
pugnae praepositus: Henricus Jarninghamus vicecamerarius: Gerar-
dinus Kildariae, Butlerus Ormundiae comites, viribus et generis praes-
tantia heroes spectandi, ambo Hiberni. Antonius Brou[f. 40v]nus
eques magnae spei iuvenis. Audleus campi moderator praecipuus.
Iohannes Guilhelmus eques cum non parva militum auxiliari manu
forte in fugientium Wiattanorum incidens catervam magnam [half line
blank] et alii viri strenui satis: et plures alterius farinae ignominia
magna afficiendi, quorum nominibus volens parco.

Iam quia me lassus pollex ulterius progredi non patitur laboribus
meis colophonem addo: interea precans piissimae reginae (quemadmodum me meum obligat obsequium) maiorum suorum regum, Henrici et Edwardi terciorum longaevum et nobile regnum: Henrici quinti
animum invictum, atque crebras et maxime memorabiles adversus
hostem antiquum Galliarum regem victorias: sexti regis Henrici mores
castos, et puros: Edwardi quarti[72] suae maiestatis proavi, quae nulla
humana vi frangi poterat: licet saepius tentatam plurium coniurato-
rum insultibus: septimi Henrici eius avi Solomoniam prudentiam,
pacificam gubernationem et opes ingentes; Henrici octavi patris mag-
nificentiam, munificentiam, nec non formidabile nomen.[73]

Mihi a te per filium, ornatissime Waldgrave, reddita demum his-
toriola (quam tuo nomini dicatam de rebus gestis serenissimae principis Mariae nostrae reginae scriptitavi) mirum est dictu quanto pudore suffunderer, quod me omnino nescium, vapulandum graviter
doctorum virorum vocibus ob immaturam castigati exemplaris aedi-
tionem propinassem. Ast quoniam illud mei manuarii indiligentia
(cuius fidei librum exarandum tradideram) verius acciderit, quam
mea culpa, hanc facile noxam tua bona pace diluere possum.
Opuscu[f. 41r]lum enim ad calcem deductum commisi recognoscen-
dum Askamo reginae a Latina manu, viro non solum mei amantis-
simo, verum et Latinarum, et Graecarum linguarum callentissimo qui

forte libello perlecto, errata prae nimia festinatione minime deprehen-
dens,[a] eum denuo emendatum scriptori reddidit. Quo fiebat ut ego
nimiam collocans spem in Askami castigatione, et manuarii diligentia
(quasi securus et in utramque dormiens aurem) de castigatione supi-
nior factus eram.[b] Ergo mox petasatus, itinerique accinctus, librum ex
officina scriptoris mecum arripui, et in die Veneris ante Pasca morte
Servatoris apprime celebris[74] tibi apud Pirgo[75] exhibebam: ubi loci
hunc codicillum pro tua vix dicenda humanitate animo benignissimo,
lubentissimoque accipere mihi videbare.

Aliquantulum temporis post, ego saepiuscule in regia versatus ab
amicis meis doctus eram aliquot[c] non levia errata in hoc commentariolo inveniri. Ne mihi igitur, homini admodum ieiuno, laesa fama
probro esset propter obortivi foetus enixum, a tua benignitate coepi
efflagitare, ut codicillus mihi actutum restitueretur maiori cum diligentia a me suis purgandus erroribus. Hunc mihi opportune restitutum erratis omnibus purgatiorem, et auctiorem tibi remitto, quem
cum tibi cordi futurum cognorim, me ter faelicem existimâro.

Orsam ergo historiam ad finem secundi parliamenti expandere
progredior, ut iam hasta abiecta hanc provinciam eruditiori (quasi
lampadem cursu) traderem, ducens satis, aliis novae[d] historiae aeden-
dae argumentum praebuisse potius, quam praeripuisse videri. Refo-
cillato paulisper pigro pollice, immanissimum illud facinus post Normannorum victoriam, propter periculi magnitudinem alia prope
omnia superans, per Wiattum, et eius amentiae comi[f. 41v]tes in
pientissimae reginae caput subornatum, ad umbelicum, ut aiunt,
ducere pergo: ne forsitan inchoata a me historia Lectori haud incurioso
manca aut imperfecta videretur.

Franciscus Hastingus Huntingtoniae comes (quem superius a regina
post Suffolchum missum explicavi) tanta diligentia, et celeritate adeo
matura in hoc heroe persequendo utebatur, ut illum in suam potestatem redigeret, ante Wiattanum furorem repressum: quanquam ad
Londoniensem non esset perductus, nisi post Wiatti incarcerationem.
Huius quidem calamitosi ducis inconsulta fuga non modo sibi, et
Ianae filiarum charissimae et Guildfordo eius marito fuerat adeo
funesta, ut intra pauculos dies capitibus plecterentur, verum et antiquae genti Graiorum de Dorcestria perpetuam attulerit eversionem.
Attamen ut reliqui omnes huic pessimae coiurationi affines, aliena
(sicut est in adagio) freti insania, ad sanitatem aliorum exemplis
saltem invitarentur, plures in cruces appositi, vitam morte commuta-

---

[a] depraehendens *MS*
[b] *Corrected in a different hand to* sim
[c] alliquot *MS*
[d] nova *MS*

runt: alii famosiores oppidatim Cantiana in provincia catenis ligati suspendebantur, cadavera escam volatilibus praebentes.

Hoc Cantiano in tumultu regulus de Burgovenna maximam laudem visus est mereri quod collecta non contemnenda suorum manu, summa cum animositate in primordio huius tumultus postremum Wiattanorum agmen carpens, non modicum timorem coniuratis incussit abductus videlicet captivis circiter sexaginta: adeo ut si veteranus miles Norfolchiae dux fidem Georgio Harpero veteri palatino[76] minime adhibens: prius [*f. 42r*] pugnam iniisset quam prefato regulo ex recenti victoria animosiori facto se coniunxisset, hanc suae fugae forte ignominiam evitasse potuit.

Parta hac insigni victoria, nihil reginae magis in votis erat, quam sui regni rempublicam cribeare et purgatam ab omni civili discordia habere, quae altas adeo radices in procerum pectoribus repositas habuerat ex insolentia, et avaritia gubernatorum Somersetensis, et Northumbriae ducum, qui misere rempublicam turbarent, lacerarentque, ut hoc de ordine magna facta fuisset labefactatio, nisi prudens et misericors princeps, eorum temeritati tempestive consuluisset. Idcirco prospiciens sedulo iminenti periculo eius celsitudo, quaestionem valde exquisitam per gravissimos viros inter captivos haberi iussit ne vestigium ullum tam occultae coniurationis in suam relinqueretur perniciem.

Habita hac tanta de causa per selectos viros, prudentia, aeque ac fide conspiciendos, per quam arcta captivorum examinatione, male inter conscios culpae deprehensi[a] erant Elizabeth reginae soror, et Edwardus Courtnaeus Devoniae comes, infaelix adolescens, ad carceres (quemadmodum coniectura adsequendum est) natus; hic vero cum ex principis clementia libertatem non modo (qua praeter vitam nihil potest esse suavius) verum et haereditatem paternam, et pristinam dignitatem impetrasset, quibus per patris scelus regnante Henrico octavo exuebatur: tanquam ingratus, et accepti beneficii oblitus in hanc conspirationem, quo nescio casu incidens, denuo incarceratur.

Pacata (ut credere consentaneum est) Dei providentia hac temeraria populi concitatione, regina enixe studens fidem·uxoriam Hispaniarum principi ante [*f. 42v*] pactam, illaesam; legationem ad Caesarem adornat: cuius praecipuus erat regulus Fitzwalter, heros peregrinis linguis instructus, qui caesaream maiestatem faciat certiorem de Wiattanorum prostratione, quam cum eo ageret de omnibus, quae ad has accelerandas, et confirmandas nuptias honorificentissimas attinerent. Hunc procerem, caeterosque eius comites ineffabili humanitate, et liberalitate maxima prosequebatur dignissimus caesar, eorumque digniores aureis catenis, ex puro auro conflatis, remuneravit: et uberiore usus munificentia, plures catenas in patriam ad

[a] depraehensi *MS*

digniores senatorii ordinis viros dono misit, eorum benevolentiae promerendae gratia.[77] Hunc regulum suo functum legatione commitatus est in patriam Shellaeus, recens a Bohaemiae et Poloniae regibus reversus cum donis et litteris ad caesarem, et reginam nostram:[78] vir quidem omnium suffragio propter variae linguae peritiam, et longinquam peregrinationem[a] vix inter nostrae gentis nobilitatem habens parem. Regina suos domum reversos Bedfordiae comitis comitatui protinus adiungit, quem propter longum rerum usum classi plurium navium instructissimae perfecit, ad deducendum Philippum unicum amorem, et delicias Hispaniarum et inferioris Germaniae populorum in gremium castae et non adhuc visae coniugis, vitae sanctitate, et regno adeo celebris, ut similem reginam facile orbis terrarum non foveret.

Cum Befordiensis [*sic*] anchora soluta, vela dare ventis (ut confido secundis) versus Hispanias dirigens cursum, adpropinquat Pascatis dies, quem solitus caeremoniis celeberrimum egit regina in palatinis suis aedibus. Huncque veterem sacrorum usum, vel morem per civitatem haberi [*f. 43r*] voluit, in omnibus eius ecclesiis pia princeps. Qui autem religiosos,[b] et sanctos reginae conatus magnum adeo dolorem novorum collegianorum animis inurebat, ut felem stola, et caetero habitu ad missae celebrationem congruo, et adcommodato amictam in principe civitatis platea, quae ducit ad Paulinam ecclesiam suspenderent, inter anteriores pedes, quasi binas manus hostiam ostendentem in summum eucharistiae ludibrium.[79] Londonienses interea (quia huius nimis scelerati facinoris plurimum eos puderet) aliquot homines tanti criminis suspectos custodiae mandant: sed adhuc (quod audiam) huius nefandae tragediae minime comparet author: adeo insigni astutia suum iniquum factum obcultare solent sectarii isti veruntamen me habet bona spes, quod tempus veritatis parens, omnem revelabit iniquitatem; ut iuxta adagiolum, faba merito in caput sontis cudatur.

Sed hic opportune aliud non minus ridiculum commentum (quoniam in deliria incidimus) ante paululum per huius farinae homines molitum, machinatumque calliditate maxima, ad hanc male-firmam religionem roborandam recitare placet.

Apud suburbium de Aldersgate in pariete cuiusdam domicilii ianuae contigui, audiebatur noctuatim vox quasi impuberis pueri, aut puellae: quae plurima in optimam reginam, et missam ederet indigna: contra in Elizabethae reginae sororis, et sectariae religionis encomium proferret multa. Cuius postquam increbuisset fama, mirus fit promiscuae multitudinis ad has aedes concursus, [*f. 43v*] qualiter antiquitus fiebat ad oraculum Apollinis in Delphis, novae auditurae ex spiritus

---

[a] peraegrationem *MS*
[b] religiosus *MS*

(sic enim plebicula vocitabat) ore, iuxta ac evenire solet in tanta
civitate inter homines plus satis novorum cupidos.

Quando commenticius hic spiritus ineptam plebem falso luserat
oraculo, versabatur regina in suo palatio apud Westmonasterium.
Pias cuius ad aures postquam haec nefarii spiritus ludificatio pervas-
isset: princeps probe docta per Wiattanum ausum novissime in suum
caput editum malo ingruenti prospicere: aliquot viros authoritate, et
consilio spectandos elegit, qui propere ad has proficiscatur aedes, non
tam indagandum huius portenti autorem, quam ad compescendum
inconditam multitudinem a tumultuando. Eorum memorabiliores
fuere Gulielmus Howardus admiraldus: Gulielmus Pagettus ambo
reguli: Iarninghamus vicecamerarius: Bornus principi a secretiori calamo et aliis, cum magno reginae satellitum, ad has aedes pervenissent,
pro harum foribus, et undique in plateis populi multo maximam
inveniunt confluentiam: hosque omnes comiter adlocuti domum in-
troeunt, omnesque eius partes observant, et scrutantur, murumque
demoliuntur: nihil tamen reperientes in regiam revertuntur, secum
patre, et matre-familias abductis, una cum puella nata annos octode-
cem ex reginae satellitibus aliquot relinquebant qui aedes custodirent:
et in ea die, ac nocte excubias agerent, ad discutiendam huius vocis
calumniam. Assignati excubitores quam vigilantissime domum omni
in parte scrutantes, neque vocem, neque vocis strepitum audire potuerunt.[80]

[*f. 44r*] Nihilominus paulo ante adventum Philippi nostri regis,
explorabatur diligenti indagatione ipsa puella quae larvatam per-
sonam agebat, et falsam spiritus vocem adeo arteficiose imitabatur.[a]
Unde ut omnibus illud commentum aperte innotescat, ex principis
mandato ad Paulinum pulpitum producebatur muliercula, cum aliquot huius nefariae facinoris machinatoribus: ex edito loco quasi pro
rostris coram populo totam huius ludificationis tragediam explica-
tura.[81] Iam ad historiam me verto.

Postquam Bedfordiensis navigationem venti contrarii per plusculas
hebdomadas amiraldi[b] classem in quodam hostio Cantianae provinciae ex fluvio Thamesis in portum multarum navium satis capacem,
insinuante detinuerunt. Quorum diutinus adversorum ventorum fla-
tus adeo retardavit inceptam navigationem, ut navarchus vir impiger,
et ignaviae pertesus suae, cohibere se non potuit,[c] quin ventum, ven-
tique concitationem acriter incusaret: quod non solum conatus eius
omnes irritos redderent, verum et reginae ingentes sumptus (praeter
comeatus non mediocrem copiam a milite in otiando devoratam)
irrogarent. Attamen demum vento secundiori adflante, classis educta,

---

[a] initabatur *MS*
[b] Admiraldi *written above in a later hand*
[c] *Altered to* potuisse *in a later hand*

ad Portesmuthum opportunissimum totius occidui portum adplica-
batur: ubi loci amaradus*a* aequo longiorem moram traxit invitus: quia
quorundam incuria tardius opinione commeatus, et alia ad commean-
dum necessaria parabantur.[82] Nunc de Wiatto et eius morte est dicendum: cuius condem[*f. 44v*]nationem fateor a me ante inserenda fuisse,
nisi consulto eam laconismi gratia in huic locum detulissem, ut pariter
mortem cum condemnatione combinarem. Wiattus vero cum coram
iudice sisteretur, sui sceleris magnitudine exulceratus, proditionem
statim fassus est, minime expectans duodecim virorum calculum.
Ulteriusque (adhuc sedente curia) Gulielmum Thomam aliquando
Antonio Brouno seniori a calamo,[83] palam insimulavit, quod secum
clandestinum inerat consilium, de morte principi inferenda. Alios
insuper huius coniurationis participes appellavit, quorum cautus supprimo, ne camerinam[84] (quemadmodum fertur) movisse verbosus
nimis dicerer.

Postquam ex proprii oris loquela seipse damnasset, per iustam a
iudice latam sententiam praefatam ad arcem reductus est, morti destinatus. Inter cuius quidem condemnationem et mortem, quia septem
intercesserant septimanae et amplius, ipseque interim ab arcis prae-
fecto lenissime tractaretur: augurabantur multi mortales se facile
vitam ex principis lenitate consequuuturum. Sed eos multum decepit
eorum auguratio: productus namque ad supplicium, capitis ab cervice
tulit divortium.[85] Hunc vitae exitum sortiebatur Wiattus, sub patre a
cunabulis recte liberaliterque satis educatus et eius praesertim opera
melioribus adprime literis imbutus. Exuta hercule puericitia patrem
ab rege Henrico octavo apud caesarem triennalis legationis oratorem
designatum comitatus est cuius ex aula una cum patre versatus, primum militiae [*f. 45r*] tyrocinium credebatur auspicari. In patriam
autem reversus (vivente adhuc patre) adolescentiam in eo praesertim
palestrae genere se exercitabat quod maxime militiae peritiam
acueret, et vires agiliores rederet. Quo fiebat ut tunc specimen boni,
et strenui futuri militis suis proculdubio familiaribus praeberet. Mortuo patre apud Monsteriolum Galliae oppidum stipendia fecit sub
Norfolchiae duce, ab eo centurio militum constitutus. Mox profectus
Bononiam longa, et periculi plena obsidione in regis Henrici octavi
ditionem redactam, magna laude ibi meruit: donec oppidum tanto et
non dicendo sumptu praefati regis captum, tam magna, et multiplici
gentis Anglicanae caede, et morte nobilitatum, ac in primis celebre
(ut infamia) Gallo venderetur per Edwardum filium, quam erat par-
tum per Henricum patrem. Huius post infamem oppidi venditionem,
nullam, quod sciam, tentavit memorabile facinus: nisi hoc ultimum,
sibi lethale, et genti Wiattanorum novae verius, quam antiquae de-
decorosum.

a Admiraldus *above in a later hand*

Incidit haec Wiatti mors in exordio secundi parliamenti habiti per reginam tercio Aprilis. Per illud fere tempus honoribus afficiuntur aliquot de principe, et patria benemeriti, ex equitibus barones videlicet facti: Gulielmus Howardus: Iohannes Brugius: Iohannes Gulielmus, et Edwardus Northus.[86] Paulo post Nicholaus Throgmortonus eques Wiattani sodalitii (uti ferebatur) unus aestimatus, adeo callide, vel secundum alios, fortiter obiecta diluebat, coram citatus iudice, ut duodecem viri pluris praepostere aestimantes fucosam misericordiam,[a] quam iusticiam, hominem insontem dicerent. Hoc interim eorum factum iniquum, non modo illis, verum et Throgmortono dispen[*f. 45v*]dio erat. Namque non magno tempore elapso, praefati viri ante cancellarium Angliae producti in cameram, quam appellant stellatam, interrogabantur, qua ratione hominem adeo multis, et liquidis testimoniis mortis reum, insontem (salva conscientia) reperire potuerunt. Verum impendio nimis hii viri errori suo addicti, hanc suam sententiam de Throgmortoni innocentiam latam, pertinaciter magna cum arrogantia defensitant.

Cancellarius vir emunctissimae naris, et caeteri senatorii ordinis viri admodum prudentes, ad compescendam vaesanorum hominum contumaciam in aliorum exemplum, Whetstonum, ex duodecem primarium, et alterum civem suae amentiae socium in Londoniensem arcem detrudunt:[87] reliquos vero decem in Flettum (verius fletum) coniiciunt: ergastuli genus, ubi improbi ad scelera sua expianda servantur, non sine zonae iactura gravi. Hoc domicilium ius est haereditarium eiusdem custodis Babingtoni,[88] viri moribus aeque probatis, ac genere celebrati:[b] quibus in locis hii cives non absque magno animi angore manserunt, donec cum Regina propter delictum transigeretur. Throgmortonus veruntamen nihilo citius liberatur, denuo ad carcerem ductus.

Interea Thomas Graius ducis sui fratris miserabile sequutus factum securi percutitur. Iohannes ducis alius frater vitae condonationem ab clementissima regina adsequebatur. Iacobus Croftus eques, et Gulielmus pro tribunali citati, huius sodalitatis, quasi aseclae, per iudicis sententiam damnabantur: quorum hic quidem supinatus super carpentum per civitatis plateas [*f. 46r*] trahebatur ad locum usque supplicii, meritas pensuras poenas: ille adhuc vivit, dum spiret, bene spirans. Aliique non pauci ex hac sociali perfidia carceribus inclusi manent, inter spem et metum fluctuantes: alii in exordio huius tumultus pessime stomachati, dulcem linquebant patriam: quorum memorabiliores fuerunt Gulielmus, et Robertus [*blank*][89] ambo fratres: omnes hii ordinis equestris neque domi, neque foras laudandi. Aliique principe annuente patriam deseruere, praetextu religionis: quorum

---

[a] miserecordiam *MS*
[b] celebrato *MS*

praecipui erant Antonius Cokus, et eius gener Gulielmus Sicillius, Iohannes Chekus ordinis equestris, et plures alii minus sani.[90] Ast iam ne praeter casam (quod aiunt) transiliam unum dumtaxat huius secundi parliamenti decretum proferam, manum deinceps historiae additurus supremam.

Ad quintum mensis Maii, huius concilii diem postremum, ingressa regina principum conciliabulum, interfuit conciunculis Wintoniensis superioris conciliabuli, et Ricardi[91] Brouchi inferioris oratorum. Quibus princeps extemporariam parabat responsionem elegantissimam, gravissimamque, in qua neque orationis conciunitatem, neque sententiarum grave pondus desiderare quis poterat. Quantum enim Wintoniensis parem in orando vix habens, Brouchum in dicendo minus felicem superaret, tantum a regina omnium calculo praefatus superaretur Wintoniensis, etsi accerrimus orator.

Hoc in concilio (regina inprimis illud urgente) agebatur de triplicis regni titulo Hispanum ornando, videlicet Angliae, Franciae, et Hiberniae, quo significatior in principem esset omnibus reginae coniugalis amore. Confestim itaque hic titulus solus antiquitus [f. 46v] regibus Angliae aptatus, et congruus, ex concilii decreto Hispano conceditur: eo reginae haereditorio honore insigniendo, durante vita dignissimae reginae suae consortis. Rarum profecto, immo rarissimum, et longe celeberrimum obedientiae documentum, in tanta principe editum[a] erga maritum, contra genuinam naturam muercularum, quae fere ab omnibus honoris, et principatus appetentiores esse creduntur. Ex hac quidem tantorum regnorum egregii tituli participatione, omnibus sole clarius constare liceat, uxorum in viros subditionem toties a divo Paulo, et caeteris Apostolis praeceptam, et inculcatam, in hoc reginae sancto pectusculo viguisse.

Manente adhuc regina magnatum in conclavi, comparebat Iacobus Hales iudicum unus fori communis, apud suam celsitudinem supplex culpam deprecaturus: quia infeliciter factus sacramentarius (hoc enim nomine censentur eucharistiae adversarii) severe in aliquot sacrificos animadverterat propter missae celebrationem. Quod vero facinus postquam regina resciverat, per cancellarium gravissimam de eo haberi quaestionem praecepit: ne ex tanto viri pessimo exemplo, deteriores fiant caeteri, in veterem dudum restitutam religionem stomachati acriter. Hic vero iudex cum produceretur de hoc delicto palam respondere, non verebatur pertinaciter multis, sed parum firmis illud suum factum tutari argumentis. Odoratus sagacissimus praesul hominis inscitiam, sacris praesertim literis, eum sutore non ultra crepidam disceptare discat. Carceri hercule traditus, ex eius[b] indignitate in tantam animi desperationem se coniecit, ut non [f. 47r] leve vulnus

[a] aeditum *MS*
[b] enius *MS*

sua manu sibi inferens, ex amussim sibi mortem consciceret, nisi peropportune eius esset temeritati ab aliis occursum. Quo fiebat ut diligentius sollito hunc iudicem observarent, adhibitis insuper viris probis, pariter et eruditis, qui eum pia argumentatione ad meliorem mentem invitarent. Horum monitis sibi denuo (ut videbatur) restitutus, ad hoc conciliabulum venit praefatus iudex, commissi veniam impetraturus ab principe. Cui autem regina omnem noxam remisit, blandis verbis hominem maxime consolata, gratam inter loquendum inculcans animosi sui responsi*a* adversus Northumbrum mencionem.

Sed non bene reconciliatus domum postquam repedasset (subinducta priori maligna cogitatione de inferenda sibi morte) in fluviolo parum alto, propriisque laribus contermino, anterioris partem corporis immergens, spontaneum oppetit mortem.[92] Hic exitus manebat hunc iudicem patrii iuris maxime peritum, cuius praeter scientiam ne ternucium meliorum literarum didicerat.*b* Sed huius anni aestas plane (ut ita dicam) in huius loci Iusticiarios novercabat Thomas[93] enim Morganus (quem subrogatum in Montacuti locum dicebam) cum ius exerceret veteri more in atrio Londoniensi, forte repentina mania correptus, successorem meruit Ricardum Bruchum huius posterioris parliamenti publicum organum.

Dum haec lucubratiuncula a me clauderetur de rebus gestis divae Mariae commentato ab inito regno, usque ad quintum mensis Maii: in quoti[*f. 47v*]diana omnium erat expectatione exoptatissimus Hispani nostri futuri regis in insulam adventus. Itaque hoc opusculo ad scopum praefixum ducto (ne officii immemor mei viderer) quam enixissime Deum optimum, maximum oro, invoco, et obsecro, principi huic totius orbis monarchae potentissimi primogenito*c* largiri faelicem, et incolumem cum omnibus suis adpulsum, propediemque venire in charos et desiderandos amplexus honestissimae reginae, et aliquando (Deo si ita visum fuerit) castum, et feracem virginis uterum generosissimo universi Europae semine faecundaturo, et multiplicis prolis laetam matrem redditturo, ut ex tantorum parentum thalamo exiliat princeps indigena qui maiorum aequans laudem, Anglis, Gallisque Belgicis maxima cum felicitate imperitet: quanquam Francorum rex ad solitas artes conversus, Scotum foederatum incitet, Dacos ad irruptionem in insulam invitet, Hibernos ad defectionem provocet, Sectarios ad rebellionem nutantes, et pronos animet, transfugas patriae proditores contra foederum*d* ius in suam recipiat tutelam, omnes vias tentet, et rimas universas scrutetur, ut has nuptias dirimat vel his saltem impedimento sit.

---

a responsu' *MS*
b dedicerat *MS*
c primogeniti *MS*
d foedorum *altered with a stroke in MS*

A SHORT TREATISE OF THE DEEDS OF MARY QUEEN OF ENGLAND BY ROBERT WINGFIELD OF BRANTHAM

[*f.7r*] Robert Wingfield of Brantham, to the most illustrious Edward Waldegrave, councillor of the queen's majesty, and keeper of the royal wardrobe.

Although, excellent Maecenas, I cannot but confess myself unequal to the burden of recording history, a burden heavier than Etna to my feeble shoulders, yet with no ill forebodings, thanks to the lustre of my noble reader, I will not fear first to make these few remarks to you as excuse for my boldness, lest I might be accused of presumption for meddling in the renowned exploits of sacred Mary. When, on the most holy queen's first bid for or approach to her hereditary throne, I gave myself freely to the service of her Highness, I began assiduously and carefully to note almost all of the more remarkable occurrences from her first claim to the throne to the present day. And since these events were not only marvellous but worthy of note, I have resolved to bring them together in this little treatise, lest the famous deeds of such a godly Queen remain unknown to many. I freely admit that I did this not to be taken as the author of a new history, but rather that I might offer material to Christopherson, Ascham or to some other initiate of more accomplished literary composition. I therefore tell you that my efforts, whatever they are, will be submitted to your scrutiny or consideration, so that with the support and authority of your name they may succeed more readily. Now I am bringing my preface to a close so as not to detain you any longer with my trifling work when you are occupied with weightier matters, and I pray for lasting happiness and long life for you and those near to you. London, 20 May, in the first year of Queen Mary.

Yours if he may serve,
Robert Wingfield.

[*f.8r*] When King Edward, the sixth of his name, had attained the age of fifteen and was in the seventh year of his reign, he was almost wasted away with a long and lingering disease, and at first sight showed to everyone who had the opportunity of seeing his royal majesty, manifest and eloquent tokens of his imminent death, almost as if it were within the gates, as they say. The man best aware of and acquainted with this was John Dudley, or as others will have it, Sutton; he was famous for the renown of his exploits and was duke of Northumberland, but he was an ambitious man descended of an ambitious father. After a notable victory on Norwich heath against the peasants, who had been stirred up against the better sort by idle men, he sought with excessive impudence to control both the king and the kingdom, and because the nobility entrusted him with just such a task, he did indeed, alas, succeed. However, afterwards the leading men dealt a heavy but deserved punishment for this his shameful crime, which was to prove especially calamitous for the young king and fatal to Northumberland himself, as the following narrative will demonstrate more clearly in the appropriate place.

Therefore the cunning duke deeply considered how many execrable, not to say intolerable, crimes he had committed after the removal of Edward Seymour, duke of Somerset, and was highly disturbed by his consciousness of guilt; so in case he might be forced after the king's death to explain the misgovernment of the kingdom during his administration, he devised an unheard-of and dangerous stratagem against the most sacred Princess Mary, the next, true and undoubted heir to the kingdom, as the child of Henry VIII by Katherine, the first, most virtuous and by far the most noble of all his wives. And since this most watchful of men saw that the king's death was approaching more rapidly than he had expected, he sought skilfully to use his cunning tricks on Henry Grey [*f.8v*] duke of Suffolk, an illustrious and widely-loved nobleman of ancient lineage, but lacking in circumspection. He promised this worthy the proverbial mountains of gold, and did not scorn to unite the blood of their two families; for above all he sought, at the king's order, as he claimed, to marry Guildford Dudley, one of his sons, to Jane, Grey's eldest daughter by his wife Frances, one of the heirs of Mary the French queen and of Charles Brandon, a duke famous at home and abroad.

Suffolk, as I freely allow, feared the fierce nature of the man more than he ought to have done, on the two particular grounds that Northumberland was believed to be dangerous and that he seemed to be like Phoenix[1] in his companionship with the king, and second in authority to none. The timid and trustful duke therefore hoped to gain a scarcely imaginable haul of immense wealth and greater honour of his house from this match, and readily followed Northumberland's wishes, although his wife Frances was vigorously opposed to it; but her womanly scruples were of little avail against opponents of such might and power. What more can be said? Finally a most magnificent marriage was celebrated in the great palace of the bishop of Durham by the Thames; the French ambassador was present, and most of the English nobility dignified the ceremony with their attendance. I will willingly pass over their names in silence lest I pursue them indiscreetly for such shameful attentions to Northumberland.

When the marriage had been concluded, both dukes, together with the earl of Pembroke, who had at the same time married his eldest son

Lord Herbert to another of Suffolk's daughters, approached the king at his manor of Greenwich, where he was sinking into desperate illness, and told him of these prestigious marriages which had been solemnized with such general approval. Meanwhile the king had been suitably instructed by his attendants, [*f.9r*] whom Northumberland had taken especial pains to introduce into the sovereign's privy chamber, having dismissed far more faithful men as if performing a zealous task, and he seemed to be particularly pleased.

Seeing this fall out according to his wishes, that consummate old fox, who knew well enough (as Demosthenes said of Philip of Macedon) how to look after himself, devised harder schemes in his false heart, and did not hesitate to use much fair and persuasive language to convince the king, then almost in his grave, that it would be right for his country and agreeable to the Word of God (his usual formulae and specious excuse when suggesting anything to the young king) for him immediately to arrange for his own newly-made will, a completely fresh testament, to be drawn up and published, particularly in the presence of his Privy Council, and to be confirmed with the consent of the most prominent men.

The unhappy king—born to disaster, and subject to abuse and plunder from both his guardians, first by his dearest uncle, the duke of Somerset, then as if from the frying-pan into the fire, by Northumberland—dared not make any protest, but fell in with the duke's wishes; he soon ordered the most skilled lawyers to be called to note his will, or rather that of Northumberland, and to write it with all the ancient legal elaboration. Meanwhile Northumberland was far from idle, but assiduously attended to his own designs, for he was exceedingly worried that he might let slip his ill-gotten reins of power, or be accused of extortion or of lese-majesty; so he made every effort to call the most learned legal minds to draw up the royal will. Among the lawyers that he called (to publicize the more memorable individuals) were Cholmeley, chief justice of England, Montague, chief justice of the Common Pleas; Bromley and Hales, both justices, the latter of the Common Pleas, the former of the King's Bench; Staunford [*f.9v*] and Dyer, advocates, or to use the more customary form, serjeants-at-law;[2] together with other distinguished representatives of the same profession. After these came John Baker, an important and distinguished lawyer; John Gosnold, procurator or solicitor of royal causes, a most honourable man, born to good breeding and deserving of general commendation; Lucas and Cooke,[3] both puisne judges of the king's court; and other men of importance and notable learning whose names I here omit for the sake of brevity.

All these readily appeared on the summons, and the dying king addressed them after this fashion:

'Trusty and well-beloved, I have been pondering the fleeting nature of human life and my own illness, which is becoming more and more serious. To prevent death from striking me unexpectedly while I am unprovided and unprepared, I have had a care to have you summoned, not only that you may help me with your advice and pains in drawing up this my new will, but also that I may more clearly outline and explain the secrets of my plan to stablish, and as far as in me lies, to strengthen this kingdom after my death, to you, my faithful servants, and to the other noblemen' (for Northumberland and the other conspirators were standing close by). 'I desire this all the more ardently to prevent my death from providing our beloved country with an occasion or profferred opportunity for civil war. Therefore, to cut a long story short, since I am convinced that my sister Mary would provoke great disturbances after I have left this life, and would leave no stone unturned, as the proverb says, to gain control of this isle, the fairest in all Europe, my resolve is to disown [*f.10r*] and disinherit her together with her sister Elizabeth, as though she were a bastard and sprung from an illegitimate bed. For indeed my sister Mary was the daughter of the king by Katherine the Spaniard, who before she was married to my worthy father had been espoused to Arthur, my father's elder brother, and was therefore for this reason alone divorced by my father. But it was the fate of Elizabeth, my other sister, to have Anne Boleyn for a mother; this woman was indeed not only cast off by my father because she was more inclined to couple with a number of courtiers rather than reverencing her husband, so mighty a king, but also paid the penalty with her head—a greater proof of her guilt. Thus in our judgement they will be undeservedly considered as being numbered among the heirs of the king our beloved father.

'Therefore, to avoid the kingdom being weakened by such shame, it is our resolve, with the agreement of our noblemen, to appoint as our heir our most dear cousin Jane. She is the grand-daughter of our aunt Queen Mary, who was taken from her first marriage-bed, that of King Louis of France, and subsequently married Charles Brandon, duke of Suffolk, a mighty man; she is a girl distinguished both by her noble lineage and her beauty, and only a few days ago, with our consent, she married Guildford Dudley, one of the sons of our guardian, the duke of Northumberland, and a man, unless I am mistaken, born to achieve celebrity; from him you may expect great things, if it please the gods.

'For if our sister Mary were to possess the kingdom (which Almighty God prevent), it would be all over for the religion whose fair foundation we have laid, not without your support and agreement. Therefore to avert such a great and imminent evil, make all speed to lend your support, so that while I am still drawing breath, this my last will may be [*f.10v*] perfectly drawn up with your resources, which I most eagerly desire; then, with our proclamation to give it especial strength, it may be published openly to the people.'⁴

These were more or less the words, certainly words no less ridiculous and idle, which the unhappy prince used not long before the assault of death, to the perpetual disgrace of his house and of the realm; they were spoken on the prompting of Northumberland and the other conspirators, who as if it were their bounden duty, had gathered round the prince to drive him out of his youthful wits with insanities of this sort. The lawyers were thunderstruck by the words of the dying king, who had no power to shun death by any human strength, or to flee it by any human counsels; with great sorrow but still greater fearfulness, as if they were holding a wolf by its ears, they sought an interval of a few days to consult their books, as the matter was of no small moment. Since their request was reasonable, it was granted; meanwhile these precious lawyers followed their orders and busied themselves in gathering together matter beyond any risk of doubt to formulate their judgement.

After consideration on both sides of the case amongst themselves, fear finally overcame their sense of duty. All of them except James Hales and John Gosnold supported Northumberland's proposal up to the hilt, with the result that they appeared to be in very little hurry. Only Hales, like an undaunted athlete, offered his head in his hand sooner than be forced to subscribe to their opinion. Gosnold indeed put his hand to the royal will and copied a proclamation for the so-called Queen Jane, but he repented of his action with remarkable speed and at that moment exclaimed without hesitation or fear that he would without any doubt be a rank traitor to the Princess Mary after the king's death because of that deed. Northumberland was wonderfully infuriated by the words of this pair, and would have come near to putting them in peril of their lives [*f.11r*] had the presence of the king not somewhat restrained the shameless man. However, he controlled his anger temporarily, and took hold of himself so as not to spoil his scheme with a bad beginning, and if possible to make his outrageous attempt seem more worthy of commendation to everyone; brushing these lawyers aside as if they were fools, he poured his energies into beseeching, canvassing and badgering Montague, whose reputation and authority were the most considerable among the people and the aristocracy; in comparison with his judgement he did not care a straw for all the lawyers. He made him extravagant promises and sometimes horrible threats, in order that he might satisfy the king's intention by some means which would confirm the kingdom to Jane and to the house of Dudley.

The greedy judge was not less torn between hope and fear than a

ship's captain tossed between Scylla and Charybdis, and he was not
steadfast enough; suborned by the promises made to him, he made a
shameful surrender, claiming in all good faith that he would discover
and devise a way by which the inheritance of the Crown might be
conveyed to the stock of Jane and Guildford, so long as he was granted
a pardon under the Great Seal, to be as it were a secure talisman or
defence against all attacks if any mischance happened to the king.
Northumberland and the others who were his steadfast adherents
were very anxious to win over to their cause a man of such consequence
in dignity, learning and authority; they therefore had no difficulty in
obtaining him a pardon under the Great Seal to comply with his
wishes.

Now that Montague had actually gained the pardon for his crime,
his faithless advice was that as quickly as possible, as a first priority,
the general council which by ancient custom we call parliament should
be summoned, and that the disowning of the royal sisters should be
effected by Act of Parliament, [*f.11v*] because the law of the land
would otherwise forbid it. This advice was, of course, congenial to the
conspirators, but it was lamentable for its author, calling to mind that
piece of proverbial wisdom that 'Bad counsel is worst for the counsel-
lor.' For thanks to that unjust deed, Montague was not only stripped
of his legal and judicial authority, but also forfeited much of his goods
and lands, with perfect justice. But our narrative must return from
this digression.

On Montague's advice parliament was appointed for September,
and to make it more widely known, messengers were sent according to
ancient custom through all the king's dominions to give warning that
all peers of the realm and pairs of knights for every shire, as their writs
plainly indicated, and of burgesses from the cities and more ancient
towns, should appear on the appointed day. However, matters proceeded according to that oft-repeated adage, 'there's many a slip
'twixt cup and lip'; for while these nobles (or rather, ignoble ones)
exerted themselves so much against their undoubted liege lady, heir
to her brother's throne, behold how the One enthroned on high, from
whom no earthly matter is hidden, took pity on the fate of his most
devoted servant Mary, when she had been forsaken by nearly all her
own people, who had the least right to desert their princess; through
the agency of Atropos (now I am using poetic licence), he was cutting
short the thread of life in the most sacred king—martyr, may I call
him—before villainous men could achieve the repudiation.[5]

The most godly king indeed died without waiting for parliament on
6 July at his manor of Greenwich, at the age of fifteen years, six months
and a few weeks. This prince was tall and of a healthy constitution for
a boy in middle youth, [*f.12r*] but his manner was so gracious

and his countenance so modest and pleasant that he charmed observers into an exceptional love and an extraordinary devotion towards their sovereign. Moreover, his endowments of intellect were so much more outstanding and admirable than his good looks that not without reason might the English reproach the fates for being unjust and utterly envious in carrying off a future leader of such promise. He was the third and last male Tudor to reign after Richard III, the last Plantagenet king, who so notably tyrannized his people that he seemed not merely to equal but even to surpass the savagery of the Ottomans. And since I can hardly see a more fitting opportunity in all this treatise to set down the descent of such illustrious houses, it is appropriate to deal with their genealogies here.

From a reading of ancient histories I am able to conclude that for its immense antiquity, the House of Tudor is second to none in all Europe, for it traces its origin from Cadwallader, the last king of the Britons before the Saxons became lords of this island. After many centuries his descendants, as if claiming their birthright (perhaps by God's will), regained their ancestral glory with all possible good fortune in Henry VII.

This Henry followed his mother Margaret Plantagenet, not only the sole daughter and heir of the duke of Somerset, but also the residual heir of the House of Lancaster, the Plantagenet line which had failed in the blessed King Henry VI; but he married Elizabeth of York, eldest daughter of Edward IV, the most splendid king of the Plantagenet line, and was heir to that monarch's wealth and realm, succeeding to the throne after Richard [f.12v] III had lost both his life and kingdom in a single battle. He was so judicious that for his great wisdom he was nicknamed Solomon. The wife so excellently chosen bore him Henry VIII, a true image of his grandfather Edward IV, a prince unequalled in splendour and good fortune, in whom the two most powerful factions of the Plantagenets, the Houses of Lancaster and York, were laid to slumber, or rather buried; having sprung from sons of Edward III, they waged unceasing, one might say total, warfare on each other and did not cease from the slaughter until they had destroyed every male member of the family in a complete massacre. Let me not seem to do them an injustice by passing over this most royal house of Plantagenet with the proverbial dry feet, for it rejoiced in so many trophies of victory, prided itself on such great and frequent triumphs and abounded in countless spoils taken from the very leaders of the enemy, that the name of Plantagenet came to be feared not less among neighbouring nations such as the Scots, French, Flemish, Spaniards and Irish, than the House of Scipio was among the Carthaginians: it is therefore appropriate to set down here the origins of that house.

The first of this family to claim the realm by hereditary right was Henry II, son of Geoffrey Plantagenet, the most puissant count of Anjou, and the Empress Matilda, granddaughter of William the Conqueror; from the time of this Henry, the empress's son and great-grandson of that same William surnamed the Conqueror, for three hundred years in a long succession of generations of the family through to Richard III, the name of Plantagenet held most happy sway. At length the kingdom was given over from the House of Plantagenet to the Tudors, as I [f.13r] have set out more fully above.

Now we have sufficiently extended our narrative to the joining of these two excellent ruling Houses of Plantagenet and Tudor, and so let me turn my pen to sacred Mary, child of both Houses, and queen by the best right on the death of Edward VI.

At this time that most holy lady and princess whose history I have here undertaken (with, I hope, happy results), was living at Hunsdon; very shrewdly she got wind of the aristocratic conspiracy aimed at her destruction, and being secretly informed by those most loyal to her of how near her brother was to his end, she took counsel for herself as wisely as she could. Therefore to escape as soon as possible from the jaws of her enemies, she set out secretly from Hunsdon, giving out as reason for her change of residence that her physician Rowland Scurloch,[6] an Irishman born to a noble disposition and well-disposed to her friends, seemed to be gravely ill. From there she made a difficult and tiresome journey, hurrying at the dead of night to the home of Sir John Huddleston in Cambridgeshire,[7] where she spent the night. Next day while making haste towards Norfolk she reached the house of Lady Burgh, a lady, as God is my help, worthy of high praise for her ready and courteous services to her sovereign;[8] here she was told of the king's death by her goldsmith, a citizen of London, newly returned from the City, but the cautious princess would not put complete confidence in the messenger and would not let the news be spread abroad.[9] On this account she stayed there no longer, but hurried on to her house at Kenninghall, once built by Thomas, duke of Norfolk, who was at that time a prisoner in the Tower of London. John Hughes, a medical practitioner,[10] who was a weighty man [f.13v] worthy of belief, hurried there and confirmed the news of the king's death to the princess; with good reason, she soon believed him. With her usual wisdom the lady now perfectly judged the peril of her situation, but nothing daunted by her limited resources, she placed her hopes in God alone, committing, as they say, the whole ship of her safety, bows, stem, sails and all, to the winds of fortune, and firstly decided to claim the kingdom of her father and her ancestors, which was owed to her as much by hereditary right as by her father's will.

Having first taken counsel with her advisers, she caused her whole household to be summoned, and told them all of the death of her brother Edward VI; the right to the Crown of England had therefore descended to her by divine and by human law after her brother's death, through God's high providence, and she was most anxious to inaugurate her reign with the aid of her most faithful servants, as partners in her fortunes. Roused by their mistress's words, everyone, both the gently-born and the humbler servants, cheered her to the rafters and hailed and proclaimed their dearest princess Mary as queen of England. However, this attempt should have been judged and considered one of Herculean rather than of womanly daring, since to claim and secure her hereditary right, the princess was being so bold as to tackle a powerful and well-prepared enemy, thoroughly provisioned with everything necessary to end or to prolong a war, while she was entirely unprepared for warfare and had insignificant forces.

Now since I consider that it is unfitting to relegate to the obscurity of an unthankful silence the names of those to whom their country and their most gentle sovereign owe so much, I reckon it worthwhile to list all these gentlemen. The first in this catalogue is Robert Rochester, [f.14r] comptroller of her household, a man with few equals in steadfastness, loyalty, authority and wise counsel: Henry Jerningham, a vigorous, noble and modest man;[11] Edward Waldegrave, distinguished for his modesty and good-fellowship, quite apart from his lineage, which is of no common order; Thomas Wharton, eldest son of Lord Wharton, born, as it seems, to commendation; Richard Freston, an honourable man, most diligent in service; Ralph Chamberlain, always at hand when danger threatens and famous for his ancient ancestry; Robert Strelley, from a not undistinguished family; Peckham, equal to his father in the worth of his character;[12] Bourne, secretary to the queen;[13] the queen granted all of them the honour of knighthood after her victory, with the exceptions of Wharton and Strelley who were already thus distinguished.[14] After these came John Sulyard, remarkable for his upright character, his physical stature and his ancestry;[15] Thomas Hungate, already bordering on old age, yet second to none in his obedience and diligence;[16] George Jerningham, nephew to the aforementioned Henry by Sir John Jerningham his elder brother:[17] Tyrrell and Lygon, both men zealous in service;[18] Edward Neville, from a more noble and celebrated house than needs my blazoning; Poley and Mansfield, distinguished enough in descent;[19] Hemsley and Herle, men mindful of their duty;[20] Lewgar, equally praiseworthy for his loyalty and constancy; Greene, a young man notable for his talents and birth;[21] Bacon and Collier, each of them admirable stewards of everything necessary to provision or maintain the household;[22] Dodd, a cheerful and honest character in charge of the buttery;[23] Libb, Pascal and the other Poley, excellent enough in character; Smith and White, worthy men.[24] Indeed the other servants of the household, though considered inferior in rank, yielded nothing to their superiors in faithfulness, courage and perseverance. The blessed princess's servants [*f.14v*] of either degree scarcely numbered more than sixty, but they conceded nothing in spirit, for all that they were so few. They were particularly strengthened by two unconquered athletes, who might know well enough how to conquer but not how to admit defeat, namely courage and love of justice, sure comrades for the victory to come: and so they did not hesitate to face an untimely death for their queen.

However, after this slight digression I return to the narrative which I have let slip. While the queen was thus passionately exhorting her followers at Kenninghall to try the hazard of death if need be (for, as they say, it was by taking risks that the Greeks came to Troy), rumours both of the king's death and of her bid for the throne were spreading far and wide through Norfolk and Suffolk with incredible speed, and it is remarkable to relate how much excitement there was among the countryfolk of the two counties; every day they flocked to their rightful queen ready to lay out for her in this worthy cause their wealth, their effort and life itself, more dear by far than wealth and effort.

The blessed lady was utterly delighted and aroused to greater hope by this popular submission, and was anxious to see whether, while the nobles were preparing their own ignoble schemes, she could bring them back to sanity by this means—through their own nobility. Throwing all her hopes and efforts into that aim, she sent her faithful servant Hungate to Northumberland and the other conspirators: her demands were that they should belatedly renounce Jane, falsely styled queen, and recognize and welcome herself as their undoubted liege lady. So far from refusing to discharge the duties of an ambassador of his sovereign, Hungate eagerly offered himself for this task, despite all its danger. He soon hastened to London, bravely delivered the queen's commands to Northumberland and the other noblemen and gave them her letters. Recognizing the man well, [*f.15r*] Northumberland spoke to him much after this fashion: 'Hungate, I am truly sorry that it was your lot to be so immature and thus rashly to throw yourself away in this embassy.' Having had the man removed, he ordered him to be lodged in the Tower of London, with the Council's agreement.[25]

I leave Northumberland and his cronies preparing an army against his sovereign and Hungate lying in prison, so that my pen may engage in its proper duty and return to Queen Mary. While the queen was still at Kenninghall, she and her personal council decided to send out swift messengers in all directions to draw all the gentlemen of the surrounding countryside to do fealty to their sovereign. The first gentleman to be mindful of his fealty and hasten to aid the queen was Sir Henry Bedingfield, one of a most ancient and famous family, to which his timely and opportune arrival added further lustre, together with his two brothers, men of energy and good disposition. Sir John Shelton, a man of ancient and illustrious descent, was such a zealous partisan for the queen that he seemed to merit the greatest praise in this undertaking.

Meanwhile Huddleston, whose hospitality to Princess Mary on the night after she left Hunsdon I have already noted, was returning to the queen when he happened by a lucky chance to fall in with Henry Radcliffe, one of the sons of Henry, earl of Sussex, whom he intercepted on his way to the Council in London with letters from his father: he took Radcliffe with him to the queen. She was thoroughly delighted with this arrival, just as much at the return of Huddleston, whom she greatly valued, [f.15v] as at the capture of the letters which revealed her enemies' plans, but especially because she hoped to be able to win over the elder Henry to her cause through his son. Already a little while before she had sounded out his intentions through her servant Thomas Wharton, who had married the earl's sister, and the earl would then have set out most readily to pursue the queen's cause, had he not been falsely convinced by Lord Robert, Northumberland's third son, that the king was still alive. At that time Wharton had only just escaped unharmed from an ambush laid for him by the servants of Lord Robert while he was journeying back to the queen. When the earl was told of his son's capture, he made haste to come to the queen, defending himself as well as he could by saying that he had been too ready to believe Northumberland's son Robert about the king's death. Now, on his honour, fully persuaded of the death of his sovereign, he gave his most bounden fealty to his sovereign queen in the customary form that he would uphold her cause in future. When the earl had thus pledged his faith he was finally sent off to return on an appointed day with a large military force.[26]

Now that fortune was beginning to smile on sacred Mary's righteous undertaking, Sir Richard Southwell arrived, amply provided with money, provisions and armed men, to make the most humble submission that he could to the queen, repeatedly recalling in his petition the many favours heaped on him by Henry VIII; to the end that his submission might be more welcome to the tender-hearted queen, he is said to have contributed a respectable sum of money [f.16r] towards the prosecution of a campaign. Nothing at that time could have been more opportune or desirable than the arrival of this knight, the wealthiest of his rank in all Norfolk, for he brought reinforcements of men, a store of provisions and moreover money, the sinews of war, as they call it, not to mention his own skill in counsel and long experience:

reinforcements which could alleviate her troubles and oppose her misfortunes.[27]

Almost at the same time the following men hastened from further away to do homage to the queen: Sir John Mordaunt, eldest son of Lord Mordaunt; Thomas[28] Morgan, serjeant-at-law, now successor to Montague on the Bench, most zealous for the queen: Sir William Drury, endowed with dignity and wisdom;[29] John Higham, remarkable for his skill in the law and his ancestry;[30] Peter Rede, steward to several knights in Norfolk; John Kemp and Robert Flint, men both ready for any service, together with other distinguished young men, whose names I would not withhold from my narrative if I knew them.

Now that men from all ranks of life were joining her every day, the queen's forces were wonderfully strengthened and augmented, and on their sovereign's instructions her personal council discussed how they could best move their headquarters; for with consummate judgement the queen recognized that her house was utterly inadequate to withstand an enemy attack or fitly to accommodate her much increased forces and household. Therefore after suitable consideration they very wisely chose Framlingham, the strongest castle in Suffolk, and the ancient capital seat of the famous dukes of Norfolk, where they might await further reinforcements and, if necessity demanded, fight a determined enemy [*f.16v*] with steadfastness and courage for the right to the throne. Having approved of their decision she struck camp and prepared her departure for Framlingham under the best of auspices, with her infantry following on slowly.

It is here fitting to turn aside to introduce affairs in Suffolk, so that by some method or other I may bring before the queen Sir Thomas Cornwallis, a young man of ready eloquence and conspicuous worth, tribune, or as he is termed, sheriff of Norfolk and Suffolk for that year, to do his homage to her Highness on the road leading from her house at Kenninghall to Framlingham. To explain his coming more clearly, as is my wont, I will have to begin rather earlier.

A little while previously Cornwallis had received letters from Northumberland telling him to make public with all haste the news of the king's death and to proclaim Jane as the new queen in his counties. Not daring to demur to this demand, he hastily caused the chief men of Suffolk to be summoned: the obvious leader among them was Thomas Wentworth, Lord Wentworth, together with other weighty and prominent men. They all gathered at the town of Ipswich, and earnestly discussed the perils of the situation; at last they had Jane proclaimed and announced, not without murmurs of discontent and great indignation from the common people, on 11 July. On the same day Poley, one of Princess Mary's faithful servants, came to the town and had his mistress proclaimed hereditary queen of England by the king's death, on the lady's especial order. Having thus [*f.17r*] boldly made the proclamation in Ipswich market-place, which is much frequented there, he hurriedly left the town, taking refuge in flight lest his men fall in with the gathering of the leading men supporting Jane. Thanks to this subsequent proclamation of Mary, Thomas Cornwallis saw that now he had reached the crossroads, as one says, and was in grave peril of his life, but he had no idea which side to join for the best, especially since he saw clearly enough from the latest proclamation that everyone's sympathies manifestly lay with Mary. But then he considered, as if in an impartial balance, what safe defences there were on the other side: the warlike provision, the artillery (most fearsome of all), the wealth of the entire kingdom, together with the nobility, which seemed as if for want of anything better, to stand for Jane against Mary. Having regard for his fortunes and whatever protections fell to him by reason of his high office, he took himself to London to seek advice from the most illustrious men of the kingdom.

As he was making haste to London, quite by chance he met John Colby, a good friend of his, who had only just returned from London to the home of Lord Wentworth and his son.[31] They had a long discussion mainly about how this situation was developing in London; from Colby he learnt in detail that the people of London were very ill-disposed to Northumberland and the great men of the realm for disinheriting Mary, and that everything there pointed to violence and an uprising. Hearing this from a close friend, with Colby's encouragement he gathered all his common sense; prompted by repentance for his previous great error, he returned to Ipswich with Colby to make a full and free recantation by proclaiming, amid scenes of general enthusiasm, that in place of the false Queen Jane, Mary was the true and undoubted heir to the throne. It was that same day, [*f.17v*] 12 July, that the queen moved her headquarters to Framlingham, as I outlined before this digression, and on the way Thomas Cornwallis most humbly prostrated himself before her Highness, partly to beg a pardon for his misdeed (Henry Jerningham, his wife's uncle, was of no small help in making his excuses) and partly to offer his due fealty on behalf of Norfolk and Suffolk in the traditional manner of sheriffs, by surrendering his white staff. At first the queen seemed to berate the man for being somewhat slow and stubborn and less mindful of his duty than he ought to have been despite the repeated requests of her letters, but soon the tender-hearted sovereign saw how utterly miserable he was at what he had done; she not only granted him mercy at his supplication, but even made him one of her own council, in which honorable capacity he is still engaged to the great credit of his name.[32]

Having thus pardoned the sheriff's offence she hurried on to reach Framlingham castle about eight-o-clock in the evening, where as many as possible of the local gentry and justices, together with a crowd of country folk, awaited her highness's arrival in the deerpark lying below the castle. It is appropriate to note the more honourable of them: firstly, Sir Nicholas Hare, incomparable for his probity of character and for his knowledge of ancient law: Sir Edmund Rous, a man ready in service; Owen Hopton, eldest son of the late renowned Sir Arthur Hopton; John Tyrrell, son of the late Sir Thomas Tyrrell, [f.18r] and afterwards knighted by the queen; Steynings,[33] husband to the countess of Surrey, the duke of Norfolk's daughter-in-law, and a most kindly man; Francis Jermy, Alexander Newton, Edward Glemham, and Edward Mone, who had been chosen collector of a certain tax known as the fifteenth, most of which he had collected while King Edward was still alive; he came to her laden with the money that he had collected and so was all the more welcome to the queen.[34] There were many other notable men besides who greatly helped the queen's cause.

To this castle Henry Radcliffe, earl of Sussex, a man much honoured for his descent and himself of great courage and readiness in dangerous situations, brought his support as he had already promised, with a cohort of both horsemen and foot-soldiers. He was followed by John, earl of Bath, himself also sprung from a noble stock and a strong supporter of the queen, with a large band of soldiers. This most faithful nobleman had already met the queen as she was making for Norfolk from Hunsdon, and had offered his entire allegiance to her Highness.[35]

Almost simultaneously there hastened to aid the queen Sir William Drury, who has already been mentioned as giving his fealty to her at Kenninghall; Robert Drury his son, a most talented young man; John Brewse and Giles his brother; William Foster, skilled in the ancient law; Rookwood,[36] Anthony Rous and others worthy of no less praise— so many that her army now began to be a formidable force.

[f.18v] While the queen was gaining so great and numerous a mixture of forces, that good princess was very anxious to draw into her party Thomas Wentworth, Lord Wentworth, a most respected nobleman. She sent two of her servants from among the gentry, John Tyrrell, a near kinsman of his lordship, and Edward Glemham,[37] both already mentioned, to negotiate with him; they were to apprise him of the queen's message that he should take a good care for himself and for his family not to forsake the queen's cause, which would be to the perpetual dishonour of his house. After a little reflection as to what he should do for the best, he gave them the wisest possible answer: although he had pledged his fealty to Jane by the obligation of his oath, his inner conscience constantly proclaimed that Mary had a greater right to the throne, so that he would pay no more heed to that obligation but set it aside and join his true sovereign with all speed.

The envoys accepted his lordship's promise to keep his engagement and returned in triumph to Ipswich to spend the night there.

That same day,[38] at dead of night, Henry Jerningham, who was intending to find out and discover how they had fared, arrived with a goodly company at the inn of Philip Williams, a Welshman so noted for such complete and remarkable bravery in perils that his enemies had to acknowledge him as an unrivalled champion of the ring.[39] He was so stubbornly attached to the queen that scarcely anyone else could rival him. Knowing the man well enough, Jerningham summoned him to inquire not only of the news but also in what peril the [f.19r] town's affairs stood. Most fortunately for him, Philip, who was wont to receive his guests with common good nature, was drinking with a sailor, a man not inclined to hold his tongue. From him he had learnt in conversation that a squadron of five ships of the late King Edward VI, laden with soldiers and weaponry, had been forced into the safety of Orwell haven by bad weather and was lying there, by some extraordinary chance, or rather, by a gale sent from heaven. The crews were in a state of great disturbance and had most courageously mutinied against their officers because of the disowning of Princess Mary; the officers were staying in this haven against their will because of the unrest among the men.

Philip greedily devoured the sailor's news, and since it was too good to hide under a bushel (to use the Gospel phrase), he called on Jerningham according to his summons to communicate this splendid intelligence to his guest. Jerningham was not a man easily taken in, and at first scarcely believing his host, did not seem much cheered by this news. A little indignant at this slur on his good faith, Philip told Jerningham that the man who was the source of the news was still within the four walls of his house and would be very ready to tell him the whole tale from top to bottom, as they say. Then Jerningham ordered the man to be brought before him so that he could ascertain the truth. When the sailor had appeared on this summons he explained and confirmed the story in his own way. Somewhat strengthened and cheered by this happy news, Jerningham dismissed the man kindly and with a suitable reward. After the sailor had gone he discussed with his host many matters for which order ought to be taken, both out of a concern to strengthen Ipswich, the richest town in Suffolk, as well as to meet the approach of Northumberland, who he had heard had left London and was making great haste to reach Cambridge, there to gather a greater force of reserves from Lincolnshire and [f.19v] other places further away. Jerningham had this conversation with Philip during this fortunate night, and while they were thus talking, Philip quickly told him that among his guests were Tyrrell and Glemham, who had just returned from Lord Wentworth's house after giving him the queen's command. Overjoyed by this news, he told his host to wake these servants of the queen at the crack of dawn to get with him to Landguard Point to inspect the squadron while it was beached.

Very early the next day Jerningham, accompanied by Tyrrell and Glemham, rode up to inspect the ships thus brought to the haven by a lucky tide and wind, as they say. When they had reached the haven he ordered Richard Brooke, the squadron's commander, a diligent man and skilled in seamanship, to be called to him, and took him to Framlingham castle to bring news of this happy and unexpected arrival to the queen.[40] This happened on 15 July; next day Thomas, Lord Wentworth arrived, to avoid the appearance of breaking his pledge, clad in splendid armour and accompanied by a not inconsiderable military force, besides several gentlemen of the county who were wont to go in his company. I would like to record for this treatise the more notable men who led any of the military reinforcements for this loyal campaign. There was Sir Richard Cavendish, a veteran campaigner, with his two sons; Sir Henry Doyle, also with two sons; Robert Wingfield, son of the late Sir Anthony Wingfield K.G., with his two brothers Anthony and Henry; Lionel Tollemache, a man well-supplied with ancient lineage and wealth; Edward Withipoll, a man of diligence; John Southwell and Francis Nunn, both lawyers; [f.20r] Robert Wingfield of Brantham; John Colby, an experienced soldier, with his two brothers; Jennings, skilled in warfare, and others not less active whom I forget at the moment.[41] That nobleman, most striking both in appearance and dress, came with a splendid force of both heavy and light horse and of infantry. There is no doubt that his arrival wonderfully strengthened the morale of the queen's army and much dispirited the enemy.

Next day the same lord was named acting earl marshal, making him second in rank in the army to the general, the earl of Sussex: Sir Henry Bedingfield was appointed knight marshal, as the office is known, and Sir Edmund Rous made submarshal. Now for the first time an army began to take shape, so that a new knight, whom the older men styled a novice, learnt to drill and to grow accustomed to military skills.

When definite news began to spread that the duke of Northumberland had moved his army from Cambridge towards the town of Bury, once famous for the shrine of St Edmund, such panic seized the inhabitants of the Bury area, both gentlemen and common folk, that those who could bear arms hastily took them up and fled to Queen Mary with all possible speed. The leading commanders among them were as follows: first was Sir William Waldegrave, a highly popular man, whose name was so esteemed among the people that he was able to call on far more of the countryfolk than any other gentleman, and besides this popularity was second to none of those already named for the high and ancient descent of his family. Then there was Ambrose Jermyn, afterwards rewarded by [*f.20v*] the queen with the degree of knighthood, with his two brothers, and also Edmund Wright, a man wonderfully skilful in service.[42] They came in haste with a large band of men, and I speak accurately when I say that the closer the duke approached, the faster men came to us, and the more ample our forces' supplies began to be, as the countryfolk were streaming in every day.

While this was going on, the queen learnt from her scouts, who were ranging far and wide, that the people of Buckinghamshire, Oxfordshire, Berkshire and Northamptonshire were in arms, and supported her cause. However, to describe this rising more fully, as is my wont, I must retrace my steps.

Francis, earl of Huntingdon was born of an ancient and very noble house, but he was a light-headed young man and in the same boat, as the saying goes, as the other conspirators. Happening to visit his brother Edward Hastings, he told him of Northumberland's plans to assassinate that never-sufficiently-praised Princess Mary [and] ....[43] perhaps being sanguine that he could easily involve his brother in this civil war. Edward pretended to think his brother's revelation an excellent idea, and finally took his leave of him with every courtesy. However, while keeping his own counsel, Edward hurried to Sir Edmund Peckham, a man of great experience and once much valued by Henry VIII, and told him of the earl's plans. Peckham was stunned by the outrageous scheme, and at first sight (as they say) [*f.21r*] refused to credit this most wicked crime; nevertheless, since he knew that Hastings was in no way a deceitful man, the two of them very wisely resolved to join forces in simultaneously proclaiming the death of the king and the fact that Mary was heir to the throne, trying if possible (just as workmen often wrench out a nail by using a nail) to strike down the rebels by a second rebellion.

This exceedingly bold and courageous plan did not lack a happy and excellent outcome, so that ancient piece of proverbial wisdom, that fortune helps those who help themselves, did not seem entirely false. Once Mary was indeed proclaimed undoubted queen of England, one would not believe how rapidly and in what large numbers both gentlemen and ordinary folk gathered from the shires mentioned above, and I would not wish to allow the leading names to remain hidden.

After Hastings and Peckham, who were the originators of the movement to strike some blow at Northumberland, the most prominent name was Lord Windsor, with Edmund and Thomas his brothers. Equalling him in courage and resources were those excellent knights

Sir Thomas Tresham, notable for his courage and his descent: John Williams, treasurer of the court known as Augmentations; Sir John Bridges and his brother Thomas, both famous veteran campaigners;[44] Sir Robert Drury, a fervent supporter of the queen, and many other doughty men whose names have escaped me.

The queen was more jubilant than merely strengthened by this news and sent the messengers off with rewards in her usual generous fashion, so that when they had returned they could let their own people know that their efforts and their loyalty expanded with such resolution and eagerness for their sovereign were very welcome to her Highness; [f.21v] that she was now protected by forces of ample strength and took sure hope, God willing, for a future victory, but that the enemy was too near for her to use their forces or assistance. At much the same time, scouts told the queen and her council that the enemy, eager to come to a contest, had struck camp and was marching from Cambridge to Bury, which is 24 miles from Framlingham castle. At this news the queen took measures against her imminent peril with more than her usual provision and speed, lest the cunning enemy should strike against an unprepared and careless army; she summoned her council and on their advice issued a most solemn edict to the sound of a trumpet that the field commanders should make every effort, with more than their usual diligence, to arm their men, muster the army, keep due order, await the enemy and not leave the camp without permission. These commanders were Henry, earl of Sussex, the queen's lieutenant, and, as the proverb goes, her mouth and chin; Thomas, Lord Wentworth the lord marshal; Henry Bedingfield, knight marshal; Edmund Rous, submarshal; Thomas Brend, a most ready man, endowed with military eloquence, marvellously skilful at putting heart into the troops, and both John Colby and Jennings. These men soon carried out the queen's order with speed and zeal, and in a short while through their hard work turned an unskilled and disorganized mob into skilled and disciplined soldiers obedient to orders and eager to meet the enemy.

Now I must leave sacred Mary for a while with her faithful army and boldly reveal the enemy; I am particularly concerned to turn my pen to Northumberland. [f.22r] From the queen's letters which Hungate brought to the Council, as I have already related, Northumberland saw without difficulty that nothing was more important to Queen Mary than the recovery of her ancestral and hereditary right; he therefore pressed the Council to choose the best leader to set out with an army to defeat Mary. At first the lords were completely at a loss as to know what to do, but nevertheless after long and full deliberation they chose Suffolk, the young queen's father, to take on this charge of defeating Mary. The duke was most unhappy at being entrusted with such a weighty task, and on the virtuous and salutary advice of his wife Frances, refused the offer, using some fainting fits, or according to others, attacks of giddiness as his excuse. His daughter, the so-called queen, strongly urged him to embark on this expedition, saying with great boldness that she could have no safer defence for her majesty than her most loving father.[45] Northumberland, who was a witness to this, easily observed from the pretended queen's words that Suffolk was utterly averse to this expedition, but, in case he should fail to meet the imminent danger in time through temporizing, with passionate courage he offered himself as prospective leader of the army to carry out the entire project.

The lords were highly delighted at gaining so courageous a general, and were therefore very willing to entrust that most infamous task to this most infamous man, with Jane's assent. When he had been made captain-general by the so-called queen's patent, he threw all his energies into the campaign and prepared a most excellent army, which included most of the country's leading men. [*f.22v*] The chief figures among them were William Parr, marquis of Northampton; Francis Hastings, earl of Huntingdon; John, earl of Warwick, Northumberland's eldest son; Henry, Lord Grey of Wilton, scion of an ancient and noble house and a much-praised and reliable soldier; Northumberland's two sons, Lord Ambrose and Lord Henry; John Gate, the vice-chamberlain and Henry his brother; James Croft, who yielded nothing in warlike qualities to any of the above-named; Thomas Palmer and Henry Sidney, both from good families and young men of great promise, if they had not rashly thrown in their lot with this crew; Francis Jobson, who had married Northumberland's sister, as Sidney had married his daughter; John Clere and other men of knight's degree who were not to be despised; Thomas Mildmay, a notable scholar, was the army's treasurer, and there were many others of the same degree, besides a good number from the households of the noblemen who were taking part in this campaign. Moreover, in order that everyone might find the duke's departure the more fearsome, he took a great deal of artillery from the Tower of London, both the great pieces known as bombards and the lesser, called fieldguns. Northumberland not surprisingly, therefore, prided himself on his great preparations, and relying on the protection of a company bound to him by the sacred tie of an oath and other innumerable favours, he was very ready to despise the plans of a mere woman.

Carried away by this self-confidence, he left London on 12 July,[46] sending on the infantry, which was his weakest support, and following on himself with a splendid force of cavalry; he made haste towards Cambridge. On the way he caused appalling damage to the home of Huddleston, whose hospitality to the queen I have already recorded.

The enormity of this outrage [*f.23r*] earned him the deepest hatred in the surrounding countryside. But this was a man who would stop at nothing, and in his daring he strove to press on to Cambridge, which he reached about 14 July, there to await a greater force of military reinforcements.

At this place, or just before he reached it, Edward, Lord Clinton arrived to bring him aid with an excellently furnished detachment of troops, a most welcome arrival, even though he had got wind of unwelcome rumours of the risings in Buckinghamshire, Oxfordshire, Bedfordshire and Northamptonshire; although he was considering this disturbing news, he wished to maintain the highest morale and to seem to hurry to a victory. But for all his cunning, he delayed longer in the university, the fatal scene of his approaching disaster, than military necessity demanded; for delay was damaging to him, as men were abandoning him daily, while on the other hand it was of the greatest advantage to the queen, who was gaining reinforcements every hour.

Thus very soon, while he was setting out for Bury, he was brought certain news by Henry Gate, John Gate's brother, who had just escaped from prison, together with Thomas Golding, brother to the countess of Oxford, that the earl himself had deserted Northumberland's party, mainly through the efforts of his menial household servants. Some attribute Oxford's adherence to Mary to the agency of Sir John Wentworth, the earl's cousin, and a man of noble stock and reliable character; others, whose account I prefer, find the explanation of the earl's defection elsewhere. Therefore I will rehearse the drama from the beginning, and thus it happened.

Clement Tusser, a lawyer and a truly courageous character,[47] was being kept prisoner at Hedingham castle, the earl's most delightful home set on the hill above the town which derives its name from the castle, for no other reason than that he had publicly [*f.23v*] proclaimed Mary as the only undoubted heir to the throne. This man was such a partisan of Queen Mary that he would rather have taken his own life than support another claimant. And since he was, as the comic poet puts it, a man well-disposed at all times, he was treated with great kindness especially by the menial servants; he fully convinced them that it was their duty to urge the earl to espouse and embrace Mary's cause with all his might. This daring man spoke thus and in similar vein, adding the proverbial spur to the horse, and fuel to the fire; for these menial servants were loyal enough to Mary as their queen to make the voice of the common people heard.

At that time Henry Gate and Robert Stafford came from Northumberland to the earl, Stafford being designated captain of the earl of Oxford's contingent because of his courage and military skill.

According to their instructions these men were trying every means and thinking of every argument to bring Oxford into their ranks. However, when Tusser saw this he once more fiercely urged the servants to encourage and force their master to obey Queen Mary. Manfully and zealously doing their duty on Tusser's initiative, they crowded into the ample space of the castle hall and sent up deafening shouts that they recognized no other queen but Mary, the eldest daughter of Henry VIII; if their lord was willing to join her party, they were ready to give their lives in this most just cause, but on the other hand, if their lord did not wish to give his backing to this cause, the most righteous of any, they threatened immediately to throw off their liveries and set out for Princess Mary.

The earl [*f.24r*] professed himself much moved by their words and gave his agreement to his menial servants, asking for their help against the gentlemen who were doing everything they could to oppose this move. The earl had at that time a hundred common servants remarkable for their stature and strength, and they were quick to aid their master: they fell on the gentlemen and on the earl's orders they threw the most important into gaol. Those imprisoned included Sir Robert Stafford, Sir Henry Gate, Sir Thomas Golding, Thomas Tey, Thomas Almot, Henry Golding, Thomas's brother and John Turner.[48] After this, the earl, accompanied by Tusser, whom he had just restored to liberty, and the rest of his household, made for Framlingham, and his defection from Northumberland was a severe blow to the morale of that party. And so we have the denouement of our little drama.

Now, indeed, my inclination allures me to the organization of our camp. After our commanders had put a great deal of effort into training the novices in the art of war, as I have already related, they told the queen of their readiness in weaponry and eagerness to do battle. The queen was much delighted by their news, and set a day when she would come from the castle to view and muster her army, and gratify her soldiers, who deserved so well of her, with her presence. Consequently at the queen's command issued through a trumpeter, 20 July was assigned for the inspection.

On this day all ranks of soldiers were ordered through those chosen for that duty to go down to the appointed place, the standards were unfurled and the military colours set up; everyone armed themselves fully as if about to meet the enemy. The infantry made ready their pikes, the cavalry brandished lances, the archer bent his bow, and girded on his [*f.24v*] quiver; the harquebusier filled his weapon with powder, inserted its leaden ball and set his match burning: the army was drawn up in battle order, each man kept rank and did not even move a finger's breadth from the position assigned him. Everyone was wholly mindful of their duty, and showed themselves obedient to their captain or commander. In the afternoon the battle line was divided into two companies, the first led by Thomas, Lord Wentworth, lord marshal, the second by Henry Radcliffe, earl of Sussex, the supreme commander.

When the battle-line seemed fully drawn up, sacred Mary rode out from Framlingham castle about four o'clock (the day was a Thursday), to muster and inspect this most splendid and loyal army. While her majesty was approaching, the white horse which she was riding became rather more frisky at the unaccustomed sight of such an army drawn up in formation than her womanly hesitancy was prepared to risk, so she ordered her foot-soldiers, active and dutiful men, to lift up their hands to help their sovereign until she got ready to get down; obedient to their gentle mistress's request, they brought the queen down to the ground. Once she had got down from her horse, the good princess first gave warning in an order that no harquebusier should fire his gun, nor any archer release his arrow until her majesty had inspected the army. When this order was given, such was the respect that everyone felt for their sovereign that no harquebusier nor archer fired after the command; but the soldiers bowed low to the ground and awaited their beloved mistress's arrival [f.25r] with as great an obeisance as they could manage. When she came along, they offered her such reverence that I had serious doubts whether they could have given greater adoration to God if he had come down from Heaven.

Her majesty, now on foot, went round both divisions of the army speaking to them with exceptional kindness and with an approach so wonderfully relaxed as can scarcely be described, in consideration of their esteem for their sovereign, that she completely won everyone's affections. After this inspection of the divisions, scarcely had the queen remounted her horse when a large detachment of cavalry suddenly streamed forth and beat and trod the ground with such a thunderous noise and spread so widely through the field that it seemed like one enemy in pursuit of another.

The queen was much delighted with this show and spent three hours there before returning to the castle. On her return she was greeted with most welcome news, scarcely to be hoped for, that Northumberland had abandoned hope of success because of the continual desertions of his supporters, and on 19 July had likewise taken flight from Bury in the middle of the night, when the lamps had been lit; indeed, to heap good fortune on good fortune, on that same muster-day there appeared the earl of Arundel and Lord Paget, a man of affairs and particularly noted for his skill in foreign languages, bringing the news that Mary had been proclaimed hereditary queen by the whole Council, the mayor and aldermen and all the rest of the people of London. On that same 20 July there came two fugitives from Northumberland's army, the first Sir John Clere, followed by Lord Clinton; after them came James Croft and other men of consequence.

However, in paying so much attention to the fugitives I have nearly forgotten the two noblemen who arrived that same day to aid the queen; first was John Vere, earl of Oxford, with a large force of men whom he had quickly been able to gather at the moment of his desertion of the duke, [f.25r] already mentioned; he was followed after a short interval by Richard, Lord Rich, with a goodly company. Now let us turn again to the deserters. Henry, Lord Grey of Wilton, the flower of soldiers, rushed hither, so repentant of his misdeed that he obtained a well-merited pardon from the gracious queen; there were many others besides from the number of those surrendering, whose names one can find in the book of mulcts or fines, as they call it, more readily than in this treatise.

While all this was happening at Framlingham, Northumberland, so ill-served by his followers, returned to Cambridge, the fateful place of his capture. There the old fox, with every hope of being a time-server and sitting on both sides of the fence, as the proverb has it, cunningly assumed a wolf-skin, since a lionskin had proved useless to him; he rushed into the market-place and with his companions Huntingdon, Warwick, John Gate and others, took part in publishing the proclamation just sent him by the Council; when this was done he and the rest threw their caps and hats in the air, as if in celebration. He soon withdrew to the house of Sir John Cheke, provost of King's College.

Meanwhile the university and town authorities met in council and after some consideration, they decided to surround the duke and the other conspirators and deliver them into the queen's hands, so that they might by this fair deed amend and entirely obliterate the fault which they had previously committed by giving the enemy such a splendid welcome. Everyone agreed to this policy; the mayor, attended by a large force drawn from both town and gown, had the duke's lodging surrounded and watched on all sides to stop him leaving or escaping.

When the house had been completely cut off, a deputation [f.26r] went up to the duke and told him to surrender to the queen; Northumberland, burdened with a very bad conscience and seeing that matters had so turned out that no power on earth could deliver him from their hands, gave himself up to the mayor, to await further developments on the most sacred queen's decision. They arrested his companions Warwick and Huntingdon, who now that they were placed in danger of their lives did not surrender as easily as Northumberland. Many others from this same dross who had conspired against their sovereign were taken, most notably for the record, John Gate and his brother Henry and Sir Andrew Dudley, Northumberland's brother, who at that time was rumoured to be wooing, on the duke's instruction, the only daughter of Henry Clifford, earl of Cumberland, granddaughter of Mary the French queen and Charles Brandon, duke of Suffolk. However, the conspiracy, so ill-timed for Andrew, ended any chance of this wedding. Also taken were Sir Richard Sackville, chancellor of Augmentations, Sir Robert Stafford and Sir Francis Jobson and many others as notable for their rank as for their office.

When the men of Cambridge had thus spiritedly made their arrest, their first priority was to send the queen word of what had happened with the greatest possible speed. The queen received this most welcome news, and on the advice of her personal council certain picked men were chosen from the cavalry to take her enemy and the other prisoners under secure guard to London. The most notable of these guards whom the queen entrusted with this duty were Henry Fitzalan, earl of Arundel, whom Northumberland had afflicted with many misfortunes, showing constant and open enmity to this nobleman, the premier [*f.26v*] earl of the realm. Accompanying him were Henry, Lord Grey of Wilton and Henry Jerningham, whom the queen had already selected as vice-chamberlain and captain of the guard which traditionally keeps watch over and protects the sovereign's person. These men of exceptional excellence prepared themselves as quickly as possible to go to Cambridge. When they had arrived, they had some conversation with the Cambridge men chiefly on the matters which seemed to concern their mission; they showed them the queen's commission on whose authority they relied and depended, having arrived on their sovereign's command to take Northumberland and the other prisoners into safe custody; they gave the Cambridge men high praise for being mindful of their duty and taking such pains to help their sovereign because they so zealously wished to show their conscientiousness and care. For this reason they chose responsible men both from the university and town, and soon went on to look to the duke.

When Arundel, Grey and Jerningham had entered the house's hall with the more distinguished of their followers, they went up to the duke. At the sight of that Hooved Horse, whom he had left in strict custody when he left London, the Bear was afraid (as the result of a certain prophecy) that he would receive no light kick from his hoof, and his spirit was entirely broken; he fell to his knees awaiting the queen's order and pleasure.[49]

These men were, indeed, sufficiently armed with the queen's authority to take themselves to this town and on their sovereign's order lead the duke thence to that guilty place to which that vile man had consigned so many guiltless men, so that through this all might gather that nothing except death, the most certain fate of everyone, could happen [*f.27r*] more surely to the evildoer than the righteous punishment of God; in the words of the Gospel, 'that same measure which you deal to others, will be dealt to you.'[50]

When their Cambridge mission had been accomplished to their satisfaction, they made themselves and their followers ready to travel with the duke and the other prisoners, with London as their destination. On their arrival there, one can hardly convey the size of the crowds which filled the streets to see the prisoners, so enormous that they could scarcely ride on through it. From the gate known as Bishopsgate to the Tower of London, the gentlemen and their companions had enough to do to save Northumberland from injury at the hands of the mob. For between that gate and the Tower, the duke happened to meet that same man who had had both his ears cropped for no other reason than that he had with great enthusiasm proclaimed Mary as queen and denied the title to Jane.[51] This man had taken this disgraceful mutilation of his ears very ill, and hurled insults at the duke, bitterly taunting him with reproaches and shouts and violently pursuing him with a sword in his hand as if full of threats and in search of revenge. Seeing this only too well, Northumberland turned to Arundel and is said to have spoken to him thus: 'Ought this most impudent fellow be allowed to afflict me while no accusation has yet been laid against me?' Arundel replied 'Be of good courage; although I cannot stop the tongues of men accusing you, yet I will stop their hands from injuring you.'

When the people's fury had been somewhat quelled, the duke and his fellow-prisoners were eventually brought to their destination, the Tower. There the prisoners' arrival was awaited by Sir John Gage, K.G., supreme officer or [*f.27v*] constable of the Tower, a man of advanced age but of great steadfastness and long experience, and Sir John Bridges, prefect, or as he is known, lieutenant of the Tower. The escort handed over the duke to them according to the queen's order and the tenor of her commission. When they had done this the mission went back to the Council in London to signify the queen's pleasure to them, imprison some of them and commit others to house arrest until they came back into the queen's favour.

Now I am determined to bid farewell to the duke and the other prisoners and hurry to Framlingham. Now that the queen's wishes had been fulfilled and a very fierce enemy defeated without bloodshed or a fight, as a first priority she arranged with her chaplains that they should give thanks and pour forth prayers to Almighty God, the first and sole author of this victory. Following her majesty's wishes, they especially hastened to church in prayer and gave mortal thanks to immortal God for so great a victory. Since Queen Mary had averted this most dangerous and serious war, nothing was more preferable to her Highness than to have the realm cleansed of divisive parties, to take precautions for the State and through her godliness, mercy and justice to begin her reign with birds of good omen, as they say.

When her army had been rewarded and discharged from service, the queen set out for London to take up the reins of power, leaving Framlingham castle on 24 July for the town of Ipswich. About this time two excellent knights of no small worth came to the queen on their release from custody, for they had not only \been\imprisoned but had suffered many other indignities because of their unswerving loyalty to their queen: Anthony Browne, son of that Anthony who had once [f.28r] exercised the office of master of the Horse to Henry VIII and Edward VI with much commendation, and Francis Englefield, son of Judge Englefield: both most welcome arrivals to the queen.

At Ipswich the queen lodged in the house lately built by Sir Humphrey Wingfield to be fit for any degree of wealth or rank whatsoever, as I believe, with the intention that the first-fruits of the presence of the most excellent queen in all Europe on the morrow of her victory might be a perpetual distinction to his son Robert Wingfield.[52] The officers of the town, who are called bailiffs, met the queen's majesty on the heath above the town with the inhabitants both old and young; according to ancient custom they gave her Highness eleven pounds sterling in gold; with her unmatched kindness she accepted this sum with much gratitude. As soon as her Highness had entered the town, some pretty little boys presented her with a golden heart inscribed 'the heart of the people'. Much delighted with this auspicious and fortunate omen, the kindly queen embraced the little token with the proverbial open arms. In this, it seems to me, she was imitating the example of Gaius Caesar. On one occasion his host served some olive oil which was stale instead of fresh; after the others had refused it, he helped himself to it more liberally so as not to appear to receive it ungratefully.

Afterwards she came by a direct route to Robert Wingfield's house, at sunset on the Monday. While her Highness was staying there, partly for the sake of diversion and partly through a wish to relax from such great exertions, which had not merely burdened but almost overwhelmed her while the civil disturbances continued, there came to her Elizabeth Howard, duchess of [f.28v] Richmond, as a suppliant to seek pardon for her misdemeanour. This lady took her title from her marriage to Henry, called by the French name 'Fitz-du-Roy', the bastard son of King Henry VIII by Elizabeth Blount; she had incurred the queen's wrath because of a letter she had rashly sent to the Council, which mentioned the queen with little honour and scant respect. Therefore on the first day that she arrived, she was not admitted; later

she was allowed up, but I have no idea whether she spoke to the
queen. From a more distant quarter came Thomas Heneage, an old
and trusty servant of the great Henry VIII, and the leading gentleman
of his privy chamber, to congratulate the queen on her victory; the
queen treated him with remarkable kindness, although he had not
unequivocally declared his support for the queen in the Northumberland affair. However, through his sovereign's good nature, his wish
was fulfilled and he went back home, dying a few days later as if seized
by a stroke thanks to this unexpected cause for joy. He was much to
be praised for his loyalty and good service to the queen's father.

Heneage's arrival was very necessary to his stepson, William Willoughby, Lord Willoughby, who with no less rashness than lack of
foresight, had sided with Northumberland. There also arrived Sir
William Cecil, lately one of the secretaries to Edward VI, and Nicholas
Bacon, attorney of the court called Wards; these men had married two
sisters of remarkable education, daughters of Sir Anthony Cooke.
They were not strangers to this factious conspiracy, and Bacon's wife,
who had once been a waiting-woman of Queen Mary's, was their chief
aid in beseeching pardon for them.[53]

[f.29r] Leaving Ipswich on 26 July, the queen came to the town of
Colchester very late in the evening; here Muriel Christmas acted as
her host—a former household servant of that most sacred and spotless
Queen Katherine, Queen Mary's mother, and a woman, I affirm with
all my heart, scarcely without equal in birth and modest conduct.[54]
Between Ipswich and Colchester the queen was met by Henry Neville,
Lord Abergavenny, premier baron of England, who had raised a
substantial force of Kentish men and was a most steadfast protector of
the queen's interest, although he himself was stirred by youthful
impulsiveness and had scarcely attained steadfastness. However, ma-
turer years may serve to make this nobleman, so distinguished in his
ancestry, into a man of constancy, the very image of his ancestors.

The queen travelled from Colchester to stay for several days, for
many reasons, at the lovely house which her father—that remarkable
prince, so prone and given to building schemes, as his admirable
monuments attest—built in that place and which has the French name
Beaulieu.[55] Henry Manners, earl of Rutland, was brought here as a
prisoner, as he seemed to adhere to Northumberland with the utmost
obstinacy. Those returning from their mission to take the duke and
his fellow-conspirators from Cambridge to the Tower of London gave
the queen a full report of what had happened to the prisoners, of
whom the most important had been lodged in the Tower, the lesser
held in the city of London and others committed to house arrest
during the queen's pleasure, the lightest form of imprisonment.

While the Queen was staying at her lodging of Beaulieu, there

arrived Frances, duchess of Suffolk to intercede for her most unfortunate husband—of whom (for shame!) much must be said in a more
appropriate place—and obtain his liberty on parole [*f.29v*] from the
most merciful queen. She freely conceded this, won over by cousinly
affection, by her entreaties and by her own merciful nature, never
enough to be praised. Now there began to be such a gathering, both
of gentry and commons, that it was out of the question for any traveller
to lodge in the neighbouring towns and countryside for three miles
round. Because of this, the queen changed her lodging on 31 July and
moved to the home of Sir William Petre, secretary to King Henry and
King Edward, and spent the night there.[56] The next day her Highness
made a short journey to Pirgoe, and from there came to Havering.
Here there were the English merchants who cross the seas for their
profit and seek foreign lands, particularly Lower Germany, the emperor's dominion most suited to them; they offered the queen a small
sum of gold in token of their duty. The day before, Elizabeth her sister
had joined her, a girl of seemly and elegant appearance with a disposition suited to her beauty; she came to wish the queen joy as well as
to offer her fealty as was fitting. To this lodging there came those of
the nobility and the Council who seemed to support the queen in any
way: the most important of these both in office and honour were
William Paulet, marquis of Winchester, great treasurer of England,
John Russell, earl of Bedford, keeper of the privy seal, Francis Talbot,
earl of Shrewsbury, a nobleman of ancient lineage and influence
among his own people, [Henry Somerset] earl of Worcester, William
Herbert, earl of Pembroke and several other notable men.

Now indeed her retinue reached its greatest size. On her arrival the
queen was received by all ranks of society, lords and [*f.30r*] commons
alike, with remarkable honour and unutterable love. First, nothing
was left or neglected which might possibly be contrived to decorate
the gates, roads and all places on the queen's route to wish her joy for
her victory. Every crowd met her accompanied by children, and
caused celebrations everywhere, so that the joy of that most wished-
for and happy triumphal procession might easily be observed, such
were the magnificent preparations made by the wealthier sort and
such was the anxiety among the ordinary folk to show their goodwill
to their sovereign. Thus came the queen, so welcome to everyone,
with her sister Elizabeth and with the leading men of the realm,
the lord mayor and aldermen going before her; she was followed
by her gentlewomen. On 10 August she arrived with magnificent
pomp at the Tower of London, the strongest castle in the kingdom.
The queen dismounted and was passing through into her private
apartments when she came upon a number of prisoners strategically
positioned to beg mercy from her; in her incomparable goodness

she not only gave them liberty but also restored their original honours and positions. This most appropriately prompts me to list their names.

Most important among them was Thomas Howard, duke of Norfolk, a scion of the renowned houses of Mowbray and Bigod, but an old man with one foot in the grave; the duchess of Somerset; Edward Courtenay, the only son of the marquis of Exeter and grandson to one of the daughters and heirs of King Edward IV. The deprived bishops were as follows: Cuthbert Tunstall, bishop of Durham, a man of illustrious origin and notable for his exceptional scholarship and purity of life; Stephen Gardiner, bishop of Winchester, a man of great intellect and astonishing learning, first imprisoned by Somerset and then deprived of his see and offices by Northumberland, but appointed lord chancellor by the queen because of his [f.30v] unusual wisdom; Bishop Day of Chichester, a retiring and highly learned man; Heath of Worcester, an unassuming man of great intellectual gifts; Bonner of London, skilled in civil and canon law.

This most notable example of mercy did much to win her subjects' affections. Now, since nothing could ever be dearer or more praiseworthy to ordinary folk than the name of Queen Mary, the queen suddenly turned her whole attention to religion and godliness, the excellence of which she had learnt from her early childhood under the guidance of that most sacred princess her mother. On the day when her brother's body was interred or given up to the earth from which it had sprung, she walked into the Castle chapel and ordered funeral ceremonies for her brother including a mass for the dead, which had been discontinued, not to say utterly disowned, by the king four years before. Admittedly, the queen's unexpected move caused prolonged trouble, for the sectaries, or rather men of the new faction, took it very ill that their factious religion should be destroyed, thrown down or suffer harm; they strained every nerve and left no means untried to frustrate the queen's godly plans, as one ought frankly to style them. Indeed on the following Sunday one of the chaplains of Bonner, the bishop of London, mounted the pulpit at St Paul's to preach to the people according to time-honoured usage and custom. In his sermon to the people he happened bitterly to inveigh against those same sectaries, who would busy themselves in confusing divine and human law, to the ruin of their souls; they had given a cloak to their libertine's religion, which they cunningly dignified with the [f.31r] name of Gospel freedom, thus gradually to make it more easy to seduce the common herd, with its greed for liberty, into their party. One of the bystanders, a minister of the new faction, was furious at these searing words, and in his anxiety to cause and engineer a general riot, whipped out a dagger and hurled it with great violence at the preacher. Terrified by this vile deed, the preacher abandoned his platform and took refuge in flight.[57]

Deeply shocked by this outrage, the queen immediately ordered Sir George Barnes, governor or mayor of the City for that year, together with the rest of the aldermen, to investigate this rash crime and to give punishment worthy of such a crime to this rash and shameless man. The mayor quickly obeyed his sovereign's order, discovered the man through a searching enquiry and had him arrested; he imprisoned him until he had repented of his misdeed after a long period in gaol.[58]

Meanwhile the queen changed her lodging and went by water to Richmond, a most magnificent palace built on the bank of the Thames by her grandfather Henry VII. Here her Highness rightly perceived and realized that the minds of men were dizzy from the sudden alteration in religion. So to give a precise remedy for their sickness, she not only set a date for her forthcoming coronation, but also for a parliament to remove all discord, if that were possible. Often men were only restrained by their longstanding and intense wish for the prospect of a peaceful parliament, trusting that through its means all strife would be stilled.

However, here I must most abruptly interrupt with an account of the embassy to Flanders, which in my laziness I have so far omitted. When the queen arrived at the Tower of London, nothing seemed more appropriate to her Highness than to make all haste to tell her maternal cousin, the emperor, of the victory that she had won over the usurper. To carry out this embassy of greeting the queen chose Sir Thomas Cheney K.G., treasurer of the household to Henry VIII [f.31v] and Edward VI and warden of the Cinque Ports, a man distinguished by considerable bravery as well as by birth. On his return from his embassy he was followed with equal speed by envoys of the Emperor Charles. It is fitting to turn aside here for a digression on this name.

Charles Habsburg, or von Habspurg (for I find both forms in his pedigree) rejoices in a most illustrious Austrian descent, being the fifth of his name as a most fortunate Roman and German emperor. Although he saw with the eyes of Lynceus that his cousin Mary was a spinster, he finally followed the footsteps of his ancestors and reserved the marriage for his son Philip of Spain, who was destitute of a wife, just as Frederick III his great-grandfather had once provided for Maximilian in acquiring the duchy of Burgundy, and Maximilian in adding the kingdoms of Spain to the possessions of the House of Austria, had provided for Philip the emperor's son. Through his messengers he made the most discreet approaches to the queen, that her Highness might consider his son Philip, a prince ripe in age and estate, worthy of her pleasant embraces in a marriage treaty; by way of a dowry he most munificently offered all Burgundy and Lower Germany, that thus he might entice the queen's tender affections into love. However, the men of little religion used these nuptials as a pretext for rebellion, alleging as excuse the stiff manners of Spaniards and their insufferable lust for women; they used all their might to support their evil religion, now so near to ruin, with some evil tumult, as if they had been overwhelmed by a Spanish whore. But I deal with these matters more fully in due course, and considering that I have for the moment touched enough on the embassy to Flanders and their request, I now turn to other matters.

When those who were completely innocent had gained their liberty, as I have already described, the two archbishops of Canterbury and [*f.32r*] York replaced them as prisoners. Canterbury was accused of lese-majesty; when brought before the judge in the Guildhall, he was put to utter dismay after hearing Staunford, the queen's counsel, outline his treachery to him, and openly confessed his crime.[59] York, however, was not brought out, as he had already been questioned enough. Several bishops and priests endowed with both learning and honour were imprisoned and deprived of their offices, partly because they were ill-disposed to religion and had contracted marriages with attractive girls to satisfy their lust, and partly because they favoured Northumberland and his party. Moreover, various gentlemen whose religious views were unsound and who had rather rashly and indiscreetly rushed into Northumberland's conspiracy, were justly deprived of their wealth and estates so that finally by their disaster they might learn for the future the consequences of giving trouble to their sovereign: as the proverb has it, once bitten, twice shy. Meanwhile the most generous princess, extravagant, if I may say so, in bestowing her mercy, gave a capital sentence to no more than three of this sorry crew of scoundrels: Northumberland, the seed-bed of the whole business, Sir John Gate and Sir Thomas Palmer; in this she greatly outdid the praises of her ancestors.

The end of September had nearly arrived, and with it that most eagerly awaited and joyful day of her coronation, the first of October—dedicated, or more accurately, consecrated, to this triumph to come. Would that I might call readily on Ciceronian eloquence to give it fitting description! However, since I have no chance of attaining this simply by wishing for it, and although I lack this indispensable quality, I will nevertheless boldly press on to comprehend the coronation with as much accuracy as I can hope for, in the manner of that far-famed proverb, 'Fools rush in where angels fear to tread.' A little emboldened, therefore, by my want of skill, I will set to work on the account that I have begun.

[*f.32v*] At that time the queen saw clearly and rightly enough that a good part of the great men of the land, urged on principally by Northumberland's despotic rule and by foul greed, had rashly become involved in this sudden conspiracy. However, lest this class sink to the ground, to the utter ruin of the whole realm, if just punishment were to meet its misdeeds, she provided for the better sort with no less wisdom than mercy, and ordained a system of fines which would hit them in their purses to the end that their misdeed might be the clearer; but in case people were made worse by excessive lenience (as the comic poet writes), men renowned for their gravity and wisdom were chosen to make enquiries concerning lese-majesty and assess a fine for those found guilty, with the intention that their wealth might be placed in the Exchequer and either way the queen would fill the empty Treasury.

While the queen began busily to look to her interests, the most splendid ceremony of the coronation fixed for 1 October drew near. For this reason her Highness moved from Richmond to a hunting-lodge near the palace, and from there to the Tower of London, accompanied by a great throng of the household. On 29 September, according to ancient custom and in traditional manner, the queen created knights of the Bath, as they are called, and introduced, or rather, most worthily restored, the ceremonies traditionally associated with the Order which had been set aside by her brother King Edward in his coronation. Although this order is inferior in honour to that of the Garter, it is in fact much older. I consider it worthwhile to recount the names of those knights honoured with this illustrious order, since I have most generously been given the list by the head of the apparitors or heralds.[60] [*f.33r*] First and most prominent was Edward Courtenay, earl of Devon; then followed Henry Howard, son of the earl of Surrey, and heir apparent to his grandfather, the duke of Norfolk, if the fates had not claimed his life in his youth;[61] Lord Herbert, eldest son of the earl of Pembroke; Lord Abergavenny, Lord Berkeley, Lord Lumley, Lord Mountjoy, Henry Clinton, son of Lord Clinton, William Paget, Hugh Rich, Henry Paulet, Henry Parker, Robert Rochester, Henry Jerningham and William Dormer: all these were honoured with this order and thus dubbed in the Tower of London.[62]

The next day, 30 September, the queen donned a magnificent head-dress and mounted a carriage prepared for the purpose, and was followed in separate carriages or litters by the lovely Princess Elizabeth, the queen's sister, whose beauty was of no common order, and Princess Anne of Cleves, who once upon a time had hardly been fully married to King Henry when she was nevertheless excluded from the royal bed, for what reason I do not know: even so, she obtained substantial compensation from the king's generosity. There was also a flock of peeresses, gentlewomen and ladies-in-waiting, never before seen in such numbers, who accompanied their queen in all her glory in the ancient fashion to the splendid palace of Westminster.

But then on 1 October, her coronation day, the most renowned queen, dressed in a long scarlet robe according to the ancient custom of all coronations, was escorted by the same company as on the previous day into the church which is the ancient burial-place of the kings of England and of the peerage. To meet [*f.33v*] her Highness at the doors of the abbey were all the clergy, drawn from the bishops and other notable men, adorned with costly copes and clerical vestments and headed in procession by crosses, the sure token of our religion. The queen's grace was led by this holy procession of bishops and priests with the greatest pomp into the church of Westminster to the high altar of the abbey, anciently dedicated to Saint Peter, chief of the Apostles, and in the fashion of her ancestors she was anointed and crowned by Stephen, bishop of Winchester, who performed that function instead of the archbishop of Canterbury, who was then imprisoned. This most worthy bishop, indeed, had no peer in the realm of England for his remarkable and scarce-equalled learning, in which he easily excelled all Englishmen, as even his enemies grudgingly conceded—quite apart from his outstanding and unwearied steadfastness against the wicked stratagems and assaults of the dukes of Somerset and Northumberland, who would utterly have overturned true religion if sacred Mary had not been called by divine providence to take up the reins of state.

After the sacred rites were fully accomplished and the other ceremonies customary at a coronation completed, the queen walked on hangings strewn on the ground to the stone hall or rather judgement hall of Westminster, a very large and spacious chamber; the most honoured queen in the world entered in triumph, wearing a precious gold diadem with in one hand a sceptre and in the other an orb of pure gold, and dressed in her royal cloak. When the queen had arrived, she retired to an inner chamber to rest her weary limbs [*f.34r*] and soon emerged for a banquet, sitting on the throne of her ancestors. A sumptuous ancient dish was offered her after the custom and usage of kings and queens, with noblewomen serving her and with the most distinguished figures in the realm eagerly attending to their duties; indeed they performed their services assiduously according to their ancestral serjeanties assigned them by the kings of England from olden time, from which it is worth selecting one or two to record. Thomas, duke of Norfolk, exercised the dignity of marshal, perpetual and hereditary in his family; the earl of Arundel had the custody or charge exercised by his ancestors of the coffer of gold goblets and other precious vessels; the earl of Shrewsbury and the bishop of Durham had a valid legal claim to the duty of supporting the arms of the king or queen when they were tired from the effort of holding the orb and sceptre—the latter claimed by grant to him and his successors, the former to him and his heirs. [Edward Dymoke] sought a contest or single combat by challenging any competitor for the throne to fight: a custom, indeed, more recent than the others, for it was no older than the reign of Henry IV who drove Richard II from the throne, but nevertheless a duty of great honour and fame. These few serjeanties from the many which appertain to each coronation were those which I most delight to rehearse.

When the banquet was over, the queen returned by barge to the palace. Four days later that good princess took care to bestow the order of knighthood on the deserving, giving honours and kind words to several. To finish this triumph came the opening of Queen Mary's first parliament, by whose authority religious dissension might be brought to an end. [*f.34v*] Our excellent queen was most happy, now that true religion had regained its ancient lustre, to grant freedom of debate not only to members of the two Houses of Parliament, but also for all other self-styled experts to discuss those matters frankly at St Paul's cathedral, so that the party which prevailed more in learning and truth would gain the victory. However, these debates, or rather brawls, did little to relieve the ailing spirits of the people, but excited the more fiery souls, who always incline to scurrility. Therefore a few days after these petty squabbles were begun, they were brought to a halt by royal command; the only gain from them was that those with more discretion could easily and plainly see that this sectaries' religion was stronger in words, railing and boasting than in weighty arguments.[63]

While the solemn deliberations of parliament still continued, since there was bitter and extremely heated discussion of religion, it was emphatically concluded (such was God's will) to allow once more the sacrifice of the Mass with the other ceremonies in use during the reign of Henry VIII, and the laws of Edward VI were rejected—those laws which had been passed while the king was a child, to the appalling injury of the Christian religion, the work of a few men too clearly showing their opinion of the orthodox faith. Many other matters were settled by the authority of this parliament, but since they are duly observed and printed by royal command and pass everywhere from hand to hand, it seems vain labour for me to rehearse them here. A little before this general session of Parliament ended, a rumour of uncertain [*f.35r*] origin arose that the queen violently rejected any native match and would delight in one from overseas. For this reason, certain members were chosen from the Lower House as spokesmen to the queen, led by Sir Richard[64] Pollard, once a judge in Wales and a man, if I am not mistaken, naturally constituted for fair dealing and godliness, to petition her Highness that she might be pleased to choose one of her own nation to beget an heir.

To these requests the wise queen returned a wise answer in words after this fashion, as near to her discourse as I have been informed: 'I will ponder and reflect on what you have asked, my dear friends, in the depths of my heart. I especially applaud you for encouraging me to marriage, which I both hope and believe is intended for me, but I do not applaud the idea that you should attempt to allot me a companion of my conjugal bed by your decision. For I now rule over you by the best right possible and, being a free woman, if any man or woman of the people of our realm is free, I have full right and sufficient years to discern a suitable partner in love, both to gratify our pure love and to be capable of looking to the convenience and advantage of this our realm; therefore I would not allow myself to be deprived of that freedom which you and your children now enjoy in our realm with the sanction of human and divine law. It is therefore entirely vain for you to nominate a prospective husband for me from your own fancy, but rather let it be my free choice to select a worthy husband for my bridal bed—one who will not only join with me in mutual love, but will be able with his own resources to prevent an enemy attack, far from his native land.'[65]

The queen spoke much after this fashion, and was thus able finally to satisfy the demands of the parliamentary deputation. Although the queen's reply seemed judicious and fair to all men of sound judgement, it was [*f.35v*] not so with others, particularly those who were sworn members of the new faction, as I like to call them. From this privileged group there emerged several dangerous fellows, chosen burgesses of parliament, who sought the proverbial trouble and strife; they revealed themselves too openly to prevent their agitation—'lest Codrus's belly should burst',[66] as Virgil puts it—but they burst into violent language, scarcely refraining from insult. However, their most gentle sovereign, caring nothing for their schemes, did not immediately return this ill-usage, perhaps forgetting the line in Ovid's 'Helen': 'The sprinkling of a little water quenches a newly-kindled blaze'.[67] Indeed, this forbearance was afterwards to put the good queen in danger of her life, as I outline in due course.

Now the day of Christmas as celebrated in our lands was approaching. The queen sent an embassy to Flanders consisting of Thomas Thirlby, bishop of Norwich, a man of excellent qualities, soon, with the queen's assent, to obtain the much richer see of Ely, and John Mason, a responsible and experienced man, to discuss some very weighty matters with the emperor: in turn the emperor sent his emissaries to England. Leading this embassy was the count of Egmont, together with other important men; they were to conclude the marriage treaty of the emperor's son King Philip of Spain with the queen. These men so diligently performed their task in the embassy that the queen was utterly delighted to embrace a Spanish marriage, as if in the prime of her youth she had found a most worthy lid for such a dish. While this excellent princess had a care for the welfare of her descendants and of her realm, since fate has many surprises in store, as the proverb says, she made her promises of betrothal. Moreover, since this most honourable sovereign had no desire to conceal the betrothal, she caused [*f.36r*] Winchester, the chancellor of England, to proclaim it throughout the realm, so that everyone might rejoice with their sovereign at this, the most splendid royal match since the Norman Conquest.

However—oh God immortal!—it fell out far otherwise than the good queen had expected, for some demented fellows made the prospect of this wedding an excuse for rebellion, being tenaciously and passionately attached to their sect, and raised a great rebellion. They began at Maidstone, a large town in Kent, and were led by Sir Thomas Wyatt, a young man disposed to every kind of mischief and an experienced soldier. Moreover, to make his faction more widely accepted, Wyatt first gave out that he had taken up arms solely for love of his country, not to harm the queen, but to hinder this marriage, lest Spaniards, who are arrogant and indeed wanton men, should reduce the English nation to a base slavery, from which they shrink far more than from death.

When he had made this proclamation, it is scarcely credible how many flocked together in quite a brief space of time despite the winter storms, to join this man in his evil designs against his sovereign, the sole defender and, as one might say, the sheet-anchor consecrated for the nation. Encouraged indeed by this popular goodwill and by substantial recruiting among the gentry, he had no inhibitions about going further, in the meantime maintaining military discipline en route; through this he particularly sought a reputation among the mob, that he might the more arrogantly boast of the famous renown as a soldier which he had gained by his exploits in the French wars under Henry VIII and Edward VI. Eager for this reputation and full of confidence, he arrived at Rochester, and all classes of men continually flocked in to give him support. This ill-starred commander [*f.36v*] was pleased to linger at Rochester, there to sow a wind to reap a whirlwind, as the proverb has it. While Wyatt was halted here, his first priority was to inform Suffolk, with whom he had discussed his secret treachery beforehand, of this popular insurrection, so that now he had raised the men of Kent, the duke might hastily collect a force of soldiers at Leicester and hurry to link up with him. Suffolk showed himself ungrateful for the favour he had received and the pardon he had obtained from his sovereign after Northumberland's sedition; spurred on by fate, he flew rather than rode on a rapid journey to Leicester with his two brothers, like the proverbial stag running into an arrow.

The queen was at London when she heard of this new conspiracy. When the Council had received the report, Thomas, duke of Norfolk, a man old and infirm, was chosen as commander to put down the rebels. Henry Jerningham, captain of the queen's bodyguard and a fine soldier, was assigned to him together with other distinguished and soldierly men. The duke of Norfolk set off for Rochester with a picked band of soldiers, of whom four hundred were chosen from the city of London, commanded by William[68] Brett, a giant in stature and experienced in matters of war, Brian Fitzwilliam, scarcely more than a boy, and other men who were not at all to be trusted. The Londoners were in the vanguard; they all basely deserted their sovereign, even though they had been paid in advance through the queen's generosity. [*f.37r*] Jerningham followed on behind the ringleaders of this conspiracy surrounded by a great company of the queen's guard; appalled at the desertion of his men, he waved his sword and passionately urged them on to battle. Shamefacedly they refused to fight and begged him, since there was no chance of success, not to put troops so much esteemed by the queen in manifest danger of their lives through his rashness. Jerningham was worn down by their entreaties, and although filled with grief and blushing with shame at the disgraceful situation, betook himself and his men to flight, lest it should later be said that he had forced his men to commit suicide. When Norfolk saw himself deserted by all his men, a humiliation which had never previously befallen this veteran, having only a loyal and sturdy servant left with him to support his weak and tottery frame, he took to flight with all the rest.

As the news of this defeat spread far and wide, as rapidly as can be imagined, it much emboldened the leaders of the other faction and caused great fear on our side. The queen was somewhat downcast by this unlucky campaign, but her spirit was not broken enough for her to admit defeat or to dread these most wicked conspirators against her Highness; though only a woman, she showed the spirit of her ancestors in adverse circumstances and strove with all her might to reconstruct her army from stronger material.

However, lest Suffolk devise something more serious against her majesty among the people of Leicester, she sent the earl of Huntingdon, a native of that shire, whose house harboured perpetual enmity for the family of the Greys of Dorset, to pursue the duke with a proclamation publishing him as a traitor, that at least in this way she might hinder this man's evil intentions towards her in stirring up the people. This seasonable plan of action proved thoroughly reliable for the sagacious queen, [*f.37v*] for Huntingdon most willingly took on the task, partly to cancel out his previous blame incurred in Northumberland's conspiracy and partly to avenge the injuries done to the ancient family of Hastings by the duke's ancestors.

Meanwhile, after the duke of Norfolk's flight, Wyatt moved with his army from Rochester to Dartford, lest a little delay should be injurious to him and his followers. The next day, having struck camp, he was crossing Blackheath, a huge piece of open ground celebrated for and crowded with many bands of robbers; here two distinguished knights, Sir Edward Hastings, master of the Horse, and Sir Thomas Cornwallis met him, both sent as emissaries by the queen's decision, exhibiting in one hand bread and in the other a stone, as was said in antiquity; they urged an agreement, putting forward various terms of peace, to prevent English soil being soaked in English blood. Led on by his evil genius, as if victory was already in his grasp, Wyatt wholly rejected the terms offered him, further informing the emissaries that he would not lay down his arms before control of the queen and the capital had been entrusted or surrendered to his authority. And since this reply was more dishonourable and of greater arrogance than was acceptable, all hope of peace was at an end, and they left the camp, albeit full of regret, to tell the queen of this paltry and excessively arrogant rejoinder.

Now that the queen saw that all chance of peace had gone, she applied herself wholly to war, and to prevent the enemy striking while she was unprepared, she placed in control of the city of London, then wavering in its loyalty, William Howard, brother to the duke of Norfolk, a steadfast [*f.38r*] and brave man,[69] while her Highness gave the lieutenancy of her own army to the earl of Pembroke, a nobleman of especial courage and high spirit. And since she had heard for a fact that the Londoners were evilly disposed and in their madness favoured Wyatt, to meet their foolishness in time, she notified the governor, or mayor, as he is known, that her Highness would proceed to their public hall on the afternoon of the day before the feast of the Purification[70] to say a few words to the people to explain and reveal her intention without deceit. The queen left the palace and came to the City Guildhall, riding through the streets preceded by her council and followed by a company of ladies, addressing the people as she went with wonderful good nature and uncommon courtesy, and all the time exhibiting a cheerful countenance, worthy of such a princess. Dismounting, she entered the Guildhall and delivered a splendid speech to her citizens; the good princess, an incomparable oratrix, could command such eloquence that with her gentle and pleasant speech she completely calmed the Londoners, who were in such a tumult over the Spanish marriage. However, since I was not present at her oration, to avoid depending on the ears of other people and giving an inferior rendering of those proceedings or degrading them with my lack of culture, it is enough for me to touch on them. However, I dare assert as truth that all the citizens were passionately aroused by this speech of the queen's, and were afterwards more mindful of their duty, assiduously preparing with zeal and skill everything necessary to fortify the city and repulse the enemy.

The next day Wyatt at the head of his army [*f.38v*] occupied Southwark, a suburb at the end of the bridge, and finding the bridge gate closed, battered on the doors, as it was rumoured, to keep a pledge agreed with the citizens. But the Londoners bravely prepared themselves to guard the city and cared nothing for his words or threats. Throughout the duration of the rising, and particularly while Wyatt remained at Southwark he treated all men with remarkable kindness and such courtesy that he won many friends despite his treacherous purposes. Wyatt stayed in this suburb from 3 to 6 February, while in the meantime the queen most judiciously had all river-craft held under restraint in case Wyatt's supporters were ferried across to the other side to stir up the volatile Londoners. Wyatt, full of forebodings that the citizens would make no effort to come over to his side, after discharging a siege-piece, prepared his removal on 6 February with speed to catch the queen off guard and napping, and seize Kingston bridge to bring his troops across to the City, his only refuge, as he falsely asserted. However, since this wily soldier had placed great hopes on speed of movement, he ordered his troops, suborned by an empty hope, to follow him, that despite their loss of time they might seize a reward worthy of their efforts. Trusting to fortune to be his friend, as they say, Wyatt not only repaired the bridge, which had been stripped of its planking, but also against all expectation pitched camp at the village of Brentford. When the news of his attack was brought to the queen by her scouts, one could scarcely believe that her panic was so great and sudden that she got [*f.39r*] no rest nor hope or peace throughout the night, which our people were accustomed to devote to entertainment and drunkenness. The queen—so like her ancestors, more to be feared than fearful herself, since the truth was on her side—passionately urged the earl of Pembroke to lead out his infantry at first light, distribute them into battle order and meet the enemy; she ordered Lord Clinton, commander of the cavalry, to send a detachment of horse against the enemy to attack Wyatt's troops while they were disorganized and fatigued by their march.

Very early next morning Wyatt roused his men and made them ready for their departure, for by a bold attack he hoped that he would be able to break into the City, still not despairing of its goodwill, or that he could compel the queen to surrender. Just when so much depended on getting his forces on the road, what should happen but that the wheel of the carriage for the great siege-piece proved unequal to the strain and broke; a signal piece of ill-luck which considerably delayed his departure and was for our deliverance and benefit, but a fatal blow to Wyatt's party: for while he delayed for several hours to do the repairs, our men were given time to put their troops on to a battle footing.

When the wheel had been repaired he immediately moved his army towards St James's Fields; here, since the queen's army drawn up in battle array was easily in sight, he let off a bombard to cause panic, with the intention, if I may speculate on his purposes, of leading his men with their military order preserved in consideration of the constriction of the place, through the defences of St James to the City or to the queen. While he thus so boldly tried to advance with his forces, Lord Clinton, commander of the cavalry, having cleverly and wisely allowed Wyatt and four hundred of his men to pass through unopposed, made a fierce attack on the rest of Wyatt's forces; as they were unarmed and exhausted from their march, they offered little resistance and were easily [*f.39v*] overwhelmed when attacked by the cavalry. Wyatt saw this cavalry attack on his men only too clearly, and although he lost hope of victory, he passionately ordered his followers to press on with the remains of his army, continually calling on the name of Queen Mary, raving against foreigners, especially Spaniards, and screaming that the victory was Wyatt's. Quickly imitating their commander's language with shouting and noise of this sort to lower the morale of the queen's forces, they came to the column or Cross at Charing, where there was a sharp skirmish. There was, indeed, a large but disorganized crowd of soldiers, both gentlemen and common folk, placed here to protect the place; however, they all assumed from the misleading noise that Wyatt's men were making that the queen had been deserted by her men and that there had been treachery in the army, so they ignominiously took to flight, some scattering into the City, others to the queen. From this crowd of fugitives a sure report came to the ears of the most godly queen of the shameful flight of her men and of Wyatt's victory. Her Highness, being not in the very least dismayed with this dismal news by the mob, was so far from being prepared to lose heart that she said quite openly that she placed her hope of eventual victory in God's goodness and greatness as she had done in her most righteous bid for the throne at Framlingham, and she affirmed that the authors of this idle gossip were deserters from the field, to the deep disgrace of their reputation. Indeed, the most godly queen's prophecy of the hazard of war yielded [*f.40r*] nothing in accuracy to the Sibylline prophecies, the most sure oracles known to the Romans.

Wyatt, indeed, turned not a hair's breadth aside from the main road into the City but continued his march until he came to the sign of the Bell.[71] Worn out with thirst and his exertion, he refreshed himself a little here until his scout returned to report the City's disposition towards him. At length this Mercury returned and told him that the citizens were mindful of their duty to their sovereign and would regard him as their enemy. Thoroughly alarmed by this melancholy news, he went back to the gate known as Temple Bar, and in front of its doors was arrested by Maurice Berkeley, a man exceedingly notable for his energy and excellence. Wyatt was taken by this Berkeley to the castle called the Tower, a worthy and extremely fitting place for his wickedness and for wicked men.

Since the queen had gained this unexpected victory, her first concern was to give God the praise and glory. Forty of our men were lost in this fight, and on the other side about four hundred were killed and executed, besides innumerable prisoners, so that along with the proverbial Phrygians, these madmen might belatedly be wise after the event. The following were particularly worthy of honour in this confrontation: the earl of Pembroke, general of the field, as they call him; Henry Stanley, earl of Derby, particularly remarkable among the nobility because of his great popular following; Lord Clinton, master of the Horse; Henry Jerningham, vice-chamberlain; FitzGerald, earl of Kildare and Butler, earl of Ormonde, distinguished noblemen of outstanding power and lineage, both Irishmen; Sir Anthony [*f.40v*] Browne, a young man of great promise; Audley, the chief captain of the field; Sir John Williams, who happened to fall on a large group of Wyatt's forces which had taken to flight, with a considerable force of auxiliary troops; [*half line blank*] and other men of great energy; and there were many of the other side who should have received great dishonour, whose names I willingly leave aside.

Now since my weary fingers will not suffer me to proceed further, I bring my efforts to a close, continuing to pray, as my duty demands of me, that our most godly queen may enjoy the long and excellent reigns of her ancestors Henry III and Edward III; the unconquered spirit and the frequent and highly memorable victories against the king of France, our ancient enemy, of Henry V; the chaste and pure life of Henry VI; the [luck][72] of Edward IV, her majesty's great-grandfather, which no human force could shatter, granted that it was quite often tested by the attacks of many conspirators; the Solomonic wisdom, peaceful government and enormous wealth of her grandfather Henry VII, and the splendour, generosity and formidable reputation of her father Henry VIII.[73]

Now, most illustrious Waldegrave, that you have employed your son to return the little history which I composed and dedicated to you on the deeds of the most serene Princess Mary, our queen, it is wonderful to tell how I might blush with shame that, entirely un-awares, I had rendered myself liable to be given a severe verbal drubbing by the learned for my untimely publication of the corrected copy. However, because it happened through the carelessness of my secretary, whom I had entrusted with the writing-out of the book, rather than through any fault of mine, I am easily able to repair the injury, with your good leave. For when this little work [f.41r] was completed, I entrusted its examination to Roger Ascham, the queen's Latin secretary, a man who is not only my very good friend but highly skilled in Latin and Greek; he happened to read through the treatise without nearly enough attention to the errors because of his excessive haste, and then returned the corrected copy to the clerk. Thus it happened that I placed too much trust in Ascham's correction and my secretary's diligence, as if I were free from care and sound asleep, and I became more careless in correction. Therefore I soon donned my traveller's hat and was ready for my journey; I snatched up my book from the clerk's office and on the Friday before Easter, chiefly famous for the death of Our Saviour,[74] I presented it to you at Pirgoe;[75] there you seemed to me to accept this little book most kindly and willingly, in accordance with your untold generosity.

Some time after, when I was rather more frequently around the palace, I was told by my friends that several serious errors had been found in this little treatise. Therefore to avoid an injurious report being a reproach to me, a most wretched man, because I had produced a still-born birth, I began to beseech you in your kindness to return the little book to me forthwith, so that I could take more trouble to cleanse it of its errors. Now that you have given it back to me as requested, I return it to you freer from all its blemishes and also expanded; because I know that it will be dear to your heart, I esteem myself a very happy man.

I therefore go on to extend the story which I began up to the end of the second parliament, that having already lost courage, I may hand on this task to a more learned man, like a torch in a relay-race; I think that I may be seen to have furnished enough material for others to produce a new work of history rather than to have forestalled them. Having refreshed my slothful hand for a while, I press on, to bring to the end of the scroll, as they say, that most monstrous of crimes, exceeding nearly all others since the Norman Conquest in the scale of the danger involved, instigated by Wyatt and the companions [f.41v] of his folly against the life of our most godly queen; otherwise the story that I have begun may perhaps seem defective and incomplete to the inquisitive reader.

Francis Hastings, earl of Huntingdon, who as I have already explained was sent after Suffolk by the queen, used such diligence and speed in his pursuit of that nobleman that he arrested him before Wyatt's rising was suppressed, although Suffolk was not brought to London until after Wyatt's imprisonment. Indeed, this miserable duke's ill-advised flight was not only so disastrous for himself, for Jane his favourite daughter and for Guildford her husband that within a few days they were beheaded, but also brought the permanent ruin of the ancient house of Grey of Dorset. Moreover, in order that all the remaining parties to this wicked conspiracy who had relied on another's madness, as the saying goes, might at least be allured back to reason by the examples of others, many men were placed on the gallows and exchanged life for death; others who were better known were hanged in chains in every town in Kent, where their bodies were carrion for the birds.

In this Kentish rising, Lord Abergavenny seems to merit the greatest praise, for having gathered a considerable force of his men, at the beginning of the rising he attacked the rear column of Wyatt's men with great fury and struck much terror into the conspirators, in fact taking about sixty prisoner; this victory was such that if that veteran soldier the duke of Norfolk had not listened to the advice of George Harper, an old courtier,[76] [*f.42r*] and had avoided entering into battle until he had linked up with his lordship, whose morale was higher thanks to his recent success, he might perhaps have avoided the disgrace of his flight.

Now that she had gained this famous victory, the queen was chiefly anxious to sift the state of her realm and have it cleansed from all civil strife, which had deep roots in the hearts of her nobility, thanks to the extravagance and greed of the dukes of Somerset and Northumberland while they were in power; they plundered the State and brought it into lamentable disorder, so that there would have been disastrous consequences for the aristocracy if the wise and merciful princess had not taken seasonable measures for their rashness. For that reason her Highness took assiduous precautions against imminent danger and ordered stringent investigations to be made among the most important of the prisoners lest any trace of such a hidden conspiracy should survive to cause her ruin.

On these grounds an extremely thorough examination of the prisoners was undertaken by men picked as outstanding for their discretion as well as for their trustworthiness, and there were arrested, most lamentably, as parties to the conspiracy, Elizabeth, the queen's sister, and Edward Courtenay, earl of Devon, an unfortunate young man, born, as one may guess, to spend his life in prison. Indeed, he had through the queen's mercy gained not only his freedom, second only to life itself in man's estimation, but also his paternal inheritance and previous rank, of which he had been deprived through his father's wickedness in the reign of Henry VIII; however, he was still ungrateful and forgetful of the favour that he had received, so as he had fallen into this conspiracy by whatever chance, he was once more imprisoned.

Now that this rash popular uprising had been stilled, by the providence of God as one may believe, the queen was eagerly busying herself with the marriage treaty previously [*f.42v*] agreed with the king of Spain and still unharmed, so she prepared an embassy to the emperor; the leader was Lord Fitzwalter, a nobleman skilled in foreign languages, who was to tell the emperor of the overthrow of Wyatt's rebels and to negotiate everything which would hasten and encourage that most honourable match. The mighty emperor treated this nobleman and his other companions with unutterable kindness and extreme generosity, and rewarded the more deserving of them with gold chains beaten from the purest metal; treating the lesser men no less lavishly, he sent many chains as a gift to the more important lords of the Council to gain their goodwill.[77] Shelley accompanied his lordship in his journey home at the end of his embassy, having recently returned from the kings of Bohemia and Poland with gifts and letters for the emperor and our queen;[78] he was, indeed, universally recognized as almost unrivalled among the gentlemen of our nation for his skill in various languages and for his distant travels. On their return home, the queen immediately assigned them to the earl of Bedford's retinue, which because of his long experience of affairs he got ready for a thoroughly-equipped fleet of many ships, to conduct Philip, the sole love and sweetheart of the peoples of Spain and Lower Germany, into the lap of his pure wife (whom he had still not seen), so famous for the holiness of her life and for her realm, that the world would not easily support another queen like her.

While Bedford weighed anchor and set sail, with favourable winds, I trust, for Spain, Easter Day approached, a great day which the queen observed in her own Palace with the accustomed ceremonies. Our godly sovereign [*f.43r*] wished that this ancient use or custom of divine service might be followed throughout the City, in every church, but the queen's pious and holy plans branded such pain into the minds of the new faction that they hanged a cat in the principal street of the city leading to Paul's church; it was dressed in a stole and other vestments suitable and fitting for the celebration of the mass, and was placed as if elevating the host with its forepaws, in utter mockery of the Eucharist.[79] The Londoners, much ashamed by this unspeakable crime, ordered several men suspected of the outrage to be arrested, but I hear that the author of this execrable farce is still not revealed, for these sectaries are wont to hide their wicked deeds with high cunning. Nevertheless I am confident that when the time of truth appears, it will reveal all wickedness, and as in the adage, the head of the guilty will justly suffer.

But this is a fitting place to recount the tale of another not less ridiculous contrivance, since we have fallen among crazy things, which this filthy crew produced and invented with the greatest cunning a little while before, to strengthen their ailing religion.

One night there was heard in the wall of one of the houses next to the gate in the suburb of Aldersgate, a voice like that of a little boy or a girl, which uttered many disgraceful comments about the queen's grace and the Mass, while on the other hand it poured out much in praise of Elizabeth the queen's sister and the sectarian religion. After this news had spread, an astonishingly large crowd gathered at the house [*f.43v*] just as in ancient times they gathered at the oracle of Apollo in Delphi, to hear the news from the mouth of the spirit (as the rabble consistently called it), as is a frequent occurrence in such a city among people eager for novelties.

While this so-called spirit was deceiving the foolish mob with its false prophecy, the queen was resident in her palace at Westminster. When the deception practised by the execrable spirit reached her godly ears, the queen was sufficiently instructed by Wyatt's attempt to take precautions against this evil once more attacking her high dignity; she chose several men who warranted respect for their influence and prudence to go immediately to the house and not only to search out the originator of this prodigy, but also to prevent the disorderly crowd causing a riot. Most prominent among them were William Howard, the admiral, and William Paget, both peers, Jerningham the vice-chamberlain, Bourne the queen's secretary and others, attended by a great company of the queen's guard and their servants.

When they arrived at the house, they found an exceedingly large gathering of people in front of its doors and everywhere on the streets; addressing them all courteously, they entered the house and investigated it from top to bottom, examined it and demolished the wall. Finding nothing, they returned to the palace, having taken with them the father and mother of the household and a girl of eighteen; they left some of the queen's yeomen to guard the house and to keep watch through that day and night to suppress the deceit of this voice. The guards assigned searched throughout the house very carefully and could hear neither a voice nor the noise of a voice.[80]

[*f.44r*] Nevertheless, a little while before King Philip's arrival, that girl was examined in a diligent enquiry; she had acted as a possessed person and thus skilfully portrayed the counterfeit voice of a spirit. Therefore, to make the fraud openly known to everyone, on the queen's command the young lady was produced at Paul's Cross with some of the devisers of this execrable crime, to show the people from this high place, as if on a public platform, the whole sorry tale of deceit.[81] Now I will turn back to history.

After Bedford had set sail, contrary winds held the admiral's fleet for several weeks in a Kentish estuary opening out from the Thames into a port capable of holding many ships. The protracted unfavourable winds so delayed the continuation of the voyage that the fleet's commander, an energetic man wearied with his inactivity, was unable to contain himself without bitterly cursing the wind and the wind's sedition, not only because its stratagems took away everyone's occupation, but because it inflicted massive expenditure on the queen, besides the not inconsiderable supplies of provisions consumed by the troops while they were idle. However, at last a favourable wind blew and the fleet was piloted out and steered for Portsmouth, the most serviceable port in the west; here, likewise the admiral was delayed even longer against his will, as the stores and all necessaries for the voyage took longer to prepare than expected, thanks to negligence in certain quarters.[82]

Now I must speak of Wyatt and his death. I allow that I ought to have mentioned his [*f.44v*] condemnation before, if I had not deliberately postponed it to avoid diffuseness by here encompassing his condemnation at the same time as his death. When, indeed, Wyatt was brought before the judge, he was overwhelmed by the enormity of his crime and immediately confessed his treason without awaiting the verdict of twelve men. Moreover, while the court was still in session he openly accused William Thomas, once secretary to Anthony Browne the elder,[83] of taking secret counsel with him to arrange the queen's death. He went on to name other co-conspirators, whom I forbear to recite in song, lest I may be said with my excess of words to drown the Camerian marsh,[84] as the proverb puts it.

After Wyatt had condemned himself out of his own mouth, the judge passed a just sentence, and he was led to the Tower to be put to death. Since seven weeks and more separated his condemnation and death, and meanwhile he was treated very well by the governor of the tower, many people forecast that he would easily obtain his life from the queen's mercy. However, they were much deceived in their prediction, for he was brought out for execution and suffered the severing of his head from his neck.[85] Thus Wyatt ended his life; from his cradle his father had brought him up in a thoroughly becoming fashion, and had especially trained him to write in the best style. When he was no longer a boy, he accompanied his father when he was sent by Henry VIII on a three-year diplomatic mission to the emperor, whose court he frequented with his father, and where he is believed to have gained his first military [*f.45r*] experience. Returning to his native land, while

his father was still alive he especially spent his youth in that type of
wrestling which would most develop his military skill and make his
strength more nimble. So it happened that without doubt he proved
himself a pattern of a good and active soldier-to-be to his friends. On
the death of his father he served in the army under the duke of Norfolk
at Montreuil, a French town, and was appointed a captain by him.
Soon advancing to Boulogne, which had fallen to Henry VIII after a
long and very dangerous siege, he earned great praise there until the
town, which had been captured with enormous and unspeakable cost
by that monarch, with such heavy and manifold slaughter of Englishmen and the killing of gentlemen, and which was of particular renown,
was shamefully sold to the French by Edward the son, as it had been
won by Henry the father. After the infamous sale of this town, he
committed no crime worthy of memory, as far as I know, until this
last, which proved more truly fatal for him and for the present members of the house of Wyatt than it was shameful to his ancestors.

The death of Wyatt took place at the beginning of the queen's
second parliament opened on 3 April. At much the same time, several
knights who deserved well of their queen and country were honoured
with the dignity of baron: William Howard, John Bridges, John
Williams and Edward North.[86] A little while afterwards Sir Nicholas
Throckmorton, who was judged, as it was said, to be one of Wyatt's
associates, refuted the charges when summoned before a judge with
such cunning, or courage as others would have it, that the twelve
jurymen, perversely considering counterfeit pity more valuable than
justice, declared the man not guilty. However, their deed was to their
[f.45v] loss as well as Throckmorton's, for shortly afterwards these
a man renowned for his excellent character and for his ancestry; the
citizens remained in these places in great distress of mind until they
with a clear conscience to find a man not guilty when he was destined
on such clear evidence for a sentence of death. However, they were
quite excessively wedded to their error, and obstinately and with great
impudence maintained their verdict as to Throckmorton's innocence.

The chancellor, who is a man with a very keen scent for misdeeds,
together with other highly experienced lords of the Council, decided
to curb the stubbornness of these madmen as an example to others;
they sent Whetstone, the foreman of the jury, and another fellow-
citizen who was a companion in his madness, to the Tower of London,[87] and threw the other ten into the Fleet (or place of weeping—
'fletum'—as it might rather be called), the type of house of correction
where rogues are sent to atone for their crimes at heavy cost to their
purse. This house is in the hereditary charge of Warden Babington,[88]
a man renowned for his excellent character and for his ancestry; the
citizens remained in these places in great distress of mind until they

might come to an understanding about their misdemeanour with the queen. Nevertheless, Throckmorton was no sooner released than he was sent back to prison once more.

Meanwhile Thomas Grey, lamentably involved in the doings of his brother the duke, fell victim to the axe. John, the duke's other brother, was granted his life by our most merciful queen. Sir James Croft and William were brought to trial as followers of this gang and were condemned by the judge's sentence; the latter, indeed, was dragged through the streets of the City [*f.46r*] tied to a cart, to the place of punishment to undergo the merited penalty; the former still lives, breathing the air deeply while he may. Many others from this treacherous conspiracy remain shut up in prison, alternating between hope and dread; others, foully vexed at the outcome of this uprising, fled their beloved country, of whom the most notable were the brothers William and Robert [*blank*];[89] all those of knight's degree ought to have no praise at home or abroad. Others also forsook their native land with the queen's assent on the pretext of religion, of whom the most outstanding were Anthony Cooke and his son-in-law William Cecil, Sir John Cheke and many others less discreet.[90] But now, to avoid running on past the safest hiding-place, as the proverb puts it, I will cite exactly one resolution of that second parliament, successively to add the finishing touch to my history.

On 5 May, the last day of this session, the queen entered the Lords' chamber and was present during short speeches from Winchester, who presided over the Upper House, and Richard[91] Brooke, Speaker of the Commons. The queen produced a most elegant and grave reply to them, in which no one could wish for more grace and delicacy of oratorical style and weightily-reasoned argument. As much as Winchester, who scarcely has an equal in oratory, exceeded Brooke, who is a less successful speaker, so much was Winchester surpassed by the queen in everyone's judgement, for all that he is a most incisive orator.

In this session, under particular pressure from the queen, they discussed the question of granting the title of the threefold kingdom, that is, England, France and Ireland, to the Spaniard, to the end that the queen's conjugal love for the king might be made clearer to everyone. Immediately, therefore, this title which from ancient times [*f.46v*] has been solely reserved and deemed fitting for the kings of England, was by the decision of parliament granted to the Spaniard, conferring on him the queen's hereditary honour during the life of his most puissant consort. This was indeed an uncommon proof, not to say extremely uncommon, and by far the most renowned token of obedience which such a princess might show to her husband, against the innate character of ordinary women, who are almost universally believed to be rather greedy for honour and for a leading role.

Through the sharing of the famous title of such mighty kingdoms, everyone might see more clearly than daylight that the subjection of wives to their menfolk so often ordered and emphasized by St Paul and the other Apostles was held in high esteem in the queen's sacred conscience.

While the queen was still in the House of Peers, James Hales, one of the justices of the Common Bench, appeared before her Highness as a suppliant for pardon for his guilt, since he had become a sacramentary, as they call the enemies of the Eucharist, and had severely punished several priests for celebrating the mass. After the queen had ascertained his crime, she ordered him to be closely examined by the chancellor lest others who bitterly resented the recent restoration of the old religion might go from bad to worse through his evil example. When this judge was brought to answer for his crime, he did not shrink from defending his action with many but inconclusive arguments. The wise bishop sensed the man's inexperience particularly in theological matters, and ordered him to close confinement, that by this method he might learn like the cobbler to stick to his last. When, as a result, he was taken off to prison, he was driven to such despair of mind at his humiliation that with his own hand he inflicted a severe [f.47r] wound on himself, and would assuredly have killed himself if others had not stayed his rashness in time. Thanks to this they kept a closer eye than before on this judge, and also called reliable and learned men to bring him to a better frame of mind with their godly persuasions. When he had apparently recovered through their admonitions, the judge came to this session of parliament to seek pardon for his action from the queen. She remitted all his punishment, much comforting the man with her kindly words and making grateful mention while she spoke to him of his spirited rebuff to Northumberland.

However, he was not fully recovered, for after he had returned home he was seized by his previous wicked idea of taking his life; he lay face downward in a shallow stream alongside his home and met a voluntary death.[92] Such was the end of this judge, who for all his exceptional skill in the law of the land had learnt not the slightest trifle of good literature. One might say that the summer of this year was treating the justices of this court very harshly, for Thomas[93] Morgan, whose appointment in the place of Montague I have described, was seized by a sudden fit of insanity while he was dispensing the law in traditional fashion in the Common Hall of London, and he was succeeded by Richard Brooke, the Speaker of this last parliament.

When I brought to a close this little product of my midnight oil sketching the deeds of sacred Mary from the beginning of her reign to 5 May, everyone was daily [f.47v] expecting the arrival in our island of that most longed-for Spaniard, our king to be. Therefore now that

I have brought my little work to its predestined target, to avoid seeming unmindful of my duty, I use all my energy to pray, beseech and implore God the Greatest and Best that this prince, the eldest son of the most powerful monarch in the whole world, may obtain a happy and safe landing with all his people, and very soon will enter the beloved and long-sought embraces of out most honourable queen; and that some day, God willing, that pure and fertile womb will be made fruitful through the most noble seed of all Europe, and will render her the joyful mother of a manifold progeny, so that from the marriage bed of such parents there will spring forth a native prince who will match the praises of his ancestors, and will rule over the men of England, France and the Low Countries with the utmost felicity: for all that the king of France turns to his accustomed wiles and stirs up his allies the Scots, incites the Northmen to invade our island and provokes the Irish to rebellion, encourages the sectaries in their inclination and disposition to rebellion, receives fugitive traitors into his protection contrary to his treaty obligations—tries every means and examines every loophole that may prevent these nuptials, or at least hinder them.

NOTES TO THE TEXT

[1] A reference to the Greek hero, son of Amyntor, who became the trusted companion of King Peleus.

[2] Sir Roger Cholmeley (d. 1565), chief justice of the King's Bench 1552, deprived by Mary, 1553. Sir Edward Montague (d. 1557), chief justice of the King's Bench 1539, transferred to the Common Pleas 1545; fined £1000 on Mary's accession. Sir Thomas Bromley (d. 1555), judge of King's Bench 1544, chief justice of Common Pleas 1553-5. Sir James Hales, judge of Common Pleas 1549 (see below, n. 92). William Stanford or Staunford (1509-58), judge of Common Pleas 1555, knighted 1555. Sir James Dyer (1512-82), king's serjeant and knighted 1552, judge of Queen's Bench 1558, chief justice of Common Pleas 1559. On all these see the entries in *D.N.B.*

[3] Sir John Baker (d. 1558), chancellor of the exchequer, 1545-58 (see *D.N.B*). John Gosnold (d. 1554?), solicitor-general 1552-3, J.P. in Suffolk 1540-54. The text clearly reads his name as 'Gosvoldus', which is presumably the copyist's misreading of Wingfield's original 'Gosnoldus': an easy mistake to make. John Lucas, a master of Requests. William Cooke (d. 1553), judge of Common Pleas, 1552 (see *D.N.B.*).

[4] The only other account of the king's speech to the lawyers is preserved in Burnet, ii (1). 356, which significantly omits any of the insults to Elizabeth. There is no reason to doubt the general authenticity of Wingfield's record; his source was probably John Gosnold, a Suff. man whom he goes out of his way to compliment and, at f.10v, to defend. The general line of the king's argument is that used by Nicholas Ridley in his propaganda sermon against Mary and Elizabeth at Paul's Cross on 16 July (cf. Foxe, vi. 389, and *Wriothesley's Chron.*, ii. 88).

[5] The account of events, ff. 10v-11v, is similar to that given by Burnet, ii(1). 356-8, apart from its marked bias against Montague and its statement that preparations for an autumn parliament were well under way when the king died. Montague's own self-justificatory account also mentions the pardon, which he says Northumberland refused to have sealed, and stresses Montague's frequent call for a parliament if the Act of Succession was to be altered (Hist. MSS Commission, *Report on the MSS of Lord Montagu of Beaulieu* (1900), 4-5).

[6] Scurloch was to gain a lease of some of the Essex lands of the executed rebel Sir John Gate for his services in Oct. 1553 (*C.P.R., P. and M.*, i. 325). A grant of lands in county Wexford followed in 1555 (*ibid.*, ii. 117), and his widow, Elizabeth Devereux, one of the gentlewomen of the privy chamber, was granted £120 per annum for life in 1557 (*ibid.*, iv. 424).

[7] Sawston Hall, near Cambridge.

[8] Second wife of Thomas, Lord Burgh (d. 1550) and previously married to Edmund Rookwood of Euston Hall near Thetford (Suff. and Norf.). Both she and Lord Burgh lived at her former husband's home at Euston.

[9] The messenger was almost certainly Robert Reyns, citizen and goldsmith of London, who on 24 Mar. 1554 was appointed queen's goldsmith in consideration of his service to the queen especially at Framlingham in the time of the late rebellion (*C.P.R., P. and M.*, i. 226). The poem which purports to be an autobiography of Sir Nicholas Throckmorton (B.L., Add. MS 5841, pp. 200, 250, 254) says that the goldsmith was sent on the initiative of Throckmorton and his brothers, and the queen's reluctance to believe him was because of Sir Nicholas's known Protestantism (cf. *Q. Jane and Q. Mary*, 2n.).

[10] Probably a mistake for Thomas Hughes or Huys, M.D., who was appointed as the queen's doctor in ordinary, in consideration of his service, 2 Oct. 1553 (*C.P.R., P. and M.*, i. 323).

[11] Henry Jerningham (d. 1571), vice-chamberlain of the household 1553-8, was

granted Wingfield castle and park (Suff.) in consideration of his service at Framlingham, 28 Dec. 1553 (*C.P.R., P. and M.*, i. 57).

[12] Sir Edmund Peckham had four sons, but this one is probably George, who on 31 Oct. 1553 was granted £10 per annum for life for his service to the queen at Framlingham (*C.P.R., P. and M.*, i. 375). Alternatively he may have been Robert Peckham, whom G. A. Lemasters and D. M. Loades have identified as being a councillor at Framlingham (Loades, *Mary Tudor*, 478).

[13] Sir John Bourne, knighted 1553, principal secretary 1553-7.

[14] In fact Strelley was never knighted (cf. *Machyn's Diary*, 51, for his burial on 25 Jan. 1554).

[15] Sir John Sulyard (knighted 1557, died 1574) received 40 marks per annum for life in consideration of his service at Framlingham on 30 Nov. 1553 (*C.P.R., P. and M.*, iii. 308) and was granted the manor and park of Haughley (Suff.) for his service on 7 June 1554 (*ibid.*, i. 156). He was sheriff in Suff. and Norf. 1555-6 and J.P. in Suff. 1554-9, besides being standard-bearer of the Gentlemen Pensioners 1553-8 (information: Dr W. R. Tighe).

[16] He became one of the four principal esquires in ordinary for the queen's body (*C.P.R., P. and M.*, iv. 399).

[17] He was leased Okehampton park (Devon), formerly the property of the western rebel Sir Peter Carew, on 26 Oct. 1554 (*C.P.R., P. and M.*, ii. 30). He was M.P. for Orford in the parliament of Sept. 1553 and for Dunwich in the parliament of Apr. 1554, besides being a J.P. for Suff. in 1555 while his father was still on the Bench (P.R.O., SP 11/5, ff. 48v-49v); all this unusual advancement was presumably due to his Court connections and came to an end with Elizabeth's accession.

[18] Three Tyrrells were in Mary's service during her reign: Edmund, Richard and George. George is probably meant here; on 8 Oct. 1553, as one of the queen's gentlemen ushers in ordinary, he was granted the keepership of Syon House (Middx.) in consideration of his service (*C.P.R., P. and M.*, i. 394). He was of Bucks. and Essex and son of Humphrey Tyrrell of South Ockendon (Essex) (*ibid.*, 456). Roger Lygon was one of the four gentlemen daily in waiting on the queen, 26 Oct. 1553 (*ibid.*, 324).

[19] Probably Thomas Poley, who on 7 Nov. 1553 was granted as one of the equerries of the queen's stable, in consideration of his service, the bailiwick of Ware (Herts.) and the keepership of its park (*C.P.R., P. and M.*, i. 325). He was presumably the Thomas Poley who as Mary's servant was accused by Edward's privy council of acting as liaison between Mary and Kett's rebels in 1549 (see D. N. J. MacCulloch, 'Kett', 58); it is also likely that he was the Poley who was sent to proclaim Mary at Ipswich (below, ff. 16v-17r). Sir Rice Manxell or Mansfield had married one of Princess Mary's gentlewomen in the 1530's (*Privy Purse Expenses of the Princess Mary* ..., ed. F. Madden (1831), 247).

[20] Hemsley has defied identification; on 10 Oct. 1553 John Herle, one of the equerries of the queen's stable, was granted for life the constableship of Conwy Castle (Caerns.), in consideration of his service (*C.P.R., P. and M.*, i. 327).

[21] This is probably Justice Greme, who on 3 Nov. 1558, as one of the equerries of the queen's stable, was granted for life the keepership of the gaol of the Liberty of St Albans (Herts.) in consideration of his service (*C.P.R., P. and M.*, iv. 430); however, it may be William Grene, who on 23 Apr. 1557, as one of the yeomen in ordinary of the queen's chamber, was granted life the bailiwick of various Beds. lands, in consideration of his service to Henry VIII, Edward VI and Mary (*ibid.*, iii. 293).

[22] George Bacon on 22 Dec. 1553 was granted the reversion of the lands of his wife's attainted brother Thomas Abell in Stoke by Nayland (Suff.) in consideration of services at Framlingham (*C.P.R., P. and M.*, i. 320). Abell, appropriately, had been executed as a chaplain and active partisan of Katharine of Aragon (see *D.N.B.*). Bacon was probably one of the Bacons of Hessett (Suff.) and so a cousin of Nicholas Bacon the future Lord Keeper; he can perhaps be identified with the Mr Bacon whom Machyn mentions as

former serjeant of the Acatry to Queen Mary in 1563 (*Machyn's Diary*, 300). Henry Collier on 27 June 1557, as late clerk controller of the queen's household, was granted £57. 7s. 1d. p.a. for life from the London petty customs (*C.P.R., P. and M.*, iv. 252).

[23] Ranulph Dodd on 29 May 1554, as serjeant of the cellar, was granted a lease of lands in Flints. (*C.P.R., P. and M.*, i. 298).

[24] None of these five individuals has been identified. 'Pascallus' is presumably a surname, although it is not written in italic in the clerk's normal manner; as an adjective it would seem to be meaningless, unless it is a private joke. A John Pascall was of the quorum of the commission of sewers in several hundreds of Essex, 18 Aug. 1554 (*C.P.R., P. and M.*, ii. 107).

[25] Mary's letter was dated 9 July 1553, at Kenninghall, and the council's reply the 10 July, at the Tower. Both are printed in Foxe, vi. 385-6.

[26] All this manoeuvring must have taken place very near Kenninghall. Lord Robert Dudley had married Amy, the daughter of Sir John Robsart of Syderstone (Norf.) in 1550, and the Radcliffes had a residence at Attleborough, only about five miles from Mary's headquarters. Dudley seems to have displayed his characteristic energy in the crisis; apart from the account here given by Wingfield, he is known to have proclaimed Jane at King's Lynn on 18 July, when Northumberland's army was already disintegrating (*C.P.R., P. and M.*, ii. 158).

[27] The importance of Southwell's intervention is attested by the fact that he received an annuity of £100 per annum for life for his services to the queen in her *coup*, on 4 Dec. 1553 (*C.P.R., P. and M.*, i. 63).

[28] A mistake for Richard. Wingfield repeats this error at f. 47r. Sir Richard Morgan (d. 1556) was created sergeant 1546 and chief justice of Common Pleas 1553, knighted 1553 (see *D.N.B.*).

[29] Drury (d. 1557) on 1 November 1553 was granted 100 marks per annum for life in consideration of his services at Framlingham (*C.P.R., P. and M.*, i. 243). He was sheriff of Norf. and Suff. 1536-7 and 1544-5, and J.P. for Suffolk 1524-36, 1545?-57.

[30] This is an error for Clement Higham of Barrow (Suff.), died 1571, Speaker of the parliament of Nov. 1554 and one of Mary's privy councillors, becoming chief baron of the exchequer in 1558 before his eclipse on Elizabeth's accession; already by 12 July 1553 his name was among those reported to the privy council as having joined Mary at Kenninghall (*Q. Jane and Q. Mary*, 5). On 5 Mar. 1555 he was granted the manor of Nedging (Suff.) partly in consideration of his service to Mary at Framlingham (*C.P.R., P. and M.*, ii. 50). He was J.P. in Suff. 1527-58, 1559-71, in Essex 1558, and *custos rotulorum* in Suff. 1559-71. His arrival with Drury must have been in response to Mary's appeal for help to the leading gentlemen of the Liberty of St Edmund dated 8 July 1553 (B.L., Lansdowne MS 1236, f.29).

[31] Colby's son Francis had married Lord Wentworth's daughter (*The Chorography of Suffolk*, ed. D. N. J. MacCulloch (Suff. Records Soc., xix, 1976), 101).

[32] On 4 Jan. 1554, Cornwallis received a pardon for all offences committed by him as sheriff against Mary and Edward VI in consideration of his service in Mary's *coup* (*C.P.R., P. and M.*, i. 318). On Cornwallis, see P. McGrath and J. Rowe, 'The recusancy of Sir Thomas Cornwallis', *P.S.I.A.*, xxviii (1960), 226-71.

[33] Thomas Steynings of Earl Soham, steward of the Howard estates before his marriage to the widowed countess.

[34] Without exception these were east Suff. men; Hare lived less than three miles from Framlingham at Bruisyard.

[35] The earl of Bath's normal residence was at Hengrave, just outside Bury St Edmunds, and near Mary's route to Thetford from Hunsdon.

[36] Probably Robert Rookwood of Stanningfield near Bury (Suff.) who on 10 May 1554, already the queen's servant, was granted the keeperships of Hundon Parks (Suff.) in consideration of his service (*C.P.R., P. and M.*, i. 305); he was Sir William Drury's

son-in-law (Metcalfe, 100). His distant cousin Nicholas Rookwood of Euston, Lady Burgh's son, was also the representative of a conservative family, but was probably usually resident at Lincoln's Inn (PCC 39 Wrastley).

[37] Wingfield seems confused here; although John Tyrrell of Columbine Hall, Stowmarket, witnessed the will of Lord Wentworth's father in 1544 (PCC 35 Bucke), there is no evidence that Tyrrell and Wentworth were particularly closely related in blood. However, the Glemhams were very closely linked with the Wentworths (cf. Metcalfe, 34). John Tyrrell's cousin James had witnessed the will of Lord Wentworth's grandfather Sir Richard Wentworth in 1528 (PCC 40 Porch) and James's son Thomas was Wentworth's servant in the 1550's (will of Sir Thomas Tyrrell of Gipping, PCC 23 Bucke).

[38] 14 July.

[39] Williams, uniquely for a Welshman and an innkeeper, managed to break the monopoly of leading merchants and county gentry on the Ipswich parliamentary seats by being elected burgess in the 1558 parliament, presumably on the strength of his part in Mary's *coup*. 'Hominis Galli' is rather ambiguous, but in view of his surname, Williams is more likely to have Welsh than French. When signing an information against Ipswich Protestants in 1556, he was described as 'Williams, alias Footman' (Foxe, viii. 598). Given this *alias*, and the fact that two Ipswich men, Thomas, Lord Wentworth, and Edward Grimston, served at Calais, there is still a chance that Williams was 'Philippe Guillaume' and an ex-soldier from the English garrison in France.

[40] Richard Broke of London, esquire, *alias* 'late capitayn of the Rowe Gally', *alias* Richard Brook, gentleman, was registered on the pardon roll for 1 Mary on 26 Oct. 1553 (*C.P.R., P. and M.*, i. 451). A report preserved at Simancas makes Broke a knight of Rhodes (*C.S.P. Span.*, xi. 107); he is also described as 'Richard Broke, knight' when taking his formal oath of loyalty to Mary, along with various other crew members from the naval squadron, at Framlingham on 17 July 1553 (*A.P.C.*, iv. 32).

[41] Wentworth's clientage recorded here consists entirely of gentlemen from south-east Suff., fairly evenly divided between religious conservatives and Protestant sympathisers. John Jennings of Dennington, whose father had been a gentleman of Calais, had married John Colby's daughter (Metcalfe, 17, 46 and cf. *A.P.C.*, iv. 300).

[42] Wright had started his career of 'service' under Cromwell (*L.P.*, xii (2), no. 828) and by 1554 he was a royal surgeon (*History of Parliament: House of Commons 1558-1603*, ed. P. W. Hasler (1981) iii. 656). He was escheator of Norf. and Suff. in 1553-4 and again in 1560; on 31 Oct. 1553 he was granted £40 p.a. for his service in the rebellion at Framlingham, later exchanging it for Yorks. lands (*C.P.R., P. and M.*, ii. 133).

[43] The clerk has copied a hiatus in the text here; clearly another name was intended as well. Was Elizabeth's name originally here, and dropped when Wyatt modified his favourable opinion of her after the revelations following Wyatt's rebellion?

[44] Wingfield is the only commentator to give the name of the Bridges brothers in association with this rising.

[45] This flatly contradicts the statement of *Q. Jane and Q. Mary*, 5, where Jane is said to have begged Suffolk not to go.

[46] Different commentators give different dates for Northumberland's departure from London: *Wriothesley's Chron.*, ii. 87, and *Q. Jane and Q. Mary*, 3-8, make it 13 July, but *Machyn's Diary*, 36, gives 14 July. 13 July seems to be the correct date, also being indicated by the imperial ambassadors' despatch to the emperor (*C.S.P. Span.*, xi. 83-8). See also R. C. Braddock, 'The character and composition of the duke of Northumberland's army', *Albion*, vi (1974), 342-55.

[47] Tusser, a religious conservative, was M.P. for Mitcham in Apr. 1554 and for Camelford in Nov. 1554, probably on the recommendation of Sir Edward Waldegrave, Wingfield's dedicatee; the inclusion of this story in Wingfield's narrative is an interesting reflection of the relationship. Tusser had been involved in a long-running and violent

dispute with Sir Henry Gate's brother John during the 1540s, and this memory no doubt gave extra pleasure to him in his miniature *coup* and his imprisonment of Sir Henry at Hedingham (*History of Parliament, House of Commons, 1509–58*, ed. S. T. Bindoff (1982), iii. 493). Tusser was granted lands in Tollesbury (Essex) in consideration of his service, on 5 Mar. 1558 (*C.P.R., P. and M.*, iv. 296); he is mentioned as one of the coroners in Essex on 12 May 1558 (*ibid.*, 324) and remained a coroner until 1566 (*Cal. of Assize Records. Essex Indictments, Elizabeth I*, ed. J. S. Cockburn (1978), 39).

⁴⁸ Robert Stafford of Upton (Northants), knight, appeared on the Pardon Roll on 5 Oct. 1553 (*C.P.R., P. and M.*, i. 414); he subsequently fled abroad with his brother William (Garrett, 293). Henry Gate was condemned to death for treason but pardoned on 21 Nov. 1553 (*C.P.R., P. and M.*, i. 55). Sir Thomas Golding, of Belchamp St Paul (Essex) *alias* of London, appeared on the Pardon Roll on 11 Apr. 1554 (*ibid.*, 415), Thomas Almot of Newton next Sudbury (Suff.), gentleman, on 3 Nov. 1553 (*ibid.*, 411) and John Turner, late of Chappel, Earl's Colne or Castle Hedingham (all Essex) on 11 Oct. 1553 (*ibid.*, 444). Tey, Almot, Henry Golding and Turner, as servants of the earl of Oxford, were ordered by the privy council on 15 Aug. 1553 to depart to their own homes in Essex and Suff. 'and there to lyve in suche ordre of obedience to the quenes Highnes and her lawes, and to allure others to the same, as wherby they maye herafter redubbe their faults bipaste', being bound for their appearance (*A.P.C.*, iv. 320); on 17 Aug. an order was made for the restoration of any of Almot's goods which had been taken from him by the inhabitants of Suff. and Essex since 18 July 1553 (*ibid.*, 320–1), so this latter is the likely date of the dramatic scene described by Wingfield. Wingfield would have particularly relished the story of Almot's discomfiture; in 1547 he had brought a Chancery suit against Almot in which he sourly asserted that Almot had 'all the rule and governaunce under the seid Erle' (P.R.O., C 1/1186/68). Oxford was not a strong personality.

⁴⁹ The references to the bear and the horse are to the badges of the earls of Arundel and Warwick respectively. *Q. Jane and Q. Mary*, 7, by contrast to Wingfield, goes out of its way to emphasize that Arundel regretted not setting out with Northumberland's expeditionary force against Mary, although the same source is carefully neutral in its description of Northumberland's arrest by Arundel (*ibid.*, 10).

⁵⁰ This account of Northumberland's arrest is similar to, but more elaborate than, that given in *Q. Jane and Q. Mary*, 10–11.

⁵¹ Presumably Gilbert Pot or Potter, whose punishment is recorded in *Machyn's Diary*, 35–6 and *Wriothesley's Chron.*, ii. 86, and who achieved sufficient celebrity to become the subject of a printed broadsheet, printed in *Q. Jane and Q. Mary*, 115–21.

⁵² Wingfield House in Tacket Street was sold by Robert's great-grandson Thomas in 1619 and thereafter was pulled down stage by stage ending in 1878 (*P.S.I.A.*, vii (1889), 68). Some splendid panelling from the house is preserved in Christchurch Mansion, the Borough Museum.

⁵³ Despite her later reputation as a stout Protestant, Anne Bacon was still one of the gentlewomen of the privy chamber on 8 Mar. 1555, when in consideration of her service, she and her husband were granted rents and lands formerly held of the honour of Tutbury by the dukes, duchesses, earls and countesses of Richmond (*C.P.R., P. and M.*, ii. 11).

⁵⁴ Wingfield had two brothers-in-law from the Colchester families of Beriff and Gilbert (Metcalfe, 176), which may explain his acquaintance with Muriel Christmas.

⁵⁵ Or New Hall, in Boreham (Essex).

⁵⁶ Ingatestone Hall (Essex).

⁵⁷ This incident of 13 Aug. 1553 was widely noticed by contemporary commentators, for it was the first major sign that the queen's 'honeymoon' with her subjects was at an end: cf. *Wriothesley's Chron.*, ii. 97, *Greyfriars Chron.*, 83, *Machyn's Diary*, 41, *C.S.P.Span.*, xi. 169, Foxe, vi. 391–2. The preacher was Gilbert Bourne, prebendary of St Paul's.

Wingfield's summary of the sermon concentrates on different aspects from all the others, and he is the only commentator to assert that a Protestant minister hurled the dagger at Bourne; neither does he mention that the well-known Protestant preacher John Bradford did his best to quieten the crowd.

[58] Cf. *A.P.C.*, iv. 317–21, for references to the tumult. It is not clear to whom Wingfield is referring when he says that the perpetrator of the attack on Bourne was arrested and imprisoned. *A.P.C.* does not specifically record any such arrest. Although the privy council did order the arrest of 'v or vj of thauthors (as nigh as they can)' (*ibid.*, 318), the three men named as arrested, William Rutter, Humphrey Pallden and John Waverley, were merely accused in the first instances of 'sediciouse words', and in the latter instance, of 'sediciouse behaviour' (*ibid.*, 320, 321). Of these three, Waverley is most likely to be the man to whom Wingfield refers.

[59] This is a decidedly biased interpretation of what happened on 13 Nov. 1553: cf. D. M. Loades, *The Oxford Martyrs* (1970), 119–20.

[60] Sir Gilbert Dethick (1519?–84) Garter King of Arms: see *D.N.B.*

[61] This sentence seems hopelessly confused. Wingfield is referring not to Henry but to Thomas Howard (1536–72), the future fourth Howard duke of Norfolk, son of Henry, earl of Surrey and grandson to the third duke; Thomas was dubbed knight of the Bath on 29 Sept. It was Henry, earl of Surrey, not this Thomas his son, who had died while still heir apparent to the third duke, when Henry VIII executed him for treason in 1546. There is more than a copyist's error involved here.

[62] In this list 'William Paget' should read 'William Paulet' and 'Henry Paulet' 'Henry Paget'. Although 'Henry Fines' has been twice corrected to 'Henry Clinton' in the text, the correct surname is Fiennes.

[63] Wingfield is here referring in a rather oblique fashion to the disputation of convocation 'appointed by the queen's commandment' (Foxe, vi. 395) at St Paul's on 18 Oct. 1553, so one-sidedly described by the Protestant Archdeacon Philpot; it was adjourned after six days (Foxe, vi. 395f., and cf. Loades, *Mary Tudor*, 156. I am grateful to Prof. Loades for drawing my attention to Foxe's account.)

[64] An error for John Pollard (d. 1557), Speaker of the Commons, 1553–5, knighted 1553.

[65] This account of the queen's speech of 16 Nov. differs markedly from the fullest account of it, which Renard sent to the emperor after hearing a summary from the queen herself (*C.S.P.Span.* xi. 363). Most notable differences are the generally less hectoring tone of Wingfield's version, the omission of the queen's assertion that she was disinclined to marry and of the declaration that an uncongenial husband would kill her within three months, with the addition of a statement of the necessity of defence from foreign invasion. This reads like the summary which might have been given Wingfield by a loyalist Catholic M.P. within the deputation, which he subsequently made still more bland. However, Wingfield does record that some of the deputation answered back, a fact that the queen omitted to tell Renard.

[66] A misquotation from the Eclogues, vii. 26: 'invidia rumpantur ut ilia Codro'.

[67] Ovid, *Heroides, Helene Paridi*, 192.

[68] An error for Alexander.

[69] In fact the duke and William Howard were half-brothers: William was the eldest son of the second duke's second wife.

[70] 1 Feb.

[71] The celebrated inn, the Bell Savage (cf. *Q. Jane and Q. Mary*, 50).

[72] The original noun has slipped out of the text here.

[73] The original text ended here, and the rest of the text, although in the same copyist's hand in this MS, is an addition by Wingfield.

[74] 23 Mar. 1554.

[75] On 19 Oct. 1553 Waldegrave, in consideration of his service, was granted the offices

of bailiff, steward and keeper of the manor, house and park of Havering-atte-Bower, steward of other Essex manors and keeper of Pirgoe house and park (*C.P.R., P. and M.,* i. 392).

[76] Harper was esquire of the Body by 1533 (*History of Parliament; House of Commons 1509–58,* ed. S. T. Bindoff (1982), ii. 303). For his role as a double agent in the Wyatt affair, see D.M. Loades, *Two Tudor Conspiracies* (Cambridge, 1965), 60–1.

[77] A list of the recipients of 'gold chains and gifts' dated 15 Mar. 1554 may be found in *C.S.P.Span.,* xii. 158–9.

[78] Sir Richard Shelley (1513?–89?), who had in fact been sent by Jane's council as an ambassador to the emperor: see *C.S.P.Span.,* xi. 88, 91, 99, and his entry in *D.N.B.*

[79] 8 Apr. 1554: see *Wriothesley's Chron.,* ii. 114, *Greyfriars Chron.,* 88 and Foxe, vi. 548.

[80] The incident took place on 13 Mar. 1554: cf. *Machyn's Diary,* 60, *C.S.P.Span.,* xii. 155.

[81] Elizabeth Croft, the girl concerned, was not produced for penance until 15 July (*Wriothesley's Chron.,* ii. 117, *Q. Jane and Q. Mary,* 78).

[82] Wingfield's account in this paragraph lacks clarity, and he is apparently colouring the facts either in the interests of tact or as a result of official propaganda. The fleet which he is referring to is that commanded by Lord William Howard; it set out in Apr. to meet Philip and escort him to England, while Bedford's separate mission to Spain had left before Easter. Howard's delay 'in a Kentish estuary' may indeed have been thanks to unfavourable winds; however, his delays at Portsmouth were caused not so much by inefficiency in victualling but by Philip's long delay in setting out from Spain. Cf. Loades, *Mary Tudor,* 134, 137–9.

[83] Thomas is mentioned as being involved in Browne's finances in 1545 (*A.P.C.,* i. 176). However, no other commentator bothered to mention the connection with Browne, all preferring the more obvious reference to his time as a clerk of the privy council. Why did Wingfield bring it in? Did it reflect some personal animosity or acquaintance of his own or of Waldegrave where Browne was concerned, or had Browne's son been one of the young gentlemen in Sir Humphrey Wingfield's household?

[84] A marsh which the inhabitants of Camerina drained contrary to the advice of an oracle, thus opening the way for their town to be captured by the Romans.

[85] 11 Apr. 1554.

[86] William Howard was the half-brother of the third duke of Norfolk; the others all represented families new to the peerage. The chronology of these creations is confused, but is clarified as far as possible by *The Complete Peerage,* ed. V. Gibbs, ix. 650. The Parliament Pawn lists North, Williams and Howard as summoned to parliament by writ on 17 Feb. 1554, but this is probably an entry made subsequent to that date; Howard was created Lord Howard of Effingham by patent on 11 Mar. North was summoned to Parliament by writ on 2 Apr. 1554; his creation by patent, like that of Williams, seems to have been lost, but according to Sir William Dugdale, *Baronage of England* (1675–6) ii. 393, William's patent of creation was of 5 Apr. 1554. Bridges was created Lord Chandos by patent on 8 Apr. 1554.

[87] The wives of Robert Whetstone and Emmanuel Lucar were allowed access to them in the Tower by the council on 29 Apr. 1554 (*A.P.C.,* v. 16).

[88] Thomas Babington (cf. *C.P.R., P. and M.,* i. 348).

[89] The missing surname must be Stafford; William and Robert Stafford of Blatherwick were both Marian exiles (see Garrett, 293) and were uncles by marriage of Princess Elizabeth; in addition, William had increased his proximity to the royal line by marrying the granddaughter of the last duke of Buckingham in 1545. Why was this left blank? Wingfield had no inhibitions about mentioning Robert Stafford in connection with the affair at Castle Hedingham.

[90] This is a curious list. Cheke and Cooke arrived at Strasbourg on 14 Apr. 1554, having obtained a royal licence to go abroad (Garrett, 115, 124), but Cecil's two known

Continental trips were for perfectly honourable reasons in Wingfield's terms: first he formed part of the delegation which went to receive Cardinal Pole and which did not leave England until 6 Nov. 1554, and secondly he participated in peace negotiations between the emperor and the king of France (Conyers Read, *Mr. Secretary Cecil and Queen Elizabeth* (1955), 103–6). Unless Cecil did indeed pay a visit abroad in spring or early summer or was rumoured to have done so, this sentence looks like a late and hasty interpolation into the text.

[91] An error for Sir Robert Brooke or Broke (d. 1558), Speaker of the Commons 1554, chief justice of Common Pleas 1554–8, knighted 1555.

[92] Hales did not kill himself until 4 Aug. 1554: cf. Foxe's account of his end, Foxe, vi. 394–5, 710–16.

[93] An error for Richard (cf. n. 28 above).

IV

THE COUNT OF FERIA'S DISPATCH TO PHILIP II OF 14 NOVEMBER 1558

edited and translated by

M. J. RODRÍGUEZ-SALGADO

and

SIMON ADAMS

CONTENTS

INTRODUCTION

I *The document*

Only one version of the count of Feria's dispatch to Philip II of 14 November 1558 can presently be traced: a copy in the hand of one of Feria's secretaries endorsed 'copia de la carta que se scrivio a su Magestad a xiiij° de Noviembre 1558' which was once among the correspondence files of Feria's embassy to London in 1558-9. These files now form legajos 811 and 812 of the Sección de Estado in the Archivo General at Simancas. The dispatch itself was probably among the documents lost through shipwreck during Philip II's return to Spain in September 1559.[1] The archive of the house of Feria disappeared in 1808, although some fragments of it survive in the archive of the dukes of Medinaceli in Seville.[2] In 1832 Don Tomás González (the first post-Restoration archivist at Simancas, who reorganized the Estado series) published a summary of the document, together with a long extract from Feria's account of his interview with the future Elizabeth I, in the *Apuntamientos para la Historia del Rey Don Felipe Segundo de España por lo tocante a sus relaciones con la Reina Isabel de Inglaterra desde el año 1558 hasta el de 1576.*[3] Prior to the publication of this collection, research in Simancas had been practically impossible; only with great effort and the assistance of González did John Lingard manage to have some extracts from the douments transcribed during the 1820s.[4] The *Apuntamientos* made a considerable impression, therefore, upon contemporary students of the reign of Elizabeth I—an English translation was published in 1865—and the interview with Feria attracted particular attention.[5]

[1] See F. Braudel, *La Méditerranée et le Monde Méditerranéen a l'Époque de Philippe II*, (2nd ed., Paris, 1966), ii. 268, n. 1, and L.P. Gachard, *La Retraite et Mort de Charles-Quint au Monastère de Yuste*, (Commission Royale d'Histoire, xiv; Brussels, 1855), ii, p. lvii. Further accounts of the loss of the archives can be found in A.G.S., E. 813, ff.23-4, 37.

[2] Fernández Alvarez, *Tres Embajadores*, 16. There exists in the Medinaceli archive a series of holograph private letters from Philip II to Feria during the winter of 1558-9. Thanks to the kindness of Dr P.D. Lagomarsino of Dartmouth College, we have been able to examine photocopies of these letters, but cannot cite them, in view of the imminent publication of the collection by the duke of Medinaceli's archivist. This correspondence does not, however, contradict or qualify anything we have said here.

[3] Published as volume vii of the *Memorias de la Real Academia de Historia de Madrid* (Madrid, 1832), see pp. 5-9. The long extract is indicated by asterisks in our text.

[4] E. Jones, 'John Lingard and the Simancas archives', *Hist. Journ.* x (1967), esp. 61-75.

[5] *Documents from Simanacas relating to the reign of Elizabeth*, ed. Spencer Hall (1865), 38-42. The account of the interview published in the *Apuntamientos* is referred to in, for example, P.F. Tytler, *England under the Reigns of Edward VI and Mary* (1839), ii. 496-9, L. von Ranke, *A History of England principally in the Seventeenth Century* (Oxford, 1875), i. 224, and J. Lingard, *The History of England* (6th ed., 1854), v. 258-9.

Simancas was opened to researchers in 1844, but the dispatch of 14 November 1558 could not thereafter be found. J.A. Froude, who worked there in 1861, 1864 and 1867, continued to employ the version published in the *Apuntamientos* together with the translation made by P.F. Tytler.[1] Nor did the publication of extensive collections of documents from Simancas in the later nineteenth century resolve the mystery. Baron Kervyn de Lettenhove noted the document's disappearance and reprinted the extract in the *Apuntamientos*, but the Spanish edition of the dispatches between Philip II and his ambassadors in England deposited at Simancas contains no reference to the document at all.[2] The English version of this latter collection, the *Calendar of Letters and State Papers relating to English Affairs preserved principally in the Archives of Simancas*, prints a translation of the summary from the *Apuntamientos* in the introduction to the volume covering the years 1558 to 1567, but no reference to the document can be found in the volume dealing with the later years of Mary's reign.[3] In the present century, a legend, which can be traced back to Lingard, has circulated that the *Apuntamientos* had been printed from a collection of transcriptions González had compiled of documents lost in the Napoleonic Wars.[4] As a result, in more recent accounts of the accession of Elizabeth I some confusion has resulted over the authenticity of the various versions of her interview with Feria and in some cases the interview has been omitted altogether.[5]

[1] *History of England* (1893), vi. 93–4, 117–18.

[2] *Rel. Pol.*, i. 255. Kervyn de Lettenhove printed in *Rel. Pol.* only documents from Simancas (together with those from London, Brussels and Vienna) that he considered relevant to his immediate subject. Volume i of the *Correspondencia de Felipe II con sus Embajadores en la Corte de Inglaterra, 1558 á 1584* (Codoin, lxxxvii; Madrid, 1886) deals with the embassies of Feria and the bishop of Aquila but prints only correspondence between the king and the ambassadors.

[3] See *1558–67* (1892), xii–xiii; another version is printed in *C.S.P.F.*, ii, pp. xii–xvii. *C.S.P.Span. 1558–67* is basically a translation of Codoin, supplemented by the transcripts Froude compiled during his research at Simancas and deposited in the British Library (B.L., Add. MS 26056, vols. A–C), see p. iv. The editor, M.A.S. Hume, notes elsewhere his failure to locate Feria's dispatch at Simancas; *Two English Queens, Mary and Elizabeth, and Philip* (1908), 178–9. *C.S.P.Span* xiii, *1554–8*, ed. Royall Tyler (1954), contains summaries of documents drawn from a much wider range of archives, but see below, p. 305 n. 1.

[4] E. Jones, in *Hist. Journ.*, x (1967), 72, and C. Read, *Bibliography of British History: Tudor Period, 1485–1603* (2nd. ed., Oxford, 1959), 73, note on the *Apuntamientos*.

[5] Conyers Read noted discrepancies between the versions printed by González, Tytler, Froude and Kervyn de Lettenhove, but believed Kervyn de Lettenhove to have transcribed from the original, see *Mr. Secretary Cecil and Queen Elizabeth* (1955), 118–19, nn. 2–3. F.G. Emmison, *Tudor Secretary, Sir William Petre at Court and Home* (1961), 226, n.1, observed discrepancies between Tytler and Froude. Sir John Neale, 'The accession of Queen Elizabeth', *Essays in Elizabethan History* (1958), 46–7, employed *Rel. Pol.*, while W.S. Hudson, *The Cambridge Connection and the Elizabethan Settlement of 1559* (Durham, N.C., 1980), 12, used Froude and Tytler. On the other hand, no account of the

The document, of which a full text and translation is provided here, is presently at Simancas: Sección de Estado, legajo 8340, f. 92. Between 1844 and 1941 it was catalogued as ff. 382-9 of volume 232 in the series Mémoires et Documents, Fonds Divers, Espagne, in the Archives du Ministère des Affaires Étrangères at the quai d'Orsay, a collection whose existence has generally been overlooked. In 1810 the greater part of the Estado series at Simancas was removed to Paris by General Kellermann on the instructions of the Imperial government. Most of the documents were returned in 1816, but a substantial section dealing with Franco-Spanish relations (the series K) was retained, despite repeated Spanish protests, in the future Archives Nationales. In 1840 the Spanish scholar Melchor Tirán received a commission from the French Foreign Ministry to supplement this collection with transcriptions of further documents from Simancas and other Spanish repositories. Since most of the Simancas archive dealing with France was already in Paris, Tirán, when he worked there in 1844, explored whatever legajos he found interesting, particularly those concerning Anglo-Spanish relations. Together with his transcriptions he also obtained (possibly through bribery) a number of originals, including the dispatch of 14 November 1558, and the whole collection was then deposited at the quai d'Orsay. The existence of a second collection of Simancas documents in Paris caused no little confusion. Froude, who had met Tirán and knew of his work, was firmly informed by the French authorities that they only possessed the documents in the Archives Nationales.[1] Although the document is referred to in the published inventory of the archives of the quai d'Orsay, it was not until 1932 that the Simancas archivist Don Julián Paz compiled a full catalogue of Tirán's collection and provided an account of its provenance.[2] In 1941, following an agreement between the Spanish and German governments, both collections in Paris were returned to Simancas, where they were restored to the Estado series at the end of 1942. No attempt was made to reintegrate the documents into their original legajos; rather the series K from the Archives Nationales forms section K of the Negociación de Francia, while five cartons of original

---

interview can be found in W.T. MacCaffrey, *The Shaping of the Elizabethan Regime* (Princeton, 1968), Loades, *Mary Tudor* (1979), or N.L. Jones, *Faith by Statute: Parliament and the Settlement of Religion, 1559* (Royal Hist. Soc., Studies in History, xxxii, 1982).

[1] W.H. Dunn, *James Anthony Froude (1818-1894)*, ii (Oxford, 1963). 291-3. Royall Tyler employed documents from the series K in *C.S.P.Span.*, xiii, but did not explore the archives of the quai d'Orsay.

[2] *Inventaire sommaire des Archives du Département des Affaires Étrangères: Mémoires et Documents, Fonds Divers* Paris, 1892), see p. 174. J. Paz, *Catálogo de Documentos Españoles existentes en el Archivo del Minnisterio de Negocios Extranjeros de Paris*, (Madrid, 1932), see p. 97; pp. x-xi provide an account of Tirán's activities.

documents from Tirán's collection were added as the final legajos of the Estado series (8339–43). They are described, somewhat unhelpfully, in the *Guía del Investigador* simply as 'varios'.[1] Tirán's transcriptions remain at the quai d'Orsay; while photographs of the returned originals have been bound in their place, they are too blurred to be read easily.

II *The mission of the count of Feria*

Gómez Suárez de Figueroa (1520?–71), 5th count and (after 1567) first duke of Feria, was in 1558 captain of the Spanish guard and one of Philip II's leading councillors. Philip himself described him in a letter to Elizabeth as 'uno de mis más íntimos y más accetos criados'.[2] Although not regarded as particularly gifted or experienced in matters of state, he was a popular figure at court—the Venetian ambassadors in particular liked him—and was considered second only in influence to Ruy Gómez de Silva. His personal standing arose in part from his liberality (which resulted in chronic indebtedness), but also from his lack of political ambition (he remained a close friend and ally of Ruy Gómez) and his outspoken honesty and loyalty to the king.[3] Something of the tone of his relationship to Philip can be gauged from the blunt and indiscreet comments that enliven this and his other dispatches.

Feria accompanied Philip II to England in 1554 and remained there until the king departed for the Netherlands in August 1555. In England he met and became betrothed to Jane Dormer, one of the gentlewomen of Queen Mary's privy chamber; their marriage, which was opposed by both their families, was finally celebrated on 29 December 1558.[4] Feria was probably unique among his Spanish contemporaries for liking English women and enjoying his association with the English court. This relative anglophilia led him to claim a special affinity to the English nobility—perhaps over confidently, as Michiel

---

[1] A. de La Plaza Bores, *Archivo General de Simancas: Guía del Investigador* (2nd ed., revised by Ascensión de La Plaza Santiago, Madrid, 1980), 105, 107, 111. The cartons still carry customs clearance labels issued by the Militärbefehlshaber in Frankreich, dated 16 Oct. 1941.

[2] Bodleian Library, MS Ashmole 1729, f. 122, Philip to Elizabeth, 27 Jan. 1559 (this is the holograph original; A.G.S., E. 812, f. 19, printed in *Rel. Pol.*, i. 409 is a copy). The best account of Feria's career to 1560 is found in Fernández Alvarez, *Tres Embajadores*, 16–54.

[3] F. Albèri, *Le Relazioni degli Ambasciatori Veneti al Senato durante il secolo decimosesto*, 1st ser., iii (Florence, 1853), 243–4, v (1861), 69.

[4] The duchess of Feria's later household servant Henry Clifford compiled a posthumous memoir: *The Life of Jane Dormer, Duchess of Feria* (ed. J. S[tevenson], 1887). A modern account of her life in Spain can be found in A.J. Loomie, *The Spanish Elizabethans: The English Exiles at the Court of Philip II* (New York, 1963), 94–128. For the opposition to the marriage see Clifford, *Life*, 103 and Fernández Alvarez, *Tres Embajadores*, 258, n. 10.

Surian (the Venetian ambassador with Philip in 1558) reported, an observation the dispatch bears out. But it probably also accounts for his appointment as Philip's representative in England at the end of 1557.[1] The original purpose of his mission was to co-ordinate the defence of Calais, but although the fall of the fortress preceded his arrival, he remained in England until mid-July 1558 to assist in the planning of a joint campaign for the summer. Before his departure he visited Princess Elizabeth, with Philip's approval, but no record of their conversation—to which he makes several references in this dispatch—survives.[2]

Don Alonso de Córdoba replaced Feria in London in July 1558, with instructions to continue military co-ordination and to resolve the question of a declaration of war by the Netherlands against Scotland.[3] In this latter negotiation he was joined in September 1558 by the Brabantine councillor Christophe d'Assonleville.[4] By October, however, Mary's health was declining rapidly and Córdoba, none too well himself and considering that he and Assonleville were not senior enough to deal with such a crisis, requested that Feria be returned.[5] Philip had intended to visit England that autumn, but the need to arrange the obsequies of Charles V (who died on 21 September 1558), the opening of the peace negotiations with France at Cercamp on 8 October, and the refusal of the duke of Savoy to act as regent in the Netherlands in his absence made his departure impossible.[6] On 22 October he informed both Córdoba and the English government that Feria would be sent instead.[7] After a brief delay, caused by news that

[1] *C.S.P.Ven.*, *1557-8*, 1544, dispatch of 12 Nov. 1558.

[2] The interview occurred at some point between 6 June 1558, when Feria reported that he would be visiting Elizabeth 'on Friday', and the 23rd when he reported that their discussions had been a great success and that he would inform Philip about them personally. Codoin, lxxxvii. 61, 68 (*C.S.P.Span.* xiii. 395, 400); see also Codoin, lxxxvii. 54 (*C.S.P.Span.*, xiii. 387, *Rel. Pol.*, i. 193) Feria to Philip, 18 May 1558 and answer, 27 May, *C.S.P.Span.*, xiii. 390 (*Rel. Pol.*, i. 198).

[3] Few of Córdoba's dispatches have survived, but the circumstances of his mission are described in Codoin, lxxxvii. 63, 74 and *C.S.P.Span.*, xiii. 391-2, 401. In his instructions for Assonleville of 8 Aug. 1558 (*Rel. Pol.*, i. 234), Philip described Córdoba as 'nôtre agent ordinaire'.

[4] (1528-1607), seigneur de Hauteville, doctor of law and son-in-law of the chancellor of Brabant. Entered the Netherlands conseil privé in 1555 as a follower of the bishop of Arras, see the biography in the *Nationaal Biographisch Woordenboek* (Brussels, 1966), ii. 370-1. For his mission see Codoin, lxxxvii. 57-8, 75-6, *C.S.P.Span.*, xiii. 391-2, *Rel. Pol.*, i. 234.

[5] Córdoba's letter has not survived, but see Philip's answer of 22 Oct., A.G.S., E. 811, f.2.

[6] A.G.S., Patronato Real 26, f.116, instructions for the archbishop of Toledo, 5 June 1558, and *Rel. Pol.*, i. 256 (*C.S.P.Span.*, xiii. 417), Philip to Cardinal Pole, 22 Oct. 1558.

[7] Letters were sent to Córdoba, the English privy council, Cardinal Pole and Mary's physicians: A.G.S., E. 811, ff.2, 86-88 (*Rel. Pol.*, i. 255-6, *C.S.P.Span.*, xiii. 416-17).

Mary had recovered, Feria left the king at Arras on or about 5 November, reached Dover on the 7th or 8th and arrived in London on the 9th. Apart from a brief letter from Dover, which has not survived, the dispatch of 14 November was his first report on the situation in England.[1]

The purpose and status of his mission was not unambiguous. He arrived in England as a senior councillor of the king-consort and expected to be treated as such. His original instructions—which he mentions showing to Elizabeth—have not survived, but Surian understood from conversations with Philip's councillors that the purpose of the mission was to ensure that if Mary died Elizabeth should succeed to the throne under the most favourable conditions. He further deduced—from the fact that Feria was accompanied by his household—that the count intended to remain in England for some time.[2] On the eve of Feria's departure, Philip's commissioners at Cercamp advised that he be briefed on the state of the negotiations there and that he inform Queen Mary and her council of their recommendations regarding the restoration of Calais.[3] His position would, however, lapse on Mary's death, as he was soon made aware, and Sir William Cecil complained in December 1558 at Philip's failure to send a new ambassador or new credentials on Elizabeth's accession. Philip decided that Feria was the best man to handle the difficult question of Elizabeth's possible marriage and to moderate the change in religion and simply sent Elizabeth a personal letter requesting that she deal with the count as she would with himself.[4] Feria remained in England until May 1559, although in December 1558 he was joined, at his own request, by Alvaro de la Quadra, bishop of Aquila.[5]

[1] *C.S.P.Ven.*, *1557-8*, 1537, Surian's dispatch of 29 Oct. The English commissioners at Cercamp reported his impending departure on 4 Nov., P.R.O., SP 69/13/239. Philip answered the Dover letter on 15 Nov., Codoin, lxxxvii. 80, *Rel. Pol.*, i. 286, *C.S.P.Span.*, xiii. 439. The certificate of dispatch for the letter of 14 Nov. survives: the courier, Juan Gallego, left London at 2 in the afternoon of the 14th and reached Brussels, having been delayed by bad weather at Dover, at 4 in the afternoon of the 18th. See A.G.S., E. 811, f.137, and Philip's answer of 25 Nov., E. 8340, f.92*bis*. Feria did not write again until 21 Nov., a dispatch which was delayed considerably by the sealing of the ports following Elizabeth's accession.

[2] *C.S.P.Ven.*, *1557-8*, 1537.

[3] Weiss, *Papiers d'État*, v. 306, commissioners to the king, 25 Oct. 1558. The commissioners were the duke of Alba, the bishop of Arras (cardinal of Granvelle in February 1561), Ruy Gómez de Silva and the prince of Orange.

[4] *C.S.P.F.*, i. 82-3, Dr Nicholas Wotton to Cecil, 9 Jan. 1559 (Cecil's letter of 31 Dec. to which this is an answer, does not survive). A.G.S., E. 812, f.6 (referred to in *Rel. Pol.*, i. 398) is a copy of the letter of 10 Jan. Further letters of credence were sent on 20 Jan. (*C.S.P.F.*, i. 93, A.G.S., E. 812, f. 10) and 27 Jan. (see p. 306 n. 2 above). Arras advised sending a gentleman and letter to Elizabeth immediately. See A.G.S., E. 517, f. 207, Gonzalo Pérez to Don Antonio de Toledo, 23 Dec. 1558.

[5] For the arrival of the bishop of Aquila see below, p. 326 and n. 47. The official

At this crucial juncture in Anglo-Spanish relations Feria's previous associations with the English court were as much a liability as an asset. He possessed neither personal contact with, nor sympathy for, Elizabeth and her followers; his loyalties were all to the former régime. It is noteworthy that the one English political ally he refers to was the secretary of state, John Boxall.[1] Equally strong were his religious sympathies: he was an early supporter of the Society of Jesus and one of its leading figures, Pedro de Ribadeneira, accompanied him to London.[2] Feria was never a detached observer, and he saw his role increasingly as that of protector of the English Catholic community, to whom he was soon connected by marriage.[3] In later years he and his wife became the leading patrons of the English exile community in Spain and he himself was an early advocate of the enterprise of England. On his departure in 1559 he considered remaining in the Netherlands and offered to undertake the governor-generalship there in 1566 and 1571. His influence lay behind the appointment of Don Guerau de Spes as ambassador to England in 1568 and he wholeheartedly supported the Ridolphi Plot in 1571.[4]

III *The dispatch*

The dispatch of 14 November ranges over a number of matters of business. Most can be discussed in the notes—and the interview with

---

reason for Feria's retirement was his inclusion among the hostages nominated by the French for the ratification of the treaty of Cateau-Cambrésis. See *C.S.P.Span.*, *1558–67*, 64–5, *Rel. Pol.*, i. 515–16. For Feria's role as observer of the parliament of 1559, see N. L. Jones, *Faith by Statute* (1982), *passim*.

[1] John Boxall (?–1571), archdeacon of Ely and secretary of state from March 1557. Appointed to the privy council on 23 Sept. 1557; during the same year he received the deaneries of Peterborough, Norwich and Windsor. Imprisoned in June 1560 for refusing the oath of supremacy. In Apr. 1559 Boxall attempted through Feria to persuade Elizabeth to reject the new prayer book, see E. Sandys to M. Parker, 30 Apr. 1559, printed in C. Cross, *The Royal Supremacy in the Elizabethan Church* (1969), 136.

[2] P. de Ribadeneira, *Confessiones, Epistolae, aliaque Scripta Inedita* (Monumenta Historica Societatis Jesu, Madrid, 1920), i. 307–8, Ribadeneira to Catherine de Villalobos, 23 Dec. 1558. Earlier in the year Feria had supported (unsuccessfully) the establishment of a Jesuit mission in England, see *ibid.*, 286–7 (*C.S.P.Span.*, xiii. 370–1), Feria to Ribadeneira, 22 Mar. 1558. For Ribadeneira as a commentator on the English change of religion, see C.G. Bayne, 'Notes on the coronation of Queen Elizabeth', *Engl. Hist. Rev.*, xxiv (1909), 322–3, and N.L. Jones, *Faith by Statue* (1982), 11.

[3] A.G.S., Consejo y Juntas de Hacienda 34, f.477, Feria to Ruy Gómez de Silva, 6 Mar. 1559. *C.S.P.Span. 1558–67*, 63 (Codoin, lxxxvii. 179, *Rel. Pol.*, i. 513) Feria to Philip, 29 Apr. 1559.

[4] The Ferias' future political activities deserve more attention than they have received. For the above see Clifford, *Life*, 129–35, P.R.O., SP 52/11/87v, Madrid, Biblioteca del Palacio Real, MS II-2291, n.f., Feria to Arras, 7 Aug. 1560, and the unpublished dissertations of P.D. Lagomarsino ('Court Factions and the Formation of Spanish Policy towards the Netherlands (1559–1567)' (Cambridge Ph.D. thesis, 1973),

Elizabeth speaks for itself—but four deserve more extended comment: the negotiations over the restoration of Calais, the accession of Elizabeth and the question of her marriage, Feria's interview with William, Lord Paget, and the payment of the English pensioners and household.

During the months following the fall of the fortress in January 1558, the question of the restoration of Calais caused a steady embittering of Anglo-Spanish relations—to Philip's growing concern. The Spanish belief that the fortress had been lost through English incompetence, if not treachery, was countered by the English suspicion that Philip had done less than he could to assist the garrison. Philip sincerely accepted a responsibility to his allies to ensure that lands lost as a result of a war entered into for his sake should be restored, but the persistent refusal of the English privy council to contribute to a military expedition to regain Calais left him with no alternative to diplomacy.[1] Once the peace negotiations opened at Cercamp on 8 October 1558, it soon became clear that the French would not surrender Calais willingly. Philip's initial solution to the impasse was to propose that Calais take the place of a monetary dowry for Elizabeth de Valois, who was to marry his son Don Carlos as part of the treaty; he could then restore it to the English. This scheme had to be abandoned after his commissioners warned him that the request would tacitly acknowledge a French right to dispose of Calais and would thereby prejudice the English claim, especially if the French rejected his proposal.[2] By the time the English delegation took its place at the conference (25 October), a suspicion already existed that Calais would not be returned. As early as 26 September Dr Nicholas Wotton, the English agent with Philip, claimed that the king had only asked for English

---

254, 283) and J.G. Retamal-Fevereau ('Anglo-Spanish Relations 1566-1572: The Mission of Don Guerau de Spes at London' (Oxford D. Phil. thesis, 1972), 38,44,71). See A.G.S., E. 823, f. 150v for Feria's contribution to the debate over the Ridolphi Plot in the consejo de estado on 7 July 1571. Alba, who opposed the enterprise of England and considered Feria a lightweight, was highly critical of his influence, see Madrid, Instituto de Valencia de Don Juan, Envio 67, art. 1 (probably Don Luis de Requesens to Andreas Ponce de Leon, ?Jan. 1574). We are very grateful to Professor Parker for supplying us with the latter two references.

[1] For Philip's views, see *C.S.P.Span.*, xiii. 332-3, 440, to the princess of Portugal, 15 Jan. 1558, 4 Dec. 1558; Codoin, lxxxvii. 102-4 (*Rel. Pol.*, i. 360, *C.S.P.Span.*, *1558-67*, 15), to Feria, 28 Dec. 1558. His belief that he was bound to the English, despite the fact that the loss of Calais was their fault, was also shared by Arras, see his letter to the bishop of Aquila of 25 Nov. 1558, printed in Fernández Alvarez, 'La Paz de Cateau-Cambresis', *Hispania*, xix (1959), 538. For a summary of Spanish views on English treachery, see *ibid.*, 534-5, and Fernández Alvarez, *Tres Embajadores*, 25, 259. For the English reasons for not participating in a campaign to regain Calais, see B.L., Cotton MS Titus B. ii, ff.59-60, statement of privy council, 1 Feb. 1558.

[2] Weiss, *Papiers d'État*, v. 321, 327-8, Philip to commissioners, 26 October, and answer, 27 October.

commissioners to be present when he realized that Calais would not be returned, so that 'if the peace be made without the restitution of Calais, that to the world it may seem the fault not to remain in them but in the queen's commissioners'.[1]

Convinced that Calais should not be surrendered but unwilling to shoulder the responsibility for a decision over its fate, the English commissioners proposed on 29 October to retire from the conference temporarily and suggested to the privy council (and to Philip's commissioners) that the question of whether a peace should be made with or without Calais be referred to the parliament that had recently been recalled. Both the privy council and Philip's commissioners supported the proposal, but Philip opposed their withdrawal from the conference.[2] In the meantime it had become clear that the French were willing to restore Savoy and Corsica and to resolve the other issues in dispute; by 14 November it was agreed that everything had been settled except Calais.[3] On 8 November the privy council informed the commissioners that upon reconsideration they had decided that a form of great council would be better than a parliament, 'since it were not convenient to have the same broken to the whole house, but only to the nobility and some others of the best and gravest sort' and that they had asked for the queen's approval. She, however, wished for Philip's advice before proceeding. After finishing this letter the council received one from the commissioners dated 4th November reporting on an interview with Philip the previous day in which they had learned that the king regarded all the other issues as settled and that a peace without Calais was possible. In the light of this fresh news, the council then added a postscript instructing the commissioners to make it plain to Philip that he was under an obligation to see Calais restored, since they had entered the war 'at the king's request and for his sake'. On receipt of his answer they would in turn 'use the advice of the rest of the nobility and parliament'.[4]

Feria's interview with the privy council on the following day—as

---

[1] *Rel. Pol.*, i. pp. 245–6. Lord Paget was also sceptical about a peaceful restitution of Calais at this point, see P.R.O., SP 69/13/181, to privy council, 26 Sept. The English delegation was composed of Wotton, the earl of Arundel and the bishop of Ely, see also below, notes to the text 14, 20, 22.

[2] See *Rel. Pol.*, i. 260, commissioners to Philip, and P.R.O., SP 69/13/230v, commissioners to council, 29 Oct. *Rel. Pol.*, i. 269, Philip to commissioners, 30 Oct. P.R.O., SP 69/13/239, 245, commissioners to council, and council to commissioners, 4 Nov.

[3] L. Romier, 'Les guerres d'Henri II et le traité de Cateau-Cambrésis (1554–59)', *Mélanges d'Archeologie et d'Histoire, École Française de Rome*, xxx (1910), 46–7.

[4] P.R.O., SP 69/13/239v–240, 249–51. The Venetians understood Philip to have told the English that if they wanted Calais they would have to fight for it, *C.S.P.Ven.*, 1557–8, 1545. On 6 Nov. the council had written to Philip for his advice, *Rel. Pol.*, i. 276. Assonleville also expected parliament to discuss the peace, see Codoin, lxxxvii. 77 (*C.S.P.Span.*, xiii. 437, *Rel. Pol.*, i. 273), to Philip, 6 Nov. 1558.

reported in this dispatch—appears to have confirmed the councillors' fears. It is evident from his account that he had been instructed to offer Philip's support for English peace-making in only a general sense and that he appreciated he was not to be drawn into an unconditional offer of assistance for the recovery of Calais. A warning to this effect had reached him from the bishop of Arras shortly before his departure.[1] Philip subsequently confirmed his determination to give general support to the English and even to break off the negotiations for their sake; but only if England undertook an equal military commitment.[2]

The Cercamp conference was suspended on 1 December, once the news of Queen Mary's death was confirmed, and was not resumed until the beginning of February 1559, having been removed to Cateau-Cambrésis in the meantime. Before the conference broke up, however, the French had indicated that their other concessions were conditional on the retention of Calais and had hinted openly to Philip's commissioners that a separate peace be made.[3] Elizabeth's accession created a new framework for the negotiations: on the one hand there was—as Feria reports—her adamantine refusal to concede the surrender of Calais, but on the other, the Franco-Scottish challenge to her claim to the throne weakened her negotiating position. While Elizabeth's subsequent attempt to reach a private agreement with France and her eventual compromise do not concern us here, it should be noted that the independent line that she and Cecil subsequently pursued was not unaffected by Feria's interview with the privy council on 9 November. The English commissioners, still basically confident of Philip's general support, argued for continuation of the joint front with Spain on the ground that the interests of the Low Countries would in the end prevent Philip from settling without restitution.[4] Yet Sir John Mason, who had been present at the interview, advised Cecil on 20 November that Philip's assurances could not be trusted and that, since England could not regain Calais on her own, a peace without Calais would have to be accepted.[5] It is striking

[1] C.S.P.Span., xiii. 437, Arras to Feria, 5 Nov. See also C.S.P.Ven., 1557-8, 1537.
[2] See his letters to Feria of 10, 13 Jan., 12 Feb. 1559, Codoin, lxxxvii. 112-13, 114-15, 122-3 (C.S.P.Span., 1558-67, 21, 23-4, 27-8, Rel. Pol., i. 402-4, 418).
[3] Weiss, Papiers d'État, v. 361-5, Philip's commissioners to the king, 26 Nov. 1558. See also C.S.P.F., i. 16-17 (Rel. Pol., i. 319-21), English commissioners to Elizabeth, 1 Dec. and B.L., Add. MS 18789, f. 6v advice of Alba, 15 Nov. and A.G.S., E. 517, f.130, Alba to Philip, 26 Nov. 1558.
[4] P.R.O., SP 70/1/4-6, commissioners to council, and 70/1/8, Wotton to Boxall, 18 Nov. For Wotton's apparent change of opinion, see below, note to the text 14. William, Lord Howard of Effingham, who replaced Arundel on the English delegation in 1559, also shared this view, see C.S.P.F., i. 122, to Cecil, 12 Feb.
[5] P.R.O., SP 12/1/5.

how frequently after 1559 the charge of a Spanish sell-out over Calais appears in Cecil's policy memoranda.[1]

On his arrival Feria quickly became aware of the slender hope for Mary's recovery and at several points writes as though she were already dead. He was also appalled by the rapid decline in Philip's influence in England in the face of Elizabeth's imminent accession and by the effective bankruptcy of Spanish policy. He was not the only councillor to blame Philip for failing to obtain some influence over the English succession and to create a reliable body of partisans at an earlier date.[2] Given the disappearance of so much of Philip's correspondence for the years 1554-9, a full account of his involvement in English politics is not possible; but it is clear that Elizabeth's role in the English succession confronted him with an insoluble dilemma. Unless Mary had a child, he would have to support Elizabeth, for the only alternative was Mary, queen of Scots and (after April 1558) dauphine of France, the justice of whose claim the Spaniards recognized as much as the French.[3] But while Philip had good reason—in view of the uncertainties of the future and his current struggle with Henry II—to avoid alienating Elizabeth, he could not cultivate her openly for fear of annoying Mary, whose jealousy and distrust of her half-sister persisted throughout the reign. Feria's frequent allusions to the need for Mary to treat Elizabeth in a sisterly manner may well reflect Mary's reported comments that Elizabeth was not her sister at all, but looked more like Mark Smeaton.[4]

According to the future duchess of Feria, Philip saved Elizabeth from 'extreme punishment' on his arrival in England—which Elizabeth acknowledged to both Feria and Assonleville at this juncture. He then attempted to act as her protector, ordering his councillors and servants to follow suit and requesting Mary and her council to show

[1] See, *inter alia*, S. Haynes, *A Collection of State Papers* (1740), 583, a short memorial of the state of the realm (*c.* 1569); *H.M.C.*, *Salisbury*, i. 153-4 (dated 20 May, from internal evidence *post* 1570); P.R.O., SP 12/172/103, 10 Oct. 1584. The earliest reference to Cecil's views can be found in Aquila to Arras, 30 Dec. 1560 (A.G.S., E. 814, f.10). For Elizabeth's views, see Codoin, lxxxvii. 126-7 (*Rel. Pol.*, i. 440, *C.S.P.Span., 1558-67*, 30), Feria to Philip, 20 Feb. 1559. See also Granvelle's response, *Rel. Pol.*, iii. 181-2, to Aquila, 4 Nov. 1562.

[2] Both Alba and Arras were also deeply depressed by the situation in England: A.G.S., E. 517, f. 132, Alba to Philip, 21 Nov. f. 217, Arras to Gonzalo Pérez, 29 Nov. Alba later complained at the failure to follow his advice on the creation of a party in England, Madrid, Instituto de Valencia de Don Juan, Envio 67, art.1.

[3] Weiss, *Papiers d'État*, iv. 395-6. S. Renard to Philip (probably February 1555), Codoin, lxxxvii. 159-60 (*C.S.P.Span., 1558-67*, 51, *Rel. Pol.*, i. 496), Feria to Philip, 11 Apr. 1559.

[4] Clifford, *Life*, 80. The correspondence between Feria and Philip in May 1558 (see p. 307 n. 2 above) regarding the meeting with Elizabeth is also highly revealing.

Elizabeth favour.[1] He was less successful in persuading Mary to recognize Elizabeth as her successor or in arranging a suitable marriage. Recognition was seriously discussed in 1557, but Mary rejected Philip's proposals and in her will of 30 March 1558 (and the codicil of 28 October) she referred merely to her 'heir and successor by the laws of this realm'.[2] Only at the last minute and at the request of parliament—though not of Philip, as Feria notes with alarm—did Mary relent.

Elizabeth's refusal to marry and Mary's refusal to force her foiled Philip's attempts to arrange a match with Emmanuel Philibert, duke of Savoy, the one Catholic prince upon whose loyalty he could then rely. His relations with the Austrian Habsburgs had been severely strained by disputes over the inheritance of Charles V—he only came round to supporting an Austrian marriage for Elizabeth in the summer of 1559—and despite frequent French rumours he never appears to have considered a match between Elizabeth and Don Carlos.[3] The Savoy marriage had been discussed since the beginning of 1554, although serious negotiations did not begin until Savoy visited England in December. It was raised again on frequent occasions—it has been suggested that Feria's interview with Elizabeth in June 1558 involved an offer of recognition of her rights of succession in return for the Savoy match—and was brought up for the final time on this occasion.[4] By November 1558 Philip's efforts to square the circle had failed. In the event, he could not force Elizabeth, or those who had benefited from his grants and pensions, to repay him by supporting his cause. Feria was not the only Spaniard to be scandalized by Elizabeth's refusal to admit that Philip's aid placed her under any reciprocal obligation. But he was also quick to note the absence of any domestic opposition to her accession and her confidence in the strength of her position, though at law it rested only on the will of Henry VIII as authorized by the Succession Act of 1544. Elizabeth's careful cul-

---

[1] Clifford, *Life*, 88–90, 98. R. Aubert de Vertot d'Aubeuf, *Les Ambassades de Messieurs de Noailles en Angleterre* (Leyden, 1763), v. 126–7, advis envoyez en Ecosse, 9 Sept. 1555. E. H. Harbison, *Rival Ambassadors at the Court of Queen Mary* (Princeton 1940), 226–7.

[2] Loades, *Mary Tudor*, 244, 392 and *C.S.P.Ven.*, *1557–8*, 1538. Mary's will and codicil are printed in J. M. Stone, *The History of Mary I, Queen of England* (1901), 507–21.

[3] For Philip's approval of the Austrian marriage see A.G.S., E. 811, f. 66, Philip to Ferdinand I, 13 July 1559.

[4] For the early history of the Savoy marriage, see E.H. Harbison, *Rival Ambassadors* (1940), 98–9, 170 n.9 226–7, 239, and G. Claretta, *Il duca di Savoia Emanuele Filiberto e la Corte di Londra negli Anni 1554 e 1555* (Pinerolo, 1892), esp. 59–61, 69. Fernández Alvarez suggests the Savoy marriage as the subject of the meeting in May 1558, *Tres Embajadores*, 28. See also *C.S.P.Span.*, xiii. 104, 152, 285, 379–80, and A.G.S., Patronato Real 26, f.116.

tivation of popular support at this juncture was repeated on numerous subsequent occasions.[1]

Feria's interview with Paget sheds light on the still mysterious question of Paget's exclusion from office and the privy council under Elizabeth. It is clear from Feria's report that Paget, despite his illness, had no intention of retiring from politics voluntarily; nor was Elizabeth personally hostile to him.[2] Three possible reasons can be advanced to explain his exclusion. The first, that Sir William Cecil feared him as a rival, can be supported only by indirect evidence.[3] The second—that more favoured councillors who had old scores to pay off, like Lord Clinton, may have turned Elizabeth against him—Feria hints at in his report. The most convincing also finds confirmation here: Paget's firm opposition to a change in religion may have made him an unpalatable choice as a privy councillor. Paget himself claimed that this was the case in April 1559.[4]

The basic sources for any discussion of the English pensioners and household are the accounts of the tesorero general Domingo de Orbea for the years 1554-8 and those of his deputy in London, the future pagador general of the army of Flanders, Francisco de Lixalde, for the years 1557-9.[5] The policy of pensioning influential Englishmen was

[1] For the constitutional background to Elizabeth's accession see M. Levine, *Tudor Dynastic Problems, 1460-1571* (1973), 97-8. For Elizabeth's employment of popularity, see, *inter alia*, Sir John Hayward, *Annals of the First Four Years of the Reign of Queen Elizabeth* (Camden Soc., vii, 1840), 16, and *C.S.P.Span., 1568-79*, 51, Guzman de Silva to Philip, 10 July 1568. In her discussions with Sir William Maitland in the autumn of 1561, Elizabeth was not so confident, see J.H. Pollen, *A Letter from Mary, Queen of Scots to the Duke of Guise, January 1562* (Scottish History Soc. xliii, 1902), 42.

[2] 'Paget letters', 3 and 133, Paget to Sir Thomas Parry, 17 Mar. 1559, seeking appointment as president of the council in the Marches of Wales. B.L. Add. MS 48023, ff. 350-69v (an anonymous history of the years 1559-62) records numerous instances of Paget's behind-the-scenes influence in those years. (We are very grateful to Dr George Bernard of the University of Southampton for bringing this document to our attention.) Paget's initial disappointment was noted by Feria, Codoin, lxxxvii. 91 (*C.S.P.Span., 1558-67*, 8, *Rel. Pol.*, i. 339), to Philip, 14 Dec. 1558.

[3] The memorandum printed in H.M.C., *Salisbury*, i. 153-4 displays a definite animus against Paget. N.L. Jones, 'Faith by Statute: The Politics of Religion in the Parliament of 1559' (Cambridge Ph.D. thesis, 1977), 56 (not included in the published version) refers to a claim by Robert Parsons to this effect. On the other hand they were old friends and Cecil was prepared to see Paget employed on specific tasks, see Calig. E. v, f. 152, Cecil to Paget, 10 Oct. 1562.

[4] Codoin, lxxxvii. 168 (*C.S.P.Span., 1558-67*, 55-6, *Rel. Pol.*, i. 502), Feria to Philip, 18 Apr. 1559. It is worth noting, however, that two members of Elizabeth's council—the marquess of Winchester and the earl of Shrewsbury—voted against the Act of Uniformity.

[5] Orbea's accounts are located in A.G.S., C.M.C., 1a, 1184 (1554), 1345 (1555), 1344 (1556), 1468 (1557-8). (We are very grateful to Joanna Woodall of Christ Church, Oxford, for bringing these to our attention.) Identification of Lixalde as Orbea's deputy can be found in A.G.S., E. 811, f. 112. Being included in Orbea's account, Lixalde did

first proposed by Simon Renard and Paget, and a provisional list of
pensioners was drawn up before Philip arrived in England in July
1554. Twenty-two pensions were granted on 23 August 1554; a further
four in 1555. By the end of Mary's reign there were twenty-five
pensioners, seventeen of whom were privy councillors and the re-
mainder military officers or members of the household.[1] The pensions
were paid regularly at half-yearly intervals until 1557, when the
outbreak of war severely restricted Philip's funds. Feria reminded
Philip of the arrears at the beginning of 1558 and a few—in particular
those of Lord Clinton and Lord William Howard—were kept reasonably up to date.[2] In December 1558 most of the other pensions were
either eighteen months or two years in arrears, while the household had
not been paid since the end of 1556. Both in this dispatch and on 14
December Feria advised the king to terminate the existing pensions
and to offer fresh ones to the men of the new regime: he suggested in
particular Cecil, Lord Robert Dudley, the earl of Bedford and Sir
Thomas Parry.[3] Philip accepted the proposal, but it was not until
March, when sufficient funds arrived from Spain, that he was able to
provide Feria with 60,000 ducats for this purpose. He then ordered
Feria to pay the existing pensions to the end of 1558 and the household
until the end of 1557; but left it to his judgement whether to use future
pensions to buy friends or to reward loyal Catholics—an instruction
that revealed the central dilemma of the whole scheme.[4] The fiscal
crisis of 1559, however, prevented Feria from proceeding much

not present a separate one for auditing; but warrants for, and statements of, payments
by him can be found in A.G.S., E. 811 and 812. For his later career, see G. Parker,
'Corruption and imperialism in the Spanish Netherlands: the case of Francisco de
Lixalde, 1567-1612', *Spain and the Netherlands, 1559-1569*, (1979), 151-63, and A.W.
Lovett 'Francisco de Lixalde: a Spanish Paymaster in the Netherlands (1567-1577)',
Tijdschrift voor Geschiedenis, lxxxiv (1971), 14-23.

[1] Codoin, lxxxvii. 168 (above, p. 315 n. 4). A.G.S., E. 8340, f. 16 is an undated
provisional list of pensioners, bearing the note that the count of Egmont will supply
details about individuals. A.G.S., C.M.C., 1a, 1184, ff. 51-65, 1345, n.f. Apart from the
2nd earl of Sussex (who had died in 1557), the pensioners were the marquess of
Winchester, the earls of Arundel, Derby, Shrewsbury, Pembroke and Huntingdon,
Viscount Montague, Lords Clinton, Howard, Paget and Hastings, Sir Thomas Chey-
ney, Sir Henry Jerningham, Sir William Petre, Sir Robert Rochester, Sir Edward
Waldegrave, Sir Francis Englefield, Sir Richard Southwell, Sir Thomas Wharton, John
Bourne, Sir John Brende, Edward Randolph, Sir James Croft, Francis Basset and
Anthony Kemp.

[2] Codoin, lxxxvii. 11, 13-14, 20-1 (*C.S.P.Span.*, xiii. 351, 356, 358, *Rel. Pol.*, i. 130,
135-6, 139); A.G.S., E. 811, f. 67, Feria's instructions for Lixalde, 19 July 1558.

[3] Codoin, lxxxvii. 95-6, 98-9 (*C.S.P.Span.*, *1558-67*, 11, 13, *Rel. Pol.*, i. 342, 344),
Feria to Philip, 14 Dec. 1558. Enclosed with this was a list of pensions owing, A.G.S.,
E. 811, f. 124. A later annotated list is printed in *C.S.P. Span.*, xiii. 454-6.

[4] *Rel. Pol.*, i. 355-57, Philip to Feria, 28 Jan. 1559 (answer to Feria's letter of 14 Dec.),
a draft of this letter can be found in A.G.S., E. 812, f. 14. See also A.G.S., E. 137,

further. The English and German pensions had been assigned to the Netherlands and when they refused to accommodate them further on their already mortgaged rents, the Spanish kingdoms could not and would not take them on.[1] With the money he had in hand Feria was only able to pay off the household and those pensioners he considered of most use and desert: Paget, the marquess of Winchester, Clinton, Howard, Viscount Montague and Sir Henry Jerningham.[2] Thereafter the pensions lapsed, although in the autumn of 1559, when the marriage of Elizabeth to the Archduke Charles was discussed seriously, the bishop of Aquila sent a list of the previous pensioners to the emperor and advised him to revive the scheme if the marriage negotiations became a reality.[3]

IV *Editorial notes and acknowledgements*

Our aim has been to produce a text that is both accurate and readable. The original spelling as well as archaic forms of verbs and other words have been retained; only the long *s* has been shortened. Some of the words linked in the original have been separated according to modern usage, but where letters were omitted, the original compound word has been left. The use of capital letters follows modern practice—they have been added at the beginning of sentences and eliminated from such words as *Erege* in the middle of a sentence. There are no accents in the original text and these have been added to facilitate reading and comprehension. The original text does include some punctuation; but since it is both erratic and incomplete, modern punctuation has been introduced. While we have incorporated the original structure of paragraphs wherever possible, there are long sections without such divisions (e.g. sides 2–7 inclusive, below pp. 319–22) where we have felt it necessary to break up the text into paragraphs. The paragraphing of the text and the translation correspond. According to standard practice all abbreviations have been extended; in those cases where a word was shown simply by one or two letters, or even a symbol, spelling follows current grammatical norms. One final addition has been made to the transcription. It is general practice in the Archivo General de Simancas to give only one number to each document

---

f. 111, Philip to the Regent of Spain, 20 Feb. 1559, and Codoin, lxxxvii. 144–5 (*C.S.P.Span.*, *1558–67*, 41), to Feria, 23 Mar. 1559.

[1] For a more detailed discussion of this point, see the forthcoming dissertation of M.J. Rodríguez-Salgado, 'From Regent to Ruler: the Early Policies of Philip II of Spain, 1551–1566' (Univ. of Hull).

[2] Codoin, lxxxvii. 173 (*C.S.P.Span.*, *1558–67*, 59, *Rel. Pol.*, i. 506), Feria to Philip, 18 Apr. 1559. A.G.S., E. 811, f. 119–21, statement of payments by Lixalde to 23 May 1559.

[3] A.G.S., E. 812, f. 160, 30 Oct. 1559.

(called a *folio*) irrespective of the number of pages it contains and this one is no exception, but in order to facilitate reference we have indicated the beginning of each new side in the text by [ ].

In order to avoid the constant repetition of *and* (*y*), as well as to smooth over the long and awkward passages of reported speech, we have occasionally made slight alterations to the word order in the translation. Feria's prose is often extremely clumsy and he is apt to switch from narrative to direct speech without warning; but we have decided that it was preferable to remain as close as we could to the original, even if this has meant reproducing some of his stylistic eccentricities. English names, titles and offices have been translated directly: e.g. 'earl' for 'conde', or 'lord chamberlain' for 'camarero mayor'.

The passages and words underlined represent those sections of the original dispatch that were enciphered: the document carries the endorsement 'lo rayado fue en cifra'. The long section on pages 321–3 designated by a / and marked by a line along the side of the text was probably also in cipher as this was usually the way contemporary Spanish secretaries marked out long enciphered passages in copies and decipherments.

While the supporting documentation has been studied in the Archivo General and elsewhere, the existence of the three overlapping, if limited, printed collections of relevant documents renders otiose full references to the originals. Therefore, Simancas references have been provided only for those documents which have not appeared in print; where a version of a document appears in more than one collection, this has been indicated. Where biographical details of Englishmen mentioned can be easily verified in the *Dictionary of National Biography* or the relevant volumes of *The History of Parliament: The House of Commons, 1509–1558* and *1559–1603* no references are provided.

We should like to thank Don Amando Represa, Director of the Archivo General de Simancas, for permission to publish this document and Professor N.G. Parker of the University of St Andrews for first suggesting its provenance. Professor Parker, Professor G.R. Elton, Professor H.G. Koenigsberger, Professor D.M. Loades and Dr Penry Williams read an earlier version of the present text; for their comments we are extremely grateful. Simon Adams would like to thank the British Academy, the Carnegie Trust for the Universities of Scotland and the University of Strathcylde for their generous grants in aid of his research. M.J. Rodríguez-Salgado wishes to thank Claire Munday and María Pilar Saenz de Buruaga Marco for their invaluable support.

+

Yo llegué aquí miércoles, a comer, a ix deste, y hallé a la reyna nuestra
señora en la dispusición que el doctor Núñez escriue a vuestra majestad;[1]
de manera que no ay que esperar de su salud sino que cada hora pienso
que me han de venir a dezir que es muerta, lo más del día y de la noche
desuaría. Alegrose comigo, como le truxe nuenas de vuestra magestad,
y con la carta—aunque no la pudo leer. Visto esto me parció que no
era de perder tiempo en las otras cosas. Hize dezir al consejo que se
juntassen, que les quería hablar de parte de vuestra majestad, y assí fuí
luego a hazello. Estauan todos sino era el conde de Pembruch y
Pagete que está malo.[2] Diles la carta de vuestra majestad y hableles en
conformidad de lo que vuestra magestad me mandó en quanto a lo de
la paz. También les declaré la uoluntad de vuestra magestad en lo de la
successión deste reyno, y el contentamiento que recibiría de saber el
officio que auían hecho con madama Ysabel tocante a esto,
acordándoles lo que vuestra magestad auía desseado y procurado que
esto se huuiera hecho muchos días ha, como ellos muy bien sabían; y
cargueles vn poco la mano, dándoles a entender sin aclararme del todo,
que ellos auían tenido culpa en ello, porque estaua ally Masson que es
gran fauorido de Madama Ysabel y le auía de referir todo lo que
passasse.[3] Y por respecto desto me alargué en esta materia, cargando a
la reyna nuestra señora y a ellos, y encareciendo los buenos officios que
vuestra magestad tenía hecho en este negocio: y diziéndoles que yo venía
a estar con Madama Ysabel y seruilla como a hermana de vuestra
magestad, y a encaminar que ella uiniesse a la corona sin desassossiego
ni inquietud de las que se podrían esperar, viendo las inteligencias y
pretensiones que algunos enemigos deste reyno y de Madama Ysabel
tenían en él.[4]

[ ]También les hize vna relación general del estado de las cosas de
vuestra magestad y de la manera que auía tenido en su proceder, assí
en lo de la guerra como en lo de la paz. Después de me auer oydo y
respondido en pocas palabras agradeciendo lo que vuestra magestad
les mandaua dezir, se apartaron a consultar lo que me auían de
responder a lo demás. Y después de auer estado vn buen rato boluieron,
y la respuesta fue: quanto al primer punto de la paz, que ellos esti-
mauan en lo que era razón y reconoscían el bien que vuestra magestad
hazía a este reyno en querer assistillos, sin concertarse con Françeses
no boluiendo ellos a Cales, que era de tan gran importancia para este
reyno y para los estados de Flandes; y que creyan que no quedando de

concluyrse la paz por otra cosa que por vna villa sola como era Cales, que Franceses no dexarían de dalla, y que assí auían scrito a sus comissarios que se aconsejassen con vuestra magestad de lo que auían de hazer en esto.[5] A lo de Madama Ysabel me respondieron muy sucintamente, diziendo el officio que auían hecho con ella, y que esperauan en Dios que no auría ningún desasossiego en el reyno. Y a lo demás me dixeron quan conocido tenían el buen ánimo de vuestra magestad en las cosas del bien público, y particularmente deste reyno.

Viendo que en el primer punto, auiéndoles dicho yo que vuestra magestad nò auía querido acordarse con franceses ni se acordaría sin ellos, salían con lo de Cales y me apuntaron a querer dexar el negocio en manos de vuestra magestad, les torné a replicar diziéndoles que lo que vuestra magestad dezía era que no se concertaría con Franceses sin que ellos se concertassen tanbién; que los expedientes y formas que tenían para hazello tratassen y viessen ellos y sus comissarios, porque en esto vuestra magestad no se entremetía, pero quería que entendiessen los amigos y los enemigos que no se auía de [ ] auía de [sic] concertar hasta que ellos lo huuiessen hecho; y que con estar vuestra magestad y Françeses acordados en todos los otros puntos, por no estallo en lo que a ellos tocaua, dexaría de concluyr la paz: y que en caso que esto fuesse era menester ver de disponerse luego para hazer la guerra diferentemente de lo que se auía hecho por el passado.

Tornáronse a apartar a consultar y boluieron con dezir agradescimientos a vuestra magestad, y que auían escrito a sus comissarios para que supiessen el parecer de vuestra magestad:[6] y que en lo del disponerse a la guerra que ya yo sabía –no como estrangero, sino también como cada vno dellos– las pocas fuerças del reyno y el estado en que estaua. Respondiles que ya les auía dicho lo que vuestra magestad haría en quanto a lo de la paz, que sería assistilles y no desamparallos jamás; que en lo otro yo no tenía que dezir hasta ver la resolución que sus comissarios tomarían con Franceses. Están muy temerosos estos consejeros de lo que Madama Ysabel hará con ellos. Hanme recebido bien, aunque en çierta manera como a hombre que viene con bulas de Papa muerto.

Otro día como llegué, fuí a dónde Madama Ysabel estaua, que es en vna casa de vn cauallero xxiij millas de aquí.[7] Llegué allá antes que quisiesse cenar; recibiome bien, aunque no tan alegremente como la otra vez. Hízome cenar con ella. Hallé allá a la muger del Almirante Clinton que también fue combidada.[8] En la cena reymos y holgamos mucho, y después de acabada ella se leuantó y me dixo que si quería hablalle que entonces lo podría hazer y que mandaua que se quedassen en la cámara dos o tres [ ] mugeres que no sabían hablar otra lengua que inglés.[9] Yo le respondí que lo que le quería dezir antes holgaría que se juntasse todo el reyno a oyllo, que solamente era dezille la voluntad y buena hermandad que en vuestra magestad hallaría, como yo se lo auía dicho otra vez; y porque viesse que yo le auía dicho verdad y se la dezía entonces también, le quería mostrar vna instructión que vuestra magestad me auía dado escrita de su mano. Saquela: fuímosla leyendo juntos y yo diziendo sobre cada cosa lo que allá se me ordenó. Después de hecho este officio lo más largamente y mejor que yo supe, ella me respondió que ringraciaua mucho a vuestra magestad por lo que le mandaua dezir, y que vuestra magestad podía creer que ella le guardaría la buena amistad / que entre sus predecessores y los de vuestra magestad auía auído, por tres causas. La primera, porque quando ella estaua en prisión vuestra magestad la ayudó y fauoreció a salir della; y que no se deshonrraua de dezir que auía sido prisionera, porque la deshonrra auía sido de los que la auían puesto en ella, pues nunca tuuo culpa jamás contra la reyna en hecho ni en dicho, ni tal confessaría. Luego passó a las otras dos causas, que eran: la amistad que auía auído siempre entresta casa y la de Borgoña, y auelle vuestra magestad embiado a prometer por don Diego de Azeuedo, y por don Alonso de Córdoua, y por mí, que le sería buen amigo.[10] Yo le repliqué diziéndole quantas más causas auía para que tuuiesse a vuestra magestad por verdadero hermano y se aconsejasse y ayudasse dél; y torné a referir muchas cosas de las de la instructión y otras de las que han passado, procurando vuestra magestad su contentamiento y acreçentamiento, y dándole a entender [ ] a entender [sic] que esto que se auía hecho aora con ella de venir a tenella por hermana y successora de la Reyna no lo auían hecho la reyna ni el consejo, sino vuestra magestad que lo procuraua muchos días ha, como ella deuía saber, y en todo el reyno era público. Y cargué a la reyna y al consejo de buena manera.

Acabado esto, metí la cosa a conuersación, como haziendo que quería dexar los negocios y meneando pláticas para ver a que manera de cosas salía. Y abrióse en muchas a hablar comigo, más de lo que yo pensé; y aunque se puede mal juzgar a nadie en tan poco tiempo como yo la he tratado, diré a vuestra magestad lo que pude collegir.*Ella es vna muger vaníssima y aguda: déuenle auer predicado mucho la manera de proceder del rey su padre. Tengo gran miedo que en las cosas de la religión no estará bien, porque la veo inclinada a gouernar por hombres que están tenidos por ereges, y dízenme que las mugeres todas que andan cabo ella lo son.[11] Tras esto, véola muy indignada de las cosas que se han hecho contra ella en la vida de la reyna; muy asida al pueblo y muy confiada de que lo tiene todo de su parte (como es uerdad), y dando a entender que el pueblo la ha puesto en el estado que está. Y desto no reconsce nada a vuestra magestad ni a la nobleza del reyno, aunque dize que la han embiado a prometer todos que le serán fieles. No ay ningún erege ni traydor en todo el reyno que no se

* See above p. 303 n. 3.

aya leuantado de la sepoltura para venir a ella con gran contentamiento. Está puesta en que no se ha de dexar gouernar de nadie. Las
personas con quien está bien (a lo que entendí della) diré a vuestra
magestad, y las con quien está mal; y paréceme que sabe bien quién es
cada vno de los que ay en el reyno, o a lo menos, los más.

De los deste consejo está [ ] bien con el chanciller,[12] con Pagete, con
Piter,[13] con Mason—y éste entiendo que será de los más fauoridos, y
parécesele ya, porque habla en el consejo con osadía y con auctoridad,
lo que no solía hazer. Con el doctor Woton está muy bien, y paréceme
que deuría vuestra magestad embialle muy contento y dalle alguna
pensión,[14] aunque en esto de las pensiones y criados que vuestra
magestad aquí tiene ay lo que diré adelante. Con el Almirante Clinton
está bien:[15] y hablando en él comigo me apuntó a dezir vna cosa que creo
que ha de tomar por color para componer y descomponer algunos
hombres, que es dezirme que nunca auía perdído Clinton el officio de
Almirante porque quando se lo quitaron no lo podían hazer justamente
por la patente que tenía, y que ésta dio entonces a Pagete que la tuuo
guardada siempre—y esto assí passó.[16] A Guillén Hauuart, que era
Almirante, creo que hará honrra y merced pero no la que el otro piensa,
ni le tiene en mucho.[17] De Milord Gree, que está preso, tiene gran
opinión de que es soldado y déuelo querer bien.[18] Al conde de Sussex ni
más ni menos lo tiene por soldado y creo sera de los que porná bien
adelante.[19] Entendí della que está de la manera que he dicho con todos
los que arriba he nombrado, y con los demás no está bien. Rióse comigo
de que huuiessen hablado en cosa de casamiento della con el conde de
Arondell;[20] con él, con Pembruch,[21] con el Obispo de Ile no está bien
(segun me dixo).[22] Con el camarero mayor,[23] con el contralor,[24] y con
Boxol muy mal; con el cardenal malíssimamente, y temo que le ha de
hazer tiro.[25] Díxome que nunca el cardenal la auía embiado a visitar ni
a dezir ninguna cosa hasta aora, y començome a contar de enojos que
la auía hecho.[26] Yo eché [ ] agua lo más que pude sin hazer demostración
de que lo hazía por amparar al cardenal, sino por lo que conuenía a su
seruicio, buen gouierno y establecimiento de sus cosas que no mostrasse
ánimo de vengança ni enojo contra nadie, y que también para las cosas
de la religión sería de muy gran inconuiniente que ella hiziesse ninguna
demostración déstas porque todos esperauan que ella auía de ser muy
buena y cathólica prinçesa, y que si dexaua a Dios, que Dios y los
hombres la abandonarían a ella. Respondiome que no quería sino que
conociessen estos consejeros que lo hizieron mal contra ella; y después
perdonallos. Torné a replicar que ella ternía tiempo de ver lo que
huuiesse de hazer, y no me pareció de apretar más la cosa por entonçes.

También me dizen de algunos otros con quien está muy bien—pero
no lo sé della como lo que he dicho—que son: el conde de Bedford,[27]
Milord Robert,[28] Franchmarton (vno que andaua siempre con el

dicho conde en la guerra passada),[29] Pedro Caro,[30] Harinton (que fue el gouierno del almirante que degollaron, tío del Rey Eduardo) dizen que es hombre entendido y endiablado.[31] Sisel, que fue secretario del Rey Eduardo, me han dicho cierto que será secretario de Madama Ysabel;[32] éste dizen que es hombre entendido y virtuoso pero erege. Gonçalo Pérez lo conocerá muy bien, que fue su huesped aquí.[33] Este es gran amigo de Pagete. Otros dos viejos tiene consigo; el vno es cofier, y el otro contralor, que son los que gouiernan su casa. El contralor ha sido de la orden de San Juan, y es casado.[34] El otro dizen que es buen christiano y muy buen hombre, hámelo alabado Boxol.*[35]

Diziéndole yo que mandaua vuestra magestad que los pensionarios y criados que aquí tenía (en caso que fuesse necessario) acudiessen [ ] a ella a seruilla, me dixo que quería saber quién eran, y los otros criados, porque ella quería ver si era bien que lleuassen dineros de vuestra magestad o no; y díxomelo con vna cierta sombra que me dio vn poco en rostro aunque yo no me quise dar por entendido desto, antes le dixe que yo le daría la memoria de todo y que traya orden de vuestra magestad para que ella viesse si queria quitar de aquellos o crecer más: que a todos los que ella quisiesse y como quisiesse, se les daría o se les quitaría. Agradeciolo, y passamos adelante la plática. Y díxome como ella nunca auía tenido sino tres mill libras de entretenimiento, y que siempre andaua alcançada y adeudada.[36] Querelleme mucho de que no me lo huuiesse dicho la otra vez que la ví. Díxome que no lo auía hecho por no rogar a nadie; respondí que no era menester rogar a nadie, qué si yo lo huuiera entendido, o alguna persona otra que lo pudiera lleuar a las orejas de vuestra magestad, que huuiera sido de otra manera, pero que aora holgaría de oyllo por si Dios diesse salud a la reyna. Luego me vino a dezir que ella auía entendido que la reyna nuestra señora auía embiado a vuestra magestad gran cantidad de dineros y joyas, y que auía desseado hablar a don Alonso de Córdoua antes que yo viniesse para que el supiesse de vuestra magestad esto; y esto tanbién me dixo con alguna sombra de auctoridad. Yo le respondí la verdad de lo que en esto passaua, y le supliqué mucho que quisiesse aueriguallo porque antes hallaría que vuestra magestad auía dado a la reyna que ella a vuestra magestad, y que si pensaua que eran dineros que se auían dado a vuestra magestad las siete mill libras que se dieron a los Alemanes que auía de traer Valderdun, que estauan engañados;[37] y que Pequerín vernía y que delante del se podría tratar desto.[38] En la verdad yo quisiera harto que vuestra majestad no huuiera tomado aquellos dineros y siempre me pesó dello.[39] Éste [ ] éste [sic] Pequerín también es de los que serán fauoridos. Díxome ella que como el pueblo via los subsidios grandes que les echauan y no sabían en que se gas-

* See above p. 303 n. 3

tauan, que creyan esto, y por ello querían mal a vuestra magestad.

Si no me acuerdo mal, he oydo dezir a vuestra magestad que algunas joyas que la reyna nuestra señora le dio que auían sido de su padre—assí como vna daga y no sé qué otras cosas ricas—mandó vuestra magestad dexar aquí metidas en vn cofre. Será necessario que vuestra magestad me mande auisar qué joyas eran éstas y a quién quedaron porque de las de la camara de la reyna nuestra señora yo sé que no falta ninguna.[40]

Dile muy bien a entender cómo vuestra magestad estaua determinado de no se concertar con Franceses si no se acordauan con los deste reyno, y que assí auía dicho a los comissarios Ingleses que ellos viessen de acordar sus cosas lo mejor que pudiessen porque vuestra magestad no concluyría nada no concertándose ellos. Holgose desto y diome claramente a entender que les cortaría la cabeça si hazían la paz sin Cales.

Díxome que vuestra magestad auía procurado mucho con la reyna que ella se casasse con el duque de Saboya, sonrriéndose dello.[41] Yo le dixe que lo que vuestra magestad auía procurado era que la reyna la tuuiesse por hermana y heredera, pero que en lo de su casamiento, sin su voluntad della nunca vuestra magestad pensó concluyr nada. Díxome tras esto que la reyna auía perdido la gracia de los del reyno por auerse casado con estrangero. Yo le dixe assí tibiamente que no, que antes vuestra magestad auía sido bien quisto; y no quise menear más esta plática, antes le dixe que no traya comissión de tratar [ ] de cosa de aquella calidad porque entiendo que la materia está muy cruda para bullir con ella. Después quando me quise venir me tornó otra vez a dezir la buena amistad que guardaría a vuestra magestad por las tres causas que arriba he dicho. Yo le dixe que la tornaría a ver breuemente, ora la reyna estuuiesse buena o muriesse; y que si caso fuesse que muriesse antes, que me mandasse lo que deuía hazer, porque yo pensaua ven-irme adónde ella estuuiesse. Díxome que no; sino que me estuuiesse quedo que ella me embiaría a dezir lo que yo huuiesse de hazer, y que los Ingleses estauan recelosos de que ella holgaua mucho con estran-geros. Yo le respondí que era verdad que los Ingleses generalmente no holgauan mucho con estrangeros, pero que a mí ya me tenían por Inglés, y que sin perder la merced que ella me hazía procuraría que ellos no la culpassen por mí.[42]

Al cardenal he visto, y está quartanario y tan flaco que pienso que se ha de morir, y tan temeroso que me ha hecho gran piedad. Yo le he consolado y animado quanto he podido porque no está para otra cosa, y quando lo estuuiera, no terná lugar para hazer ni deshazer. Hele dicho el buen officio que he hecho con Madama Ysabel por él, porque vuestra magestad me lo mandó assy, y que en todo lo que pudiesse ayudalle lo hiziesse. Alentose algo con esto. Díxome que auía escrito a

vuestra magestad con el correo que tomaron Franceses quando vuestra
magestad estaua en campaña, suplicándole hiziesse merced a algunos
criados suyos Italianos que le auían seruido y que no teniá con que
reconpensallos, [ ] y que lleuaua gran pena desto si se moría; que a mí
me pedía que lo suplicasse a vuestra magestad. Yo le prometí de hazello
assy, y solicitar el negocio como cosa propia.

También he visitado a Pagete que está con quartanas dobles, pero tan
verde en la ambición y tráfago de negocios como quando mas moço y
mas sano estuuo. Recibiome muy bien. O él me quiso dar a entender
que será gran parte en las cosas, o en effecto lo será. Assegurome mucho,
sin preguntárselo yo, que en las cosas de la religión no auría ninguna
mudança. Díxome que vuestra magestad le auía echado a perder por
no querer descomplazer a la reyna nuestra señora.[43] Después de auelle
dicho los negocios que yo auía tratado con Madama Ysabel y con el
consejo (que él ya muy bien sabía), nos quedamos hablando vn buen
rato, y viniendo a propósito le pregunté que entendía de Madama
Ysabel en cosa de casamiento, que aunque yo no traya comissión de
tratar desta materia, con él hablaua en todo como con amigo. Díxome
que no sabía; que no auía con quien se pudiesse casar fuera del reyno ni
en él tampoco, y que él auía hecho el casamiento de vuestra magestad y
la reyna nuestra señora y que la reyna después auía estado mal con él; que
no se pensaua entremeter en otro. De ay a vn poco me preguntó si
aurían sus pensiones o no: díxele que yo creya que sí, si Madama Ysabel
no mandasse otra cosa. Fuíme, y díxele que pues no estaua para salir de
casa que yo le vería otra vez. Dixo que no, sino que le embiasse allá mi
secretario quando algo mandasse. Éste está tan uellaco como esto, y los
otros pienso que lo estarán ni más ni menos—si no lo estuuieren más.
Hasta aora entendían que auían de negociar con vuestra magestad y
aora entienden que vuestra magestad ha de negociar con ellos. Lo que
puedo juzgar [ ] de lo que aquí he visto, es que los negocios están en el
peor estado que pueden estar para vuestra magestad: pues, auiendo
podido vuestra magestad disponer de Madama Ysabel quatro años há,
casándola con quien quisiesse; aora ella se casará con quien quisiere, sin
que vuestra magestad sea parte para encaminar otra cosa sino fuere
con nueua negociación y con comprar a todos estos consejeros, porque
ellos se venderán a quien mejor se lo pagare. Demás desto, Madama
Ysabel se vee reyna, entendiendo que a pesar de vuestra magestad y
de la reyna nuestra señora lo fuera; y no se tiene enesta parte por
obligada a vuestra magestad, ni ay remedio de dárselo a entender, sino
que el reyno no consintiera otra coas—antes tomara las armas por ella.

El aceptalla la reyna nuestra señora por hermana y heredera, y
embiárselo assí el consejo y el parlamento a offrecer, también fue muy en
offensa de vuestra magestad, pues no se hizo mención de su persona en
ello. Lo que tengo entendido que en esto passó—aunque d'Assonleuile

creo que lo ha escrito a vuestra magestad, y don Alonso de Córdoua—
fue que en el parlamento, los de la cámara de abaxo embiaron a dezir
a los de la de arriba que entendían que la reyna estaua muy al cabo, y
que por las leyes del reyno Madama Ysabel era heredera y sucessora,
y para que mejor se hiziesse sería bien embiárselo luego a declarar. Los
de la cámara de arriba respondieron que les parecía bien y que lo
tratarían con el consejo, y assí lo hizieron. El consejo vino a la reyna
nuestra señora y le hizo relación del caso, y le suplicaron mandasse
aceptar a Madama Ysabel por hermana y heredera y se lo embiasse a
dezir [ ] a dezir [sic] assí amorosamente; lo qual su magestad hizo, y
embiraron allá al contralor y al maestro de Roles a dezírselo.⁴⁴ Ella les
respondió muy graciosamente. La embaxada en sustancia no contenía
otra cosa más de lo que tengo dicho a vuestra magestad.⁴⁵ Sabe dios lo
que a mi me duele lo que aquí veo. Aunque no fuera sino por no
escreuillo a vuestra magestad y dalle nueuos cuydados—pero para
cumplir [sic] con lo que yo deuo al seruycio de vuestra magestad y a
mi conciencia no sé como escusarme de dar tan menuda cuenta a
vuestra magestad de negocios tan pesados y enojosos, para que pueda
con más maduro consejo deliberar lo que me ha de mandar que haga en
cada cosa. Y cierto, desdel principio que vuestra magestad me mandó
venir aqui, entendí que los negocios eran de calidad que requerían
mejor cabeça que la mía para dalles cobro.

A dos cosas veo inclinar a Madama Ysabel, a lo que yo puedo
coniecturar: la vna a hazer paz, y la otra a conseruar buena amistad
con vuestra magestad y con el Rey de Francia sin estrecharse con
ninguna de las partes. Tras esto, veo que son tan codiciosos los de aquí
que se dexaran tirar del dinero, y todavía tenemos mejor comodidad
nosotros para negociar con ellos que los enemigos. Y no me ha pesado
de que Madama Ysabel me huuiesse apuntado lo del quitar las pensiones—que he dicho arriba—porque dando a entender que ella quiere
que se quiten, quedará vuestra magestad en la buena gracia de los que
las tenían y secretamente se podrán dar a los que conuerná tener vuestra
magestad de su mano, que esto pienso que se podrá bien hazer. Tengo
necessidad de alguna persona que pudiesse yr y venir [ ] a casa destos
señores y a tractar con ellos, porque hazello yo no conuernía a la
auctoridad de los negocios, ni criado mío tampoco. Querría algun
cauallero. No hallo ninguno más a propósito que don Juan de Ayala,
porque lo conocen aquí y es bien visto de todos, y aunque está ocupado
en otra cosa al presente, tengo por de más importancia estotro que lo
quél haze.⁴⁶ Suplico a vuestra magestad sea seruído de mandalle venir,
o al Obispo del Aguila.⁴⁷

Don Alonso de Córdoua ha estado y está tan malo que he miedo que
se ha de morir aquí. Dasonleuile es buen hombre, pero es tan discursiuo
y tan entremetido que no tiene assiento para poder hombre vsar dél; y

estos huelgan de tratar más con español que no con hombre dessos estados.

Los del consejo entiendo que dessean concertarse aunque no les bueluan a Cales, y que querrán echar a vuestra magestad acuestas la indignación del reyno, como he dicho desdel principio. Vuestra magestad los dexe hazer a solas, que ellos se concertarán si vuestra magestad lo ha gana. Yo a Madama Ysabel le hé dado muy bien a entender que vuestra magestad solamente les assistiría y haría espaldas, sin entremeterse en otra cosa; y lo mismo he venido diziendo por todos essos mesones, porque es menester cargallos a ellos y que ellos no carguen a vuestra magestad.

La reyna nuestra señora pienso que tiene guardadas todas quantas cartas vuestra magestad le ha escrito desde que se casó hasta aora. Yo ando procurando de auellas todas, y guardallas he fielmente o haré dellas lo que vuestra magestad será seruido mandarme. Si huuiesse algunas en fauor de Madama Ysabel a bueltas de otras que no importassen, no ternía por malo dexallas a que las pudiessen ver. Yo [ ] procuraré de auellas todas y embiallas he a vuestra magestad para que haga lo que fuere seruido, aunque en el embiallas podría auer riesgo. Vuestra magestad me mande si las embiaré o las quemaré.

El crédito de los XL *mil* [40,000] escudos y las joyas que se me auían de embiar no son venidas y aquí yo no veo otro modo de negociar sino es con dádiuas y diges. Suplico a vuestra magestad mande que se me embie crédito largo, pues vuestra magestad vee quanto más cuesta ganarse vn reyno con fuerça que con maña.

El físico de Anuers es hombre de bien y muy entendido, y sino fuera confesso (o a lo menos judío) merecía buen lugar. Dame la vida, porque en medio de quantos enojos y rauias yo aquí passo, velle entrar muy recatado y medroso de lo que le podía suceder me consuela.

Hasta aora en el parlamento no se ha tratado otro punto de importancia sino lo de la successión en Madama Ysabel. Oy se tracta de pedir dineros al reyno, de que he holgado porque verán que no son para vuestra magestad y Madama Ysabel entrará en el reyno con tanta necessidad que aurá de cargalles bien la mano.[48]

Anoche olearon a la reyna nuestra señora y oy esta mejor aunque ay poca esperança de su vida. Nuestro señor etc. De Londres xiiij de nouyembre, 1558.

I arrived here on Wednesday the ninth of this month at lunchtime and found the queen our lady's health to be just as Dr Núñez describes in his letter to your majesty.[1] There is, therefore, no hope of her life; but on the contrary, each hour I think that they will come to inform me of her death, so rapidly does her condition deteriorate from one day to the next. She was happy to see me, since I brought her news of your majesty, and to receive the letter, although she was unable to read it. In view of this, I felt there was no time to waste on other matters and sent word to the council to assemble as I wished to talk to them on your majesty's behalf. This I proceeded to do,. and they all came except the earl of Pembroke and Paget, who is ill.[2] I gave them your majesty's letter and spoke to them as your majesty had instructed me about the peace negotiations. I also declared your majesty's will on the question of the succession to the kingdom and told them how pleased your majesty would be to hear of their good offices with Madam Elizabeth on this matter, reminding them how your majesty had sought to have this done much earlier, as they all well knew. I stressed this point, giving them to understand—without actually saying so openly—that they were to blame for the delay, because Mason was there and he is greatly favoured by Madam Elizabeth and would report to her all that had passed between us.[3] For this reason I dwelt at some length on this subject, putting the blame on the queen our lady and the council and extolling the good offices your majesty had done; adding that I had come to attend Madam Elizabeth and to serve her as if she were your majesty's sister and to ensure that her succession to the throne should be free of the disturbances and unrest that might be expected given the intrigues and pretensions that some of the enemies of the kingdom and Madam Elizabeth have maintained within the realm.[4]

I also gave them a general account of your majesty's affairs and of what your majesty had determined with regard to both the war and the peace. After they had listened to me and had given a brief reply to thank your majesty for informing them of all this, they stood apart to discuss how they should respond to the rest. After a long consultation they returned and gave the following answer. Firstly, on the question of the peace negotiations, they expressed their gratitude, as befitted the occasion, for the favour your majesty had shown this kingdom by determining to help them and not concluding peace with France unless Calais was returned, a city so important both for this kingdom and for the estates of Flanders. They were convinced that the French would restore Calais and would not refuse to make peace simply because no agreement had been reached about a single city. They said they had instructed their commissioners to consult your majesty on what should be done on this particular point.[5] Their response concerning Madam Elizabeth was very brief. They told me of the offices they had performed with her and expressed their hope in God that he would not allow any disturbances to occur within the kingdom. As for the rest, they said they were well aware of your majesty's good will in all matters touching the common good and this kingdom in particular.

It struck me that on the first point—after I had told them that your majesty had not wished to conclude peace with France and would not, unless they did so too—they had replied by bringing up the question of Calais and hinting that they wished to leave this matter in your majesty's hands. I therefore repeated your majesty's statement, that you would make no agreement with the French unless they too had settled and that the ways and means of doing so were up to them and their commissioners. Your majesty did not wish to intervene but only to make both friends and enemies realize that you would not conclude the treaty until they had done so. I stressed that even if your majesty and the French had reached an agreement on every other point, if that which concerned them remained unresolved, peace would not be concluded, and, in case this situation should arise, it was necessary to discuss now more effective means of waging war than had previously been employed.

The council stood aside once again to consult together. When they returned they repeated their thanks to your majesty and declared that they had written to inform their commissioners of your majesty's opinion.[6] As for making any preparations for war, they said that I should know as well as they did, for I was no stranger, what small forces the kingdom disposed of and the state in which it stood. My answer was to repeat what I had already told them your majesty intended to do with regard to the peace negotiations, that is, to help them and never to forsake them. As for the other matter I had no further comments to make until I had seen what their commissioners would negotiate with the French. These councillors are extremely frightened of what Madam Elizabeth will do with them. They have received me well, but somewhat as they would a man who came with bulls from a dead pope.

The day after I arrived, I went to a house belonging to a gentleman some twenty-three miles from here, where Madam Elizabeth is staying.[7] I arrived there some time before she might wish to dine and she received me well, although not as joyfully as she did the last time. She asked me to dine with her and the wife of Admiral Clinton who was there when I arrived was also invited.[8] During the meal we laughed and enjoyed ourselves a great deal. After dinner, she rose and told me that should I desire to speak with her I might do so now, for she was giving orders that only two or three women who could speak no other language than English should remain in the room.[9] I replied that I would prefer the whole kingdom to hear what I wished to say to her, for it was only to repeat what I had told her the last time of the good will and brotherly love that she would always find in your majesty, and to prove to her the truth of what I had declared before and was now repeating, I offered to show her an instruction that your majesty had given to me, written in your own hand. This I produced and we read it through together. I glossed each point as I was instructed to do and after I had done so as extensively and as well as I could, she told me that she was very grateful to your majesty for what you had declared to her and that your majesty might rest assured that she would maintain the good relations/that had existed between your majesty's predecessors and her own, for three reasons: the first was that when she was in prison, your majesty had shown her favour and helped to obtain her release. She felt it was not dishonourable to admit that she had been a prisoner; on the contrary, it was those who had put her there who were dishonoured, because she had never been guilty of having acted or said anything against the queen, nor would she ever confess otherwise. She then went on to outline the two other reasons, which were: the friendship that had always existed between her house and that of Burgundy; and the promise which your majesty had made to her through Don Diego de Acevedo, Don Alonso de Córdoba, and myself, that you would always be her good friend.[10] I replied to this by telling her of the many other reasons why she should consider your majesty as her true brother, on whom she could always rely for aid and counsel, and I repeated once again many of the points included in the instruction, also recalling previous occasions when your majesty had sought her contentment and advancement. I gave her to understand that it was your majesty who had procured her recent recognition as the queen's sister and successor, and not the queen or the council, and that this was something your majesty had been trying to secure for some time, as she no doubt realized, for it was common knowledge in the whole kingdom; and I condemned the queen and the council severely.

Having done this, I began to converse generally, pretending that I did not wish to discuss business any more. I introduced a number of topics in my discourse to see how she would respond to them. She was very open with me on many points, much more than I would have expected, and although it is difficult to judge a person one has known for as short a time as I have known this woman, I shall tell your majesty what I have been able to gather. *She is a very vain and clever woman. She must have been thoroughly schooled in the manner in which her father conducted his affairs, and I am very much afraid that she will not be well-disposed in matters of religion, for I see her inclined to govern through men who are believed to be heretics and I am told that all the women around her definitely are.[11] Apart from this, it is evident that she is highly indignant about what has been done to her during the queen's life-time. She puts great store by the people and is very confident that they are all on her side—which is certainly true. She declares that it was the people who put her in her present position and she will not acknowledge that your majesty or the nobility of this realm had any part in it, although as she herself says, they have all sent her assurances of their loyalty. In fact there is not a heretic or a traitor in all the kingdom who has not joyfully raised himself from the grave in order to come to her side. She is determined to be governed by no one. I shall now tell your majesty of the persons with whom she is on good terms (according to what I heard from her), together with those with whom she is not, and it seems to me as though she knows who is who in the kingdom, at least among those of rank.

Of the councillors, she is on good terms with the chancellor,[12] Paget, Petre,[13] and in particular with Mason, whom I understand will be one of the most favoured—and so it appears already, for he speaks in the council with a boldness and authority he did not display before. She is on very good terms with Dr Wotton and it occurs to me that your majesty ought to ensure that he returns well contented and with a pension[14]—although I shall have something more to say later on the subject of pensions and the servants your majesty has here. She is on good terms with Admiral Clinton[15] and while talking to me about him she mentioned something which I believe she may well use as an excuse to make or break certain men. She told me that Clinton had never lost his office of admiral, for the deprivation was unlawful as it was contrary to the patent he held, which he had deposited with Paget and which Paget had kept for him ever since; as indeed was the case.[16] William Howard, who had been admiral, I think she will honour and reward, but not as much as is thought, for she does not hold him in high esteem.[17] Lord Grey, who is a prisoner, she regards very highly as a soldier and for this reason she must love him well.[18] The earl of Sussex she considers to be neither more nor less than a soldier and I believe he will be one of those she will advance.[19] She personally gave me her opinion about those I mentioned above; she does not get on well with the rest. She joked with me about what had been said of her marriage to the earl of Arundel.[20] She does not get on with him, nor

* See above p. 303 n. 3

with Pembroke[21] nor with the bishop of Ely—according to what she told me.[22] With the lord chamberlain,[23] with the comptroller[24] and with Boxall her relations are worse, and with the cardinal worst of all.[25] I fear she will cause his downfall, for she told me that the cardinal had never sent an envoy to visit her or talk to her until now, and she proceeded to enumerate the many injuries he had done her.[26] I tried to dampen her anger as much as I could, without showing that I was doing so in order to protect the cardinal, but stressed instead that it was essential for her service and for the good governance and sure foundation of her affairs that she should not display a desire for revenge or anger against anyone. I pointed out to her that it would also be very damaging to any settlement of religious affairs if she made any such demonstration, because everyone expected her to prove herself a very good and catholic princess and added that if she abandoned God, then both God and men would abandon her. To this she replied that all she wanted to do was to make these councillors acknowledge they had wronged her and then to pardon them. I replied to this that she would have time enough to consider what to do and did not think it wise to press this matter any further at this point.

I have also been told (although not directly by her, as was the case with those I have already mentioned) of certain others with whom she is on very good terms. They are: the earl of Bedford,[27] Lord Robert,[28] Throckmorton (one who went everywhere with the aforesaid earl during the last war),[29] Peter Carew,[30] and Harrington (the man behind King Edward's uncle—the admiral who was later beheaded— he is reputed to be able and devilish).[31] I have been told for certain that Cecil, who was King Edward's secretary, will also be secretary to Madam Elizabeth.[32] He is said to be an able and virtuous man, but a heretic. Gonzalo Pérez will know him very well, as he lodged with him while he was here.[33] He is a great friend of Paget. She has two other old men who run her household: one is her cofferer and the other her comptroller. The comptroller used to belong to the order of St John but is now married.[34] The other is said to be a good christian and a very good man; Boxall has commended him to me.*[35]

When I told her that your majesty had ordered all the pensioners and the servants you have here to attend and serve her if need should arise, she said that she would like to know who these and the other servants were, in order to decide whether it was right or not that they should be receiving money from your majesty. The way in which she said this rather took me aback, although I pretended that I had not perceived her tone. Instead I told her that I would give her an account of everything because your majesty had ordered me to do so, and thus

---

* See above p. 303 n. 3

she could designate who should be added and who should be left out
and that anyone she wanted would be given whatever she stipulated
or else struck out. She expressed her gratitude for this and our conversation continued. She spoke of how she had never been given more
than £3,000 for her expenses and as a result was perpetually short of
money and in debt.[36] I complained bitterly that she had not informed
me of this the last time I saw her, to which she replied that she had
said nothing because she did not like to entreat anyone. I told her that
it was not necessary to entreat and that if I—or someone else in a
position to bring this to your majesty's attention—had known, the
situation would have been very different; but your majesty would
doubtless be glad to hear of it now, in case God restored the queen's
health. She then told me that she had been given to understand that
the queen our lady had sent your majesty large amounts of money and
jewels. She had meant to speak to Don Alonso de Córdoba before I
arrived so that he could inquire the truth of this matter directly from
your majesty. She said this with a certain air of authority. I responded
by telling her the truth of what had happened and begged her repeatedly to investigate the matter herself, for she would undoubtedly
discover that your majesty had given far more to the queen than she
had ever given to your majesty. Nor was it right to consider the £7,000
that had been given to the Germans, whom Walderthum was to have
brought over, a gift to your majesty.[37] Pickering would soon be here
and the affair could then be discussed with him.[38] To be truthful, I do
wish your majesty had never taken that money and I have always
regretted it.[39] This Pickering is also among those who will be favoured.
She added that as the people felt the burden of heavy subsidies and
did not know how this money was being spent, they believed these
accusations and for this reason they had turned against your majesty.

If my memory serves me well, I have heard your majesty refer to
some jewels which the queen our lady gave you that had once belonged
to her father, including a dagger and other precious objects, which
your majesty had ordered to be left here in a coffer. It will be necessary
for your majesty to inform me what jewels these were, and who was
left in charge of them, because none of the jewels of the queen's
chamber are missing.[40]

I made it very clear to her that your majesty was determined not to
conclude peace with the French unless they also composed their differences with this kingdom and that I had informed the English
commissioners to negotiate as best they could, because your majesty
would defer the conclusion of peace until they had come to an agreement. She was very pleased to hear this and in turn made it very clear
that she would have them beheaded if they made peace without
Calais.

She told me that your majesty had tried very hard to persuade the queen to arrange a marriage for her with the duke of Savoy and she smiled at the thought of it.[41] I told her that all your majesty had tried to do was to persuade the queen to accept her as her sister and successor and, as far as the marriage was concerned, your majesty had never dreamt of concluding anything without her consent. Following this she commented that the queen had lost the affection of the people of this realm because she had married a foreigner. I replied in a rather lukewarm fashion that on the contrary, your majesty had been well loved. However I did not wish to continue discussing this particular issue and so concluded by stating that I had no commission to discuss affairs of such importance, because I do not believe that the time is ripe to raise this matter with her. Then, as I took my leave, she repeated once more that she would maintain good relations with your majesty for the three reasons mentioned above. I told her that I would return to see her soon, whether the queen recovered or died; but if the queen should die first, I wished to know what I should do in that eventuality as my inclination was simply to come to see her wherever she might be. She told me not to do this, but to remain where I was until she had sent me instructions of what she wished me to do, adding that the English were resentful of her partiality for foreigners. I replied that this was true enough, for the English do not usually like foreigners, but then, they already thought of me as an Englishman. However, I would make every attempt to spare her further accusations in this matter without losing the favour she showed me.[42]

I have seen the cardinal, who is suffering from a quartan ague and so weak that I fear he will die. I was greatly moved to see him so frightened and comforted him and cheered him as much as I could, because he is not fit to do anything more. Even if he was, he would not be able to do very much here or to prevent things from being done. I told him of my good offices on his behalf with Madam Elizabeth and that your majesty had instructed me to do this and to do everything in my power to help him. This comforted him somewhat, and he then informed me that he had sent a letter to your majesty with the courier who was taken by the French when your majesty was on campaign. In it he entreated your majesty to reward some of his Italian servants as he lacked the means to reward them himself and was greatly troubled by the thought that he would die in this state. He begged me to intercede with your majesty on their behalf and I promised him I would do so and would plead the cause as if it were my own.

I also visited Paget, who is suffering from a double quartan ague and yet is as full of ambition and as deeply enmeshed in affairs as he used to be when younger and healthier. He received me very well.

Either he wanted me to believe that he will play an important role in affairs or else he actually will do so. Without my having raised the issue, he assured me repeatedly that there would be no change in matters of religion, and he also told me that your majesty had caused his downfall in order not to displease the queen.[43] After I had given him an account of my discussions with Madam Elizabeth and the council—of which he was already well informed—we remained talking at some length. As the topic happened to come up, I asked him what he knew of Madam Elizabeth's plans for marriage, for, even though I had no authority to discuss this matter, I liked to discuss everything with him as I would with a friend. He told me he knew nothing; that there was no one she could marry outside the kingdom nor within it. He had arranged the marriage between your majesty and the queen our lady, yet afterwards the queen had turned against him and he had no intention of getting involved with any other. Shortly after this he asked me whether they would receive their pensions or not. I told him that I believed they would, unless Madam Elizabeth ordered otherwise. As I was leaving, I told him that since he was in no condition to leave his house, I would come to visit him again. He replied that I was not to do this. If anything came up, I could send my secretary. This shows what a knave Paget has turned into, and as for the others, I believe they are the same, if not worse. Until now they knew that they had to negotiate with your majesty; now they realize that your majesty must negotiate with them. As far as I can judge from what I have seen of the state of affairs here, the situation could not be worse for your majesty. Four years ago your majesty could have disposed of Madam Elizabeth by marrying her off to someone of your own choosing. Now she will marry whomsoever she desires and your majesty has no power to influence her decision without initiating a new set of negotiations and once more buying the co-operation of all these councillors; because they will sell themselves to the highest bidder. Besides, Madam Elizabeth already sees herself as the next queen and having come to the conclusion that she would have succeeded even if your majesty and the queen had opposed it, she does not feel indebted to your majesty in this matter. It is impossible to persuade her otherwise than that the kingdom will not consent to anything else and would take up arms on her behalf.

A great offence has been done to your majesty by the queen our lady's acceptance of her as both sister and successor and the offers sent by the council and parliament to this effect, as there was no mention of your majesty's person in all these proceedings. Although I believe Assonleville and Don Alonso de Córdoba have already written to your majesty about this affair, what I have been given to understand is that the lower house in parliament told the upper house that they had heard the queen was near death, and since by the laws of this kingdom Madam Elizabeth was the next heir and successor, it would be better if a declaration to this effect was made to her. The upper house notified them of their assent and said that they would discuss it with the council, which they then did. The council went to the queen our lady and gave her an account of the matter and begged her to accept Madam Elizabeth as her sister and heiress and to inform her of this in loving terms, which her majesty did. They sent the comptroller and the master of the rolls to inform Madam Elizabeth, and she responded very graciously.[44] Their embassy contained nothing else of substance apart from what I have just told your majesty.[45] God alone knows how it pains me to see what is happening here and even though I do not wish to increase your majesty's cares by writing of it, I must do so to fulfil my duty to your majesty's service and to my conscience. I can see no way to avoid informing your majesty in minute detail of such burdensome and irksome matters, for this alone will enable your majesty with more weighty counsel to consider what I should do in each point. Truly, since your majesty sent me here, I have been aware that these matters were of such quality that they required a better head than mine in order to bring them to a suitable conclusion.

As far as I can surmise, there are two things that Madam Elizabeth seems disposed to do. The first is to conclude peace and the second to maintain good relations with both your majesty and the king of France without tying herself to either party. Apart from this, I can see that these people are so greedy that they will allow money to sway them, but we still retain a certain advantage over our enemies in negotiating with them, which is why I am not at all sorry that Madam Elizabeth should have hinted at the termination of the pensions, as I mentioned above. If we could give them to understand that it is she who wants them revoked, your majesty will retain good relations with those who used to receive them and can secretly offer new pensions to those whom your majesty wishes to have in your pocket. I believe that this can easily be arranged, but I need a person who can visit the houses of these gentlemen and negotiate with them, since neither I nor one of my servants can do so without compromising the authority of my negotiations. I would prefer a gentleman and I cannot think of anyone more suitable than Don Juan de Ayala, because he is known here and well thought of by everyone. I know that he is engaged on other business at present but I consider this to be far more important than what he is doing.[46] I entreat your majesty to send him or the bishop of Aquila.[47]

Don Alonso de Córdoba has been and remains so ill that I fear he will die here. Assonleville is a good man but so loquacious and meddlesome that one can put little trust in him. Besides, the English prefer to negotiate with a Spaniard rather than with a man of those states.

I believe the council favour an agreement even if Calais is not returned and wish to direct the kingdom's anger against your majesty, as I have said from the beginning. Your majesty should leave them to manage on their own, for they will certainly come to an agreement if your majesty so desires. I have made it very clear to Madam Elizabeth that your majesty would only support and help them and would not interfere in anything, and I have said the same to everyone I have visited, because it is necessary that they should shoulder the responsibility and not transfer it to your majesty.

I think that the queen our lady has kept all the letters that your majesty wrote to her from the wedding to the present. I am trying to secure them all and will preserve them faithfully or do whatever your majesty orders. If there should be any written in favour of Madam Elizabeth, I am of the opinion that they should be left, along with a few others of no importance, so that they might be seen. I will try to get all the letters and send them to your majesty so that you can do whatever you wish with them, although sending them might be risky. Your majesty should inform me whether I ought to send them or burn them.

The bill of credit for 40,000 *escudos* and the jewels that I should have been sent have not yet arrived and I can see no other way to negotiate here except with gifts and threats. I beg your majesty to provide me with a great deal of credit, for, as your majesty well knows, it is far more difficult to win a kingdom by force than by cunning.

The doctor from Antwerp is a good and able man. If only he were not a *converso*—or at least a Jew—he would merit a good position. He is my salvation, for I find myself having to put up with such annoyances and I am so frequently snubbed here, that it consoles me whenever I see him enter my presence so meek and fearful of what might happen to him.

Until now nothing of importance has been discussed in parliament apart from the succession of Madam Elizabeth. Today they will deal with the request for taxation, which pleases me, for they will see that this money is not for your majesty and Madam Elizabeth will succeed to the kingdom in such necessity that she will be forced to press them very hard.[48]

Last night they administered extreme unction to the queen our lady and today she is better, although there is little hope of her life. Our lord etc. From London, 14 November 1558.

NOTES TO THE TEXT

[1] Luis Núñez, a Portuguese practising in the Netherlands, sent over with Feria at the request of Alonso de Córdoba. A.G.S., E. 811, f.2, *C.S.P.Ven.*, *1557-8*, 1554. His letter has not survived. He is probably the man later referred to as the doctor from Antwerp. In his letter of 14 Dec. Feria referred to him as the physician 'que tráje de Amiens' and related his complaints about Mary's treatment. Codoin, lxxxvii. 99 (*C.S.P.Span.*, *1558-67*, 13, *Rel. Pol.*, i. 344-5). See also P.R.O., SP 12/1/33, Lord Hastings and Sir Thomas Cornwallis to Cecil, 30 Nov. 1558, requesting a reward to Núñez for his services.

[2] P.R.O., PC 2/8/190 (the council register) records only eight councillors present on 9 Nov. The meeting attended by Feria was probably a special one, assembled in the afternoon or evening. The next recorded meeting, that of the 11th, was attended by twenty-three councillors. Owing to the parliament, most of the councillors together with a considerable number of the nobility were in or about London, see the list of those summoned to attend Elizabeth on 21 Nov. printed in E. Lodge, *Illustrations of British History* (1791), i. 301-2. For Pembroke, see below, n. 20.

[3] Sir John Mason (1503-66), privy councillor from Apr. 1551; appointed to Mary's council in July 1553 and ambassador to Charles V at various times between Oct. 1553 and Nov. 1556. Appointed treasurer of the chamber following the death of Sir William Cavendish in Oct. 1557 and retained by Elizabeth in that office; joined her council on 24 Nov. See *C.P.R.*, *1558-60*, 95. See also above, p. 312.

[4] Probably a reference to French involvement in conspiracies against Mary and Spanish fears of their advancement of the claims of the dauphine. See *C.S.P.Ven.*, *1557-8*, 1537-8. On 29 Nov. the Scottish parliament granted the dauphin the crown matrimonial of Scotland.

[5] Probably a reference to the letter of 8 Nov., see above p. 311.

[6] The text implies that the council had drafted a new letter, but no record of it survives.

[7] Elizabeth was probably staying at Brockett's Hall, the home of Sir John Brockett (a tenant of Hatfield), two and a half miles to the north of Hatfield. She was there on 28 Oct. and in early Nov., but had moved to Hatfield, one of her own residences, by the 17th. See B.L., Cotton MS Vesp. F. iii, art. 27; J.E. Neale, *Essays in Elizabethan History* (1958), 49-50, and [W.P. Westell], 'Brockett's Hall and its owners', *East Herts. Archaeol. Soc. Trans.* vii (1923-7), 398-405.

[8] Elizabeth, Lady Clinton (1528?-90), daughter of the 9th earl of Kildare, known from the poem of Surrey as the 'Fair Geraldine', married to Clinton by Oct. 1552. She was educated with both Mary and Elizabeth and may have acted as an intermediary between them; Feria had earlier observed her friendship with Elizabeth. Codoin, lxxxvii. 54 (*C.S.P.Span.*, xiii. 387, *Rel. Pol.*, i. 193) to Philip, 18 May 1558. On Elizabeth's accession she became a gentlewoman of the privy chamber; one of her brothers was the 11th earl of Kildare, another, Edward Fitzgarret [*sic*], lieutenant of the gentlemen pensioners in Mar. 1560. See Bodleian Library, MS Eng. Hist. C. 272, p. 95 and P.R.O., SP 12/11/80.

[9] According to John Clapham, Elizabeth could speak Spanish as well as Italian, French and Latin. E.P. and C. Read, *Elizabeth of England. Certain Observations concerning the Life and Reign of Queen Elizabeth by John Clapham* (Philadelphia, 1951), 88. She later claimed to have learnt Spanish in order to converse with Philip. G.D. Ramsey, *The City of London in International Politics at the Accession of Elizabeth Tudor* (Manchester, 1975), 82. However, Guzman de Silva records that during his first audience on 22 June 1564, Elizabeth conversed with him in a mixture of Latin and Italian, *C.S.P.Span.*, *1558-67*, 364.

[10] Don Diego de Acevedo was mayordomo of Philip's household by 1553 and tesorero general of Aragon; he remained in charge of the king's household in England between Philip's departure in August 1555 and his rejoining the king in December. Acevedo accompanied Ruy Gómez de Silva on an important mission to Spain in early 1557, but then returned to England where he was engaged in military liaison in the autumn, *C.S.P.Span.*, xiii. 319. No other record of his conversation with Elizabeth survives, nor of the one with Alonso de Córdoba. Philip had empowered Córdoba to visit Elizabeth if he considered it necessary; fearing Mary would die before Feria arrived, and being too ill to go himself, he sent Assonleville to see her on 8 Nov. It is possible that this visit is the one referred to. Assonleville was convinced that Elizabeth would let herself be guided by Philip in all things and would maintain good relations out of gratitude for his previous assistance. *Rel. Pol.*, i. 282-3, prints his report of 14 Nov.

[11] Following the investigation of the Dudley plotters in the spring of 1556, Elizabeth's household was searched and heretical literature discovered. A.E.C.P., Angl. xiii, f.15-v, Antoine de Noailles to constable Montmorency, 11 June 1556 and *C.S.P.Ven.*, *1555-6*, 475. On the other hand, the future duchess of Feria later claimed that Elizabeth had assured her husband that she would remain a good catholic. Clifford, *Life*, 73

[12] Nicholas Heath (1501?-78), restored to bishopric of Worcester August 1553 and appointed to Mary's council in September; archbishop of York in June 1555 and lord chancellor 1 Jan. 1556. Well-regarded by protestants and appears to have played a key role in the reconversion of the duke of Northumberland in Aug. 1553; Robert Dudley later claimed to be a friend of his. See W.K. Jordan and M.R. Gleason, 'The saying of John, late duke of Northumberland on the scaffold 1553', *Harvard Library Bull.* xxiii (1975), 169-75, and Codoin, lxxxvii. 345 (*C.S.P.Span.*, *1558-67*, 197). Before Elizabeth's accession he held discussions with Cecil and refused, if offered, to continue as lord chancellor, B.L., Cotton MS Vesp. F. xiii, f.287, Heath to Cecil, 26 Sept. 1573. Heath announced Mary's death to parliament and proclaimed Elizabeth on the 17th; he also sat on her council between 24 Nov. to 7 Jan. For his opposition to the change in religion and refusal to take the oath of supremacy he was deprived in July 1559, but was treated much more favourably thereafter than most of the Marian bishops.

[13] Sir William Petre (1505?-72) secretary of state from 1543 to Mar. 1557; joined Elizabeth's council on 24 Nov., but ceased attending after 1567. His early association with the Boleyns may have accounted for Elizabeth's favour. See F.G. Emmison, *Tudor Secretary* (1961), esp. 226-9.

[14] Dr Nicholas Wotton (1497?-1567), dean of Canterbury from 1542, appointed to Edward VI's privy council and retained by Mary. Ambassador in France between Apr. 1553 and June 1557; commissioner at Cercamp and appointed to Elizabeth's council on his return from Cateau-Cambrésis in Apr. 1559. Wotton's revived confidence in Philip's good will (see above p. 312 n. 4) may have accounted for the seriousness with which a new pension for him was discussed, see A.G.S., E. 812, f.14.

[15] Edward Fiennes, Lord Clinton (1512-85), compromised as an ally of Northumberland's in July 1553 and not appointed to Mary's council until Apr. 1557. Captain-general of the foot in the St Quentin campaign and restored to his former office of lord admiral on 10 Feb. 1558; he joined Elizabeth's council on 20 Nov. and was retained in office. He may have been working for her during the summer of 1558; Henry Killigrew and Thomas Randolph were sending him intelligence from Germany and this appears to have been shared with Elizabeth. See P.R.O., SP 70/1/10-11, Randolph to Clinton, 18 Nov. 1558, printed in S.R. Richards, *Secret Writings in the Public Records: Henry VIII–George III* (1974), 19-21 and the two memoirs of Henry Killigrew: B.L., Lansdowne MS 106, f.132 and L. Howard, *A Collection of Letters* (1753), 184-5. See also A.C. Miller, *Sir Henry Killigrew*, (Leicester, 1963), 27-8.

[16] On this affair, see 'Paget letters', 130-2, and H.M.C., *Salisbury*, i. 152-3, Paget to Sir Thomas Parry, 23 Apr. 1559.

[17] William, 1st Lord Howard of Effingham (1510?-73), appointed to Mary's council in Oct. 1553, lord admiral from Mar. 1554 to Jan. 1558; he received his barony for his service in Wyatt's rebellion. He joined Elizabeth's council on 20 Nov. and was appointed lord chamberlain; in Feb. he replaced Arundel on the treaty commission. He had been close to Mary while she was a princess, but then had protected Elizabeth in 1554-5; his taste in basic humour, to which there are frequent references, may also account for his success at court.

[18] William, 13th Lord Grey de Wilton (? -1562), captain of Guisnes from 1552 to the surrender in Jan. 1558; prisoner of war until the spring of 1559, appointed governor of Berwick and warden of the East and Middle Marches in Dec. 1559. Feria's remark reflects the belief—which he shared with many other Spaniards—that the English possessed few military officers of ability or experience. See also H.M.C., *Salisbury*, i. 158, and *Rel. Pol.*, ii. 25.

[19] Thomas Ratcliffe, 3rd earl (1526-83). Attended Philip II on his voyage to England in 1554, but became disillusioned with the Spanish connection as a result. See S.M. Doron, 'The Political Career of Thomas Ratcliffe, 3rd earl of Sussex (1526?-1583)' (London Ph.D. thesis, 1977), 6, and Loades, *Mary Tudor*, 212, 244 n.6. Appointed lord deputy of Ireland Apr. 1556: served until Dec. 1557, then from Apr. to Dec. 1558. Conversed with Elizabeth in early 1558, see P.R.O., SP 63/1/24. Captain of the gentlemen pensioners in 1559 and retained as lord deputy in Ireland, but not appointed to the privy council until Dec. 1570. Though Sussex was committed to maintaining the Habsburg connection through Elizabeth's marriage to an Austrian archduke, Feria did not like him. Codoin, lxxxvii. 139 (*C.S.P.Span.*, *1558-67*, 38, *Rel. Pol.*, i. 476), Feria to Philip, 19 Mar. 1559.

[20] Henry FitzAlan, 12th earl (1511?-80), appointed lord steward and to Mary's council in July 1553. Commissioner at Cercamp but returned immediately on confirmation of Elizabeth's accession; joined her council on 10 Dec. and retained in office. Though he promised to maintain the Habsburg connection, Feria regarded him as unstable. A.G.S., E. 811, ff.94, 98, Arundel to Philip, 24 Nov. 1558, and answer, 1 Dec. Codoin, lxxxvii. 108 (*C.S.P.Span.*, *1558-67*, 18, *Rel. Pol.*, i. 366), Feria to Philip, 29 Dec. 1558. The Spaniards took his candidacy as a consort seriously, see *C.S.P.Span.*, xiii. 439, Gonzalo Pérez to Don Antonio de Toledo, 12 Nov. 1558; Ribadeneira later claimed he was won over to the new religious settlement through his hopes of marriage, Fernández Alvarez, *Tres Embajadores*, 46. The author of B.L., Add. MS 48023 states that Arundel initiated the expensive entertaining of Elizabeth while on progress during the summer of 1559 in order to advance his suit, see f. 357.

[21] William Herbert, 1st earl (1501?-70), appointed to Mary's council 13 Aug. 1553, captain-general of the English contingent in the St Quentin campaign, lord president in the council of the Marches of Wales from 1555 to Aug. 1558. On his resignation, see P.R.O., SP 11/13/123. He joined Elizabeth's council on 20 Nov. Feria quickly revised his initial doubts about Elizabeth's favour for Pembroke. See Codoin, lxxxvii. 96 (*C.S.P.Span.*, *1558-67*, 11, *Rel. Pol.*, i. 343), to Philip 14 Dec.. 1558, and A.G.S., E. 812, f. 14 draft of Philip's answer of the 28th. The only printed version of this letter (*Rel. Pol.*, i. 356) omits Pembroke's name as indecipherable.

[22] Thomas Thirlby (1506?-70), bishop of Ely from July 1554; ambassador to Charles V, Apr. 1553 to Apr. 1554, appointed to the privy council in May 1554. Commissioner at Cercamp, deprived for refusing the oath of supremacy in July 1559.

[23] Edward, 1st Lord Hastings of Loughborough (1519?-72). Supporter of Mary in 1553, joined her council on 28 July and appointed master of the horse in Aug.; received barony and lord chamberlaincy in Dec. 1557. Arrested in Apr. 1561 for hearing Mass, but then took the oath of supremacy.

[24] Sir Thomas Cornwallis (1519–1604). Supporter of Mary in July 1553, appointed to her council; treasurer of Calais from 1554 until Nov. 1557 and comptroller of the household from Dec. 1557. He and Hastings had led the escort of Elizabeth from Ashridge to London in Feb. 1554, which may have accounted for her emnity. For his position under Elizabeth, see D. MacCulloch, 'Catholic and Puritan in Elizabethan Suffolk', *Archiv für Reformationsgeschichte*, lxxii (1981), 235.

[25] Reginald Pole (1500–58), cardinal legate and archbishop of Canterbury from Mar. 1556. In Apr. 1557 Paul IV revoked his legatine commission and summoned him to Rome, but Philip and Mary prevented his departure. He possessed considerable influence with both Mary and Philip, who, when he left England in 1555, publicly requested that Pole should have particular care over the realm. See *C.S.P.Ven.*, *1555–6*, 178–9 and, in general, Loades *Mary Tudor*, esp. 321–51, 355, 428–40. Feria had referred to Pole earlier as 'buen hombre, pero es muy tibio'. P. de Ribadeneira, *Confessiones* (Madrid, 1920), i. 286 (*C.S.P.Span.*, xiii. 370), to Ribadeneira, 22 Mar. 1558.

[26] On 1 Dec. 1556 the Venetian ambassador reported that Elizabeth had recently visited Pole, the first time they had met since his arrival in Dec. 1554. Pole may also have persuaded Mary to reject Philip's proposal to recognize Elizabeth's place in the succession in 1557. *C.S.P.Ven.*, *1556–7*, 836, and *1557–8*, 1538. On 14 Nov. possibly as a consequence of the visit Feria recounts below, Pole sent his chaplain to Elizabeth with a verbal message. See B.L., Cotton MS Vesp. F. iii, art. 28.

[27] Francis Russell, 2nd earl (1527?–85). Arrested in July 1553 and in Jan. 1554; accused of being a messenger between Elizabeth and the Wyatt conspirators. Travelled in Italy and Switzerland between Apr. 1555 and the spring of 1557, but then served in the St Quentin campaign, during which time Cecil acted as his steward. Appointed to Elizabeth's council on 21 Nov. See also Feria's later comments, Codoin, lxxxvii. 91, 96, 119, (*C.S.P.Span.*, *1558–67*, 7, 11, 25, *Rel. Pol.*, i. 338, 342, 413), to Philip, 14 Dec. 1558 and 31 Jan. 1559.

[28] Lord Robert Dudley (1532?–88). Arrested in July 1553 and imprisoned in the Tower until the autumn of 1554; master of the ordnance, St Quentin campaign. Placed in charge of the stables on 18 Nov. and called by Feria master of the horse on the 21st; but his patent was not issued until 11 Jan. 1559. See P.R.O., SP 12/1/4v; Codoin, lxxxvii, 82 (*C.S.P.Span.*, *1558–67*, 2, *Rel. Pol.*, i. 296); *C.P.R.*, *1558–60*, 61. Proposed on 17 Nov. as envoy to Philip together with Sir Peter Carew, but Lord Cobham was chosen on the 18th, see Calig. E. v, f. 56 and P.R.O., SP 12/1/5. Feria's comment is the earliest clear reference to an association between Elizabeth and Dudley apart from a reference to a childhood friendship made by Dudley to the French agent Jacob de Vulcob, sieur de Sassy in Aug. 1566, B.N., fr. 15970, f. 15v. Dudley's political position at this time will be further discussed in a forthcoming article by Simon Adams, 'The Dudley clientage, 1553–1563'.

[29] Sir Nicholas Throckmorton (1515–71). Involved in the Wyatt conspiracy and imprisoned, though acquitted of treason in a celebrated trial, until Jan. 1555. Went into exile in 1556 after the Dudley plot, but was pardoned in May 1557 and served in the St Quentin campaign. In contact with Elizabeth before Mary's death and sent by her to deliver commands in London on the accession. See J.E. Neale, 'Sir Nicholas Throckmorton's advice to Queen Elizabeth on her accession to the throne', *Eng. Hist. Rev.* lxv (1950), 91–98, and P.R.O., SP 12/1/7, Throckmorton to Elizabeth, 18 Nov. Appointed chief butler and chamberlain to the exchequer in Nov. 1558 and ambassador to France in May 1559. Throckmorton's association with Bedford, referred to here, may explain why he sat for Lyme Regis, a borough under Bedford's influence, in the parliament of 1559.

[30] Sir Peter Carew (1514–75). Leading figure in the rebellion of 1554; escaped to France and Venice but returned in the spring of 1555. Departed for the continent again in the autumn, but kidnapped near Brussels in May 1556 and imprisoned in

the Tower until the end of the year; served in the St Quentin campaign. Not greatly employed by Elizabeth, apart from the investigation of the failed assault against Leith in 1560, though described as the queen's servant in Jan. 1561. See *C.P.R., 1560–3,* 1.

[31] John Harrington (1520?–82). Imprisoned following the arrest of Thomas, Lord Seymour of Sudley in Jan. 1549 and again between Jan. 1554 and Jan. 1555 for acting as a messenger between the Wyatt conspirators and Elizabeth; by 1562 married to Isabella Markham, a gentlewoman of Elizabeth's household. Described in that year as the queen's servant but not otherwise employed in a major capacity. See R.J. Haughey, *John Harrington of Stepney, Tudor Gentleman,* (Columbus, Ohio, 1971).

[32] Sir William Cecil had been associated with Princess Elizabeth since 1548 and became her surveyor in 1550. His role in the events surrounding the accession remains unclear, however. Although not sworn as secretary until 20 Nov., he was working for Elizabeth in the negotiations with Heath sometime before. J.A. Froude suggests that on the 17th Cecil was in London putting into effect previously arranged plans and did not join Elizabeth until the 18th, *History of England* (1893), vi. 118–19. Conyers Read makes no attempt to trace his movements until the 20th, *Mr. Secretary Cecil* (1955) 122ff. In the absence of evidence to the contrary, it would be logical for him to have been at Hatfield throughout. His memoranda of the 17th and 18th would appear to have been drawn up on consultation with Elizabeth and Throckmorton's letter of the 18th implies that he was with her. See Calig. E. vi, f.56 and P.R.O., SP 12/1/3–5,7.

[33] (1500?–1566). One of Philip's principal secretaries; accompanied him on his various journeys and in attendance at this juncture. Pérez had been a secretary of state since 1543; in 1556 his post was renewed and redefined. See Angel González Palencia, *Gonzalo Pérez* (Madrid, 1946). It is interesting that Read, although he employed Tomás González's summary of this section of the dispatch, makes no reference to the association with Pérez in his biography of Cecil.

[34] The reference to the former knight of St John suggests strongly that the comptroller was Sir Ambrose Cave (1503?–68), who had been an official of the order between 1524 and 1537. He joined Elizabeth's council on 20th Nov. and was appointed chancellor of the duchy of Lancaster in Dec. Cave has not previously been identified as a member of Princess Elizabeth's household, but such an identification would resolve the question of why so minor a figure was appointed to the council and a major office.

[35] Sir Thomas Parry (1515–60), cofferer of Princess Elizabeth by 1548 and implicated in the Seymour marriage affair. Parry may have been organizing support for Elizabeth at this juncture, see H.M.C., *Salisbury,* iv. 189, Thomas Markham to Burghley, 26 Apr. 1592. Appointed to the council on 20 Nov. and master of the court of wards and liveries in Apr. 1559. His wife was a gentlewoman of the privy chamber.

[36] In his dispatch of 14 Dec. Feria makes further unfavourable comments on Elizabeth's greed and complaints of penury. Codoin, lxxxvii. 95 (*C.S.P.Span., 1558–67,* 10, *Rel. Pol.,* i. 341). On 17 Mar. 1550 Elizabeth had been granted lands worth £3,106 p.a., bequeathed to her in the will of Henry VIII. See Rymer, *Foedera,* xv. 116 (we owe this reference to Professor Loades). According to Parry's summary account for the year Mich. 1557–Mich. 1558, Elizabeth delivered to him a total of £4,596, but the source of the receipts was not declared. See P.R.O., SP 12/1/36.

[37] Wilhelm von Walderthum. Possibly a junior officer in the German regiment raised for Henry VIII by Conrad Courtpfennig in 1545–6 (later referred to having served the king); commanded the German regiment raised in 1549 and employed against the Norf. rebels and on the Scottish border. Knighted by Edward VI in 1550 and pensioned; in 1556 he petitioned Philip for renewal of his English pension. See J. Cornwall, *Revolt of the Peasantry, 1549* (1977), 91, 93, 209, 213, 220; *C.S.P.F., 1547–53,* 33, 164, 211; *Cal. of State Papers Domestic, 1547–80* (1856), 85. By the end of 1557 Walderthum was in Philip's service in the Netherlands and recommended by Don Juan de Ayala to raise the new

regiment for the English. Codoin, lxxxvii. 8, 18 (*C.S.P.Span.*, xiii. 350, 356, *Rel. Pol.*, i. 182-3).

[38] Sir William Pickering (1516-75), follower of Northumberland and ambassador in France from June 1551 to June 1553. Said to have been a major influence on Edward Courtenay, earl of Devon. A.E.C.P., Angl. ix, f.183, advis au roi, 19 May 1554. In exile in France following Wyatt's rebellion until 1555, then employed to raise the German regiment in Mar. 1558. At Dunkirk in Oct. 1558 but did not return to England until May 1559. Said to have been a favourite of Elizabeth's as princess and considered to be a candidate as consort in 1559, but curiously unemployed during the reign.

[39] For the controversy over Walderthum's regiment, see Loades, *Mary Tudor*, 381. His sources (*C.S.P.Span.*, xiii. 350, 398-9, 403) should be supplemented by Codoin, lxxxvii, 53, 55-6, 65-8 (*Rel. Pol.*, i. 192-3, 197, 221-3). Feria was partly to blame: he had suggested that Philip take the regiment into his service when the English reconsidered their initial decision to raise it. English anger at what was regarded as high-handed behaviour was compounded when Philip (against Feria's advice) failed to refund the £2,000—note the difference to the sum mentioned in the dispatch—the English had spent on the levy on the grounds that they would have lost it anyway once they disbanded the regiment. According to the account of the pagador general del ejercito, García de Portillo, for 1557-8 (A.G.S., C.M.C. la, 1231, n.f.), the regiment was transferred from Mary's pay to Philip's on 25 July 1558, was paid by the king until 23 Aug. and then disbanded.

[40] Mary's jewels were in the charge of the future duchess of Feria, who delivered them together with Mary's last requests, to Elizabeth immediately after the accession. See Clifford, *Life*, 72 and P.R.O., SP 12/1/51-53v. Feria, noting Elizabeth's great love of jewellery, also returned two rings Mary had given Philip; but a further dispute arose over jewels that Philip and Charles V had given to Mary. Feria, with Philip's later approval, decided it would be diplomatic to give those to Elizabeth as well; Philip then sent her the key to the coffer in Whitehall and an inventory of the jewels there, declining to pursue the matter further. Codoin, lxxxvii. 94-5 (*C.S.P.Span.*, *1558-67*, 10, *Rel. Pol.*, i. 341), Feria to Philip, 14 December; *Rel. Pol.*, i. *356* (draft A.G.S., E. 812, f. 14) Philip to Feria, 28 Dec. The inventory, annotated by Philip, is printed in *C.S.P.Span.* xiii. 441-2.

[41] It was the Savoy marriage and not—as has sometimes been suggested—one between Philip and Elizabeth that Feria was instructed to promote at this point. See Philip's answer to this dispatch, A.G.S., E. 8340, f. 92*bis* (25 Nov.). It is wrongly deciphered in *Rel. Pol.*, i. 305-6, where the king of France is described as the emperor and the duke of Savoy as the archduke. See also *C.S.P.Ven.*, *1557-8*, 1538. On 21 Nov. Feria reported that the English were still strongly opposed to the Savoy marriage, Codoin, lxxxvii. 82 (*C.S.P.Span.*, *1558-67*, 9, *Rel. Pol.*, i. 296).

[42] Feria duly remained in his lodgings after Mary's death but sent Assonleville to visit Elizabeth and to offer his condolences. She refused to see him 'on account of her grief' but sent him to talk with the council, with whom (so Feria claimed) he was more loquacious than he ought to have been. Codoin, lxxxvii. 82 (*C.S.P.Span.*, *1558-67*, 2, *Rel. Pol.*, i. 296), to Philip, 21 Nov.

[43] On Paget's loss of favour in early 1558, see Loades, *Mary Tudor*, 389 n. 129, and H.M.C., *Salisbury*, i. 152-3.

[44] Sir William Cordell (1524?-81), solicitor general from Sept. 1553 and master of the rolls and a privy councillor from 5 Nov. 1557. Speaker of the Commons for the parliament of 1558 and knighted. Retained by Elizabeth as master of the rolls, but not as a councillor. See also L. Abbott, 'Public office and private profit: the legal establishment in the reign of Mary Tudor', in *The Mid-Tudor Polity, c. 1540-1560*, ed. J. Loach and R. Tittler (1980), 155-7.

[45] In the absence of the reports of Alonso de Córdoba, those of Assonleville of 6 and 7

Nov. provide the only other accounts of this deputation: Codoin, lxxxvii. 77-9 (*C.S.P.Span.* xiii. 347-8, *Rel. Pol.*, i. 272-3), though the originals provide more accurate texts (A.G.S., E. 811, f. 89). Parliament opened on Saturday, 5 Nov. but did not sit on Sunday the 6th. Assonleville's report of the 6th recounts the opening of parliament and the expectation that the succession would be raised, but says nothing about a request for the recognition of Elizabeth. His report of the 7th, however, recounts the appeal of the council to Mary 'yesterday' and the deputation of Cordell and Cornwallis to visit Elizabeth 'tomorrow'—he probably went with them (see above, n. 10). The only reference to this affair found in the Commons Journals is the statement on the 7th that 'for that the queen's majesty hath commanded Mr. Speaker to attend about weighty matters, this house is adjourned until Wednesday next; saving that the house shall be called tomorrow in his absence', *Journals of the House of Commons, 1547-1607* (1803), 51. Given this chronology, the parliamentary debate reported by Feria could only have occurred on the 5th. Surian erroneously reported that the deputation of Cordell and Cornwallis was a consequence of Feria's mission. See *C.S.P.Ven.*, *1557-8*, 1549.

[46] A member of Philip's household; employed as a liaison officer with the earl of Pembroke during the St Quentin campaign and sent to England in Jan. 1558 to report on the attack on Calais. In May 1558 Feria sent him to report to Philip. Codoin, lxxxvii. 45-6 (*C.S.P.Span.*, xiii. 305, 322, 383, *Rel. Pol.*, i. 188). The allusion to other employment probably refers to a posting as ambassador to Venice. Ayala was later sent to England in July 1559 to escort the countess of Feria to the Netherlands and to persuade Elizabeth to retain the catholic faith. Codoin, lxxxvii. 213 (*C.S.P.Span.*, *1558-67*, 83, *Rel. Pol.*, i. 556-7).

[47] Alvaro de la Quadra (?-1563). Neapolitan of Spanish extraction, bishop of Aquila from 1553; employed by Philip on a delicate mission to Ferdinand I in the summer of 1558. See Codoin, lxcviii. 5-43. Philip announced his decision to send Aquila rather than Ayala on the 25th and the bishop arrived in London on 7 Dec., having survived a second shipwreck en route. See A.G.S., E. 8340, f. 92*bis*, Codoin, lxxxvii. 89, A. González Palencia, *Gonzalo Pérez* (Madrid, 1946), 185. In Mar. 1559 Feria sent him to Philip to discuss the proposition of marriage to Elizabeth, and, when Feria departed in May, Aquila remained as Philip's resident ambassador until his death in Aug. 1563. A.G.S., Consejo y Juntas de Hacienda 34, f. 477, Feria to Ruy Gómez, Codoin, lxxxvii. 150-1 (*C.S.P.Span.*, *1558-67*, 45, *Rel. Pol.*, i. 487). On Aquila's career in general, see Fernández Alvarez, *Tres Embajadores*, 55-163.

[48] The *Commons Journals, 1547-1607*, 51-2, record the request of the lord chancellor to the Commons for a subsidy on 14 Nov. and the debate on the subsidy on the 15th.

INDEX

Abbeville, Somme, 87–9, 104, 152, 168n
Abell, Thomas, 295
Abergavenny, Lord, *see* Neville, Henry
Abraham, William, of London, 47
Acevedo, Don Diego de, 321, 330, 339
Addersley, William, 54
Admiral, Lord High, of England, *see* Clinton, Edward Fiennes de; Howard, William; Seymour, Thomas
Alba, duke of, *see* Alvarez de Toledo
Alberton, Richard, of Bristol, 50
Albon, Jacques d', sieur de Saint-André, 150n
Alderney, Channel Islands, 80, 134
Aleyn, John, of Chelmsford, 51
Alice, of the chamber, 35
Allesley, Warws., 13
Almot, Thomas, 215, 264, 298
Alott (Alote), William, of 'Wyndyngton', 50
Alred (Alrede), Richard, 47
Alvarez de Toledo, Fernando, duke of Alba, 308n, 310n, 312n, 313n
Alvarotti, Giulio, 59n, 60n, 129n
Alvechurch (Alvechirche), Worcs., 46 and n
Ambleteuse, Pas-de-Calais, 83–5, 88, 92, 104, 110, 126, 164
Amiens, Somme, 149n, 156, 157n, 338
Andelot, sieur d', *see* Coligny, François de
Anjou, count of, *see* Geoffrey IV
Anne Boleyn, queen, 199, 247
Anne of Cleves, queen, 226–7, 275
Ansell, — —, of Allesley, 13
Anstruther-Gough-Calthorpe, Brig. R. H., 182
Antwerp, 327, 337–8
Aquila, bishop of, *see* Quadra, Alvaro de la
Archives du Ministère des Affaires Etrangères, 305 and n, 306
Archives Nationales, 305
Ardres, Pas-de-Calais, 62, 86, 91, 95–7, 99–100, 107, 110, 114, 124, 126, 141, 146, 154, 170
Arras, Pas-de-Calais, 308
Arras, bishop of, *see* Perrenot de Granvelle, Antoine de
Arthur, prince of Wales, 199, 247
Artois, *see* Croy, Adrien de

Arundel, earl of, *see* Fitzalan, Henry
Arundel, Sir John, 94
—, Sir Thomas, 94
Ascham, Roger, 184–5 and n, 194–6, 235–6, 244, 285
Ashridge, Herts., 341
'Assheby', 12, 13
Assonleville, Christophe d', seigneur de Hauteville, 307 and n, 311n, 313, 325–6, 335–6, 339, 343–4
Atherstone, Warws., 49
Atkinson (Athynson), Thomas, 12
Attleborough, Norf., 296
Audley, — —, 235, 284
—, Thomas, Baron Audley of Walden, 184
Aumale, duke of, *see* Lorraine, François de
Ayala, Don Juan de, 326, 336, 342, 344

Babington, Thomas, 241, 290, 300
Bacon, Ann, Lady Bacon, 221, 270, 298
—, George, 204, 252, 295
—, Sir Nicholas, 195, 221, 270, 295
Badcock (Badcoke), John, of Whiteacre, 29
Baddow (Badoo), Great, Essex, 51 and n
Bailly, John, servant, 29–30, 54
Baker, John, of Bickenhill, 51
—, John, farrier, 54
—, Sir John, 198, 246, 294
—, Roger, of Kimbolton, 31, 46
—, Thomas, 49
—, William, 31, 44
Balsall (Balsale), Warws., 14, 29
Bardolf, Lady, 26
Bardymore, William, 13
Barnes, Sir George, 224, 273
— (Bernes), John, of Colston Bassett, 49
Barnwell (Bernewell'), John, of London, 50
Baron, — —, captain, 86
Barre, John, servant, 28–30, 33, 54; keeper of the granary, 36
Barrow, Suff., 296
Barthe, Paul de la, sieur de Termes, 151
Bassefontaine, *see* L'Aubespine, Sébastien de
Basset, Francis, 316n
Bath, earl of, *see* Bourchier, John